普通高等教育经管类系列教材

统 计 学

——原理与SPSS应用

第 2 版

主　编　王　浩　陆　璐
副主编　李卉妍
参　编　石佳伟　罗　灿　于　欣

机械工业出版社

统计学是应用数学的一个分支，是经济类、管理类专业的核心基础课程，主要通过利用概率论建立数学模型，系统地收集数据，进行量化的分析和总结，并进行推断和预测，为相关决策提供依据和参考。目前，统计学被广泛地应用在各门学科上，从物理学、社会科学到人文科学，甚至被用在工商业及政府的决策上，在各个层面上都显得越来越重要。

本书是基于我国经济体制改革和统计制度的规定，为适应新形势的要求而编写的。从统计方法论的视角出发，定量分析与定性分析相结合，培养学生对社会经济现象的思维方式，提高其分析问题和解决问题的能力，侧重统计方法的应用，具有一定的前瞻性和可操作性。

本书主要以经济类、管理类等专业本科学生为对象，也可以作为企业管理人员和统计工作者自学的参考书。

教师可登录机械工业出版社教育服务网（www.cmpedu.com）下载 ppt 课件等教学资源。

图书在版编目（CIP）数据

统计学：原理与 SPSS 应用/王浩，陆璐主编 . —2 版 . —北京：机械工业出版社，2018. 12（2025.1 重印）

普通高等教育经管类系列教材

ISBN 978-7-111-61602-3

Ⅰ. ①统⋯　Ⅱ. ①王⋯ ②陆⋯　Ⅲ. ①统计学 – 高等学校 – 教材　Ⅳ. ①C8

中国版本图书馆 CIP 数据核字（2018）第 294509 号

机械工业出版社（北京市百万庄大街 22 号　邮政编码 100037）
策划编辑：裴　泱　责任编辑：裴　泱
责任校对：郑　婕　封面设计：张　静
责任印制：常天培
北京铭成印刷有限公司印刷
2025 年 1 月第 2 版第 9 次印刷
184mm×260mm · 23. 75 印张 · 579 千字
标准书号：ISBN 978-7-111-61602-3
定价：69. 80 元

电话服务　　　　　　　　　　网络服务

客服电话：010-88361066　机　工　官　网：www.cmpbook.com
　　　　　010-88379833　机　工　官　博：weibo.com/cmp1952
　　　　　010-68326294　金　书　网：www.golden-book.com
封底无防伪标均为盗版　机工教育服务网：www.cmpedu.com

前　言

　　统计学是以社会经济现象为研究对象，搜集、整理、描述和分析数据的方法论科学，在自然科学和社会科学中都有广泛的应用。而且，随着信息技术的发展，很多以前无法利用人力进行的统计计算变为可能，使得统计学的应用日趋普及。目前，统计学的应用几乎遍及所有科学研究领域和国民经济各部门，统计学的基本概念和知识已成为很多社会生活和经济活动的必备常识。因此，统计学是经济类、管理类等相关专业的核心基础课程。因为具有应用广、成本低的特点，所以近年统计学的发展越来越快，各个部门和企业对统计学人才的需求也越来越大。

　　本书通过具有代表性的实例对统计学的基本理论及方法应用进行阐述，力求在编写上有所创新，能更贴近市场需求，使学生掌握统计学的基本理论、基本知识、基本方法和计算机操作技能，具有采集数据、设计调查问卷和处理调查数据的基本能力，具有良好的科学素养，受到理论研究、应用技能和使用计算机的基本训练，具备数据处理和统计分析的基本能力。

　　本书主要有以下特点：

　　(1) 按照统计学的两大部分（描述统计学与推断统计学）由浅入深地安排体系结构。

　　(2) 每章前有内容引导案例，帮助学生了解本部分内容的具体应用，增强学生认知，对本章主要内容、主要知识点之间的逻辑关系有初步了解。

　　(3) 根据统计设计、统计调查、统计整理、统计分析的统计工作过程及统计教学的实际需要构建内容体系。

　　(4) 在介绍推断统计学的相关内容时，避开高深的数学推导过程，以直观的表格和图形进行说明，易于学生理解和掌握。

　　(5) 各章配以小结和复习思考题。各章小结概括了各章的主要内容，使学生对各章内容有总括的认识。

　　(6) 相关章节后有 SPSS 软件的操作和应用，既方便教师组织实验课教学，又有助于学生掌握相关软件的操作技能，进行数据的处理分析。

（7）结合使用新媒体交互平台，是传统教材与现代手段相结合的有益尝试。教材的重点知识提示、图表归纳、习题答案、扩展阅读等内容都在新媒体交互平台上得以呈现，增强了移动学习的功能，未来将不断升级与完善。

全书共 15 章，第 1~5 章由王浩修订，第 6、7 章由石佳伟修订，第 8~10 章由陆璐修订，第 11、12 章由罗灿修订，第 13、14 章由于欣编写，第 15 章由李卉妍修订。全书由王浩负责修订大纲及书稿的审定工作。

由于编写水平有限，书中不妥之处在所难免，衷心希望得到专家、同仁及读者的建议，以期不断改进。

编　者

教 学 建 议

一、教学目的

本课程主要阐述统计学的两大基本方面，即描述统计学和推断统计学的基本原理及应用，并且附有复习思考题。同时，在章节后面对 SPSS 软件的相关处理和操作进行了介绍，可以使所学的理论得到进一步加深和理解，提高学生综合运用统计分析方法解决现实问题的能力。

二、教学内容和课时计划建议

作为经济类、管理类本科专业的核心基础课程，本课程计划学时为 54 学时。相关章节后面的"SPSS 应用"部分可以作为实验指导学生进行实际操作，也可以作为扩展内容供学有余力的学生学习。教学内容和课时计划建议如表 0-1 所示。

表 0-1　教学内容和课时计划建议

章　次	学 习 要 点	学　时
第 1 章 导　论	（1）熟悉统计的含义、研究对象与作用 （2）掌握统计研究的理论基础与基本方法 （3）了解统计研究过程 （4）掌握统计学中的基本概念	2
第 2 章 统计设计和统计调查	（1）了解统计设计的概念和内容 （2）熟悉统计表的设计	1
	（3）熟悉统计调查的概念和种类 （4）掌握统计调查的基本方法	2
第 3 章 统计数据的整理	（1）了解数据整理的概念 （2）熟悉数据整理的内容	1
	（3）掌握统计分组 （4）掌握次数分布	2
第 4 章 总量指标与相对指标	（1）了解总量指标的概念和种类 （2）了解总量指标的计量单位 （3）熟悉相对指标的表现形式 （4）掌握相对指标的种类和计算方法 （5）熟悉计算和应用相对指标应注意的问题	2
第 5 章 平均指标与标志变异指标	（1）了解平均指标的概念和作用 （2）掌握平均指标的种类及计算方法 （3）了解运用平均指标的基本要求	2
	（4）熟悉标志变异指标的意义 （5）掌握标志变异指标的计算与分析	2

（续）

章　次	学 习 要 点	学　时
	阶段性小结（一）	1
第6章 动态数列分析	（1）了解动态数列的意义和种类 （2）熟悉动态数列的编制原则	1
	（3）掌握动态分析指标	2
第7章 抽样推断	（1）了解抽样调查的组织设计 （2）掌握样本统计量与总体参数 （3）掌握抽样分布与中心极限定理	2
	（4）掌握抽样误差的计算 （5）掌握参数估计 （6）掌握抽样数目的确定	3
	阶段性小结（二）	1
第8章 假设检验	（1）了解假设检验的基本问题 （2）掌握一个总体参数的检验	3
	（3）熟悉两个总体参数的检验 （4）了解检验问题的进一步说明	3
	阶段性小结（三）	1
第9章 方差分析	（1）了解方差分析引论 （2）了解方差分析的基本概念 （3）熟悉方差分析的基本原理和方法	2
	（4）掌握单因素方差分析 （5）熟悉双因素方差分析	3
第10章 相关分析与回归分析	（1）熟悉相关分析的意义与内容 （2）掌握相关关系和相关程度的判断	1
	（3）掌握回归模型的建立	2
	阶段性小结（四）	1
第11章 统计指数	（1）熟悉统计指数的概念和分类 （2）掌握综合指数	1
	（3）掌握平均指数 （4）了解指数体系与因素分析	2
第12章 统计预测与趋势分析	（1）了解统计预测的概念及其意义 （2）熟悉统计预测的一般步骤	1
	（3）掌握常用的统计预测方法 （4）了解预测误差分析	2
第13章 统计决策分析	（1）了解统计决策的概念、分类及过程 （2）掌握风险型决策方法和应用 （3）掌握不确定型决策方法和应用	2
第14章 国民经济常规分析指标	（1）熟悉价格指数的概念、作用和常用的几种价格指数 （2）掌握人口统计数量与人口构成统计的方法	2
	（3）了解国民经济的基本原理 （4）熟悉国民经济核算体系的基本内容以及国民经济统计的常用分析指标	2

章　次	学习要点	学　时
第15章 统计综合分析与评价	（1）了解统计综合分析的概念 （2）了解统计综合分析的一般原则与程序 （3）熟悉统计综合分析的方法 （4）熟悉统计分析报告	1
	总复习	1
总　计		54

目　录

前　言

教学建议

第1章　导论 ··· 1

引导案例 ··· 1

本章学习目标 ··· 1

1.1　统计的含义、研究对象与作用 ······················· 1

1.2　统计研究的理论基础与基本方法 ··················· 5

1.3　统计研究的过程 ··· 7

1.4　统计学中的基本概念 ··· 8

1.5　统计数据的类型 ··· 11

本章小结 ··· 12

复习思考题 ··· 13

软件应用——SPSS统计软件概述 ·························· 14

第2章　统计设计和统计调查 ···································· 17

引导案例 ··· 17

本章学习目标 ··· 17

2.1　统计设计的概念和内容 ···································· 17

2.2　指标和指标体系的设计 ···································· 20

2.3　统计表的设计 ·· 22

2.4　统计调查的概念和种类 ···································· 24

2.5　统计调查的基本方法 ·· 28

本章小结 ··· 30

复习思考题 ··· 31

软件应用——SPSS数据文件的建立和基本编辑 ····· 32

第3章　统计数据的整理 ·· 43

引导案例 ··· 43

本章学习目标 ··· 43

3.1　数据整理概述 ·· 43

3.2　统计分组 ··· 45

3.3　次数分布 ··· 48

本章小结 ·· 54

复习思考题 ·· 54

软件应用——用 SPSS 绘制基本统计图 ····················· 57

第 4 章　总量指标与相对指标 ···························· 66

引导案例 ·· 66

本章学习目标 ·· 66

4.1　总量指标 ··· 66

4.2　相对指标 ··· 68

本章小结 ·· 74

复习思考题 ·· 75

第 5 章　平均指标与标志变异指标 ························ 78

引导案例 ·· 78

本章学习目标 ·· 78

5.1　平均指标概述 ··· 78

5.2　位置平均数 ··· 80

5.3　数值平均数 ··· 85

5.4　标志变异指标 ··· 92

本章小结 ·· 97

复习思考题 ·· 99

软件应用——SPSS 的描述统计分析 ······················· 103

第 6 章　动态数列分析 ································· 108

引导案例 ··· 108

本章学习目标 ··· 109

6.1　动态数列 ·· 109

6.2　动态数列的水平指标 ·································· 113

6.3　动态数列的速度指标 ·································· 121

6.4　水平指标与速度指标的结合运用 ······················ 125

本章小结 ··· 126

复习思考题 ··· 127

第 7 章　抽样推断 ··································· 132

引导案例 ··· 132

本章学习目标 ··· 133

7.1　抽样调查的意义 ······································ 133

7.2　抽样调查的组织设计 ·································· 140

7.3　抽样调查的数理基础 ·································· 145

7.4　抽样误差的计算 ······································ 152

7.5　参数估计 ·· 157

7.6　抽样数目的确定 ······································ 166

本章小结 ··· 168

X

复习思考题···169

软件应用——SPSS 在参数估计中的应用 ·················171

第8章　假设检验···176

引导案例···176

本章学习目标···177

8.1　假设检验的基本问题 ·······························177

8.2　一个总体参数的检验 ·······························180

8.3　两个总体参数的检验 ·······························184

8.4　检验问题的进一步说明 ···························189

本章小结···190

复习思考题···191

软件应用——应用 SPSS 进行假设检验 ·················192

第9章　方差分析···196

引导案例···196

本章学习目标···197

9.1　方差分析引论 ···197

9.2　方差分析的基本概念 ·······························197

9.3　方差分析的基本原理和方法 ······················199

9.4　单因素方差分析 ·······································200

9.5　双因素方差分析 ·······································201

本章小结···205

复习思考题···206

软件应用——应用 SPSS 进行方差分析 ·················209

第10章　相关分析与回归分析·····························213

引导案例···213

本章学习目标···213

10.1　相关分析的意义与内容 ···························213

10.2　相关关系和相关程度的判断 ······················214

10.3　回归模型的建立 ·······································220

本章小结···224

复习思考题···224

软件应用——SPSS 的相关分析与回归分析 ·············227

第11章　统计指数···234

引导案例···234

本章学习目标···234

11.1　统计指数概述 ···235

11.2　总指数的编制方法 ···································236

11.3　指数体系与因素分析 ·······························245

11.4　常见的几种价格指数 ·······························251

本章小结 ……………………………………………………………………………………… 254
复习思考题 …………………………………………………………………………………… 255

第 12 章　统计预测与趋势分析 …………………………………………………………… 260

引导案例 ……………………………………………………………………………………… 260
本章学习目标 ………………………………………………………………………………… 260
12.1　趋势分析的概述 ……………………………………………………………………… 260
12.2　长期趋势的测定方法 ………………………………………………………………… 261
12.3　统计预测概述 ………………………………………………………………………… 264
12.4　常用的统计预测方法 ………………………………………………………………… 267
12.5　预测误差分析 ………………………………………………………………………… 278
本章小结 ……………………………………………………………………………………… 280
复习思考题 …………………………………………………………………………………… 280
软件应用——用 SPSS 进行时间序列的分解和指数平滑预测 ………………………………… 282

第 13 章　统计决策分析 …………………………………………………………………… 287

引导案例 ……………………………………………………………………………………… 287
本章学习目标 ………………………………………………………………………………… 287
13.1　统计决策概述 ………………………………………………………………………… 287
13.2　风险型决策方法 ……………………………………………………………………… 290
13.3　不确定型决策 ………………………………………………………………………… 296
本章小结 ……………………………………………………………………………………… 299
复习思考题 …………………………………………………………………………………… 300

第 14 章　国民经济常规分析指标 ………………………………………………………… 303

引导案例 ……………………………………………………………………………………… 303
本章学习目标 ………………………………………………………………………………… 303
14.1　价格资料的调查与零售价格调查 ……………………………………………………… 303
14.2　商品差价与比价统计 ………………………………………………………………… 304
14.3　常见的几种价格指标 ………………………………………………………………… 309
14.4　人口统计 ……………………………………………………………………………… 313
14.5　劳动力资源统计 ……………………………………………………………………… 317
14.6　国民经济核算统计 …………………………………………………………………… 319
14.7　国民经济统计常用指标 ……………………………………………………………… 331
本章小结 ……………………………………………………………………………………… 340
复习思考题 …………………………………………………………………………………… 340

第 15 章　统计综合分析与评价 …………………………………………………………… 344

引导案例 ……………………………………………………………………………………… 344
本章学习目标 ………………………………………………………………………………… 344
15.1　统计综合分析的概念及其一般步骤 …………………………………………………… 344
15.2　统计比较 ……………………………………………………………………………… 346
15.3　统计综合评价 ………………………………………………………………………… 347

XII

本章小结 ·· 350

复习思考题 ··· 351

附录 ·· 353

附表 A　随机数表 ·· 353

附表 B　标准正态分布表 ··································· 356

附表 C　概率表 ·· 357

附表 D　t 分布表 ·· 358

附表 E　χ^2 分布表 ··· 359

附表 F　F 分布表 ··· 360

参考文献 ··· 368

第 1 章

导　论

引导案例

就单个家庭来说，每个家庭的新生婴儿的性别可能是男性，也可能是女性。从表面上看，新生婴儿的性别比例似乎没有什么规律可循，但如果对大量家庭的新生婴儿进行观察，就会发现新生婴儿中男孩略多于女孩，大致为每出生 100 个女孩，相应地就有 107 个男孩出生。这个性别比例 107∶100 就是新生婴儿性别比例的数量规律，古今中外这一比例都大致相同，这是由人类自然发展的内在规律决定的。尽管从新生婴儿来看男孩略多于女孩，似乎并不平衡，但进入中老年后，男性的死亡率要高于女性，导致男性的平均预期寿命比女性短，老年男性反而少于老年女性。生育人口在性别上保持大体平衡，保证了人类社会的进化和发展。对人口性别比例的研究是统计学的起源之一，也是统计方法所探索的数量规律性之一。

与数量有关系的方面就是统计学研究的对象吗？生活中我们接触过多少统计的内容呢？统计学被应用在哪些方面呢？

本章学习目标

1. 熟悉统计学的研究对象和研究方法。
2. 了解统计学研究的理论基础与方法及统计研究过程。
3. 掌握总体、总体单位、标志、指标、指标体系等基本概念。

1.1　统计的含义、研究对象与作用

1.1.1　统计的含义及其应用领域

1. 统计的含义

"统计"一词起源已久，其含义在历史上屡有变化，并存在一定的传播和演变过程。在我国古代，统计仅仅具有数字总计的意思。就这个含义而言，已有四五千年的历史了。据《尚书》记载，公元前 2 000 多年，国家进行天文观测和居民生活条件的调查，建立了贡赋制度和劳役制度，从中可以看出，数量和分组的初步概念已经形成。封建社会各个王朝也有过不同的计数方法和要求。我国秦朝的商鞅变法就提出过关于人口、农产品和牲畜等的分类调查要求；北魏前后各代分配土地和屯田时，间有计口授田方法实行；宋朝时期开始出现保甲制度，这是带有军事管理的户籍管理制度。

随着资本主义的兴起，为了理解国内外的社会及经济情况、市场行情和企业经营情况，资产阶级需要对有关的经济活动进行广泛的统计，于是各方面的统计都发展起来了。在统计

2

实践和经验积累的基础上，各种统计理论和学说也随之产生和不断发展。17 世纪以后，统计才逐渐发展成为一门科学。

在现实生活中，提到"统计"一词时常有不同理解。比如，"根据统计"中的"统计"，一般是指统计资料；"我是搞统计的"中的"统计"，一般是指统计工作；"大学课程中包括统计"中的"统计"，一般是指统计学。所以，统计有三种含义，即统计工作、统计资料和统计学。

统计工作是对社会经济现象的数量方面进行收集、整理和分析研究时所做的工作，即统计实践过程。通过统计工作对客观现象进行调查研究，达到认识客观现象的目的。

统计资料是指通过统计工作所取得的反映各种社会经济现象的状况和过程的统计数字和文字分析说明，即统计信息。它是统计工作的成果。

统计学是指系统地论述统计的理论、原则和方法的一门独立的社会科学。它是统计工作这种社会实践活动的经验总结和理论概括，也是用来指导统计工作实践的。

统计的这三个含义是密切联系、缺一不可的。在认识上，必须把三者统一起来，才能得出关于统计的完整概念。首先，统计工作与统计资料的关系是统计活动与统计成果的关系。一方面，统计资料的需求支配着统计工作的布局；另一方面，统计工作的好坏又直接影响着统计资料的数量和质量。其次，统计工作与统计学的关系是统计实践与统计理论的关系。一方面，统计理论是统计实践经验的积累总结，是统计工作发展到一定程度的结果；另一方面，统计工作的发展又需要统计理论的指导，统计工作水平的提高与统计科学的进步是分不开的。

统计的含义及其内部联系如图 1-1 所示。

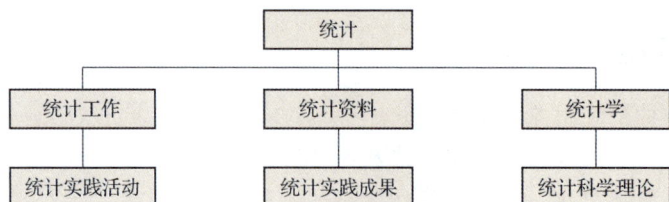

图 1-1　统计的含义及其内部联系

2. 统计学的类型

统计学已经成为很多学科的"通用语言"。作为潜在的使用者，我们既要知晓正确使用统计方法所学的"科学"，又要掌握其中的"艺术"。对统计方法的使用，可以让我们获取数据中的真实信息。这些方法包括：①仔细界定情境；②收集数据；③精确地描述数据；④推断并得出有意义的结论。

统计学的核心是处理信息，它让我们用数字和视觉图形来描述这些信息，还让我们对这些数字和图形进行解释。然而，不同的人对统计学有不一样的理解。有人认为，统计学是人们企图用不正确的信息和结论去说服他人的"把戏"；另一些人觉得它是收集和展示信息的手段；还有人把它视为"在面对不确定性时进行决策"的方法。

统计学大体上可以分为两大类型：描述统计学和推断统计学。描述统计学就是大多数人在听到统计这个词时所想到的，包括收集、展示和描述样本数据。推断统计学是指对描述性研究所得的结果进行解释、制定决策和得出关于总体结论的方法，主要包括抽样推断、假设检验、关系分析、预测几大部分。

码 1-1

3. 统计学的应用领域

目前，统计方法已被应用到自然科学和社会科学的众多领域，统计学也已发展成为由若干分支学科组成的学科体系。可以说，几乎所有的研究领域都要用到统计方法。表1-1 列出了统计学的一些应用领域。

表1-1　统计学的应用领域

精算（actuarial work）	水文学（hydrology）
农业（agriculture）	工业（industry）
人口统计学（demography）	文学（literature）
教育学（education）	市场营销学（marketing）
金融（finance）	制药学（pharmaceutics）
遗传学（genetics）	质量控制（quality control）
⋮	⋮

统计学提供了探索数据内在规律的一套方法。例如，在进行农作物试验时，如果其他试验条件相同，我们会发现某种粮食作物的产量会随着某种肥料施肥量的增加而增加。当最初增加施肥量时，产量增加较快，以后增加同样的施肥量，粮食产量的增加逐渐减少。当施肥量增加到一定数值时，产量不再增加。这时如果再增加施肥量，产量反而会减少。粮食产量与施肥量之间的这种数量关系，就是我们所要探索的数量规律性，可以用统计学中的相关关系来加以解释。即如果我们能从大量的试验数据中用统计方法找出产量与施肥量之间的数量关系，就可以确定出最佳的施肥量，以求得最大的效益。

上述例子说明，就一次的观察或试验来说，其结果往往是随机的，但通过多次观察或试验得到大量的统计数据，利用统计方法是可以探索出其内在的数量规律性的。因此，统计学是一门应用性很强的学科，几乎所有的学科都要研究和分析数据，统计学与几乎所有的学科领域都有着或多或少的联系。这种联系表现为，统计方法可以帮助其他学科探索学科内在的数量规律性，而对这种数量规律性的解释并进而研究各学科内在的规律，还需要由各学科的研究来完成。也就是说，要在用统计方法进行定量分析的基础上，应用各学科的专业知识对统计分析的结果做出合理的解释和分析，才能得出令人满意的结论。

码1-2

1.1.2　统计的研究对象及其特点

1. 统计的研究对象

不论是自然现象还是社会现象，都存在质与量两个方面，二者是辩证统一、密切联系的。事物的质是通过量表现出来的，没有量也就没有质，量的积累达到一定界限，将引起质的变化。因此，要研究事物的存在和发展，并掌握其发展规律性，必须研究事物的量的方面，研究事物发展规律性在具体时间、地点、条件下的数量表现。

统计学是长期的统计实践的理论概括和科学总结，是逐渐形成的完整的科学体系。统计学与统计工作的对象是一致的。统计的研究对象是大量社会经济现象的总体数量，具体地说，就是在质与量的辩证统一中研究大量社会经济现象总体的数量方面，反映社会现象发展变化的规律性在具体时间、地点和条件下的数量表现，揭示事物的本质、相互联系、变动规律性和发展趋势。

社会经济现象的数量方面所涉及的内容很广泛，主要包括：人口数量和劳动力资源，社会财富和自然资源，社会生产和建设，商品的交换和流通，国民收入分配和国家财政收入，金融、信贷、保险事业，城乡人民物质、文化、政治生活，科学技术进步与发展等。这些都是国民经济和社会发展的总体情况，是社会经济现象的基本数量特征和数量关系，它构成了我们对社会的基本认识。在社会主义现代化建设中，如果不能准确、及时、全面、系统地掌握这些数量及其变化的信息，就不可能加强经济管理和经济研究，必然导致决策上的失误。所以，经济越发展，越需要加强统计工作。

2. 统计研究对象的特点

应该注意的是，并不是任何一种数量都可以作为统计学的研究对象。统计以社会经济现象为其研究领域，具有自己的特点。归纳起来可概括为如下几个特点：总体性、具体性和社会性。

（1）总体性。统计是以社会经济现象总体的数量特征作为研究对象的。即统计要对总体中各单位普遍存在的事实进行大量观察和综合分析，得出反映现象总体的数量特征。例如，统计要研究人口的年龄状况，就不能根据个别人的年龄，而要通过大量的个别人的资料，经过综合得出全体人口的年龄状况。要研究物价变动情况，就不能只限于某一次买卖的商品价格，而要研究多次买卖中的价格水平和变动情况，等等。当然，统计在研究大量社会现象时，并不排斥对个别事物的研究。大量的、综合的统计资料，只能概括地反映现象的数量特征，容易趋于一般化和抽象化。为了深入地掌握社会经济现象的具体情况，选择典型的、先进的事物进行研究，使人们的认识更加深刻和丰富，也是有重要意义的。

（2）具体性。统计研究的数量是客观存在的，而且又是发生了的具体的事实。但是，社会经济现象的数量随着时间、地点和条件的变化，也要发生变化。因此，统计研究的数量必须是在一定时间、地点和条件下的数量，这样数量才具有可比性，其对比结果才符合客观实际情况，对今后的经济工作才能起指导作用。统计研究对象的数量是具体的量，不是抽象的量，这是统计学和数学的重要区别。例如，第六次全国人口普查主要数据于 2011 年 4 月发布，31 个省、自治区、直辖市和现役军人人口共 1339724852 人，十年来增加 7390 万人。这显然不是抽象的量，而是我国人口的数量表现。如果抽掉具体的内容，不是在一定时间、地点和条件下进行研究，那就不能说明任何问题，也就不能称其为统计，其数字也就不是统计数字。

（3）社会性。社会经济统计的数量总是反映人们社会生产生活的条件、过程和结果，是人类有意识的社会活动的产物。所有的统计数字总是与人们的利益有关，反映着人们之间的相互关系。统计所研究的社会经济现象的数量方面，绝不是纯数量上的研究，而是在质与量密切结合中的数量。任何现象都是质与量的辩证统一体，任何质量都表现为一定数量，没有数量就没有质量，因此，必须在质与量的统一中，研究社会经济现象的数量方面。例如，要统计工业总产值，就要按照工业生产的质的规定性，确定它的概念、范围和内容，然后规定统计产值数量的方法。要统计劳动工资的数量表现，就要从其质的规定性上弄清楚工资的含义和计量的范围。再如，从生产发展中看国家、集体和个人的关系，从收入分配中看职工与农民的关系，从商品流通中看产、供、销的关系等。如果离开社会经济现象的质的规定性，统计就不能正确反映社会现象的数量关系。

1.1.3　统计的作用

1. 统计是制订计划、实行宏观调控的基础

我国是社会主义国家，现在处于社会主义初级阶段，实行社会主义市场经济体制，对国民经济和社会发展仍须实行一定的计划管理，从基层单位直到整个社会都要制订计划，以指导经济建设和文化教育事业的发展。这就必须以正确的统计资料为依据，使计划工作建立在科学可靠的基础上。计划制订后还要进行监督、检查，搞好经济预测，进行宏观调控，这些也要以统计为依据。

2. 统计是制定政策的依据

各级行政管理部门在制定政策、方针时，都必须根据具体情况，从实际出发。如果离开了对实际情况的了解，想当然地制定政策，其后果是不可想象的。任何事物都是质与量的辩证统一，从数量方面了解并掌握具体情况是制定政策时所必须注意的。

3. 统计是实行管理的手段

从社会发展而言，社会分工越来越细，生产技术不断进步，这就要求管理适应这种要求。社会主义社会是一个包含多部门、多层次的有机整体，各级领导要善于从错综复杂多变的经济联系中，抓住主要环节，对瞬息万变的经济情况及时做出反应，这就需要各方面迅速而准确地提供信息。统计信息是各种信息的中心，是最重要的一种信息。因此，无论是宏观经济规划、管理、协调和平衡，还是微观管理、指挥、调度和组织，一刻也离不开统计。各级统计机构必须及时而有效地提供统计信息、提供咨询、实施监督、参与决策，这是各级行政管部门实行管理所不可或缺的。

4. 统计是科学研究的工具

自然科学研究自然现象的主要方法是科学试验，可通过人为创造条件和控制，使其反复发生、观察、试验，其中要用到数理统计方法。作为社会科学的统计则是社会科学研究的主要工具。因为社会科学研究的对象是社会现象，对它不可能完全人为地加以控制和模拟，只能将某种社会经济现象的发生和发展忠实地“记录”下来，然后进行统计分析研究，得出结论。社会科学的各学科的研究需要借助于“记录”事实的统计资料，进行分析比较研究，才能得到发展。

1.2　统计研究的理论基础与基本方法

1.2.1　统计研究的理论基础

马克思主义哲学是系统的世界观和科学的方法论的统一，对于统计理论和方法具有普遍的指导意义。统计必须遵循辩证唯物主义原理，坚持世界是物质的，实践第一，实践是检验真理的唯一标准的观点；一切从实际出发，实事求是，如实反映情况，反对一切弄虚作假、虚报瞒报。

统计必须坚持唯物辩证法，遵循质量互变规律、矛盾对立统一规律，反对形而上学。要全面地、发展地观察问题，对具体问题做具体分析，抓住主要矛盾，抓问题的本质和主流，注意各种因素及其相互转化的条件，掌握事物变化、发展的内在原因和趋势。

在社会经济现象中，经济基础具有主导的重要意义，统计学的研究必须以政治经济学为基础，以政治经济学阐明的理论、范畴、规律为指导，才能对社会经济现象总体的数量关系进行研究，制定出科学的分类或分组、指标体系和计算方法。统计分析也必须根据政治经济学所研究的经济规律来确定现象之间的本质联系，然后才能进一步分析现象变动的数量关系，做出科学的判断。

数学是研究现实世界的空间形式和数量关系的科学，是包括统计学在内的一切科学的基础。统计学是研究数量关系的，它对社会经济现象的数量描述和数量分析离不开数学。概率论作为数学的一个分支，以最一般的形式研究随机现象数量关系和变化规律。统计在研究社会经济现象的数量关系时，有必要运用各种数学方法，因此，必然以数学为数理依据。

1.2.2　统计研究的基本方法

从统计工作过程看，统计在各个不同阶段有着不同的工作内容和要求，相应地，就需要运用各种不同的统计研究方法，其中最基本的方法有大量观察法、统计分组法、综合指标法、模型法等。

1. 大量观察法

大量观察法是指统计研究社会经济现象和过程，要从总体上加以考察，就总体中的全部或足够多数的单位进行观察并加以综合研究。在社会经济现象总体中，个别单位的特征由于受各种特殊因素或偶然因素的影响，并不能代表或反映总体的一般特征，只有从总体的全部或足够多的单位出发，将有关特征加以综合概括，消除个别单位的特殊因素或偶然因素的影响，才能使影响各单位特征的共同因素显示出来，说明总体的规律性。例如，统计全国的人均年收入情况，单就某市、某地区的调查和统计无法说明总体的情况。

通过大量观察，一方面可以掌握认识事物所必需的总体的各种总量；另一方面还可以通过个体离差的相互抵消，在一定范围内排除某些个别现象和偶然因素的影响，从数量上反映出总体的本质特征。

2. 统计分组法

统计分组法是指根据事物内在的性质和统计研究任务的要求，将总体各单位按照某种标志划分为若干组成部分的一种研究方法。例如，将人口按照职业分类、将国民经济按所有制形式分类、将学生按学习成绩分组等。

统计分组法在统计研究中的应用是极其广泛的，它贯穿统计工作的全过程。统计调查离不开分组，在统计资料加工整理过程中，分组是关键环节，统计分析更是时刻不能没有分组。另外，没有科学的分组，要制定正确的指标体系也是不可能的。

3. 综合指标法

综合指标法是运用各种统计综合指标来反映和研究社会经济现象总体的一般数量特征和数量关系的研究方法。统计中常用的综合指标有：总量指标、相对指标、平均指标、变异指标、动态指标等。对大量的原始数据结果整理汇总，计算各种综合指标，可以显示出现象在具体的时间、地点条件下的总量规模、相对水平、集中趋势、变异程度等，这种方法主要用于统计分析阶段。

4. 模型法

模型法是根据一定的经济理论和假定条件，用数学方程去模拟现实经济现象相互关系的一种研究方法。利用这种方法可以对社会经济现象和过程中存在的数量关系进行比较完整和近似的描述，从而简化了客观存在的复杂的其他关系。这种方法是在前三种研究方法的基础上，进一步系统化和精确化的发展。

统计工作的各个阶段，虽然各自运用不同的统计研究方法，但它们之间不是孤立进行的。因此，在运用统计研究方法时，还必须注意要根据实际情况，分别采用不同的统计方法，同时，要善于把多种统计方法结合运用，相互补充。

1.3　统计研究的过程

统计研究工作是运用各种统计特有的方法对社会经济现象进行调查研究以认识其本质和规律的一种认识活动。统计离不开数据，统计研究的过程首先要收集数据，为满足分析的需要，还要对数据进行一定的整理，而后再对数据进行分析和解释。因此，一个完整的统计研究过程一般可以分为统计设计、统计调查、统计整理和统计分析四个阶段，如图1-2所示。

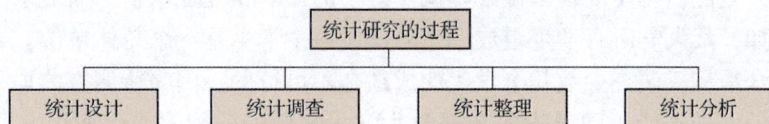

图1-2　统计研究的过程

统计设计是指根据统计研究对象的性质和研究目的，对统计研究的各个方面和各个环节的通盘考虑和安排。统计设计的主要内容有：统计指标和指标体系的设计，统计分类和分组的设计，统计表、统计图和统计报告的设计，统计资料收集方法的设计，统计研究工作各个部门和各个阶段的协调与联系，统计力量的组织与安排等。

统计调查即统计资料的收集阶段，它是根据统计方案的要求，采用各种调查组织形式和调查方法，有组织、有计划地对所研究总体的各个单位进行观察、登记，准确、及时、系统、完整地收集原始资料的过程。它是统计认识活动由初始定性认识过渡到定量认识的阶段，关系到统计分析结论是否正确，决定着统计研究的质量，是整个统计研究的基础。

统计整理是根据统计研究的目的，对调查阶段收集的原始资料，按照一定标准进行科学的分组和汇总，使之条理化、系统化，从而达到反映总体规律的工作过程。它使我们对社会经济现象的认识由感性认识上升到理性认识，是统计调查的继续，又是统计分析的必要前提。

统计分析是指对经过加工整理的统计资料，应用各种统计分析方法，从静态和动态两方面进行基本的数量分析、认识和揭示所研究的现象的本质和规律性，得出科学的结论，进而提出建议和进行预测的活动过程。统计分析是统计研究的最后阶段，也是统计发挥信息、咨询和监督职能的关键阶段。

码1-3

统计研究过程的四个阶段各有特定的内容和作用。一般来说，是依先后次序进行的。但它们又是相互联系、相互制约的整体，任何一个阶段的工作失误，都会影响整个统计研究的顺利进行。为了保证从整体上取得良好效果，各阶段工作要相互渗透、交叉进行。

8

1.4 统计学中的基本概念

1.4.1 总体、总体单位与样本

1. 总体

统计研究现象总体的数量特征，因此，首先对统计总体要有明确的界定。统计总体是指客观存在的、在相同性质的基础上结合起来的许多个别事物的全体，简称为总体（Population）。例如，如果研究全国工业企业发展情况，那么全国所有的工业企业就是一个总体。因为每个工业企业都是客观存在的，而且具有共同的性质，即它们所属行业都是工业，符合构成总体的条件。总体根据总体单位是否可计数，分为有限总体和无限总体。

总体的基本特征包括：

（1）大量性。总体是由各总体单位组成的一个整体，个别或很少几个的单位不能构成总体。总体的大量性，可使个别单位某些偶然因素的影响相互抵消，从而显示出总体的本质和规律性。例如，某大学所有学生组成一个总体，每个学生是一个总体单位，要了解学生学习成绩的一般水平，只调查少数几个学生的成绩是不可行的，因为所调查的那几个学生的成绩可能偏高或偏低，不能正确地表明全部学生学习成绩的一般水平。所以，调查的学生越多，越能够准确地反映总体特征。

（2）同质性。同质性是总体的根本特征，是指总体中的各个单位必须具有某种共同的属性或标志数值，即具有可比性，统计才能通过对个体特征的研究，归纳和解释总体的综合特征和规律性。例如，当研究我国工业生产情况时，要把全国的工业企业作为一个总体，每个工业企业都从事工业生产活动，具有相同的性质，对这样的总体研究才能说明我国工业生产活动的状况、特征以及存在的问题。相反，如果把商店、农场也包括进来，则其统计结果不能说明全国工业生产活动的情况。

（3）变异性。构成总体的各个单位在某一方面是同质的，但在其他一些方面又是有差别的，统计中称为变异。例如，某单位的职工总体中各总体单位的工种、性别、工龄、技术等级等方面的差异。变异性是统计研究的前提条件，如果没有差别，统计研究就毫无意义。

2. 总体单位

构成总体的个体单位称为总体单位（Unit），它是总体的基本单位。根据统计研究的目的不同，总体单位可以是人、物，也可以是企业、机构、地域，也可以是行为或事件等。例如，进行工业生产设备普查，则所有的工业企业生产设备构成总体，每台生产设备就是一个总体单位。

在统计研究中，随着研究目的和任务的变动，总体和总体单位是可以变换的，它们的关系是总体与个体的关系。当研究目的和研究任务确定后，统计总体和相应的总体单位就产生和固定了下来。

3. 样本

从总体中抽取的一部分元素的集合称为样本（Sample），构成样本的元素的数目称为样本容量。由于总体数量通常情况下非常巨大或者未知，我们经常使用样本数据来对总体参数进行推断。例如，从上海市居民中随机抽取 500 人进行调查，样本就是随机抽取的 500 个

人，样本容量就是500。

1.4.2 标志与标志表现

标志是说明总体单位特征的名称。由于反映每个总体单位的特征是很多的，因此，每个总体单位的标志也有很多，每个标志都从不同的角度来说明总体单位的特征。标志按其特征或其表现的不同可分为品质标志和数量标志两种。品质标志是表明总体单位品质或属性特征的标志，是用文字而不是用数值表示的，如工人的性别、民族、工种等。数量标志是表明总体单位数量特征的标志，是可以用数值表示的，如工人的年龄、工龄、工资等。

标志是表明统计单位某种特征的名称，当标志针对每个具体的总体单位时，将在各个总体单位上体现为具体的表现。例如，工人年龄是29岁；工人工资是1 200元；某人性别是男；某企业的性质是国有企业等。这种标志在统计单位上的具体表现，称为标志表现。由于数量标志的标志表现是数值，因此数量标志的标志表现又称为标志值。

总体单位与标志存在一种依附的关系。标志仿佛是贴在总体单位上的标签，说明其具体情况，即标志附在总体单位上或总体单位是标志的载体。

1.4.3 变异与变量

要理解这两个概念，必须首先搞清不变标志和可变标志。统计中反映总体单位特征的标志很多，如果按其具体表现是否有差异来看，可分为不变标志与可变标志。当某一标志的具体表现在各个总体单位上都相同时，则为不变标志。不变标志是使许多个别单位结合成为总体的前提，体现为总体的同质性。组成一个总体的各个总体单位必须有一个或几个不变标志。例如，以全国国有小型机械工业企业为总体，这里的各工业企业均有所有制、企业规模、所属行业这三个不变标志。可变标志是指其具体表现在各个总体单位上不尽相同的那些标志。一般来说，组成一个总体的各个总体单位具有许多可变标志。例如，上述各工业企业的可变标志就有厂址、隶属关系、职工人数、资金额、生产能力、工业总产值、劳动生产率、平均工资、利税额等。

可变标志在各个总体单位具体表现上的差别就是变异，包括质的变异和量的变异。例如，工人的性别这一标志可以具体表现为男、女，这是质的变异；而工人家庭人口数这一标志的标志值可以是1人、2人、3人、4人、5人等，这是量的变异。

一般地，变量就是可变的数量标志，如工人家庭人口数、工人的工资等。变量的数值表现就是变量值。变量按变量值是否连续可分为连续变量与离散变量两种。在一定区间内可任意取值的变量称为连续变量，其数值是连续不断的，相邻两个数值可做无限分割，即可取无限个数值。例如，生产零件的规格尺寸、人体测量的身高、体重、胸围等为连续变量，其数值只能用测量或计算的方法取得。离散变量是指可按一定顺序——列举其数值的变量，其数值表现为整数位断开，如企业个数、职工人数、设备台数、学校数、医院数等，都只能按整数计数，这种变量的数值一般用计数方法取得。

1.4.4 参数与统计量

1. 参数

参数（Parameter）是研究者想要了解的总体的某种特征值。通常使用的参数有总体平均数（μ）、总体比例（π）、总体标准差（σ）等。由于总体数据通常是未知的，所以参数是一个未知的常数。例如，我们不知道一个地区所有人口的平均年龄，不知道一个城市所有家庭的收入差异，不知道一批灯泡的合格率等等。正因为如此，才要进行统计抽样，根据样本的数据推断和估计总体的参数。

2. 统计量

统计量（Statistic）是根据样本数据计算出来的特征量。通常使用的样本统计量有样本平均数（$\bar{x}$）、样本比例（p）、样本标准差（s）等。由于样本统计量是已知或者可以计算的，可以用来对总体参数进行估计。例如，用样品平均数（$\bar{x}$）去估计总体平均数（μ），用样本比例（p）去估计总体比例（π），用样本标准差（s）去估计总体标准差（σ）等，这就是统计推断的过程。

1.4.5　指标与指标体系

1. 指标

（1）指标及其类型。统计指标是说明现象总体数量特征的概念或范畴，简称指标。它是一定总体内容的数量表现，是由各总体单位某一数量标志值或总体单位本身核算汇总而得到的。指标是由指标名称和指标数值两部分构成的。指标名称反映社会经济现象综合数量特征，规定指标的含义、范围和计算方法；指标数值是指标名称在一定时间、地点、条件下的具体数量表现，是根据一定方法对各总体单位的具体标志值进行登记、分类、汇总的结果，该结果在形式上可以是绝对数、相对数或平均数。此外，指标的计算方法、计量单位、时空界限也是指标构成中不可缺少的组成部分。

指标按其所反映的数量特点不同可分为数量指标和质量指标。凡是反映社会经济现象的总规模水平或工作总量的统计指标称为数量指标，也称总量指标，是用绝对数来表示的，如人口总数、职工总数、企业总数、社会总产值、工资总额等。凡是反映社会经济现象的相对水平或工作质量的指标称为质量指标，表现为相对数或平均数，是总量指标的派生指标，如平均产量、平均工资、人口密度、出生率、利润率等。

（2）指标和标志的关系。指标和标志是两个既有区别又有联系的概念。

两者的区别如下：

1）指标与标志说明的对象不同。指标是说明总体特征的，而标志是说明总体单位特征的。例如，以某地区全部企业为总体，各个企业的产值是标志，地区内全部企业的总产值是指标。

2）指标与标志的表示方法不同。指标都能用数值表示，而标志中的数量标志可以用数值表示，品质标志只能用文字表示。

两者的联系如下：

1）从总体单位的数量标志值汇总可以得到某些指标值。例如，某市在校大学生总数是由各大学在校学生人数汇总得到的；某工业局的工业增加值是由该市各工业企业的增加值汇总得到的。

2）指标与标志不是固定不变的，当研究目的改变时，相应的指标与标志也随之发生变化。当调查了解一个工业局的职工状况时，整个工业局为总体，局内的各企业、各单位为总体单位，各企业的职工人数为标志，整个工业局的职工总数为指标；而当研究某企业的内部的职工状况时，企业内部各部门的人数为标志，企业的职工总数则成了指标。

2. 指标体系

社会经济现象是一个多方面相互联系的复杂总体，在这个复杂总体中表现出许多不同的特征，单靠个别指标只能反映总体的某一方面特征和侧面，要完整地反映并描述一个复杂总体，就必须把一系列相互联系的指标结合起来运用。

指标体系是各种相互联系的指标群所构成的整体，用以说明所研究的社会经济现象各方面相互依存和相互制约的关系。指标体系是社会经济现象间数量联系的一种体现。例如，工业企业的生产经营过程，既是一个产品效益的产出过程，也是一个人力、物力和财力的占用和消耗过程，要完整反映这一整体运动，就需要设置一系列的指标，包括：反映各种占用和消耗的指标，如固定资产原值、资金占用额、职工人数、生产成本等；反映劳动成果的指标，如产品产量、总产值、增加值等；反映经营效益的指标，如利润额、资本金利润率、销售量利润率等。从而形成了较完整的工业企业指标体系。

通过指标体系来研究社会经济现象，才能全面深刻地认识现象的全貌和发展的全过程，才能完整地揭示和把握事物间的矛盾，并且还可以通过指标体系，揭示现象之间的相互联系，从而分析影响结果的原因，并预测未来等。总之，指标体系在统计研究和工作中起着重要的作用。

1.5　统计数据的类型

统计数据是对现象进行计量的结果。例如，对经济活动总量的计量可以得到国内生产总值（GDP）数据；对股票价格变动水平的计量可以得到股票价格指数的数据；对人口性别的计量可以得到男或女这样的性别数据等等。由于使用的计量尺度不同，统计数据可以分为不同的类型。

1.5.1　定类数据、定序数据、定距数据、定比数据

按照统计数据所采用的计量尺度不同，可以将其分为定类数据、定序数据、定距数据和定比数据。

定类数据是指按现象性质差异进行的辨别与区分形成的数据。定类数据确切的值是以文字表述的，可以用数值标识，但仅起标签作用。定类变量或指标的各类别间是平等的，没有高低、大小、优劣之分。例如，性别、种族、运动项目等等都是定类数据。

码1-4

定序数据是对事物进行分类的结果，这些类别是有顺序的。定序变量或指标确切的值是以文字表述的，也可以用数值标识，也仅起标签作用。定序变量或指标各类别间有高低优劣之分，不能随意排列。例如，产品分为一等品、二等品、三等品、次品等；成绩为优、良、中、及格、不及格。

定距数据是按现象绝对数量差异进行的辨别与区分，其结果表现为具体的数值。定距变量或指标的值以数字表述，有计量单位，可以进行加减运算。定距变量或指标各类别间自然有大小之分，但没有绝对的零点，不能乘除计算。例如，温度等。

码1-5

定比数据按现象绝对差异与相对差异进行的辨别与区分。定比数据确切的值也以数字表述，有计量单位，可以进行加减运算，同时，由于具有绝对意义上的零点，也可以乘除运算。例如，身高、体重、产量、面积、人口等等，现实中所处理的大多数都是定比数据。

码 1-6

1.5.2　观测数据和实验数据

按照统计数据的收集方法，可以将其分为观测数据和实验数据。

观测数据（Observational Data）是通过调查或观测而收集到的数据，这类数据是在没有对事物人为控制的条件下而得到的，有关社会经济现象的统计数据几乎都是观测数据。

实验数据（Experimental Data）是在实验中控制实验对象而收集到的数据，例如，对一种新药疗效的实验，对一种新品种农作物的实验等等，自然科学领域的大多数数据都是实验数据。

1.5.3　截面数据和时间序列数据

按照被描述的对象与实践的关系，可以将统计数据分为截面数据和时间序列数据。

截面数据（Cross-sectional Data）是在相同或近似相同的时间点上收集的数据，它所描述的是现象在某一时刻的变化情况。例如，2017 年我国各地区的国内生产总值数据就是截面数据。

时间序列数据（Time Series Data）是在不同时间上收集到的数据，它所描述的是现象随时间而变化的情况，例如 2011 ~ 2017 年我国的国内生产总值数据就是时间序列数据。关于时间序列数据的分析将在本书第 6 章进行详细的介绍。

区分数据的类型是十分重要的，不同类型的数据适合采用不同的统计方法来处理和分析。例如，对于定类数据通常计算各组的频数或者频率，计算众数和异众比率；对于定序数据，除了上述方法外，还可以计算中位数、四分位差；对于定距、定比数据，则可以采用更多的统计方法进行处理，例如计算各种统计量，进行参数估计和假设检验等等。

本章小结

统计一词在不同场合有三种含义，即统计工作、统计资料和统计学。统计研究的是大量社会经济现象总体的数量方面，具体地说就是在质与量的辩证统一中研究大量社会经济现象总体的数量方面，反映社会现象发展变化的规律性在具体时间、地点和条件下的数量表现，揭示事物的本质、相互联系、变动规律性和发展趋势。统计研究对象具有总体性、具体性和社会性的特点。

统计研究的基本方法有大量观察法、统计分组法、综合指标法、模型法等。一个完整的统计研究过程一般可以分为统计设计、统计调查、统计整理和统计分析四个阶段。统计的几个基本概念包括总体与总体单位、标志与指标及指标体系，要注意区分。

复习思考题

一、概念题

统计 统计学 大量观察法 综合指标法 模型法 总体 总体单位 标志 数量标志 变异 变量 离散变量 连续变量 指标 指标体系

二、简答题

(1) 怎样理解统计的含义？它们之间有什么关系？

(2) 统计研究对象是什么？它有哪些特点？

(3) 统计研究过程分为哪几个阶段？

(4) 统计研究的基本方法包括哪些？

(5) 什么是总体和总体单位？试举实际例子说明。

(6) 什么是指标？指标和标志有什么区别和联系？

(7) 什么是变异和变量？试举实际例子说明。

(8) 什么是指标体系？

三、练习题

1. 判断题（把"√"或"×"填在题后的括号里）

(1) 统计调查过程中采用的大量观察法，是指必须对研究对象的所有总体单位进行调查。 （　　）

(2) 社会经济统计所研究的领域是社会经济现象总体的数量方面。 （　　）

(3) 总体的同质性是指总体中的各个总体单位在所有标志上都相同。 （　　）

(4) 对某市中小学教师的收入状况进行普查，该市中小学教师的工资水平是数量标志。 （　　）

(5) 品质标志说明总体单位的属性特征，质量指标反映现象的相对水平或工作质量，二者都不能用数值表示。 （　　）

(6) 由女学生组成的总体中，"性别"这个标志是不变标志，不变标志是构成总体的基本条件。
（　　）

2. 单选题

(1) 社会经济统计的主要特点是（　　）。

　　A. 社会性，总体性　　　B. 抽象性，数量性　　　C. 抽象性，总体性　　　D. 数量性，总体性

(2) 社会经济统计现象形成总体的必要条件是（　　）。

　　A. 总体单位的大量性　　　　　　　　B. 总体单位间的同质性

　　C. 总体单位间的差异性　　　　　　　D. 总体单位的社会性

(3) 对某城市工业企业未安装设备进行普查，总体单位是（　　）。

　　A. 工业企业全部未安装设备　　　　　B. 工业企业每一台未安装设备

　　C. 每个工业企业的未安装设备　　　　D. 每一个工业企业

(4) 已知某位教师的工龄是15年，这里的"工龄"是（　　）。

　　A. 变量　　　　　　B. 指标　　　　　　C. 品质标志　　　　　　D. 数量标志

(5) 以产品等级来反映某种产品的质量，则该产品等级是（　　）。

　　A. 数量标志　　　　B. 数量指标　　　　C. 品质标志　　　　　D. 质量指标

(6) 某地区商业企业数、商品销售总额是（　　）。

　　A. 连续变量　　　　　　　　　　　　B. 离散变量

　　C. 前者是连续变量，后者是离散变量　　　D. 前者是离散变量，后者是连续变量

3. 多选题

（1）统计学的研究方法主要有（　　）。

    A. 实验设计法　　　　　　B. 大量观察法　　　　　　C. 统计分组法　　　　　　D. 综合指标法

    E. 归纳推断法

（2）在全国人口普查中（　　）。

    A. 全国人口总数是总体　　　　　　　　　B. 每一户是总体单位

    C. 人的年龄是变量　　　　　　　　　　　D. 性别男或女是品质标志表现

    E. 人口的平均寿命是指标

（3）下列变量属于连续变量的有（　　）。

    A. 某高校学生总数　　　　　　　　　　　B. 身高

    C. 某企业固定资产总额　　　　　　　　　D. 城乡居民储蓄存款余额

    E. 某市发生的交通事故总数

（4）下列各项中，属于指标的有（　　）。

    A. 某企业总资产额 2 000 万元　　　　　　B. 某学生统计学考试成绩 85 分

    C. 某地区国民生产总值 150 亿元　　　　　D. 某居民户的人均支出 500 元/月

    E. 某市年末就业人口数

（5）下列指标中，属于质量指标的有（　　）。

    A. 工资总额　　　　　　B. 单位产品成本　　　　　　C. 出勤人数

    D. 人口密度　　　　　　E. 合格品率

（6）有一统计报告如下：某市国有商业企业 650 家，职工总数 41 万人，上月的商品零售总额 90 亿元，职工平均工资额为 1500 元。其中，A 企业的零售额为 39 万元，职工人数 820 人，则报告中出现有（　　）。

    A. 总体　　　　　　　　B. 总体单位　　　　　　C. 标志

    D. 指标　　　　　　　　E. 变量

软件应用——SPSS 统计软件概述

统计要与大量的数据打交道，涉及繁杂的计算和图表绘制。现代的数据分析工作如果离开统计软件几乎无法正常开展。在准确理解和掌握了各种统计方法原理之后，再来掌握几种统计软件的实际操作，是十分必要的。

常见的统计软件有 SAS、SPSS、Minitab、Excel 等。这些统计软件的功能和作用大同小异，各自有所侧重。其中，SAS 和 SPSS 是目前在大型企业、各类院校以及科研机构中较为流行的两种统计软件。特别是 SPSS，其界面友好、功能强大、易学、易用，包含了几乎全部尖端的统计分析方法，具备完善的数据定义、操作管理和开放的数据接口以及灵活而美观的统计图表制作。SPSS 在各类院校以及科研机构中更为流行。

SPSS（Statistical Product and Service Solutions，统计产品与服务解决方案）最初的全称为"社会科学统计软件包（Statistical Package for the Social Sciences）"，但是随着 SPSS 产品服务领域的扩大和服务深度的增加，SPSS 公司已于 2000 年正式将全称更改为"统计产品与服务解决方案"，标志着 SPSS 的战略方向正在做出重大调整。

SPSS 是世界上最早的统计软件，由美国斯坦福大学的三名研究生诺曼·尼（Norman H. Nie）、哈德莱·哈尔（C. Hadlai Hull）和戴尔·本特（Dale H. Bent）于 1968 年研发成功，同时 SPSS 公司成立，并于 1975 年成立法人组织，在芝加哥组建了 SPSS 公司总部。1984 年 SPSS 公司总部首先推出了世界上第一个统计软件微机版本 SPSS/PC＋，开创了 SPSS 微机系列产品的开发方向，极大地扩充了它的应用范围，并使其能很快地应用于自然科学、技术科学和社会科学的各个领域。世界上许多有影响的报纸杂志对 SPSS 给予了高度的评价。

2009 年 7 月 28 日，IBM 公司宣布将用 12 亿美元现金收购 SPSS 公司。具体的收购方式为，IBM 公司将以每股 50 美元的价格进行收购，该交易将全部以现金形式支付。如今 SPSS 已出至 25.0 版本，而且更名为 IBM SPSS。

SPSS 是世界上最早采用图形菜单驱动界面的统计软件（见图 1-3），它最突出的特点就是操作界面极为友好，输出结果美观漂亮。它将几乎所有的功能都以统一、规范的界面展现出来，使用 Windows 的窗口方式展示各种数据管理和数据分析的功能，对话框展示出各种功能选择项。用户只要掌握一定的 Windows 操作技能，粗通统计分析原理，就可以使用该软件为特定的科研工作服务。SPSS 采用类似 Excel 表格的方式输入与管理数据，数据接口较为通用，能方便地从其他数据库中读入数据。其统计过程包括了常用的、较为成熟的统计过程，完全可以满足非统计专业人士的工作需要。输出结果十分美观，存储时则是专用的 SPO 格式，可以转存为 HTML 格式和文本文件格式。对于熟悉老版本编程运行方式的用户，SPSS 还特别设计了语法生成窗口，用户只需在菜单中选好各个选项，然后按"粘贴"按钮就可以自动生成标准的 SPSS 程序，极大地方便了中、高级用户。

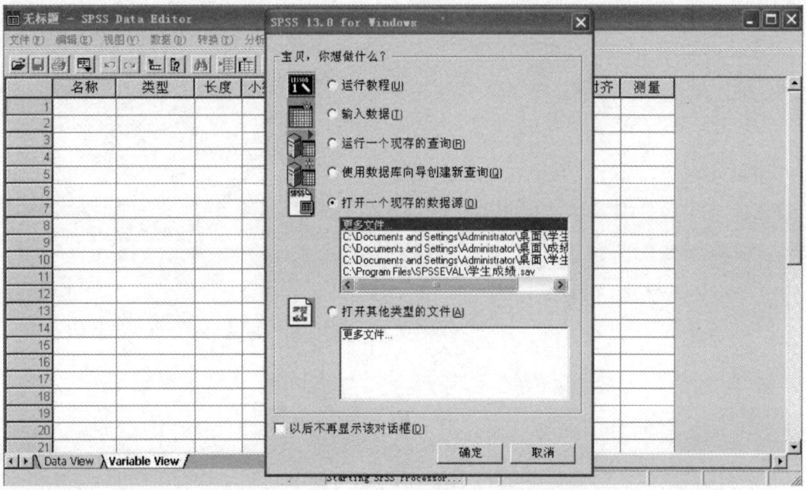

图 1-3　SPSS 的操作界面

SPSS for Windows 是一个组合式软件包，它集数据整理、分析功能于一身。用户可以根据实际需要和计算机的功能选择模块，以降低对系统硬盘容量的要求，有利于该软件的推广应用。SPSS 的基本功能包括数据管理、统计分析、图表分析、输出管理等。SPSS 统计分析过程包括描述性统计、均值比较、一般线性模型、相关分析、回归分析、对数线性模型、聚类分析、数据简化、生存分析、时间序列分析、多重响应等几大类，每类中又分好几个统计过程，比如回归分析中又分线性回归分析、曲线估计、Logistic 回归、Probit 回归、加权估计、两阶段最小二乘法、非线性回归等多个统计过程，而且每个过程中又允许用户选择不同的方法及参数。SPSS 也有专门的绘图系统，可以根据数据绘制各种图形。

　　SPSS for Windows 的分析结果清晰、直观、易学、易用，而且可以直接读取 Excel 及 DBF 数据文件，现已推广到各种操作系统的计算机上，它和 SAS、BMDP 并称为国际上最有影响的三大统计软件。在国际学术界有条不成文的规定，即在国际学术交流中，凡是用 SPSS 完成的计算和统计分析，可以不必说明算法，由此可见其影响之大和信誉之高。

　　SPSS 也有不足之处。SPSS 输出结果虽然漂亮，但是很难与一般办公软件如 Microsoft Office或是 WPS 直接兼容，如不能用 Word 等常用文字处理软件直接打开，只能采用复制、粘贴的方式加以交互。在撰写调查报告时往往要用电子表格软件及专业制图软件来重新绘制相关图表，这已经遭到诸多统计学人士的批评；而且 SPSS 作为三大综合性统计软件之一，其统计分析功能与另外两个软件即 SAS 和 BMDP 相比仍有一定欠缺。

　　虽然如此，SPSS for Windows 由于其操作简单，已经在我国的社会科学、自然科学的各个领域发挥了巨大作用。该软件还可以应用于经济学、生物学、心理学、地理学、医疗卫生、体育、农业、林业、商业、金融等各个领域。

第 2 章

统计设计和统计调查

引导案例

人们在购买住房时是喜欢大户型还是小户型?对父母的孝敬程度与子女的性别有关系吗?国民在购买保险的时候,是选择国内的保险公司,还是选择国外的保险公司? 这些都是我们感兴趣的问题。为了回答这些问题,就需要对相关数据进行收集与分析。这就是说,当研究的目标问题确定之后,就需要考虑为进行研究收集所需要的数据,主要包括:从哪里获得数据? 如果需要调查,应当选择怎样的被调查者? 选中被调查者之后,如何实施调查? 有些研究问题,还需要通过实验的方法获得数据,怎样使用实验方法获得数据? 所得到的这些数据的准确性如何? 如果不准确,误差是怎样产生的? 能否可以消除或者控制误差? 这些工作都是一项完整的统计研究活动不可缺少的环节。

本章学习目标

1. 了解统计设计的概念、种类及基本内容。
2. 熟悉指标体系及统计表设计的基本要求。
3. 掌握统计调查的方案和基本方法,可以初步根据调查目的和客观实际情况,正确地采用调查方法,组织收集准确、及时的统计资料。

2.1 统计设计的概念和内容

2.1.1 统计设计的概念

统计设计是根据统计研究对象的性质和研究目的,对统计工作各个方面和各个环节通盘考虑和安排,制定各种设计方案的过程。这里的统计工作各个方面是指统计研究对象的各个组成部分:就工业企业的生产经营活动而言,包括人力、财力和物力,供应、生产和销售;就整个社会经济发展来说,包括人口、环境、资源等条件和生产、分配、流通、消费等扩大再生产的过程,还包括政治、文化、教育、科学、卫生、体育等社会活动。而统计工作的各个环节是指统计工作具体进行时的各个阶段,包括统计资料的收集阶段,统计资料的汇总与整理阶段,统计资料的分析研究、提供和公布阶段等。

统计设计是一个独立的阶段,是由社会经济发展和统计研究的进步所决定的。只有通过统计设计,才能使统计工作有的放矢,保证统计工作协调、统一、顺利进行,避免统计标准的不统一,即达到可比性的要求;只有通过统计设计,才能按需要与可能,分清主次,采用各种统计方法,避免重复和遗漏,使整个统计工作有章可循。

2.1.2　统计设计的种类

（1）统计设计按其所包括的研究对象的范围，可以分为整体设计和专项设计。整体设计是指对整个统计工作进行的全面设计。整体设计的范围可大可小，可以是对一个企业、事业基层单位的统计工作的全盘设计，也可以是对整个国民经济范围的统计工作的全面规划和设计。专项设计是指对研究对象的某一部分的统计设计。例如，对一个企业有关人力、物资、供应、销售部分的统计设计就是专项设计。对国家工业、农业、交通运输业等的统计设计也是专项设计。

整体设计是主要的，专项设计从属于整体设计。两者的划分是相对的。例如，从全社会来看，工业统计设计是专项设计，但就以工业为独立的研究对象来说，工业统计设计则是一个整体设计。

（2）统计设计按其所包括的工作阶段，可以分为全过程设计和单阶段设计。全过程设计是从确定任务、内容、指标体系到分析研究的通盘考虑和安排。单阶段设计是就统计研究过程中的某一阶段的安排，如统计调查的设计、统计整理的设计、统计分析的设计等。

全过程设计偏重于安排各阶段的联系，单阶段设计则要细致地安排工作进度和方法。两者各有分工和侧重，相比之下，全过程设计是主要的，单阶段设计是以全过程设计为基础进行的。

（3）统计设计按其时期的长短，可以分为长期设计、短期设计和中期设计。长期设计是指 5 年以上的统计设计；短期设计是指 1 年或年度内的统计设计；介于短期设计和长期设计之间的属于中期设计。这种划分是从具体设计的组织工作安排来考虑的。

2.1.3　统计设计的内容

统计设计涉及统计工作的各个方面，内容非常广泛，而且许多内容需要根据统计工作的进程适当地进行调整和充实。一般来说，统计设计包括以下几方面的内容：

1. 明确统计研究的目的和任务

明确统计研究的目的和任务是统计设计的首要环节，也是确定统计内容和方法的出发点。如果目的不明确，任务不清楚，就无法确定要研究什么和怎样研究，其结果可能导致整个统计工作研究路线的偏离。因此，明确统计研究的目的和任务是统计设计的首要问题。

2. 确定指标和指标体系

指标和指标体系是认识客观事物的工具，也是统计设计的中心内容。无论何种类型的统计设计，都要解决指标和指标体系的设计问题。

3. 确定统计分类和分组

这里的分类和分组，指的是社会经济现象本身的分类和分组，如生产资料按所有制分类、国民经济按部门分类、人口按职业分类、人口按年龄分组、家庭按平均年收入分组等。

统计分类是一件很重要的工作，实际上是一种定性的认识活动。有些统计分类是很复杂的，需要统计设计人员具有广博的理论和实践知识，共同讨论制定出统一的分类目录，规定出对各种复杂情况的处理方法。

4. 研究设计统计表

为了科学、有序地显示统计资料，并从中找出规律性，必须根据统计研究的任务，合理地设计统计表。

5. 确定统计分析研究的内容

统计分析研究内容的设计，最主要的是科学地选定分析研究的题目。确定了题目之后，还要考虑用什么分析方法。此外，统计分析的设计还要考虑分析结果的表达形式。它可以是比较系统的书面分析报告，也可以是简明扼要的文字说明，还可以是鲜明生动的图表。这要根据指标的性质和服务对象来确定。

6. 制定统计调查方案

为了保证在调查过程中统一认识，使整个统计调查工作按既定的要求顺利进行，必须制定一个统一的调查方案。

7. 制定统计整理方案

统计整理是指根据统计研究的目的，将统计调查所得到的资料进行科学的分类和汇总，为统计分析准备系统化和条理化的综合资料的工作过程。统计整理工作是一种汇总性工作，制定整理方案实际上也就是制定统计汇总方案。一般来说，统计整理的基本内容在统计调查之前就要确定下来，并根据统计分析的需要设计统计汇总的具体内容，对这个汇总过程做出统一的规定。

8. 规定各个阶段的工作进度和时间安排

在统计设计过程中，需要对各阶段、环节和细节进行严格的规定。例如，统计调查阶段包括资料的登记、复查、质量抽查等工作；统计整理阶段包括资料审核、编码、汇总等工作；统计分析阶段包括资料的分布、报告等工作。所有工作都要规定完成的期限，可以设计出"工作进度图""统筹图""流程图"来具体规定明确的起止日期，以使各阶段、各环节的工作能够相互衔接和联系，按时、保质、保量地完成。

9. 考虑各部门和各阶段的配合与协调

在统计工作全过程中，各部门、各级对指标的口径、分类粗细等要求不同，因此，单纯制定统一的指标体系和设计分类、分组还不够，为了满足各方面的要求，必须考虑如何处理各部门之间的配合问题。

例如，统计调查、统计整理和统计分析是相互联系的环节，不同的指标又对应不同的收集资料的方法、不同的时间要求，也就需要不同的整理方法。而这些又决定于统计分析研究的目的和内容。因此，整体设计虽然不能完全代替单阶段设计，但是需要考虑到各个阶段之间的关联及其协调。

10. 统计力量的组织与安排

统计力量的组织与安排是保证统计工作顺利进行的一个重要的统计设计内容。从广义上讲，它包括职业统计机构和组织，统计机构与领导机关和其他业务机构的关系，包括非统计机构中统计活动和各种业务资料的利用。

从狭义上讲，统计力量的组织与安排是指专业统计机构的组织和统计力量的安排。具体来说，包括如何组织专业统计机构、各项工作如何分工、各安排多少人、各负什么职责、怎样既有分工又有合作、是否有必要定期轮换等。

2.2　指标和指标体系的设计

2.2.1　指标的概念和特点

在统计理论与实践中对指标的理解和使用一般有两种：一种是把指标理解为反映一定社会经济现象总体的某种数量特征的概念。例如，国内生产总值这个指标是指一个国家或一个地区的物质生产部门和非物质生产部门在一定时期（通常为一年）内提供的社会最终使用的产品和劳务的价值，不包括中间消耗的产品和劳务价值。它作为一个数量特征的概念综合反映了社会经济活动的总成果。这是统计理论和统计设计上所使用的指标的含义。在具体确定时，包括指标名称、计量口径和计算方法三个要素。另一种是把指标理解为反映总体现象的数量特征及其具体数值。例如，2017 年，我国 1.6L 及以下排量乘用车全年共销售1 684.60万辆，同比下降 1.1%，占乘用车销售市场的 68.86%。这是统计工作中经常使用的指标的含义。依此理解，它除包括上述三个构成要素外，还包括时间限制、空间限制和指标数值三个要素。如上所述，指标包括六个构成要素，这六个构成要素可以归结为指标概念和指标数值两个组成部分。

指标具有如下主要特点：

（1）数量性。指标是用数字表示客观现象量的特征的，不存在不能用数字表示的指标。

（2）综合性。指标是表示总体特征的数量表现，总体是由许多具有相同性质的个别事物构成的整体。总体的数量是其所包括的每个单位的标志值进行汇总和综合之后计算的，具有综合性。例如，零件总产量是每个工人生产的零件数加总计算的。

（3）具体性。指标不是抽象的，而是一定的具体的社会经济现象量的反映，不存在脱离质的内容的指标，指标是一定时间、地点、条件下的客观事实量的反映。

2.2.2　指标的种类

指标是认识和分析统计资料的重要手段和工具。对指标可以从不同角度进行分类，主要有以下几种：

（1）按指标说明的总体现象的内容不同，可以分为数量指标和质量指标。数量指标是反映社会经济现象的规模大小或数量多少的指标，其数值一般表现为绝对数，如人口数、企业数、商品销售额等。质量指标是说明总体性质和数量关系，表明总体内部构成、比例、发展变化速度和一般水平的指标，其数值一般表现为相对数和平均数，如人口的性别构成、出生率、死亡率、人口密度、职工平均工资、单位面积粮食产量等。

（2）按指标的表现形式不同，可以分为总量指标、相对指标和平均指标。总量指标是反映社会经济现象规模、水平或总量的指标；相对指标是表明两个有联系的指标数值之比的指标；平均指标是同质总体内标志总量与总体单位数相除的结果，表明总体各单位标志值一般水平的指标。

（3）按指标反映事物的性质不同，可以分为实体指标和行为指标。实体指标是指它所反映的事物具有实物形态，是客观存在的事物量的特征，如产品产量、劳动者人数、固定资产价值等指标。行为指标是指它所反映的是某种行为量的特征，如设备故障事故数、人员工伤事故数、违法犯罪行为数等指标。

（4）按指标在管理工作中的作用不同，可以分为考核指标和非考核指标。考核指标是反映用于定期或不定期的检查、评比、考核时使用的指标。非考核指标是指不作考核用的指标，主要指用于了解基本情况和一般分析研究的指标。

此外，指标还可以按其反映的时间状况不同分为时期指标和时点指标，按其数值取值依据不同分为客观指标和主观指标，按其计量单位的不同分为实物指标、价值指标和劳动指标等。

2.2.3　指标体系及其设计原则

一个指标只能表示社会经济现象某一总体特征或某一侧面的情况，为了全面系统地反映社会经济现象总体各方面的数量特征，必须设计科学的指标体系。指标体系是一系列相互联系、相互制约的指标所组成的整体。只有用指标体系才能从各个方面的相互联系中反映总体的全面情况。

因为指标体系是由一系列相互联系的指标组成的整体，所以，指标体系具有成套性特点，即不是单个指标简单组合，而是相互联系、相互制约的系列成套指标。指标体系还具有适用性特点，即指标体系不会脱离实际，它是切合实际需要，并与统计任务要求相适应，根据统计任务的需要建立的。

指标体系的设计是一个科学性很强的复杂工作。设计时要通盘考虑设置哪些指标才能全面、系统地反映所研究的社会经济现象，包括指标名称、含义、内容、计量的时间和空间、计量单位和计量方法等。一般地，设计指标体系时必须遵循以下原则：

1. 科学性原则

指标体系的设计，既要有科学理论的指导，又要符合客观对象实际，要从中国实际出发，设计出具有中国特色的指标体系。

2. 目的性原则

设计指标体系时要目的明确，既要包括能够反映社会经济现象和过程的各个方面、各个环节的指标，又要能提供分析研究经济中各种基本平衡的比例关系的数据，在适应宏观管理需要的同时满足国际统计对比的需要。

3. 联系性原则

指标体系的设计要从总体上全面考虑各指标之间的联系，即从指标口径、时间、空间、方法等各方面通盘考虑整个指标体系。

4. 统一性原则

指标体系的设计，既要考虑内部联系，又要考虑外部联系。内部联系是体系中各个指标之间关系的统一，外部联系主要是指标体系在计划、统计、会计和业务核算上的统一。

5. 可比性原则

设计指标体系时要考虑各地区、各部门、各时期和各国家之间对比的要求，同时保持一定的稳定性，更换主要指标时要慎重，采用逐渐代替的方法，并注意与以往资料的衔接。

以上是设计指标体系时的一般原则，具体设计时要充分考虑实际情况的复杂性。即使是对原有指标体系的改进，也必须遵守上述的原则。

21

2.3 统计表的设计

统计表是显示统计数据的一种方式。在日常生活中，阅读报纸杂志、看电视、浏览网页时，我们都能看到大量的统计表。统计表把杂乱的数据有条理地组织在一张简明的表格内，正确地使用统计表是做好统计分析的最基本技能，而充分利用和绘制好统计表是做好统计分析的基本要求。

2.3.1 统计表的构成

统计表是用于显示统计数据的基本工具。在数据的收集、整理、描述和分析过程中，都要使用统计表。许多杂乱的数据，既不便于阅读，也不便于理解和分析，一旦整理在一张统计表内，就会使这些数据变得一目了然、清晰易懂。

统计表的形式多种多样，一般由四个主要部分组成，即表头、行标题、列标题和数字资料，此外，必要时可以在统计表的下方加上表脚。表头在表的上方，说明统计表的主要内容。行标题和列标题通常在统计表的第一列和第一行，表示所研究问题的类别名称和指标名称。行标题和列标题也可以是时间，当数据较多时，通常将时间放在行标题的位置。统计表的其余部分是具体的数字资料。表脚通常在统计表的下方，主要包括资料来源、指标的注释和必要的说明等内容，如表 2-1 所示。

表 2-1　2017 年 1-6 月我国工程机械行业情况←——表头

项　　目	实际完成	同比增长（%）←——列标题
（甲）	（1）	（2）
行标题 {主营业务收入（万亿元） 利润总额（亿元）	12.51 8576	11.6 14.69　数字资料

资料来源：中国行业咨询网←——表脚

从内容上看，统计表由主体栏和叙述栏两个部分组成，主体栏反映统计表所要说明的单位、总体及其分组；叙述栏则说明主体栏的各种统计指标。例如，在表 2-1 中，（甲）栏是主体栏，（1）栏、（2）栏是叙述栏。一般来说，统计表的主体栏列在行标题的位置，叙述栏列在列标题的位置，但有时为了合理安排或阅读方便，也可以互换位置。

2.3.2 统计表的分类

（1）统计表按用途可以分为调查表、汇总表和分析表。调查表是指在统计调查中用于登记、收集原始统计资料的表格，只能记录调查单位的特征，不能综合反映总体的数量特征；汇总表又称整理表，是在统计汇总或整理过程中用于表现统计汇总或整理结果的表格，能够综合说明总体的数量特征，是提供资料的基本表式，如各种统计台账、手册、年鉴等；分析表是在统计分析中用于将整理所得的统计资料进行定量分析的表格，它通常是汇总表的延续，可以更加深刻地揭示社会经济现象的本质和规律。

（2）统计表按统计数列的性质可以分为空间数列表、时间数列表和时空数列结合表。空间数列表反映在同一时间条件下，不同空间范围内的统计数列，用以说明静态条件下社会经济现象在不同空间的数量分布（见表2-2）；时间数列表反映在同一空间条件下不同时间的统计数列，可以说明在空间范围不变的条件下社会经济现象在不同时间上的数量变动（见表2-3）；时空数列结合表则是同时反映上述两方面内容的统计表，既说明社会经济现象在不同空间上的数量分布，又说明其在不同时间上的数量变动（见表2-4）。

表 2-2　2016 年我国土地状况表

地　形	面积/万 km²
耕地	134.9
园地	14.3
林地	252.9
牧草地	219.4
其他农用地	23.7
居民点及工矿用地	31.8
交通运输用地	3.7
水利设施用地	3.6

资料来源：国家统计局，中国统计年鉴（2017）

表 2-3　流动人口数统计表　　　　　　　　　（单位：亿人）

年　份	人户分离人口	流动人口
2010 年	2.61	2.21
2011 年	2.71	2.30
2012 年	2.79	2.36
2013 年	2.89	2.45
2014 年	2.98	2.53
2015 年	2.94	2.47
2016 年	2.92	2.45

资料来源：国家统计局，中国统计年鉴（2017）

表 2-4　分地区电力消费量　　　　　　　　　（单位：亿 kW·h）

地　区 ＼ 年　份	2015 年	2016 年
北京	952.72	1 020.27
天津	800.60	807.93
河北	3 175.66	3 264.52
山西	1 737.21	1 797.18
内蒙古	2 542.87	2 605.03

资料来源：国家统计局，中国统计年鉴（2017）

（3）统计表按分组情况可以分为简单表、简单分组表和复合分组表。简单表是指总体未经任何分组的统计表，它只将总体单位简单排列或将现象的指标按时间顺序排列（见表2-2和表2-3）；简单分组表是指总体按一个标志进行分组后形成的统计表（见表2-4）；复合分组表是指总体按两个或两个以上标志分组后形成的层叠式的统计表（见表2-5）。

表 2-5 某年年末某地区人口数

按城乡和性别分组	人口数（万人）	比重（%）
城镇	2 783	72.74
男性	1 419	37.09
女性	1 364	35.65
农村	1 043	27.26
男性	532	13.90
女性	511	13.36
合计	3 826	100.00

2.3.3   统计表的设计原则

尽管计算机的应用使得对统计表的形式要求越来越少，但"科学、实用、简练、美观"仍然是设计统计表所要求的。具体来说，设计统计表时要遵循以下原则：

（1）要合理安排统计表的结构。行标题、列标题、数字资料的位置应安排合理。有时由于强调的问题不同，行标题和列标题可以互换，但应使统计表的横竖长度比例适当，避免出现过高或过长的形式。

（2）表头一般应包括表号、总标题和表中数据的单位等内容。总标题应该简明确切地概括出统计表的内容；如果表中的全部数据都是同一计量单位，可以放在统计表的右上角标示，若各指标的计量单位不同，则应该放在每个指标后或者单列出一列标明。

（3）表中的上下两条横线一般用粗线，中间的其他线要用细线，看起来清楚、醒目。一般来说，统计表的左右两边不封口，列标题之间一般用竖线分开，但行标题之间不必用横线隔开，表中尽量少用横竖交叉线。表中的数据有小数点时应以小数点对齐，而且小数的位数应该统一。对于没有数字的单元格，一般用"—"表示，一张填好的统计表不应该出现空白单元格，当数字为 0 时也要填写出来。

（4）在使用统计表时，可以在表的下方加上必要的注释，同时要注意标明资料来源，表示对他人劳动成果的尊重，以备读者查阅使用。

由于使用者的目的以及统计数据的特点不同，统计表的设计在形式和结构上会有较大的差异，但其设计上的基本要求则是一致的。

2.4   统计调查的概念和种类

2.4.1   统计数据的来源

从使用者的角度看，统计数据主要来自两条渠道：一条是数据的间接来源，即数据是由别人通过调查或实验的方式收集的，使用者只是找到它们并加以利用，称为数据的间接来源；另一条是通过自己的调查或实验活动，直接获得的第一手数据和资料，称为数据的直接来源。

1. 数据的间接来源

从收集的范围看，间接数据可以取自系统外部，也可以取自系统内部。数据取自系统外部的主要渠道包括：统计部门和各级政府部门公布的有关资料，如定期发布的统计公报，定期出版的各类统计年鉴；各类经济信息中心、信息咨询机构、专业调查机构、各行业协会和联合会

提供的市场信息和行业发展的数据情报；各类专业期刊、学术性研讨会上交流的有关资料；从
网络或图书馆查阅的相关资料等。取自系统内部的资料则主要包括业务资料，如与业务经营活动
有关的各种单据、记录，经营活动过程中的各种统计报表，各种财务、会计核算和分析资料等。

2. 数据的直接来源

虽然二手数据具有收集方便、收集速度快、收集成本低等优点，但是对于一个特定的研
究问题，二手资料的主要弱点是相关性和针对性不足，仅仅靠收集二手资料还不能回答所提
出的问题时，就要通过调查的方法和实验的方法直接获得一手资料。通过调查方法获得的数
据称为调查数据，通过实验方法得到的数据称为实验数据。

2.4.2　统计调查的概念及要求

从统计工作的全过程来看，统计调查是收集资料获得感性认识的阶段，它既是对现象总
体认识的开始，也是进行资料整理和分析的基础环节。

统计调查和一般的社会调查一样，同属于调查研究活动。统计调查是按照预定的统计任
务，运用科学的统计调查方法，有计划、有组织地向客观实际收集资料的过程。统计调查的
基本任务是，按照所确定的指标体系，通过具体的调查，取得反映社会经济现象总体全部或
部分单位以数字资料为主体的信息。这些信息是总体各单位有关标志的表现，是尚待整理、
进行系统化的直接资料，或有过初步整理，必须进行进一步系统化的间接资料。一般认为，
收集大量的、以数字资料为主体的信息是统计调查不同于一般社会调查的主要特征。

为了保证调查资料的质量，使其正确反映客观事物，要求统计调查必须具有准确性、及
时性、系统性和完整性。准确性是指调查资料客观地反映现象和过程本质的程度，这是保证
统计资料质量的首要环节；及时性即时效性，是指收集资料完成的时间符合该项调查所规定
的要求，尽快提供资料，以免贻误统计整理分析的时间；系统性是指所收集的资料有条理，
合乎逻辑，不杂乱无章，便于汇总；完整性是指调查单位不重复、不遗漏、尽量将所要求的
调查项目的资料收集齐全。

2.4.3　统计调查方案的设计

统计调查是一项系统工程，是一项繁重复杂、高度统一和科学的工作，一个全国性调查
往往涉及亿万人民群众，通常要动员成千上万的人协同工作，才能完成。因此，在调查之前
应该制定一个周密的调查方案，使得调查过程在纳入、认识、方法、步骤上达成统一意见，
以保顺利完成任务。设计统计调查方案是使统计调查有计划、有组织地进行的首要步骤，是
保证统计调查顺利进行的前提，也是正确、及时、完整取得调查资料的重要条件。一份完整
的调查方案，主要包括以下基本内容：

1. 调查目的

确定调查目的是一项统计调查方案首先要解决的问题。不同的研究目的和任务，决定着
不同的调查内容和范围。例如，对于农村经济情况既可以从农业生产方面来研究，也可以从
农民消费方面来考虑，还可以从农业生产成本、推广农业科技的经济效益等方面来研究。因
此，调查目的应尽可能规定得具体明确、突出中心。目的不明、任务不清，就无法确定调查
谁、调查什么、怎样调查，整个调查工作就会陷入盲目混乱的状态，造成资源的浪费。

26

2. 调查对象

有了明确的调查目的，就可以据此确定调查对象。调查对象就是应收集其资料的许多单位的总体。调查对象由调查目的所决定。例如，在人口普查中，调查对象是所有具有中华人民共和国国籍并在中华人民共和国境内居住的人。

在确定调查对象时，还必须确定两种单位，即调查单位和报告单位。调查单位就是在某项调查中登记其具体特征的单位，即调查项目的承担者。调查单位的确定取决于调查目的和调查对象。例如，在工业普查中，调查目的是了解各工业企业的生产经营状况，调查单位是每一个工业企业。

报告单位也叫填报单位，也是调查对象的组成要素，它是提交调查资料的单位，一般是基层企事业组织。如上例中，每一个工业企业就是报告单位。有时报告单位可能是住户、职工、学生等。

需要指出的是，调查单位与报告单位有时一致有时不一致。例如，进行工业设备普查，调查单位是各台设备，报告单位是每个工业企业。又如，某地区果树种植调查，调查单位是每一棵果树，而报告单位是农户或农场等上报统计资料的单位。正确地确定调查单位不仅能够保证对被研究对象统计的完整性和准确性，而且关系到调查结果资料整理的正确性，具有重要的意义。

码 2-1

3. 调查项目和调查表

调查项目又称调查纲要，就是依附于调查单位的基本标志，它完全由调查的目的任务和调查对象的性质特点所决定。通俗地说，调查项目就是向调查单位调查什么。在拟定调查项目时要注意以下三个问题：① 所选择的项目是调查目的所必需的项目，以免内容繁杂，即对于不必要或者虽然需要但没有可能取得资料的项目要加以限制。② 调查项目的含义要明确，并有统一的解释，以免被调查者按照各自不同的理解进行回答或产生误解，使调查结果无法汇总和进一步分析。③ 各个调查项目之间尽可能彼此联系和衔接，便于有关项目相互核对，提高调查资料的质量。

调查项目确定之后，就可以将其按照合理的顺序排列在表格上，以便于调查登记资料的规范化、标准化，这就构成了调查表。调查表是拟定调查方案的主要步骤，也是统计调查过程的基本手段。调查表一般有单一表和一览表两种形式。单一表是每个调查单位填写一份，可以容纳较多的项目，但在项目很多的情况下并不适用；一览表是把许多调查单位填列在一张表上，在调查项目不多时较为简便。调查表的设计要少而精，醒目的措辞要明确，避免模棱两可，形式上还要使被调查者易填易答。

4. 调查时间和调查时限

调查时间是调查资料所属的时间。如果所调查的是时期现象，调查时间就是资料所反映的起讫日期；如果调查的是时点现象，调查时间就是调查规定的统一的标准时点。调查时限是进行调查工作的期限，包括收集资料及报送资料的整个工作所需要的时间。例如，企业 2013 年经济活动成果年报呈报时间规定在 2014 年的 1 月底，则调查时间为 1 年，调查时限为 1 个月。

码 2-2

5. 调查的组织

在调查方案中，还必须研究确定调查的组织工作计划，使调查工作的进行有组织上、措施上的强有力保证。其内容主要包括：调查工作的领导机构，调查人员的组织，调查资料报送办法，调查前的试点和宣传教育工作，调查文件的准备，调查经费的预算和开支，调查方案的传达布置及其他工作等。

2.4.4　统计调查的种类

社会经济现象是错综复杂的，并且处于不断变动之中。因此，根据不同的调查目的和调查对象的特点，选择合适的调查方法，是统计调查的重要问题。根据不同情况，统计调查可以分为不同的类别。

（1）根据被研究总体的范围，统计调查可以分为全面调查和非全面调查。这是统计调查最基本的分类。全面调查是指对被研究总体的所有单位都要调查到。普查、全面统计报表都属于全面调查。例如，为掌握国有企业生产经营活动情况，对所有国有企业无一例外地进行登记或观察。非全面调查则是指对被研究现象总体的一部分单位进行调查。抽样调查、重点调查和典型调查等都属于非全面调查。例如，为了掌握进出口商品的质量，取其一部分商品做检验。

（2）根据调查登记的时间是否连续，统计调查可以分为连续调查和不连续调查。连续调查是随着被研究现象的变化，连续不断地进行登记或观察。连续调查的资料说明了现象的发展过程，体现现象在一段时期的总量，如对工厂的产品生产、原材料的投放、个人的出勤、劳动工时等，必须在观察期内连续登记。不连续调查是指间隔一段时间后所进行的登记。例如，人口数量、生产设备拥有数量、工业生产总值等现象，短期内不会发生巨大的变化，不必连续进行登记和观察，只要经过一段时间登记其某时刻或某一天的数量即可，反映了现象在一定时点上的发展水平，又可以称为一次性调查。

（3）根据收集资料的方法不同，统计调查可以分为直接调查、访问调查、报表调查、问卷调查和网络调查。

直接调查又称直接观察，是指调查人员亲自到现场对调查单位的直接察看、测定、计量以取得统计资料的统计调查方法。例如，为了及时了解销售商品的质量，由调查者亲临商场，检查商品，辨认真伪等。直接调查所取得的资料具有较高的准确性，但是需要大量的人力、物力、财力和时间，这使它的运用受到了一定的限制。

访问调查是通过指派调查员对被调查者询问、采访，根据被调查者的回答来收集统计资料的一种调查方法，如电话调查、街头拦截调查、入户调查、深度访谈调查等都属于访问调查。这种方法由于双方的直接接触，可以收集到详细而深入的信息，准确程度也较高，但调查费用大，时间长，而且对调查人员的素质要求较高。典型资料的收集、人口调查、一些专题性个案调查可以采用访问调查。

报表调查是由报告单位根据各种原始记录和核算凭证，依照统计报表的格式和要求，按照隶属关系，逐级向有关部门提供资料的调查方法。我国现有的企事业单位所填写的统计报表就是这种方法。如果报告系统健全，原始记录和核算工作完整，报表调查也可以取得比较准确的资料。

问卷调查是指在初步分析调查对象的基础上，随机或有意识地选择若干调查单位，发出问卷，要求被调查者在规定时间内反馈信息，以对全部调查对象形成整体性的认识。例如，我国每年要进行四次企业景气度调查，就是从全国企业中随机抽取 1 000 家不同行业、不同类型、不同规模的企业，采取问卷调查的方法，让企业对宏观环境和自身环境做出判断。实施问卷调查的关键是科学合理地进行问卷的设计，同时要尽量设法提高回答率和回答质量。

网络调查是借助于网络技术所提供的各种工具，收集传递有关的统计数据资料。网络调查方法有数据传输的即时性、信息形式的多样性、发布范围的广泛性等诸多优点，但是需要对网络调查的被调查者的代表性加以关注。

2.5　统计调查的基本方法

随着社会主义市场经济体制的建立和发展，面对多种经济成分、多种经济类型、多种经营方式等复杂多样的调查对象，统计调查的组织方式要适应客观形势要求，明确各种调查方法的含义及其特点并加以科学地选择和应用，才能保证统计调查获得反映客观实际的材料。统计调查的基本方法一般包括普查、抽样调查、重点调查和典型调查、统计报表。各种方法在统计调查中的地位随着不同历史时期而变动。1994 年全国统计工作会议提出，要建立以必要的周期性普查为基础，经常性的抽样调查为主体，同时辅以重点调查、科学推算和少量的全面报表综合运用的统计调查方法体系。

码 2-3

2.5.1　普查

1. 普查的意义

普查是专门组织的、一般用来调查属于一定时点上社会经济现象数量特征的全面调查，如全国人口、全部生产设备、科技人员总数、第三产业状况等。普查也可以用来反映一定时期的现象的总量，如出生或死亡人口总数等。

普查往往在全国范围内进行，新中国成立以来，我国在社会经济领域不定期进行过多次普查，特别是近十年来进行的人口普查、全国城镇房屋普查、全国工业普查、第三产业普查等都是我国有史以来规模较大的国情国力调查。

普查是一种很重要的调查方法，是其他方法不可替代的。在统计调查方法体系中之所以要以普查为基础，是因为普查能掌握全面、系统的国情国力统计资料，是进行社会主义现代化建设的一项十分重要的基础工作。尤其是了解一个国家人力资源、物资资源和财力资源的数量及其利用情况，对于国家从实际情况出发制定国民经济和社会发展计划及产业政策，加强国民经济管理，安排人民物质和文化生活具有重要的意义。

有一些社会经济现象，例如人口年龄构成变化、物资库存、耕地面积、工业设备等情况不可能也不需要组织经常性的全面调查，而在我国经济建设中，又必须掌握这方面比较全面详细的资料，这就需要通过普查来解决。为了搞清有关国情、国力的重要数字，分期分批地进行专项普查。历年来，我国比较重要的普查包括：1953 年第一次全国人口普查，1954 年黑色金属、有色金属和木材库存普查，1954 年以后所进行的多次物资库存普查，1955 年私营商业及饮食业普查，1964 年第二次全国科技售货员普查，1977 年全民所有制单位实际用工人数普查，1978 年全国科技人员普查，1982 年第三次全国人口普查，1985 年第二次全国工业普查，1990 年全国第四次人口普查，2000 年第五次人口普查，2010 年第六次人口普查等。

码 2-4

2. 普查的基本原则和要求

进行普查工作必须十分重视调查项目、调查时间和调查方法上的集中和统一，同时要求有较高的准确性和时效性，因而普查工作必须有统一领导、统一要求和统一行动。具体的要求和基本原则如下：

（1）统一规定调查资料所属的标准时间。所谓标准时间，即规定某日或某日的某一时刻为登记普查对象有关资料的统一时间，这样才能避免收集的资料因为自然变动或机械变动而产生重复和遗漏现象。例如，我国几次全国人口普查都统一规定以 7 月 1 日零时为标准时间，如果家庭在零时之前有人亡故或在零时之后有孩子出生均不加以登记，只有这样，才能把该时刻人口的实际情况像照相一样把它反映出来。

（2）在普查范围内各调查单位应该尽可能同时进行调查，并尽可能在最短期限内完成，以便在方法上、步调上取得一致，保证调查资料的真实性。调查时限应尽量紧挨标准时间，调查登记工作拖延越久，调查所取得的时点资料越容易发生错误，还会影响汇总分析工作。例如，我国第六次人口普查规定，从 2010 年 11 月 1 日开始到 11 月 10 日以前结束，调查时限为 10 天。

（3）调查项目一经统一规定，不能任意改变或增减，以免影响汇总综合，降低资料质量。同一种普查再次进行时，项目的规定也应该力求一致。

另外，现实中的普查多数是不定期的、一次性进行的，但是某些普查，特别是人口普查应该尽可能按一定周期进行，以便历次普查资料的对比分析。

2.5.2　抽样调查

抽样调查是按随机原则，从总体中抽选部分单位进行观察，并根据这部分单位的调查资料，从数量方面推断总体指标的一种非全面调查。有时候认识总体也未必需要对每个单位进行全面调查，例如，要根据棉花纤维长度来判断某种棉花的质量，当然不可能对成批棉花的每一根纤维都加以检测。因此，对于无限总体或总体单位分散的调查来说，抽样调查有着其他调查无法代替的优越性。

抽样调查是一种代表性调查，它是通过样本的调查来推断总体的方法。抽样调查既是非全面调查，又要达到对总体数量特征的认识，这一特点使它既不同于全面调查，又与其他非全面调查有显著的区别。

有关抽样调查的理论和方法，将在第 7 章加以详述。

码 2-5

2.5.3　重点调查与典型调查

1. 重点调查

重点调查是指在调查对象中，只选择一部分重点单位进行的非全面调查。重点单位着眼于调查对象量的方面，尽管这些单位在全部单位中只是一部分，但是它们的某一主要标志的标志总量在总体标志总量中占有绝大比重。例如，产量作为煤矿的主要标志，对大型煤矿的产量及劳动生产率和生产成本进行调查；对大中型项目投资效果进行调查；对大城市进行农副产品市场商品价格的调查；对某市零售额最大的四家商场进行商品销售量和销售额的调查，等等。

可见，重点调查中的重点单位并非战略目标的重点建设项目、重点工程的单位，它不完全等同于工作重点。对重点单位的选择着眼于被研究现象主要标志总量的比重，因而它的选择不带有主观因素。

重点调查实质上是范围比较小的非全面调查，它的目的是反映现象总体的基本情况。一般来说，当调查任务要求掌握基本情况、基本趋势，调查对象又具有明显的重点单位时，采用重点调查比较适宜。而且根据调查目的和任务不同，重点单位可能是一些企业、行业，也可能是一些地区、城市，可能定期进行，也可能是一次性的。由于重点调查单位比较少，就允许调查项目多一些，所了解的信息详细一些。

码 2-6

2. 典型调查

典型调查是根据调查目的和要求，在对所研究总体全面分析的基础上，有意识地从中选择少数具有典型性的单位进行深入调查研究的一种非全面调查。其特点在于，调查单位是根据调查的目的和任务，在对现象总体进行全面分析的基础上有意识地选择出来的。显然，典型调查单位的确定与其他非全面调查相比较，更多地取决于调查者主观的判断与决策。由于社会经济现象的复杂性和期望判断结果尽可能准确些，就要求被选择的各个典型单位应该在总体所要研究的特征中最具有代表性，即利用典型调查资料来推算总体数量可靠程度取决于所选典型单位的代表性大小。

典型调查是一种比较灵活的调查方法，既可以用于收集统计资料，又可以掌握各种生动、具体的情况。具体的方法大体可以分为两种：一种是对个别典型单位进行的调查研究，称为解剖麻雀式的典型调查；另一种是对现象总体按与研究目的、任务有关的主要标志划分类型，然后再在类型组中选择典型单位进行调查，这种方法又称为划类选典式的典型调查。在实际的统计工作中，基本上是运用这两种典型调查方法来推算和估计总体数量特征的。

码 2-7

2.5.4　统计报表

统计报表是按国家统一规定的标志、统一的指标项目、统一的报送时间，自下而上逐级定期提供基本统计资料的一种调查方法。统计报表也是一张调查表，报表中的指标项目就是调查项目。我国大多数统计报表要求调查对象全部单位填报，属于全面调查范畴，所以又称全面统计报表。统计报表的格式应力求清晰明确，每一张表都要明确规定以下几点：表名、表号、报告期、报送单位、报送日期、报送方式、单位负责人和填表人签名等。

统计报表制度建立在各项原始记录的基础上。原始记录是基层单位通过一定的表格形式，对生产和业务管理活动所进行的第一手记录。各种原始记录在企业管理工作中的地位非常重要，它不仅是贯彻执行统计报表制度的重要条件，还是企业会计核算和业务核算的依据。企业的原始记录是十分完备的经济技术档案，对于系统积累资料，摸索企业生产规律有重要意义。

本章小结

统计设计是根据统计研究对象的性质和研究目的，对统计工作各个方面和各个环节通盘考虑和安排，制定各种设计方案的过程。统计设计包括以下几方面的内容：明确统计研究的目的和任务；确定指标和指标体系；确定统计分类和分组；研究设计统计表；确定统计分析研究的内容；制定统计调查方案；制定统计整理方案；规定各个阶段的工作进度和时间安排；考虑各部门和各阶段的配合与协调；统计力量的组织与安排。一份完整的调查方案，主要包括调查目的、调查对象、调查项目和调查表、调查时间和调查时限、调查的组织。统计调查的基本方法主要包括：普查、抽样调查、重点调查和典型调查、统计报表。

复习思考题

一、概念题

普查　统计报表　抽样调查　重点调查　典型调查　调查方案

二、简答题

（1）什么是统计设计？它有哪几种类型？

（2）统计设计的主要内容是什么？

（3）指标的特点是什么？它有哪些分类？

（4）设计指标体系时应该遵循哪些原则？

（5）设计统计表时应该注意哪些问题？

（6）什么是统计调查？它在统计工作中的地位如何？

（7）什么是调查对象、调查单位和报告单位？三者关系如何？

（8）统计调查有哪几种类型？

（9）普查、重点调查、典型调查和抽样调查各自的含义和特点是什么？

（10）什么是统计报表？它的作用是什么？

三、练习题

1. 判断题（把"√"或"×"填在题后的括号里）

（1）为了研究某市的超市经营情况及存在的问题，需要对全市的超市进行全面调查。那么，该市所有的超市就是调查对象，每一个超市是调查单位。　　　　　（　　）

（2）全面调查就是对调查对象的各方面都进行调查。　　　　　（　　）

（3）我国人口普查的总体单位和调查单位都是每一个人，而报告单位是户。　（　　）

（4）我国第六次人口普查规定 2010 年 11 月 1 日零时为登记的标准时点，要求 2010 年 11 月 10 日以前完成普查登记。调查期限为 10 天。　　　　　（　　）

（5）对一个企业来讲，整个企业统计工作的通盘安排是整体设计，而人力、物资、资金、生产等方面的设计就是单阶段设计。　　　　　（　　）

（6）对连续大量生产的某种产品进行质量检验，最恰当的方法应该为抽样调查。　（　　）

2. 单选题

（1）统计研究过程大体上可以分为（　　）几个阶段。

　　A. 统计调查、统计整理和统计分析

　　B. 统计设计、统计调查和统计整理

　　C. 统计设计、统计调查、统计整理和统计汇总

　　D. 统计设计、统计调查、统计整理和统计分析

（2）重点调查、典型调查、抽样调查的根本区别是（　　）。

　　A. 调查对象包括的范围不同　　　　B. 调查的组织形式不同

　　C. 确定调查单位的方法不同　　　　D. 收集资料的方法不同

（3）统计设计按工作阶段可分为（　　）。

　　A. 整体设计和专项设计　　　　　　B. 长期设计和短期设计

　　C. 全过程设计和单阶段设计　　　　D. 整体设计和单阶段设计

（4）下列调查属于全面调查的是（　　）。

A. 到某大豆产地了解油料作物的生产情况

B. 对宝钢、鞍钢、首钢等全国重点钢铁生产企业进行调查

C. 对一批出口水果罐头的质量进行抽查

D. 对某市全部工业企业生产经营情况的调查

（5）连续调查与不连续调查的划分依据是（　　）。

A. 调查的组织形式不同　　　　　　　　　B. 调查登记的时间是否连续

C. 调查单位包括的范围是否全面　　　　　D. 调查资料的来源不同

（6）对某地区饮食从业人员的身体健康状况进行调查，调查对象是该地区饮食业的（　　）。

A. 全部网点　　　　　B. 每个网点　　　　　C. 所有从业人员　　　　D. 每个从业人员

3. 多选题

（1）统计调查方法包括（　　）。

A. 普查　　　　　　　B. 统计报表　　　　　C. 重点调查

D. 抽样调查　　　　　E. 典型调查

（2）下列论述中正确的有（　　）。

A. 普查和统计报表都是全面调查

B. 重点调查、典型调查、抽样调查都是非全面调查

C. 连续调查都是定期调查

D. 不连续调查都是不定期调查

E. 抽样调查是我国收集资料的主要方式

（3）下列情况的统计调查，属于连续调查的有（　　）。

A. 商品销售额　　　　B. 运输部门货物周转量　　　　C. 每年新出生人口数

D. 某高校毕业生人数　E. 突发性自然灾害造成的后果与善后处理

（4）下列情况的统计调查，属于不连续调查的有（　　）。

A. 某地区耕地面积　　B. 某县的粮食总产量　　C. 学校年底在校学生人数

D. 某工业局的工业企业数　　　　　　　　E. 企业拥有的固定资产总额

软件应用——SPSS 数据文件的建立和基本编辑

自 20 世纪 60 年代 SPSS 诞生以来，为适应各种操作系统平台的要求经历了多次版本更新，各种版本的 SPSS for Windows 大同小异，都可以作为统计分析应用试验活动的工具。

一、数据编辑窗口

我们选择汉化版的 SPSS 软件进行说明。启动 SPSS 后看到的第一个窗口便是数据编辑窗口，如图 2-1 所示。在数据编辑窗口中可以进行数据的录入、编辑以及变量属性的定义和编辑，是 SPSS 的基本界面。主要由以下几部分构成：标题栏、菜单栏、工具栏、编辑栏、变量名栏、观测序号、窗口切换标签、状态栏。

（1）标题栏：显示数据编辑的数据文件名。

（2）菜单栏：通过对这些菜单的选择，用户可以进行几乎所有的 SPSS 操作。

（3）工具栏：为了方便用户操作，SPSS 把常用的命令放到了工具栏里。当鼠标停留在某个工具栏按钮上时，会自动跳出一个文本框，提示当前按钮的功能。另外，如果用户对系统预设的工具栏设置不满意，也可以用"视图"→"工具栏"命令对工具栏按钮进行定义。

（4）编辑栏：可以输入数据，以使它显示在内容区指定的方格里。

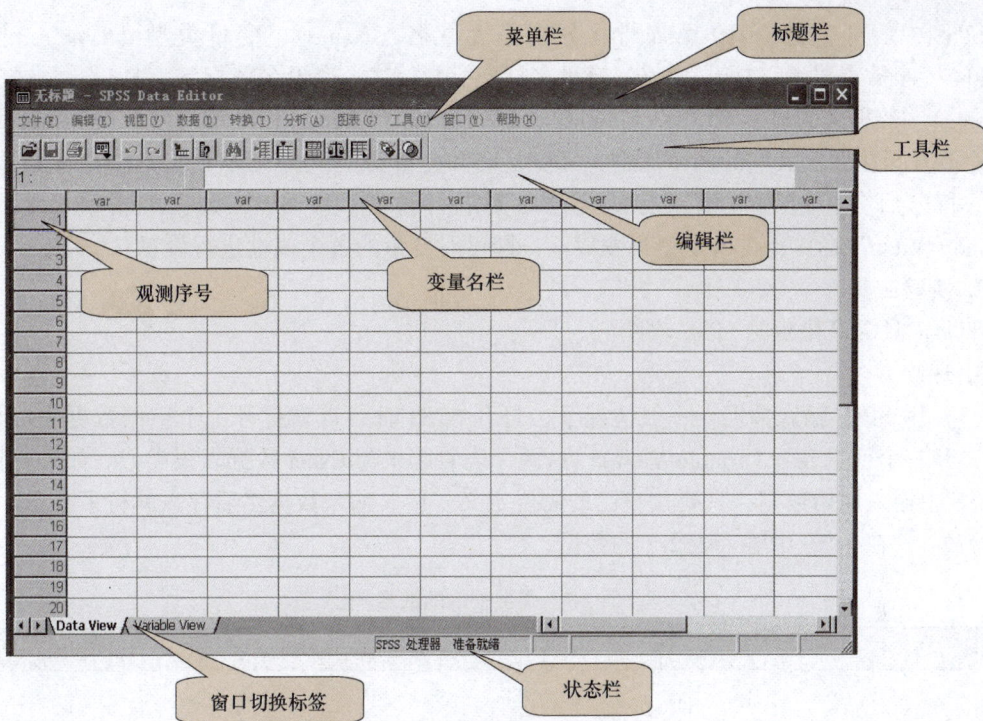

图 2-1　数据编辑窗口

（5）变量名栏：列出了数据文件中所包含变量的变量名。

（6）观测序号：列出了数据文件中的所有观测值。观测的个数通常与样本容量的大小一致。

（7）窗口切换标签：用于"Data View"（数据视图）和"Variable View"（变量视图）的切换。即数据浏览窗口与变量浏览窗口的切换。数据浏览窗口用于样本数据的查看、录入和修改。变量浏览窗口用于变量属性定义的输入和修改。

（8）状态栏：用于说明、显示 SPSS 当前的运行状态。SPSS 被打开时，将会显示"SPSS 处理器准备就绪"的提示信息。

二、SPSS 数据文件的建立

1. 基本原理

SPSS 数据文件是一种结构性数据文件，由数据的结构和数据的内容两部分构成，也可以说由变量和观测两部分构成。一个典型的 SPSS 数据文件结构如表 2-6 所示。

表 2-6　SPSS 数据文件结构

变量	姓名	性别	年龄(岁)	…
	张三	1	45	…
	李四	2	23	…
观测	⋮	⋮	⋮	⋮
	⋮	⋮	⋮	⋮
	王五	2	45	…

（数据内容）

SPSS 中的变量共有 10 个属性，分别是变量名（Name）、变量类型（Type）、长度（Width）、小数点位置（Decimals）、变量名标签（Label）、变量名值标签（Value）、缺失值（Missing）、数据列的显示宽度（Columns）、对齐方式（Align）和度量尺度（Measure）。定义一个变量至少要定义它的两个属性，即变量名和变量类型，其他属性可以暂时采用系统默认值，待以后分析过程中如果有需要再对其进行设置。在 SPSS 数据编辑窗口中单击"Variable View"标签，进入变量视图界面，即可对变量的各个属性进行设置。

2. 实验工具

实验工具为汉化版的 SPSS 软件。

3. 试验方法

（1）用 SPSS 输入数据。一般情况下，打开 SPSS 时会自动打开一个空的数据表（Data View）和一个变量表（Variable View）。这两个表看起来与 Excel 数据表很类似。如果要直接在 SPSS 中输入原始数据，只要按自己的需要定义变量、输入数据然后存盘就行了。

例 2-1　在 SPSS 中输入表 2-7 的数据。

表 2-7　需要输入的数据

编　　号	班　　级	性　　别	英语成绩（分）	数学成绩（分）	计算机成绩（分）
1	1	0	85	77	88
2	1	1	90	80	86
3	2	0	87	82	80
4	2	1	69	72	82
5	3	0	78	70	79
6	3	1	93	89	90
7	4	0	83	80	83
8	4	1	91	75	89

输入数据最好先对变量进行定义。变量表是 SPSS 中的一个很具特色的操作界面，在这里你可以非常方便地定义变量的各种属性。在第一列中依次输入"编号""班级"等六个变量名，你会看到 SPSS 会自动为这些变量的其他属性赋予系统默认值。当然可以进行必要的修改，如我们这里把小数位设为 0，也可以为变量加上标签，以对变量的含义进行更详细的说明。在输出结果中可以让 SPSS 输出变量的标签。

SPSS 允许通过定义数值标签对变量值进行定义。现以"班级"这个变量为例加以说明。在变量视图中（Variable View）单击"班级"变量的"数值"单元格的右侧，会弹出一个"数值标签"的对话框，如图 2-2 所示。在定义标签对话框中有三个小矩形框。在第一个矩形框中输入"1"，在第二个矩形框中输入"统计"，这时"增加"按钮变亮，单击"增加"按钮，下面的清单中显示 1 = "统计"。按照这种方法继续定义 2 = "经济"、3 = "金融"、4 = "会计"。

变量定义好以后，就可以在数据表中依次输入数据了。对于定义了数值标签的变量，单击工具栏中的 🏷 按钮可以显示数值标签，再单击一下则可以显示数值。当然，也完全可以先在数据表中输入数据，然后再对变量属性进行必要的定义。

（2）用 SPSS 读入外部数据。在很多应用中需要用 SPSS 读入其他格式的数据，如 Excel

格式、文本文件格式等。完成这一任务有多种方式，而在数据量不大的情况下最简便的方式可能是"复制" + "粘贴"。

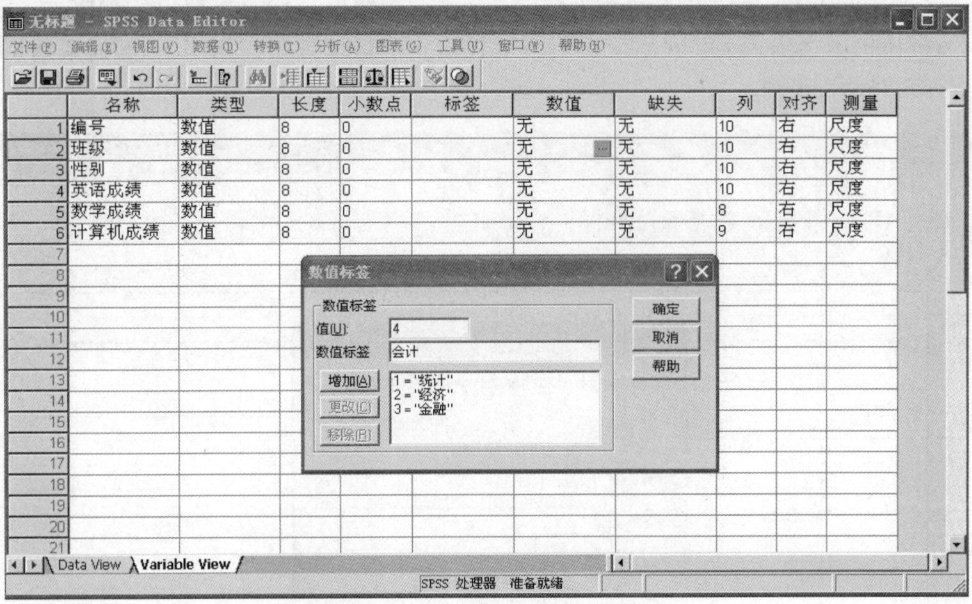

图 2-2　在 SPSS 中定义数值标签

SPSS 可以直接读取多种格式的数据。用 SPSS 读取 Excel 数据的步骤是：用鼠标选择工具栏中的"文件"命令中的"打开"→"数据文件"，将文件类型改为"Excel（∗.xls）"，找到你要打开的文件名，单击"打开"按钮，如图 2-3 所示。在随后的对话框中选择要打开

图 2-3　SPSS 打开 Excel 文件对话框

的数据表（因为 Excel 文件中可能包含多个数据表），如有需要可再给定数据区域。如果数据表中不包含变量名，则取消选定 "Read variable names from the first row of data." （从数据的第一行读取变量名）选项，单击 "OK" （确定）按钮就可以了，如图 2-4 所示。注意，如果 Excel 中的数据格式不够规范，SPSS 可能无法正确读取数据，在用 SPSS 读入数据后要仔细审查数据是否正确。

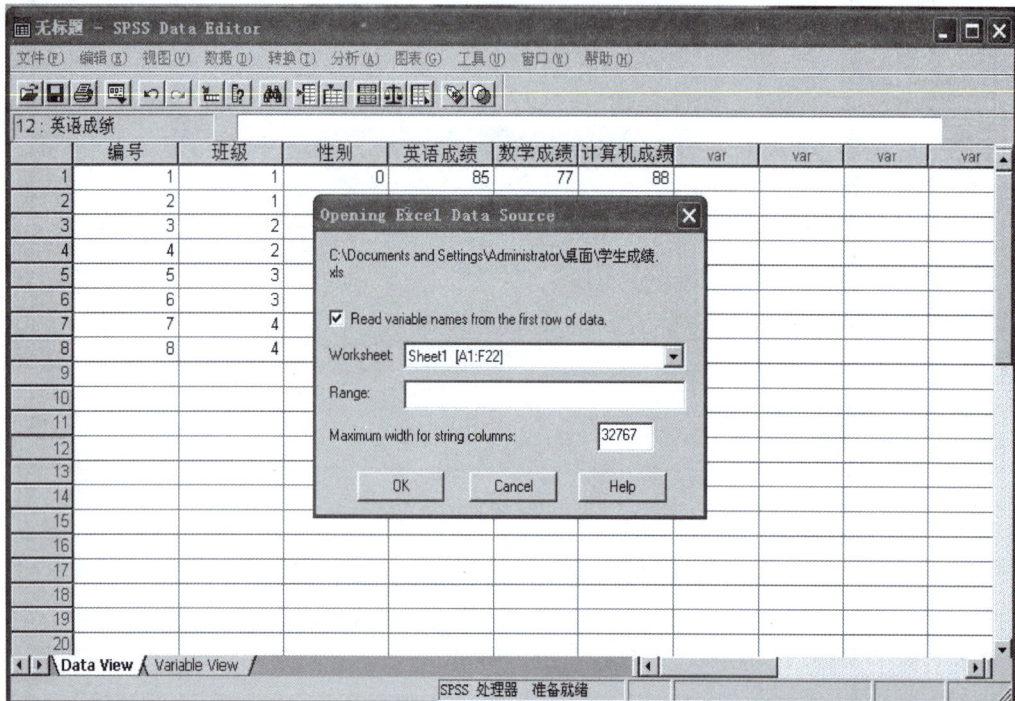

图 2-4　打开 Excel 数据源选项对话框

SPSS 可以把数据存储为多种格式，SPSS 格式的数据文件扩展名为 ".sav"。当把 SPSS 数据文件存储为其他格式时，大部分情况下变量标签、数值标签定义会丢失。

三、SPSS 数据文件的基本编辑

1. 基本原理

SPSS 数据文件的基本编辑主要包括对数据文件进行排序、筛选、转置、函数计算、重新编码等。

2. 实验工具

实验工具为汉化版的 SPSS 软件。

3. 试验方法

（1）用 SPSS 进行数据的排序、筛选和转置。

例 2-2　用 SPSS 对例 2-1 中输入的数据进行排序和筛选。

用鼠标选择"数据"命令中"观测量排序"，会弹出如图 2-5 所示的对话框。选中"英语成绩"，单击中间的黑三角，把这个变量移至右面的矩形框中（这个过程也可以通过双击"英语成绩"完成）。再选择排序方式（升序或降序），单击"确定"按钮就可以了，如果

对其他成绩进行排序，用类似步骤即可完成。

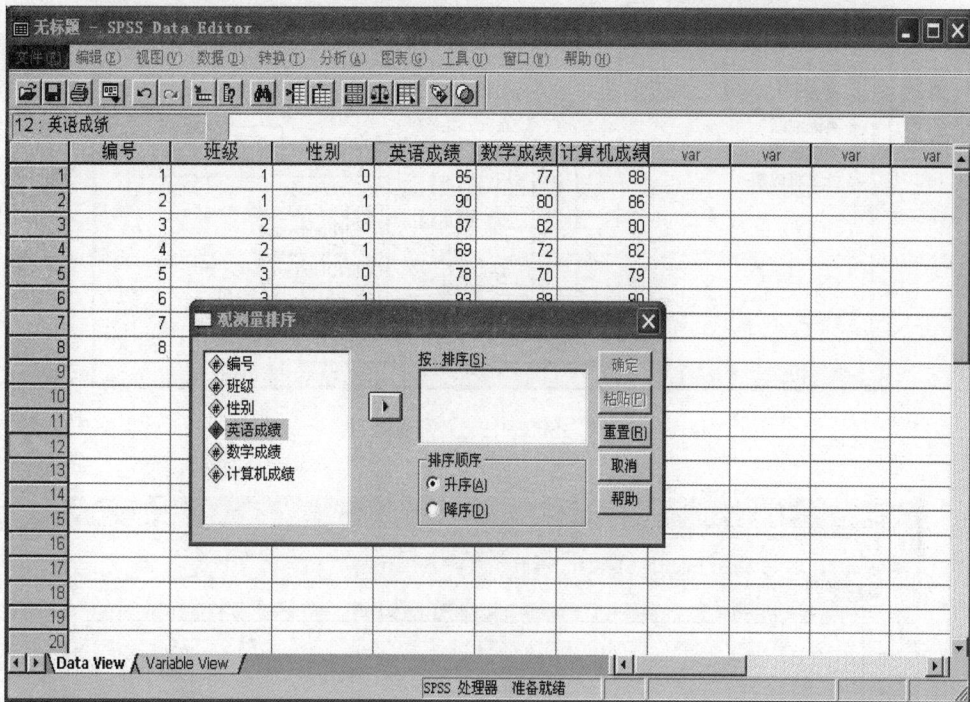

图 2-5 SPSS 对数据进行排序

在数据分析中我们常常需要对数据的一个子集进行分析。这时需要首先从数据集中筛选出符合条件的数据。

假设我们需要筛选出英语成绩在 85 分以上的女生进行分析，选择"数据"命令中的"观测量选择"，进入"选择观测量"对话框（见图 2-6）。选择"如果满足条件"，然后单击"如果"按钮进入"选择观测量：如果"对话框（见图 2-7），在该对话框中的条件表达式栏中输入"英语成绩 >85 & 性别 =1"的条件表达式，单击"继续"按钮，在"选择观测量"对话框中单击"确定"按钮。筛选的结果如图 2-8 所示。未被选中的观测量的行号

图 2-6 用 SPSS 筛选数据

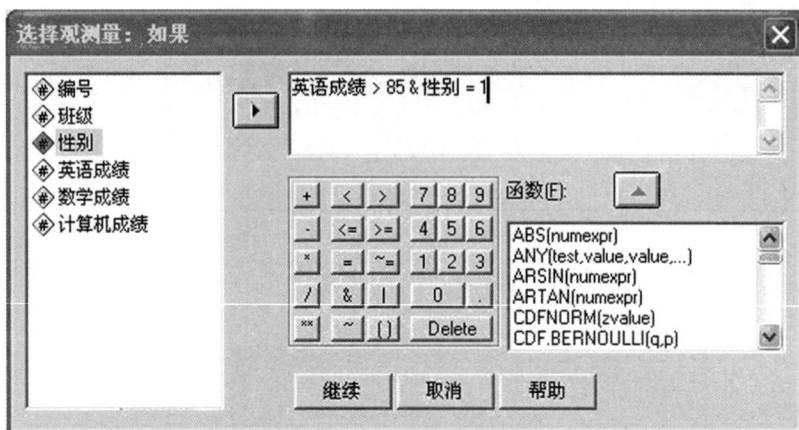

图 2-7 SPSS 中定义筛选条件

图 2-8 SPSS 筛选的结果

被打上了反斜杠（注意 SPSS 自动生成了一个筛选变量）。这样，在随后的分析中就会只对选中的观测量进行分析了。如果想再次选中全部观测量，只要打开图 2-6 所示的对话框，选择"所有观测量"就可以了。在图 2-6 所示的对话框中如果把"未选择的观测量"的选项改为"删除"，则 SPSS 会删除未被选中的观测量，删除的观测量无法恢复。SPSS 还可以用其他方法筛选数据，如从数据集中按一定比例随机选择数据、选择一定区域的数据等。

    SPSS 进行数据转置的命令是"数据"中的"行列转换"，选定需要转置的变量，单击"确定"按钮就可以了，SPSS 会产生一个新的数据文件，自动定义新的变量名和新变量的属性。

（2）用 SPSS 函数计算新的变量。

例 2-3　用 SPSS 计算总成绩。

单击"转换"菜单的"计算"命令会弹出如图 2-9 所示的对话框。通过这个对话框可以以现有的变量为基础，利用 SPSS 丰富的函数计算出新的变量。

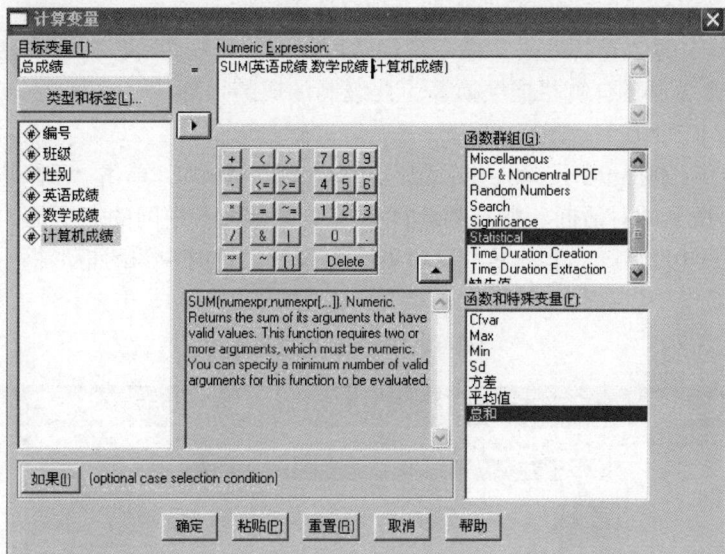

图 2-9　使用 SPSS 函数计算新变量

如果我们需要根据英语成绩、数学成绩和计算机成绩计算一个新的变量总成绩，则在"目标变量"的矩形框中输入新变量名"总成绩"，在右边的"函数群组"中选择"Statistical"（统计），在右下方的函数中选择"总和"函数，然后从左侧的变量表中把英语成绩、数学成绩和计算机成绩三个变量选到函数的参数中。单击"确定"按钮，新的变量就计算出来了，如图 2-10 所示。平均成绩的计算也可以用类似的步骤计算得到。

图 2-10　使用 SPSS 计算的结果

（3）用 SPSS 对变量进行重新编码。

例 2-4　使用 SPSS 对考试成绩的数据进行重新编码。

"转换"菜单中的"重新编码"命令也经常用到。这个命令可以对已有的数据进行重新编码。假设要把百分制的计算机成绩换算为九级制的成绩（59 分以下 = 1，F；60 ~ 64 分 = 2，D；65 ~ 69 分 = 3，D +；70 ~ 74 分 = 4，C；75 ~ 79 分 = 5，C +；80 ~ 84 分 = 6，B；85 ~ 89分 = 7，B +；90 ~ 94 分 = 8，A；95 分以上 = 9，A +）。单击"到不同变量"按钮，会得到如图 2-11 所示的对话框。把左侧计算机成绩变量选入中间的矩形框，在右侧的矩形框中输入变量名"九级制"，单击下面的"更改"按钮，这时中间的矩形框中会出现以下对应关系：

考试成绩──→九级制

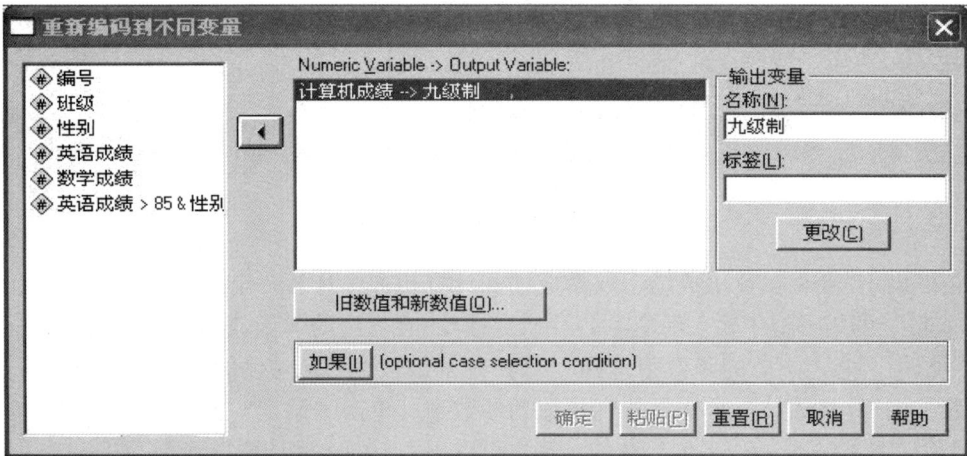

图 2-11　对数据重新编码的对话框

接下来单击"旧数值和新数值"按钮，会弹出如图 2-12 所示的对话框。我们可以用这个对话框来定义新旧数值的对应关系。在旧值栏中首先选择"范围：从最小到"的选项，在矩形框中输入 59，在新值中输入 1。这时"增加"按钮变亮，单击这个按钮，在右下方

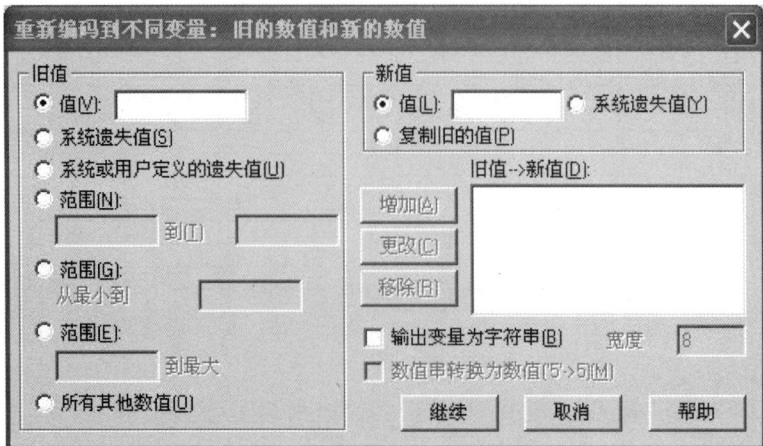

图 2-12　定义新旧数值的对应关系对话框

的矩形框中出现了"Lowest thru 59→1"（从最小到 59→1）的对应关系。接下来在左侧选择"范围"并输入"60"到"64"，在右侧输入新变量值 2，依次类推。最后一个区间选择"范围：到最大"并输入 95。产生的对应关系如图 2-13 所示。定义好这些对应关系以后，单击继续，再单击图 2-11 中的"确定"按钮，就可以完成重新编码的过程了。

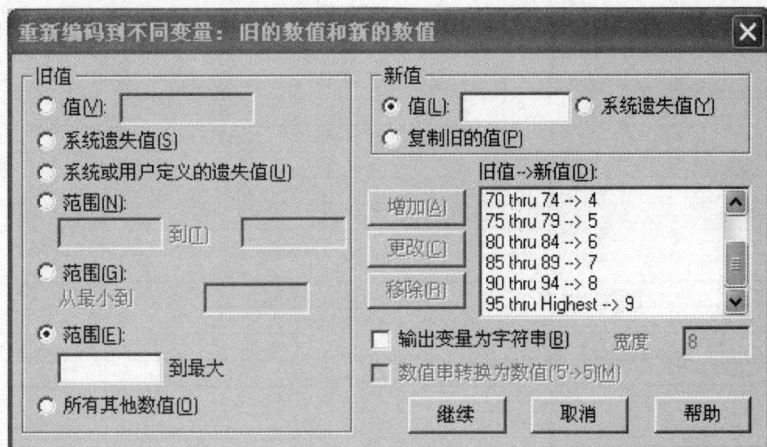

图 2-13　新旧值关系的对应

最后，用前面讲过的方法为新变量"九级制"加上数值标签：1 = "F"，2 = "D"，…，9 = "A +"，如图 2-14 所示，整个重新编码过程就完成了。计算结果如图 2-15 所示。

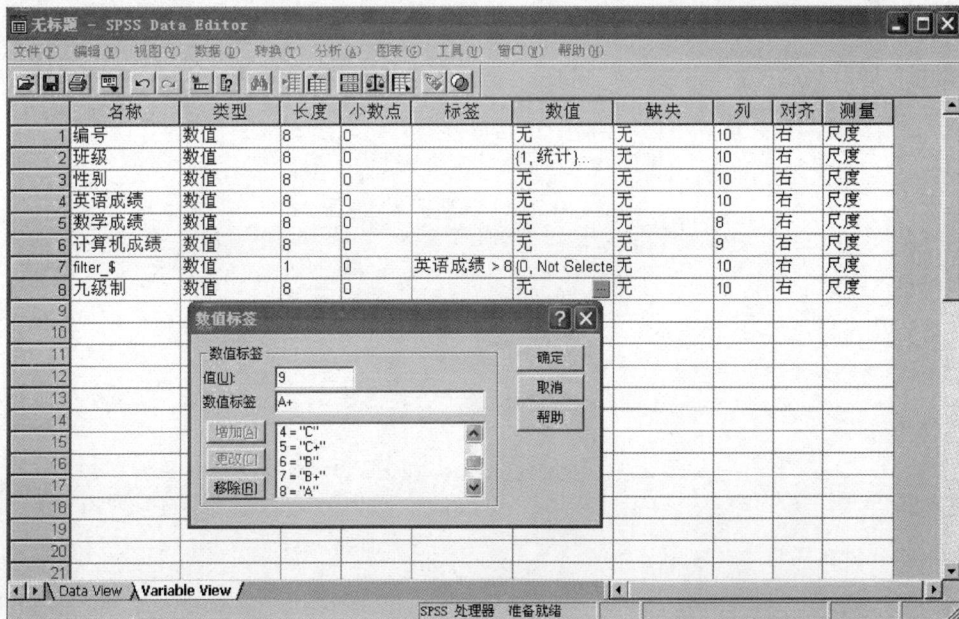

图 2-14　添加数值标签

42

	编号	班级	性别	英语成绩	数学成绩	计算机成绩	九级制	v:
1	1	统计	0	85	77	88	B+	
2	2	统计	1	90	80	86	B+	
3	3	经济	0	87	82	80	B	
4	4	经济	1	69	72	82	B	
5	5	金融	0	78	70	79	C+	
6	6	金融	1	93	89	90	A	
7	7	会计	0	83	80	83	B	
8	8	会计	1	91	75	89	B+	
9								
10								
11								
12								
13								
14								
15								
16								
17								
18								
19								
20								

图 2-15　用 SPSS 重新编码得到的新变量

第 3 章

统计数据的整理

引导案例

经过统计调查收集了数据以后，接下来的工作是对这些资料进行加工处理，使之能够满足统计分析的需要。

例如，下面是所了解的某班级 50 名学生"统计学原理"课程的考试成绩（单位：分）：

80	50	70	60	94	64	95	79	88	68
95	69	91	70	85	85	78	80	78	98
78	80	79	66	79	77	80	46	78	81
82	62	84	84	64	75	100	68	88	89
91	53	91	83	68	95	75	95	76	86

上述数据是零星的、分散的，处于原始状态的资料，无法揭示被研究总体的分布特征和本质规律性。你能试着将以上杂乱的、零散的原始数据，用表格的形式清晰地表示出来吗？

为了概括以上数据，统计工作者经常使用一些图表，通过图表对数据进行归类整理、显示。如何整理这些数据，如何编制统计图表来显示这些数据的分布特征，就是本章要介绍的内容。

本章学习目标

1. 掌握设计统计分组的基本原则和正确选择分组标志的原则；掌握按标志特征分组和按标志多少分组的方法；掌握组距变量数列的编制步骤；掌握直方图、折线图、曲线图的绘制方法。

2. 熟悉统计分组的概念和分组类型；熟悉组距数列涉及的几个概念；熟悉有关频数分布的概念和分布数列的种类。

3. 了解数据整理的意义和内容；了解统计分组的作用。

3.1　数据整理概述

3.1.1　数据整理的概念

通过各种方法或渠道将数据收集上来之后，需要对这些数据先进行加工处理，使之系统化、条理化，以符合分析的需要，同时用图表形式将数据展示出来，以便简化数据，使之更容易理解和分析。数据整理通常包括数据的预处理、分类或分组、汇总等几个方面的内容。

数据整理是根据统计研究的任务和要求，对调查收集到的原始数据资料进行科学的综合与加工，使之系统化，并以图表的形式显示，从而得出反映总体特征的综合资料。它还包括系统地积累资料与为了研究某项专题对资料的再加工。

通过统计调查，我们所收集的只是一些个别单位的、分散的原始资料。通过这些资料，不可能使我们认识现象的全体，不能深刻揭示事物的本质，更不可能从量的方面反映事物发展变化的规律。因此，有必要对原始资料进行加工整理。数据整理的任务就在于把收集到的大量个体的原始资料，经过科学的综合、加工，使之系统化，成为能够反映总体特征的综合数据资料。只有在这种能够说明总体特征的资料基础上，我们才能达到认识社会的客观过程及其发展变化规律性的目的。例如，引导案例中，某班级 50 个学生"统计学原理"课程成绩单是实际调查获得的数据资料，只能说明每个学生考试的具体情况。必须通过对全班所有学生的考试成绩进行汇总、整理、计算，从而了解全班的平均分、各不同分数段的组成情况，以及全班同学的总体学习情况等。

3.1.2　数据的预处理

数据的预处理是数据整理的先前步骤，它是在对数据分类或分组之前所做的必要处理，内容包括数据的审核、筛选、排序等。

在对统计数据进行整理时，首先需要进行审核，以保证数据的质量，为进一步的整理与分析打下基础。从不同渠道取得的统计数据，在审核的内容和方法上都有所不同，不同类型的统计数据在审核内容和方法上也有所差异。对于通过直接调查取得的原始数据，应主要从完整性和准确性两个方面去审核。完整性审核主要是检查应调查的单位或个体是否有遗漏，所有的调查项目或指标是否填写齐全等。准确性审核主要包括两个方面：一是检查数据资料是否真实地反映了客观实际情况，内容是否符合实际；二是检查数据是否有错误，计算是否正确等。对于通过其他渠道取得的二手数据，除了对其完整性和准确性进行审核外，还应着重审核数据的适用性和时效性。

对审核过程中发现的错误应尽可能予以纠正。在调查结束后，如果对数据中发现的错误不能予以纠正，或者有些数据不符合调查的要求而又无法弥补时，就需要对数据进行筛选。数据筛选包括两方面内容：一是将某些不符合要求的数据或有明显错误的数据予以剔除；二是将符合某种特定条件的数据筛选出来，而不符合特定条件的数据予以剔除。数据的筛选可以借助于计算机自动完成。

数据排序是按照一定顺序将数据排列，以便研究者通过浏览数据发现一些明显的特征或趋势，找到解决问题的线索。除此之外，排序还有助于对数据检查纠错，以及为重新归类或分组等提供方便。在某些场合，排序本身就是分析的目的之一，例如，了解究竟谁是中国家电生产的三巨头，对于家电厂商而言，无论是作为行业伙伴还是竞争对少，都是很有用的信息。对于分类的数据，如果是字母型数据，排序有升序降序之分，但习惯上用升序，升序与字母的自然排列顺序相同；如果是汉字型数据，排序方式可以选择按汉字的首拼音字母排列，也可以按姓氏笔画排序；对于数值型数据的排序只有两种，递增或者递减。

3.1.3　数据整理的内容

概括来说，数据整理的内容就是统计分组、汇总、编表和绘图等。

在数据整理中，不论是对原始数据资料进行整理，还是对次级资料的再整理，一般包括以下几方面内容：①对原始资料的审核；②按照统计目的的要求进行分组或分类；③对各单位的指标进行汇总和必要的加工计算；④将汇总整理的结果编制成统计表；⑤统计资料的系统积累和保管。

做好上述工作的关键在于对总体如何进行科学的分组，确定适当的分组体系。只有科学的分组，才能正确地反映现象的客观过程。此外，综合的结果要做到准确，这主要取决于两个方面：一方面是被综合的资料应完整、准确；另一方面应遵循实事求是的原则，对被综合的资料不容许有任意篡改。

3.2 统计分组

3.2.1 统计分组的概念

统计分组是指根据统计研究的目的和要求以及总体的内在差异，按照某一分组标志将总体区分为若干性质不同又有联系的几个部分。例如，工业企业总体按生产规模可分为大型企业、中型企业、小型企业。企业职工总体可分别按性别、工龄、文化程度、收入水平、工作性质分组等。从实质上讲，统计分组是对总体内部进行的定性与定量相结合的分类方法。

一般来说，任何总体内部各单位之间都既有共性又有差异，通过适当分组，将不同性质的现象分开，相同性质的现象归纳在一起，帮助我们了解认识现象的本质、差异、特征。这是数据整理的重要步骤，同时也是一切统计研究的基础，离开对现象总体的分组、分类，统计分析的各种方法就不能正常的发挥作用。

统计分组的基本原则是：经过分组的资料，组内有共性，组间有差异。

3.2.2 统计分组的作用

（1）区分总体现象的类型。按一定的标志把社会经济现象总体划分为若干种基本类型，通常称为类型分组。类型分组更有利于对现象进行比较、分析和综合，在统计分析研究中具有重要意义。例如，将工业企业按经济类型划分为国有、集体、个体或私营、联营、股份制、港澳台投资、外商投资，企业工人按工种划分为技术工和辅助工等。

（2）揭示现象总体的内部结构。在划分类型的基础上，将总体各单位连同其标志值分别归入所属的类型组中，汇总各组单位数和标志总量，计算各分组单位数或指标数值占总体单位总数或标志总量的比重，就可据以揭示总体内部的构成，表明部分与总体、部分与部分之间的关系。这种分组方法是分析国民经济中重要的比例关系的重要内容。例如，我国国民经济中第一、第二、第三产业之间的比例关系，如表 3-1 所示。

表 3-1　2016 年国内生产总值初步核算数据

国内生产总值构成	绝对额（亿元）	比去年同期增长（%）
国内生产总值	744 127.2	12.7
第一产业	63 670.7	8.6
第二产业	296 236.0	39.9
第三产业	384 220.5	51.6

资料来源：中国国家统计局，http：//www.stats.gov.cn

从表 3-1 中可以看到我国国民经济中三大产业的比重正在发生着明显变化，即国内生产总值中第一、第二产业增长缓慢，而第三产业增长较快，说明我国第三产业在不断地发展壮大。

（3）分析现象之间的依存关系。一切社会经济现象都是相互联系、相互依存、相互制约而不是孤立存在的。但是，这种相互依存和制约关系的方向和程度却难以直接观察到，通过统计分组，可以揭示这种关系及其在数量上的表现。例如，工人劳动生产率和产品成本之间、施肥量和农作物的产量之间、商业企业的销售额与流通费之间等，上述种种依存关系，不通过分组难以观察。为了研究分析产量和单位成本的依存关系，将 20 家同类企业按产量分组观察其成本的变化。先将企业按产量分组，再计算每个组对应的平均单位成本，如表 3-2 所示。

表 3-2　20 家同类企业产量与单位成本关系表

产量/t	企业数（家）	平均单位成本（元）
20	3	17.10
30	6	16.60
40	9	15.40
50	2	14.20

观察表 3-2 可以发现，随着产量的增加，单位成本逐渐降低，单位成本与产量之间确实存在着依存关系，二者呈反向变化。

3.2.3　选择分组标志的原则

分组标志就是统计分组的依据。分组标志一经选定，必然会突出现象总体在此标志下的性质差异，而掩盖了总体在其他标志下的差异。分组标志的选择是否恰当直接影响到分组作用的发挥，关系到能否正确地反映总体的性质特征、实现统计研究的目的和任务。正确地选择分组标志的原则如下：

（1）根据研究目的选择分组标志。同一研究总体、研究目的不同，分组所依据的标志也不同。例如，对同一个职工总体而言，如果研究目的是分析职工的文化素质或业务素质的高低，应选用职工的文化程度作为分组标志或选用技术水平等级作为分组标志；如果研究目的是分析职工的劳动能力状况，就应按职工的年龄、身体健康状况分组，如果选择其他分组标志，如民族、职业，就达不到研究目的。

（2）选择反映事物本质特征的标志。任何一个统计研究对象，都有许多特征（或标志），分组时应选择最能说明事物本质差异的标志。例如，研究城镇居民家庭生活水平的高低情况时，可以选择城镇职工的工资水平，也可以选择居民家庭成员平均收入水平做分组标志。究竟选哪一个标志进行分组呢？这不仅要看城镇职工收入水平的高低，还要看他们赡养的家庭人口数。如果他们所赡养的人口数很多，即使他们的工资很高，其生活水平也不会很高。因此，选择城镇居民家庭成员的人均收入水平作为分组标志，比选用职工工资水平更恰当。

（3）根据现象的历史条件及经济条件来选择分组标志。随着生产力和生产关系的发展变化，被研究对象的特征也在不断变化，因而选择分组标志时也要考虑到这种变化。例如，研究企业的规模时，就需要将企业按生产规模分组。反映企业生产规模的标志很多，如生产能力、职工人数、固定资产总额、总产值等。一般来说，在生产力水平较低的情况下，以职工人数作为分组标志；在机械化、自动化水平提高，生产力水平较高的情况下，应使用企业生产能力和固定资产总额作为分组标志。

3.2.4　统计分组的方法

1. 按标志的性质分组

按照分组标志性质的不同，统计分组可分为按品质标志分组和按数量标志分组两种。

（1）按品质标志分组。它是用反映现象的属性、性质的标志分组，它可以将总体划分为若干性质不同的类型，如高校教师按性别、民族、工龄、文化程度、职称、从事的专业分组等。品质标志分组有的比较简单，分组标志一确定，各组组名和组数也就确定下来，不存在组与组之间界限划分的困难。

（2）按数量标志分组。它是把事物按变量值的多少来分组，如人口按年龄分组，工业企业按职工人数、生产能力分组，商业企业按月销售额分组等。

按数量标志分组的目的并不是单纯通过数量变化来区分各组的不同类型和性质，而是通过现象的量变揭示现象的质变。因此，按数量标志分组的关键在于必须懂得何处是决定现象质量的数量界限。

按数量标志分组的形式可以是单项式的分组，也可以是组距式的分组。

码 3-3

2. 按标志的多少分组

按照分组标志多少的不同，统计分组可以分为简单分组、平行分组、复合分组和复合分组体系。

（1）简单分组。将社会经济现象总体按一个标志进行分组，称为简单分组，如将学生总体按性别分为男生和女生两组。简单分组只能反映现象在某一标志特征方面的差异，而不能反映现象在其他特征方面的差异。

（2）将同一总体选择两个或两个以上的标志进行简单分组后平行排列，即形成平行分组。

例 3-1　对高校教师总体的研究，可以进行以下平行分组：

1）按性别分组 $\begin{cases} 男教师 \\ 女教师 \end{cases}$

2）按文化程度分组 $\begin{cases} 本科 \\ 硕士 \\ 博士 \\ 其他 \end{cases}$

3）按职称分组 $\begin{cases} 助教 \\ 讲师 \\ 副教授 \\ 教授 \end{cases}$

4）按所从事的领域分组 $\begin{cases} 基础课领域 \\ 专业课领域 \end{cases}$

（3）复合分组。对同一总体选择两个或两个以上标志重叠起来进行分组，称为复合分组，多个复合分组组成的体系，就是复合分组体系。

例 3-2　将某高校教师先按"性别"分为男教师、女教师两组，然后在每组中又按"职称"分为助教、讲师、副教授和教授四组，形成如下复合分组：

按职称分组——→

按性别分组 {
男教师 {
助教
讲师
副教授
教授
}
女教师 {
助教
讲师
副教授
教授
}
}

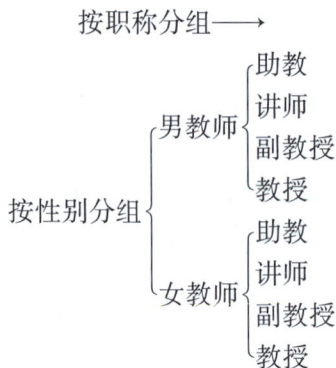

　　复合分组能全面、深入地分析问题，为统计分析提供更为丰富的信息。采用复合分组时，一定要注意先按主要标志对总体进行第一次分组，再按次要标志进行第二次、第三次分组，而且分组标志不宜过多，如果分组标志太多，那么形成的组数就会成倍增加，反而不易显示总体的分布特征。

3.3　次数分布

3.3.1　次数分布的概念和种类

1. 次数分布的概念

　　在统计分组的基础上，把总体的所有单位按组归类，并按一定的顺序排列，形成总体中各个单位在各组的分布，称为次数分布或频数分布，也称分布数列。次数分布有两个组成要素：各组名称（或组别）和各组次数或频率。分布在各个组的总体单位数称为次数，又称频数；各组次数与总次数之比称为比率或比重，又称频率，它说明总体各部分的构成情况。

　　次数分布是数据整理结果的一种重要的表现形式，也是统计分析的一种重要方法。通过编制次数分布表和绘制次数分布图，可以说明总体的构成情况，从而表明总体的分布特征，同时，次数分布还是计算总体数量特征值的基础。

2. 次数分布的种类

　　根据分组标志特征的不同，次数分布（分布数列）可以分为两种：品质分布数列、变量分布数列。

　　如果将总体按品质标志分组就会形成品质分布数列，简称品质数列。品质数列的组别是属性分组的结果，表现为一系列的概念和范畴，如表 3-3 所示。

表 3-3　某地区职工按三大产业分布

职工按产业分组←各组组别	从业人数（万人）←频数	比率（%）←频率
第一产业	132	17.14
第二产业	283	36.75
第三产业	355	46.11
合计	770	100.00

表3-3 是一个品质数列，它反映该地区职工就职于三大产业的分布情况。

如果将总体按数量标志分组就形成变量分布数列，简称变量数列。变量数列的组别是变量分组的结果，表现为不同的数值或数域。

变量数列又可分为单项变量数列和组距变量数列。单项变量数列是按数量标志分组后，每一个具体变量值代表一个组，按变量值大小顺序排列形成的数列，简称单项数列。对于变量值不多，变动幅度不大的离散变量来说，可以编制单项数列。通常有多少个不同的变量值就分多少个组，如表 3-4 所示。

码3-4

表3-4 某地区家庭子女数分布表

家庭按子女数分组←各组组别	家庭数（户）←频数	比重（%）←频率
1个	140	14
2个	470	47
3个	280	28
3个以上	110	11
合计	1 000	100

表3-4 是单项数列，反映该地区家庭拥有的子女数的分布情况。

组距变量数列是按数量标志分组后，用变量值变动的一定范围（组距）代表一个组所形成的数列，简称组距数列。当变量值个数较多、变动幅度较大时需要编制组距数列。它既可用于连续变量，也可用于离散变量。组距数列中，各组组距相等的数列，称为等距数列；组距不相等的数列，称为异距数列。一般而言，在总体中变量值分布不均衡，且变动范围大的情况下，采用异距分组为好。等距数列和异距数列分别如表 3-5 和表 3-6 所示。

码3-5

表3-5 某高校大学生按身高分组分布表

按身高分组/cm	学生数（人）	各组学生占学生总数的百分比（%）
150～155	200	10
155～160	400	20
160～165	800	40
165～170	500	25
170 以上	100	5
合计	2 000	100

表3-5 是等距数列，它反映了该校大学生身高的分布状况。

表3-6 某市工业局所属企业降低成本计划情况

成本计划完成程度（%）	企业数（个）
85 以下	5
85～90	10
90～100	40
100～105	9
105 以上	3
合计	67

表 3-6 是异距数列，它反映该市的工业局所属企业降低成本计划执行情况的分布。

3.3.2 变量数列的编制

对于变量数列来说，因为事物质的差异表现得不甚明确，反映事物性质差异的数量界限往往由于人的主观认识差异而异。因此，即使按同一数量标志分组，也有出现多种次数分布的可能。但因单项数列一般有几个变量值就是几个组，其次数分布比较稳定，所以本节着重讨论的是组距数列的编制方法，以使变量数列能比较准确地反映总体分布的特征。

1. 组距数列的编制步骤

（1）将原始数据按数值大小排列和计算全距。确立最大变量值和最小变量值，二者之差就是全距（R）。全距表明变量值变动的幅度，是确定组数与组距的依据，可用公式表示如下：

$$R = X_{\max} - X_{\min}$$

式中，R 为全距；$X_{\max}$ 为总体最大标志值；$X_{\min}$ 为总体最小标志值。

（2）确定组距和组数。组距数列中，一般是用变量值变动的一定范围代表一个组，每个组的最大值为组的上限，最小值为组的下限。每个组上限和下限之间的距离称为组距。组距数列中共有多少个组称为组数。编制组距数列必须确定组距和组数。组数的多少与组距的大小是相互制约的。组数越多，组距越小；组数越少，组距越大；二者成反比例变化。在等距数列中二者的计算关系如下：

$$组距 = \frac{全距}{组数} \quad 或者 \quad 组数 = \frac{全距}{组距}$$

对于组距、组数的确定，应视具体情况而定。一般应考虑以下几点：一要尽量反映出总体单位分布情况及总体的集中趋势；二要尽可能区分组与组之间性质上的差异，通过数量差异反映质的变化，同时组距最好取整数。

组距、组数先确定哪一个，没有统一的规定。如果先确定组距，然后确定组数，可根据斯特奇斯经验公式计算组距，计算公式如下：

$$组距 = \frac{全距}{1 + 3.322 \lg N}$$

式中，N 为总体单位数。

（3）确定组限和计算组中值。组限即组距的两个端点，包括下限和上限。若一组内的上、下限都齐全则称为闭口组。若一组有上限缺下限，或有下限缺上限则称为开口组。当数据出现个别极大值、极小值与其他数值相差悬殊，为了避免出现空白组（即没有变量值的组）或个别极端值被漏掉，在第一组和最后一组可以分别采用"××以下"和"××以上"这样的开口组。确定组限要考虑以下几个方面：

1）最小组的下限要略低于最小变量值，最大组的上限要略高于最大变量值，以保证分组的完备性。

2）组限应尽可能是引起事物质的变化的数量界限，应有利于表现总体分布的规律性，组限也最好是组距的倍数。

3）组限的确定及其表现形式是由变量值的性质决定的。划分离散变量的组限时，相邻组的组限可以间断；对连续变量划分组限时，相邻组的组限必须重叠。根据"上组限不在内"的原则解决不重复的问题，即恰好是重叠组限上的变量值应归入下限的一组。

组中值，即各组的上限和下限之间的中点数值。因为组距数列分组掩盖了组内各单位的实际变量值，通常用组中值近似地代表每个组若干变量值的一般水平。在统计分析中，它的应用较广泛，如计算均值、标准差等。组中值的计算公式如下：

$$闭口组的组中值 = \frac{上限 + 下限}{2}$$

$$缺下限开口组的组中值 = 该组上限 - \frac{相邻组组距}{2}$$

$$缺上限开口组的组中值 = 该组下限 + \frac{相邻组组距}{2}$$

例 3-3 东、中、西部三个地区按农民人均收入分组如表 3-7 所示，确定各组组中值。

表 3-7 三个地区农民人均收入构成表

按农民人均收入分组（元）	东部（%）	中部（%）	西部（%）
500 以下	5.00	7.50	11.00
500 ~ 600	58.20	61.00	66.30
600 ~ 1 000	27.80	25.50	19.50
1 000 以上	9.00	6.00	3.20
合计	100.00	100.00	100.00

计算组中值如下：

$$"500 以下"组的组中值 = 500 元 - \frac{600 - 500}{2} 元 = 450 元$$

$$"500 ~ 600"组的组中值 = \frac{500 + 600}{2} 元 = 550 元$$

$$"600 ~ 1 000"组的组中值 = \frac{600 + 1 000}{2} 元 = 800 元$$

$$"1 000 以上"组的组中值 = 1 000 元 + \frac{1 000 - 600}{2} 元 = 1 200 元$$

用组中值代表各组标志值的平均水平，是基于各组的标志值呈均匀分布这一前提的。但是，实际上各组标志值并不是均匀分布的，组中值与各组的实际平均水平仍有一定的差距。因此，用组中值计算的均值，也只是近似值。

（4）计算各组的频数和频率，编制组距数列，并用统计表显示整理的结果，这个表就是次数分布表。

2. 组距数列的编制实例

引导案例中，某班级 50 名学生的考试成绩经过分组整理后，编制组距数列如下：

（1）将原始数据按数值大小依次排列并计算全距。50 名学生的考试成绩按数值大小重新排列如下（单位：分）：

46	50	53	60	62	64	64	66	68	68
68	69	70	70	75	75	76	77	78	78

78	78	79	79	79	80	80	80	80	81
82	83	84	84	85	85	86	88	88	89
91	91	91	94	95	95	95	95	98	100

确定全距 $R = 100$ 分 $- 46$ 分 $= 54$ 分

（2）以上数据大小分布比较均匀，变量值数目较多，故应编制等距数列。

（3）对数据资料进行定性分析，可按成绩分成优秀、良好、中、及格、不及格五个组，组距为：

$$组距 = \frac{全距}{组数} = \frac{54}{5} 分 = 10.8 分（即组距定为 10 分）$$

若用斯特奇斯经验公式计算，则

$$组距 = \frac{全距}{1 + 3.322 \lg N} = 8.13 分$$

这里取 10 分（组距一般都取整数，最好是 5 或 10 的倍数）。

（4）遵循最低组的下限应小于最小变量值和最高组的上限应大于最大变量值，一般是将学生考试成绩分为 60 分以下、60～70 分、70～80 分、80～90 分、90～100 分，与上述的五种类型对应。

将数据归类后，便可计算各组的频数和频率。为了统计分析的需要，当我们观察某一数值以下或某一数值以上的频数和频率之和时，需要计算出累计频数和累计频率，其计算方法有向上累计和向下累计两种。向上累计，是将各组的频数和频率由变量值低的组向变量值高的组累计；向下累计，是将各组的频数和频率从变量值高的最后一组开始按相反的顺序向变量值低的组累计。

具备了用变量值区间表示的各个组和各组次数两个要素，就得到了一个完整的组距数列，如表 3-8 所示。

表 3-8　某班 50 名学生"统计学原理"课程考试成绩次数分布表

成绩（分）	频数（人）	频率（%）	累计频数（人）		累计频率（%）	
			向上累计	向下累计	向上累计	向下累计
60 以下	3	6	3	50	6	100
60～70	9	18	12	47	24	94
70～80	13	26	25	38	50	76
80～90	15	30	40	25	80	50
90～100	10	20	50	10	100	20
合计	50	100	—	—	—	—

3.3.3　次数分布的表示方法

表示次数分布的方法主要有两种：一是列表法，二是图示法。

（1）列表法。即用统计表来表示次数分布，如表 3-8。用列表法既可以表示变量分布，也可表示属性分布。其特点是比较准确，但不太直观。

（2）图示法。在列表的基础上，用统计图表示次数分布。图示法较列表法更能直观地显示次数分布的特征。常用的表示次数分布的图形有直方图、折线图和曲线图。

直方图，即用直方形的宽度和高度来表示次数分布的图形。直方形的宽度表示组距，高度表示各组的次数。

例 3-4　根据表 3-8 绘制直方图，如图 3-1 所示。

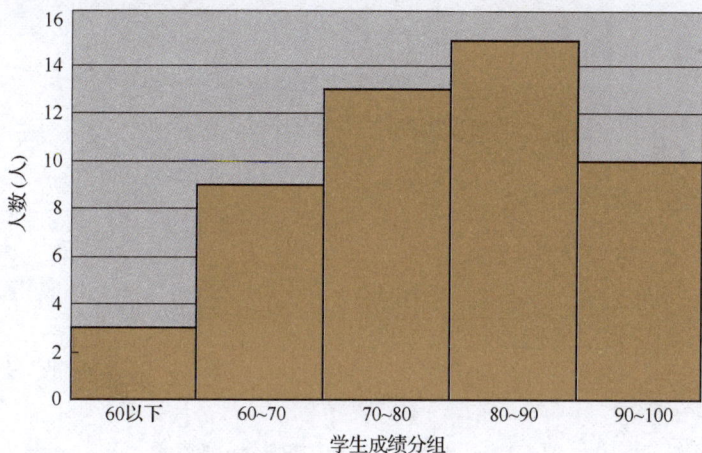

图 3-1　某班级 50 名学生成绩分布直方图

折线图，即用连续的折线来表示次数分布的图形。它是在直方图的基础上，把直方图顶部的中点（即组中值）用折线连接起来。注意折线图的两个端点要分别与横轴相交。方法是从折线端点连到横轴两边组距的中点位置上。这样才能使折线图下所围成的面积与直方图的面积相等，说明它们表示的分布规律是相同的。在直方图上绘制出折线图，如图 3-2 所示。

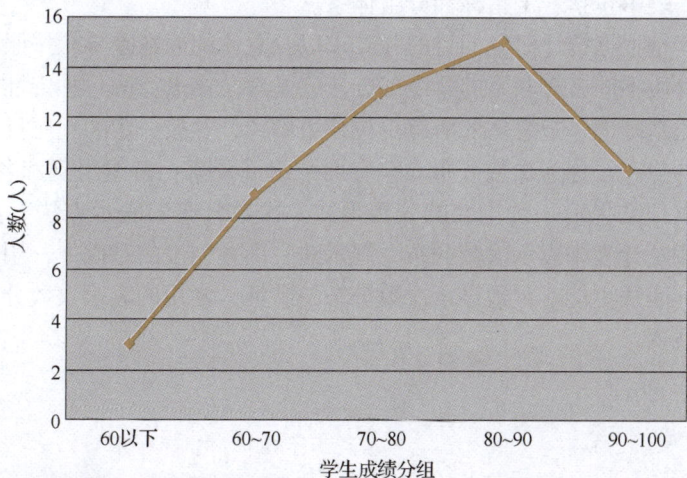

图 3-2　某班级 50 名学生成绩分布折线图

曲线图，当总体次数越来越大，所分的组数越多，且组距越来越小时，我们发现，所绘制的折线图就会越来越光滑，逐渐形成一条平滑的曲线，就是频数分布曲线图。曲线图能精确地描述总体数量特征的分布状况。例如，对图 3-2 的折线平滑化，可得到成绩分布曲线，如图 3-3 所示。

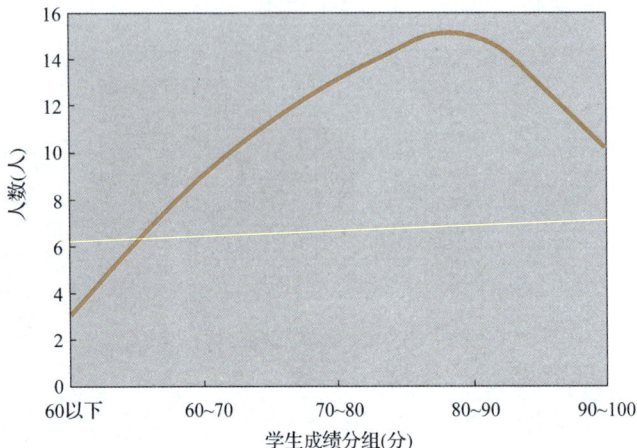

图 3-3　某班级 50 名学生成绩分布曲线图

本章小结

　　数据整理工作的内容包括以下几个方面：① 对原始资料的审核；② 按照统计目的的要求进行分组或分类；③ 对各单位的指标进行汇总和必要的加工计算；④ 将汇总整理的结果编制成统计表；⑤ 统计资料的系统积累和保管。为了保证整理工作顺利进行，整理之前要设计一套整理表，表中包括若干指标和分组体系。

　　统计分组，就是根据统计研究的目的和要求以及总体的内在差异，按照某一分组标志将总体区分为若干性质不同又有联系的几个部分。它是对总体进行的一种定性分类。

　　在统计分组的基础上，把总体的所有单位按组归类，并按一定的顺序排列，形成总体中各个单位在各组的分布，称为次数分布。它有两个组成要素：各组组别和各组次数或频率。次数分布是数据整理结果的一种重要的表现形式。次数分布的表示方法有：列表法和图示法。列表法，即用统计表来表示次数分布。图示法，即在列表的基础上，用统计图表示次数分布。图示法较列表法更能直观地显示次数分布的特征。常用的表示次数分布的图形有直方图、折线图和曲线图。

复习思考题

一、概念题

数据整理　统计分组　次数分布　频数　频率　品质数列　单项数列　组距数列　组中值

二、简答题

（1）什么是数据整理？数据整理的主要内容是什么？

（2）什么是统计分组？统计分组都有哪些分类？

（3）什么是简单分组和复合分组？为什么不宜用过多标志进行复合分组？

（4）什么是变量数列？它的构成要素是什么？

（5）编制组距数列的方法、步骤是什么？

（6）常用的统计图有哪些？

三、练习题

1. 判断题（把"√"或"×"填在题后的括号里）

（1）数据整理的核心问题是统计分类分组。 （   ）

（2）对统计资料进行分组的目的就是为了区分各组单位之间质的不同。 （   ）

（3）能够对总体进行分组，是由总体中各个单位所具有的差异性特点决定的。 （   ）

（4）统计分组的关键问题是正确选择分组标志和划分各组界限。 （   ）

（5）组中值是根据各组上限和下限计算的平均值，所以它代表了每一组的平均分配次数。 （   ）

（6）任何一个分布都必须满足：各组的频率大于零，各组的频数总和等于1或100%。 （   ）

2. 单选题

（1）将数据按某一标志分组的结果，表现为（   ）。

    A. 组内差异性和组间差异性   B. 组内差异性和组间同质性

    C. 组内同质性和组间同质性   D. 组内同质性和组间差异性

（2）数据整理的核心问题是（   ）。

    A. 编制统计整理方案   B. 对统计资料进行分类分组

    C. 对统计资料进行汇总   D. 编制统计表

（3）统计分组的关键问题是（   ）。

    A. 确定全距和组数   B. 确定组距和组数

    C. 确定组距和组中值   D. 确定分组标志和划分各组界限

（4）下列分组中属于按品质标志分组的是（   ）。

    A. 学生按考试分数分组   B. 产品按品种分组

    C. 企业按计划完成程度分组   D. 家庭按年收入分组

（5）有一个学生考试成绩为90分，在统计分组中，这个变量值应归入（   ）。

    A. 80~90分这一组   B. 90~100分这一组

    C. 80~90分或90~100分两组都可以   D. 作为上限的那一组

（6）对于某高校的全体大学生，首先按学科分为文科和理科，在此基础上再按性别分为男生和女生，分组如表3-9所示。这应属于（   ）。

表3-9　某高校大学生的分组

按学科分组	按性别分组
文科	男生 女生 小计
理科	男生 女生 小计
总计	

    A. 简单分组   B. 分析分组   C. 复合分组   D. 结构分组

3. 多选题

（1）统计分组的作用有（   ）。

A. 区分总体现象的类型

B. 揭示现象总体的内部结构

C. 反映总体的基本情况

D. 说明总体单位的数量特征

E. 分析现象之间的依存关系

(2) 数据整理的方法有（　　）。

A. 划分经济类型　　　　B. 检验统计资料库　　　C. 统计分组　　　　　　D. 统计汇总

E. 编制统计表

(3) 统计分组是（　　）。

A. 在统计总体内进行的一种定性分类

B. 在统计总体内进行的一种定量分类

C. 将同一总体区分为不同性质的组

D. 把总体划分为一个个性质不同的、范围更小的总体

E. 将不同的总体划分为性质不同的组

(4) 分组标志选择的原则有（　　）。

A. 根据研究目的选择分组标志

B. 选择反映事物本质区别的标志

C. 根据经济发展变化及历史条件选择分组标志

D. 根据组内差异性选择分组标志

E. 根据组间同质性选择分组标志

(5) 下列属于按数量标志分组的有（　　）。

A. 企业按规模大小分组　　　　　　　　　　B. 职工按工龄分组

C. 学生按身高分组　　　　　　　　　　　　D. 工人按工资水平分组

E. 人口按文化程度分组

(6) 下列分组中按品质标志分组的有（　　）。

A. 职工按工龄分组　　　　　　　　　　　　B. 教师按职称分组

C. 人口按年龄分组　　　　　　　　　　　　D. 企业按经济类型分组

E. 人口按地区分组

4. 计算题

(1) 对某大学随机抽出 30 名学生，得到他们每周上网的时间（单位：h）如下：

5	7	7	10	8	6	5	9	7	8
6	10	6	8	7	7	7	6	9	7
8	8	9	7	8	6	7	8	7	7

试编制次数分布表，并说明大学生每周上网时间的分布特征。

(2) 某百货商场连续 30 天的商品销售额（单位：万元）如下：

72	88	76	90	80	79	83	73	55	92
85	79	89	102	81	99	86	81	47	95
82	70	71	88	77	81	97	68	87	105

要求：

1) 按 70 万元以下、70 万 ~ 80 万元、80 万 ~ 90 万元、90 万 ~ 100 万元、100 万元以上对上列数据进行

分组，并编制次数分布表。

2）计算各组的累计频数、频率、累计频率和组中值。

3）绘制次数分布直方图、折线图。

（3）某月 50 个织布工人生产定额完成情况（%）资料如下：

102	105	98	112	113	120	85	112	107	109
119	123	116	98	124	105	113	111	137	96
92	104	112	135	119	116	126	103	107	113
115	112	103	127	110	132	114	105	98	112
137	122	126	111	115	108	124	107	129	110

根据上述数据进行适当的分组，编制次数分布表，计算向上累计和向下累计的累计频数、累计频率，并绘制直方图以及回答分布的类型。

（4）某企业工人月工资额（包括奖金）与完成生产定额情况资料如表 3-10 所示。

表 3-10　某企业工人月工资额与完成生产定额情况资料

工人编号	完成生产定额（%）	月工资（元）	工人编号	完成生产定额（%）	月工资（元）
1	110	620	16	132	832
2	133	833	17	125	725
3	125	725	18	128	728
4	102	502	19	114	614
5	82	482	20	126	726
6	145	945	21	102	502
7	120	720	22	136	836
8	110	611	23	127	727
9	131	831	24	122	722
10	99	499	25	105	505
11	115	615	26	120	720
12	124	724	27	119	619
13	95	495	28	112	612
14	105	505	29	165	1 100
15	109	509	30	122	722

要求：将表中数据编制成组距数列，分析工人完成加工定额和月工资之间的联系，并做简要说明。

软件应用——用 SPSS 绘制基本统计图

在常用的统计软件中，SAS 绘制的统计图不太美观；而 SPSS 绘制的统计图较为美观，可以满足大多数情况下的要求；Stata 绘制的统计图形最为精美，但由于它采用命令行方式操作，美观的图形需要添加大量选项，普通人不易掌握；而 S-PLUS、MATLAB 等偏数理统计的软件虽然绘图能力也非常强，但由于自身的定位问题，并不为大多数人所熟悉。因此，在各种统计软件中，以 SPSS 制作的统计图应用最为广泛。

虽然 Excel 由于纯中文界面和简单而强大的绘图功能，使得可以用它来直接绘制各种简单的统计图，但是，Excel 可以直接绘制的统计图种类有限，对于误差条图、自回归图等无能为力，即使它支持线图、条图等，但如果过于复杂，如叠式条图、累计条图等也无法做出，而这些图在统计中是经常会碰到的，此时就只能采用统计软件来绘制，SPSS 就是其中之一。

例 3-5　在某学期的统计学教学中，教师在教学中使用了英文教材，并采用了案例教学的方法。在学期结束时，采用问卷形式对 35 名学生进行了调查。调查问卷如下：

（1）你的性别：（　）0 = 男，1 = 女

（2）你的年龄为＿＿＿＿＿＿周岁。

（3）写出对于以下三种说法的观点（1 = 完全不同意，2 = 比较不同意，3 = 无所谓，4 = 比较同意，5 = 完全同意）：

1）"我对统计学很感兴趣。"（　　）

2）"英文原版教材的使用对我的学习帮助很大。"（　　）

3）"案例对我掌握相关知识非常重要。"（　　）

（4）概率论课程你的考试成绩是＿＿＿＿＿。

（5）你上个月的生活费支出为（　　）元。

（1 = 300 以下，2 = 300 ~ 400，3 = 400 ~ 500，4 = 500 ~ 600，5 = 600 ~ 700，6 = 700 ~ 800，7 = 800 ~ 900，8 = 900 以上）

（6）你的身高 = ＿＿＿＿＿＿ cm，体重 = ＿＿＿＿＿＿ kg。

在考试结束后在调查数据里又增加了学生的统计学考试成绩，最后得到的数据如表 3-11 所示。我们将这次调查称为学生调查，并对调查结果进行相关的统计分析。

表 3-11　学生调查数据表

编号	性别	年龄（岁）	兴趣	英文教材	案例教学	概率论成绩（分）	统计学成绩（分）	月支出（元）	身高/cm	体重/kg
1	0	21	5	4	5	74	83	4	172	80
2	0	20	2	5	5	82	78	6	173	62
3	0	22	1	2	1	49	38	5	183	67
4	1	21	4	1	2	80	87	8	162	49
5	1	20	5	4	5	90	91	3	159	49
6	1	22	4	3	4	71	78	6	161	45
7	1	21	2	5	5	92	97	3	166	51
8	0	20	2	3	3	67	60	2	174	74
9	1	22	3	2	2	63	65	8	165	52
10	1	20	4	2	4	78	83	3	163	54
11	1	21	4	2	5	90	89	4	160	50
12	0	22	1	5	5	78	69	5	168	55
13	0	21	2	2	4	68	55	2	173	65
14	0	20	2	2	3	87	82	3	172	60
15	1	22	2	2	3	91	89	5	165	52
16	0	21	3	3	5	78	70	1	170	53
17	0	20	2	1	5	72	68	1	164	60
18	1	21	5	4	5	88	85	6	158	52

（续）

编号	性别	年龄（岁）	兴趣	英文教材	案例教学	概率论成绩（分）	统计学成绩（分）	月支出（元）	身高/cm	体重/kg
19	1	21	3	1	5	87	81	4	163	48
20	1	21	2	4	4	86	88	7	159	53
21	0	22	5	5	5	74	80	7	175	78
22	1	20	1	2	4	73	75	6	162	42
23	1	21	3	3	5	68	65	5	165	49
24	1	22	4	2	5	76	78	5	164	53
25	1	21	5	4	5	85	92	5	161	51
26	1	22	4	3	4	71	69	5	163	49
27	1	21	4	2	5	75	65	5	158	55
28	1	22	1	4	5	64	55	6	165	50
29	0	22	3	2	5	62	64	1	169	51
30	0	20	5	5	5	77	68	2	180	75
31	0	21	3	5	4	78	80	2	171	62
32	1	21	2	4	5	87	88	3	161	50
33	0	20	4	2	4	66	68	1	167	70
34	0	22	5	5	5	79	83	2	178	65
35	0	21	3	4	5	75	77	5	168	62

下面用 SPSS 来绘制常用的统计图。

一、基本原理

SPSS 具有很强的制图功能，可以绘制多种统计图形。这些图形可以由各种统计分析过程产生，也可以直接由菜单栏中的"图表"菜单产生。SPSS 图形的制作可分为三个过程：① 建立数据文件。② 生成图形。③ 修饰生成的图形。

二、实验工具

实验工具为汉化版的 SPSS 软件。

三、试验方法

1. 线图（Line Chart）

线图常用于描绘连续的数据，有助于观察现象发展的长期趋势。在 SPSS 菜单栏中选择"图表"下的"线图"进入"行图表"对话框（见图 3-4）。有三种线图可选：简单、多重、垂线。在选项框的下方有数据类型栏，提供了三种数据类型。

单击"定义"按钮，选择需要绘制的变量并定义分类变量，单击"确定"按钮后就可以得到一个图形了。图 3-5 是以变量"概率论成绩"做的线图。在 SPSS 中双击该图形可以对图形的各个元素进行修改。

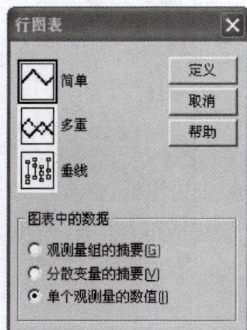

图 3-4　线图类型的选择框

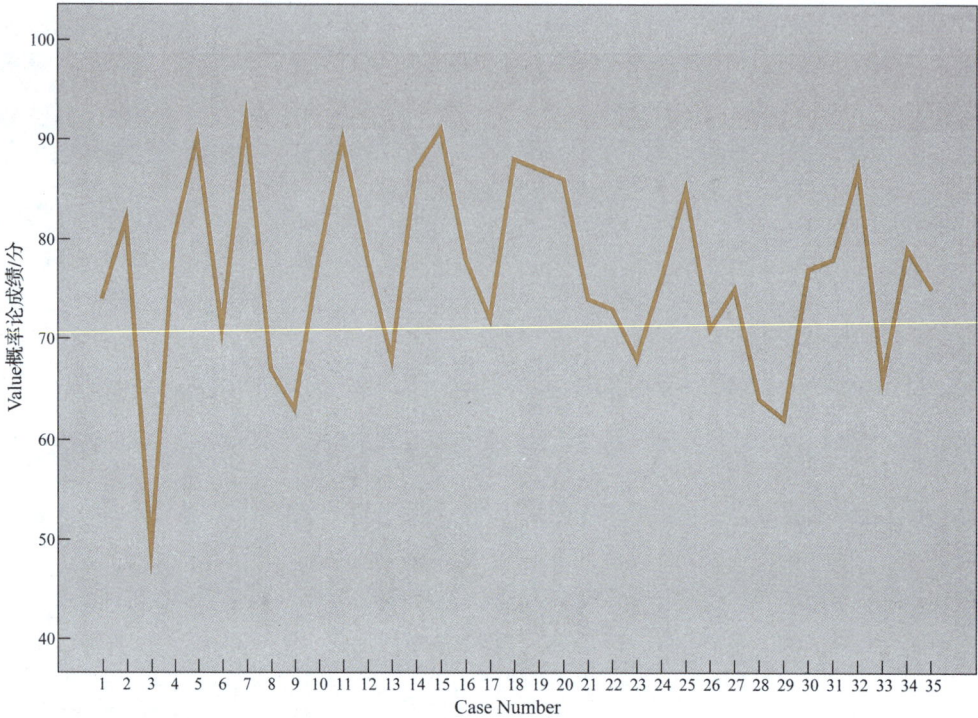

图 3-5 SPSS 生成概率论成绩线图

2. 条形图（Bar Chart）

例 3-6 用 SPSS 做一个分组的条形图，比较学生调查中男生和女生对统计学的兴趣。

选择"图表"下的"条形图"命令，弹出"条形图"对话框，如图 3-6 所示。在对话框中把条形图的类型选为"堆叠"，将数据类型选择为"观测量组的摘要"。接下来，单击"定义"按钮，在对话框（见图 3-7）中选择分类变量为"兴趣"，每一类别中的分组变量为"性别"，用条形代表观测数的百分比，单击"确定"按钮后就可以得到分组条形图了。对图形进行进一步的修改后得到的图形如图 3-8 所示。

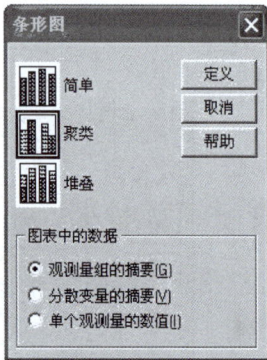

图 3-6 "条形图"对话框

图 3-7 条形图的定义框

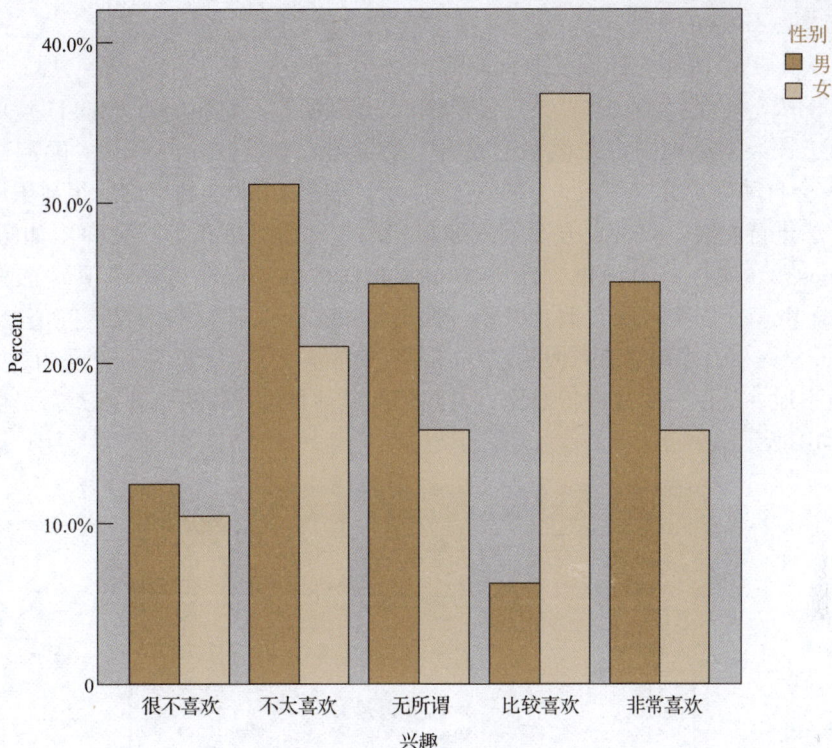

图 3-8 对统计学兴趣的性别差异

3. 饼图（Pie Chart）

例 3-7 做出学生对统计学兴趣百分比的饼图。

选择"图表"下的"饼图"命令，在如图 3-9 所示的"饼图"选项框中选择"观测量组的摘要"，单击"定义"按钮。在接下来的对话框中，在"切片表示"选项中选择"观测量百分数"，在"按…定义切片"框中选择变量"兴趣"，单击"确定"按钮完成图形，然后对图形进行必要的修改，可以得到如图 3-10 所示的结果。

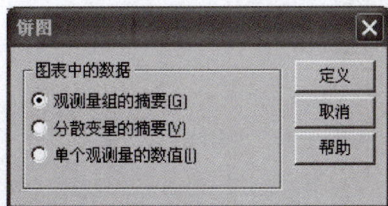

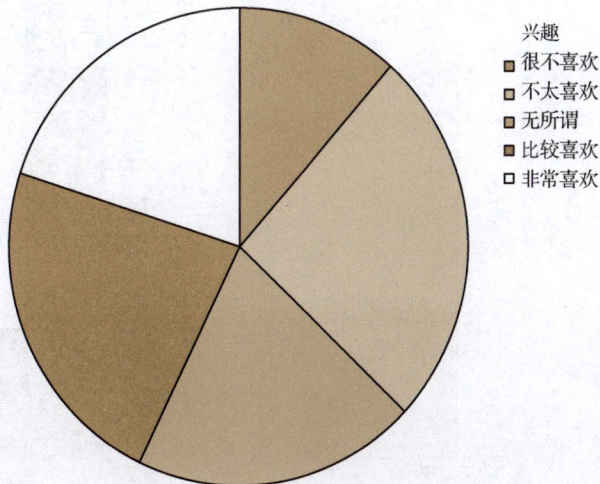

图 3-9 SPSS 饼图选项框   图 3-10 学生对统计学课程的兴趣

4. 直方图（Histogram）

例 3-8 用 SPSS 制作统计成绩的直方图。

选择"图表"下的"直方图"命令，调用"直方图"对话框（见图 3-11）可绘制直方图。在"直方图"对话框中将"概率论成绩"变量选入变量框，再单击"确定"按钮就完成了，SPSS 会自动确定分组界限，如图 3-12 所示。如果对 SPSS 确定的分组界限不满意，可以用以下方法进行修改：双击直方图进入编辑状态，然后双击条形，会弹出如图 3-13 所示的"Properties"（属性）对话框，在"Histogram Options"（直方图选项）选项卡中，把"Anchor First Bin"（固定区间）改为"Custom value for anchor"（自定义区间值），其值取为45；把"Bin Sizes"（区间范围）改为"Custom"（自定义），指定区间长度为 5。还可以要求在图形中添加一条正态曲线进行对比。对图形的其他特性再做进一步修改，最后得到的直方图如图 3-14 所示。

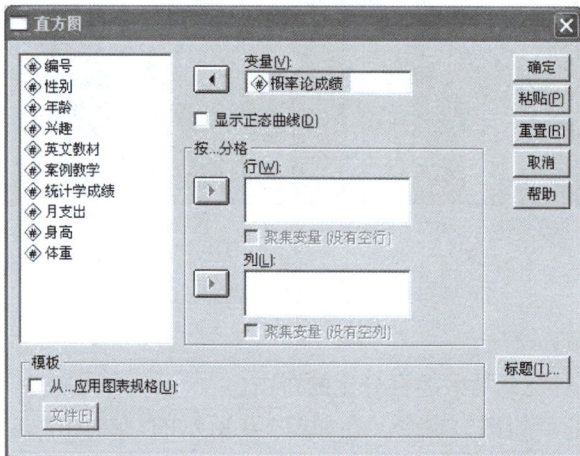

图 3-11 SPSS 绘制直方图对话框

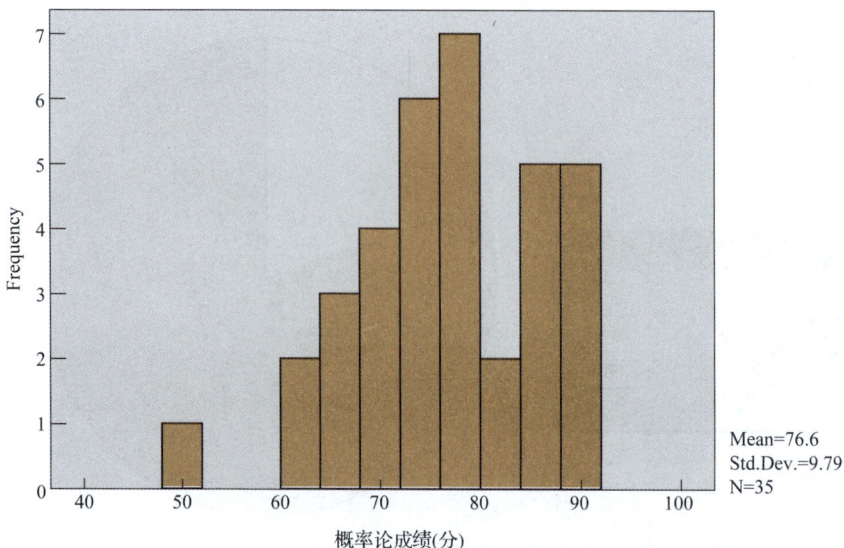

图 3-12 SPSS 绘制的直方图

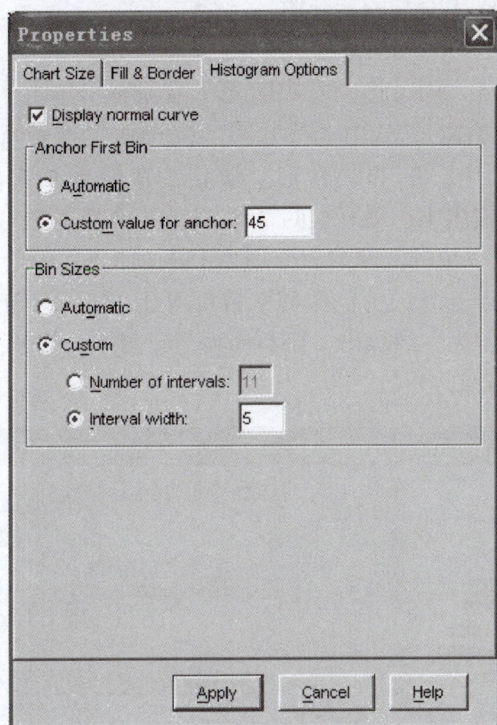

图 3-13　直方图属性对话框

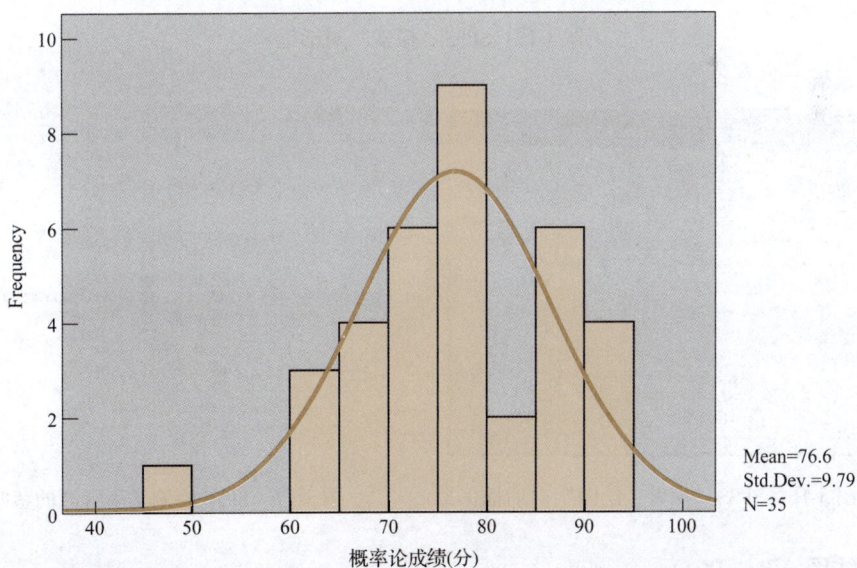

Mean=76.6
Std.Dev.=9.79
N=35

图 3-14　修改后的直方图

5. 茎叶图（Stem and Leaf Plot）

在数据数量不太多时，茎叶图可以很好地反映数据的分布状况，并且能够保留原始数据的信息。Excel 没有提供创建茎叶图的功能。

例 3-9　用 SPSS 创建学生身高的茎叶图。

在 SPSS 中选择"分析"→"描述统计"→"探索分析"可以完成茎叶图的绘制。在"探索"对话框（见图 3-15）中，将"身高"选入变量框，单击"绘图"按钮，弹出"探索：绘图"对话框（见图 3-16）。选中"茎叶图"复选框（这是默认选项），单击"继续"按钮回到"探索"对话框中，单击"确定"按钮，在输出结果中就会看到茎叶图，如图 3-17 所示。在茎叶图的输出中，第一组的茎为 15，叶分别为 8，8，9，9，茎的宽度为 10（Stem width：10），说明这一组的实际数值分别为 158（15.8×10）、158、159、159，共有 4 个数据。从茎叶图可以看出身高的中位数和众数都等于 165cm。SPSS 在作茎叶图时如果发现数据中有极端值会单独作为一组标出，而不作为茎叶图的一部分；如果数据位数很多，则可能会舍弃后面数据位的数值。

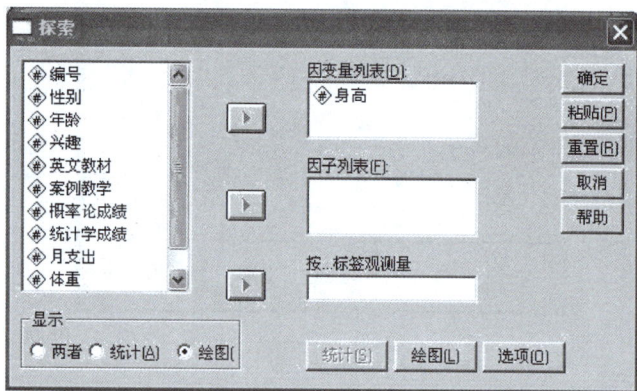

图 3-15　SPSS "探索"对话框

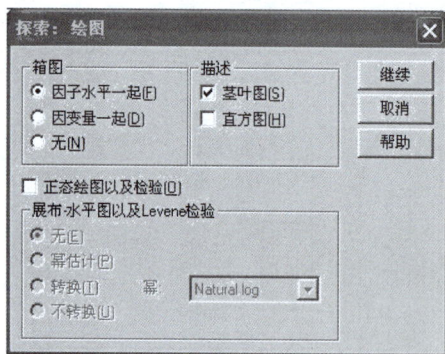

图 3-16　SPSS "探索：绘图"对话框

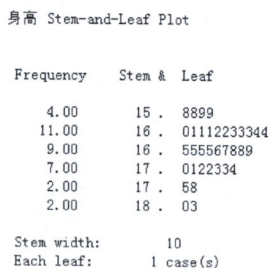

```
身高 Stem-and-Leaf Plot

Frequency     Stem &  Leaf

    4.00      15 .  8899
   11.00      16 .  01112233344
    9.00      16 .  555567889
    7.00      17 .  0122334
    2.00      17 .  58
    2.00      18 .  03

Stem width:       10
Each leaf:     1 case(s)
```

图 3-17　SPSS 绘制学生身高的茎叶图

6. 箱线图（Box Plot）

Excel 没有提供直接绘制箱线图（即箱形图）的功能。

例 3-10　用 SPSS 绘制箱线图。

在 SPSS 中可以通过"图表"→"箱图"调出绘制箱线图的对话框（见图 3-18）。在这个对话框中选择"简单"并选择"观测量组的摘要"，单击"定义"按钮。在接下来的对话框中把"统计学成绩"作为分析变量，把"性别"作为分类变量（见图 3-19），得到的箱线图如图 3-20 所示。SPSS 中的箱线图是这样绘制的：先根据三个四分位数（Q_1、Q_2、Q_3）画出中间的盒子。盒子的长度（$Q_3 - Q_1$）称为四分位距（Interquartile Range，IQR）。然后，由 $Q_3 \sim Q_3 + 1.5 \times IQR$ 区间内的最大值向盒子的顶端连线；如果数据处于 $Q_3 + 1.5 \times IQR \sim Q_3 + 3 \times IQR$ 的范围内则用圆圈标出，超出了 $Q_3 + 3 \times IQR$ 的则用星号标出。在 Q_1 一侧也用类似的方法绘制：由 $Q_1 \sim Q_1 - 1.5 \times IQR$ 区间内的最小值向盒子的底部连线；$Q_1 - 1.5 \times IQR \sim Q_1 - 3 \times IQR$ 的范围内用圆圈标出，小于 $Q_1 - 3 \times IQR$ 的用星号标出。在图 3-20 中我们可以看出，有一个男生的统计成绩在 $Q_1 - 1.5 \times IQR \sim Q_1 - 3 \times IQR$ 的范围内，这个人的观测号是 3（圆圈旁边的数字 "3" 表示观测号）。

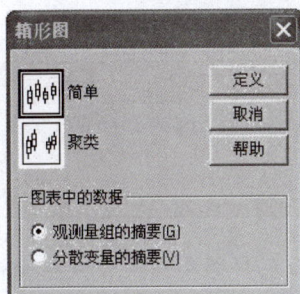

65

图 3-18 SPSS "箱线图" 对话框

图 3-19 简单箱线图定义对话框

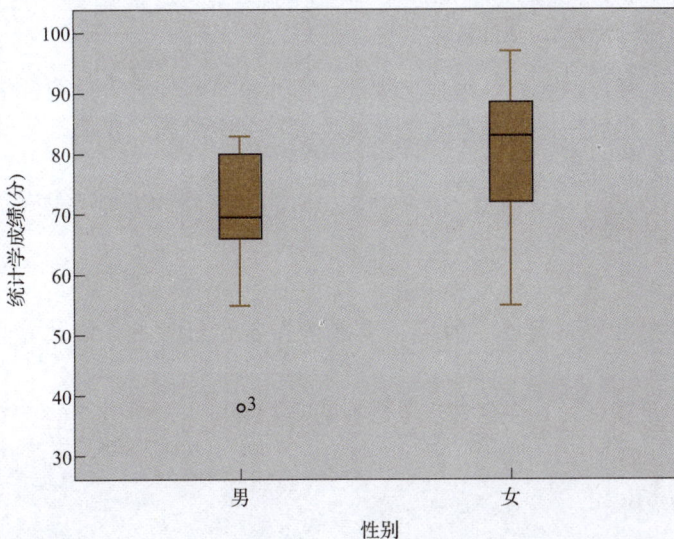

图 3-20 SPSS 绘制的箱线图

第 4 章
总量指标与相对指标

引导案例

某公司下属甲、乙两家企业，生产同类产品。其上半年的产值及职工人数资料如表 4-1 所示。根据资料分析、比较其生产情况的优劣。

表 4-1 某公司下属两家企业的产值及职工人数资料

企业名称	计划产值（万元）	实际产值（万元）	职工人数（人）
甲	452	474.6	300
乙	248	272.8	100
合计	700	747.4	400

从表 4-1 中可以看出，甲、乙两家企业的实际产值和职工人数都不相同，很难正确评价两家企业生产经营的好坏。因此，有必要计算反映两家企业工作质量好坏的相对指标，即用各企业的实际产值除以其计划产值算出计划完成程度，再用实际产值除以职工人数得出劳动生产率，然后再加以分析、说明。经过计算，甲企业的计划完成程度为 105%，劳动生产率为 15 820 元/人；乙企业的计划完成程度为 110%，劳动生产率为 27 280 元/人。从中可以发现，虽然甲企业的实际产值高于乙企业，但是其计划完成程度和劳动生产率均低于乙企业。所以，乙企业的生产经营好于甲企业。

从这个例子可以看到，在进行统计分析时，仅凭总量指标是不够的，还必须在总量指标的基础上，计算各种相对指标，把两者结合起来进行分析研究，才能把问题的实质和全貌反映出来。这就是本章要阐述的内容。

本章学习目标

1. 了解总量指标的概念、特点和作用。
2. 掌握各种相对指标的概念、特点；重点掌握各种相对指标的计算方法及运用原则，并能熟练地计算和应用。
3. 能够灵活运用指标对社会经济现象进行简单分析。

4.1 总量指标

4.1.1 总量指标概述

1. 总量指标的概念

总量指标是表明社会经济现象在一定时间、地点条件下的规模或水平的指标。它的表现形式是绝对数，因此又称为绝对指标或绝对数。例如，一个国家或地区的人口总数、土地总面积、粮食总产量，一家公司或企业的职工人数、工资总额等都是总量指标。它是通过汇总相加而得到的。总量指标数值的大小随总体范围的大小而增加或减少，总体范围大，指标数值就大；总体范围小，指标数值就小。

总量指标还可以表现为两个总量指标之间相比较得到的增加或减少的绝对量。例如，某地区社会商品零售额 2012 年比 2011 年增加了 120 万元，这也是总量指标。

2. 总量指标的作用

（1）总量指标可以反映被研究现象总体的基本状况和基本实力。它是我们认识被研究现象总体的起点。例如，要了解一个国家的实力、经济和社会发展状况，就必须掌握这个国家的人口总数、劳动力数量、国土面积、各种矿产储量、国民生产总值等一系列总量指标，否则就不可能对这个国家有一个基本的认识。

（2）总量指标是制定方针政策、编制计划和检查计划执行情况，实施社会经济和企业管理的重要依据。

（3）总量指标是计算其他指标的基础，相对指标和平均指标都是以总量指标为基础派生的指标。

4.1.2　总量指标的种类

1. 按反映的总体内容不同，分为总体单位总量和总体标志总量

（1）总体单位总量。它是总体中的单位总数，比如以全国普通高校为总体，截至 2012 年 4 月 24 日，全国普通高校（不含独立学院）共计 2 138 所，2 138 所就是反映总体的单位数。又如以某企业工人为总体，工人人数就是反映总体的单位总量，它是由每个总体单位相加汇总而得到的。

（2）总体标志总量。它是总体各单位的某一数量标志值的总和。例如，研究某市工业企业的经营情况，该市所有的工业企业是总体，工业企业数就是总体单位总量，而每个工业企业的职工人数、利税额、工业增加值等都是数量标志，把所有工业企业的这些标志值加总在一起，得到该市工业企业的职工总人数、利税总额、工业增加值等就是总体标志总量。

总体单位总量和总体标志总量的划分，不是一成不变的，其地位随着研究对象的不同而变化。上例中，当研究某市工业企业的职工情况时，工业企业的职工人数便成了总体单位总量，而工资总额则成了总体标志总量。

2. 按反映的时间状况不同，分为时期指标和时点指标

（1）时期指标。时期指标是反映社会经济现象在一段时期内发展过程的总数量。例如，产品产量、商品销售额、利润总额、粮食产量、人口出生数等。

时期指标的特点主要有：

1）可以累计相加。时期指标表明现象在一段时期内活动过程的总成果。若干个时期指标相加，就得到一个更长时期的累计总量，这些结果仍然是时期指标。例如，某月的产量是该月内每日产量的累计总量。

2）时期指标数值的大小与计算时期的长短有直接关系。一般情况下，时期越长，指标数值就越大；反之则越小。例如，一年的产量必然大于该年某一季度的产量，一个季度的产量必然大于其中某一个月的产量。因此，对时期指标进行比较，必须注意时期长短上的可比性。

（2）时点指标。时点指标是反映社会经济现象在某一时点（或某一时刻）上所处状况的总量指标。如某一时点上的人口数、商品库存数、牲畜存栏数、储蓄存款余额等。

时点指标的特点主要有：

1）不能累计相加。时点指标表明现象在某一时点上的状况，只能按时点所表示的瞬间计数，若累计相加，则所得到的结果包含着大量重复计算，不仅脱离实际而且也没有任何意义。

2）时点指标数值的大小与时点的间隔长短无直接关系。例如，某种原材料的年末库存量不一定比该年某月末或某季末的库存量大。

4.1.3　总量指标的计量单位

总量指标是客观存在的，表现为一定社会经济现象的具体数值，所以它有相应的计量单位。总量指标的计量单位一般分为实物单位、货币单位和劳动单位。

1. 实物单位

实物单位是根据事物的自然属性和特点而采用的计量单位。例如，人口按"人"计算、汽车按"辆"计算、鞋按"双"计算、粮食产量按"t"计算、发电量按"kW·h"计算等。

2. 货币单位

货币单位是以货币作为价值尺度来度量社会经济现象的计量单位。常用的有元、万元、亿元等。

3. 劳动单位

劳动单位是以劳动时间表示的计量单位，如工时、工日等。

4.2　相对指标

4.2.1　相对指标的意义和作用

1. 相对指标的意义

社会经济现象之间以及现象内部之间总是有着密切联系的。要深刻认识现象间的相互联系，探讨其发展变化的规律，就要对各种经济关系进行分析和比较。相对指标就是通过比较而得到的指标。

相对指标也称相对数，它是两个有联系的指标数值对比而得到的指标。例如，2011 年我国外贸进出口总值比 2010 年同期增长 22.5%，某地区的人口出生率为 15.23‰，男性人口占总人口的 51.6% 等，都是相对指标。

2. 相对指标的作用

（1）相对指标可以说明事物的发展程度或事物之间的互相联系程度、差别程度以及计划执行情况与经济效益状况等。例如，某地区粮食产量 2011 年比 2010 年增长了 20%，说明了该地区粮食生产的发展程度。又如，2010 年甲商场销售额是乙商场销售额的 1.25 倍，说明了两个商场销售情况的差别程度。

（2）利用相对指标便于比较和分析研究对象。对于基础不同，不能用总量指标直接进行比较的，可以通过相对指标使它们之间能够进行比较。例如，不同规模的企业，其利税额有大有小，不宜直接进行比较，但通过计算利税率相对指标，就可以进行比较了。

4.2.2　相对指标的表现形式

1. 无名数

无名数是一种抽象化的数值，常以系数或倍数、成数、百分数、千分数、翻番数等表示，应用比较广泛。

（1）系数或倍数。它是将对比的基数抽象为 1 而计算的相对指标。当对比的两个指标数值相差不大时，用系数表示；当分子较分母大得多时常用倍数表示。

（2）成数。它是将对比的基数抽象为 10 而计算的相对指标。例如，今年的粮食产量比去年增产一成，即增产了 1/10。

（3）百分数。它是将对比的基数抽象为 100 而计算的相对指标。百分数是最常用的一种计量形式，一般用符号"%"来表示。另外，在经济分析中，还经常用到百分点的概念，常用于两个百分数相减的场合，一个百分点就是 1%，如某企业劳动生产率计划比上年提高 5%，实际提高了 8%，这说明实际劳动生产率比计划劳动生产率提高了 3 个百分点（8% ~5%）。

（4）千分数。它是将对比的基数抽象为 1 000 而计算的相对指标。在对比的两个指标数值中，如果分子比分母的数值小很多，则用千分数表示，常用符号"‰"来表示，如人口出生率和死亡率等。

（5）翻番数。它是指两个相比较的数值，一个数是另一个数的"2^m"倍，则 m 是番数。例如，某地区 2006 年的工业总产值为 220 亿元，计划到 2012 年翻两番，则该地区 2012 年的工业总产值应达到 880 亿元（220×2^2）。

2. 有名数

有名数是将相对指标中的分子与分母计量单位同时使用的双重计量单位的一种表示方法，主要用于部分强度相对指标。例如，人口密度用"人/km^2"、商业网点密度用"人口数/商店数"。

4.2.3　相对指标的种类和计算方法

由于相对指标的计算方法不同，其作用也不相同，在实际工作中，将相对指标分为：结构相对指标、比例相对指标、比较相对指标、强度相对指标、动态相对指标和计划完成程度相对指标六种。

1. 结构相对指标

结构相对指标是总体内部各组成部分的数值与总体的全部数值对比所得到的比值。它表明总体中各部分占总体的比重，用来反映和说明总体内部的构成情况，又称为比重指标。其计算公式如下：

$$结构相对指标 = \frac{总体中某一部分数值}{总体全部数值} \times 100\%$$

结构相对指标一般用百分数表示，总体各组成部分所占比重之和必须等于 100%。

例如，某市总人口数为 500 万人，其中男性为 260 万人，女性为 240 万人，则该市：

$$男性人口占总人口数的比重 = \frac{260\ 万人}{500\ 万人} \times 100\% = 52\%$$

$$女性人口占总人口数的比重 = \frac{240\ 万人}{500\ 万人} \times 100\% = 48\%$$

又如，产品合格率、设备利用率等，也都属于结构相对指标。

由此可见，计算结构相对指标可以表明总体内部结构的特征，将不同时间的结构相对指标进行对比分析，还可以说明总体结构变化的过程，同时又可以反映人、财、物利用程度。

2. 比例相对指标

比例相对指标是反映总体内部各个组成部分之间的指标数值之比，用以分析总体内部的比例关系。其计算公式如下：

$$比例相对指标 = \frac{总体中某一部分数值}{总体中另一部分数值}$$

比例相对指标的计算结果通常以百分比或比例的形式来表示。

又如上例中，该市的男女性别比例为 108.33% (260/240 × 100%)，或男女性别比例表示为 260 : 240 或 1.08 : 1。

比例相对指标能够反映事物内部各部分之间的数量联系程度和比例关系。社会经济生活中的许多重大比例关系，如人口的性别比例关系，积累与消费的比例关系，农业、轻工业与重工业的比例关系等，都可以通过计算比例相对指标来反映。

3. 比较相对指标

比较相对指标是两个同类指标，在同一时间不同地区（或部门、单位）之间的数值之比。用来说明同类现象在不同空间条件下发展的不均衡程度和差异程度。其计算公式如下：

$$比较相对指标 = \frac{甲地区（部门或单位）某一指标数值}{乙地区（部门或单位）同类指标数值}$$

其计算结果可以用百分数或倍数表示。

例如，甲、乙两个商场 2010 年的销售额分别为 4 亿元和 3.2 亿元，则甲商场销售额是乙商场销售额的 1.25 倍。又如，某年甲企业劳动生产率为 1.10 万元/人，乙企业为 1.00 万元/人，则甲企业劳动生产率是乙企业的 1.1 倍（1.10 ÷ 1.00）。1.1 倍是不同企业的同一指标即劳动生产率之比。

计算比较相对指标可以揭示现象之间的差异程度，通过对比可以找出差距、提高水平。但对比的指标必须是同期的、同类的、可比的，在对比时常采用质量指标进行对比，以准确反映现象发展的本质差异。

4. 强度相对指标

强度相对指标是同一时期两个性质不同而又有密切联系的总量指标数值之比，用来表明现象的强度、密度、普遍程度。其计算公式如下：

$$强度相对指标 = \frac{某种现象总量指标数值}{另一有联系而性质不同的现象总量指标数值}$$

强度相对指标数值的表现形式一般为复名数，由分子数值与分母数值的计量单位组成，如人口密度用 "人/km²"、人均国民生产总值用 "元/人" 表示等。

强度相对指标有时分子和分母可以互换，从而形成正指标与逆指标。正指标比值越大或逆指标比值越小，表明现象的强度、密度、普遍程度越大；反之越小。

例 4-1 某城市有人口 1 000 000 人，有零售商店 3 000 个，则

$$该城市商业网点密度 = \frac{零售商店数}{人口数} = \frac{3\ 000\ 个}{1\ 000\ 000\ 人} = 0.003\ 个/人$$

计算结果表明，该城市每千人拥有 3 个商业网点。指标数值越大，商业越发达，人民生活越方便，表示强度越高，这是正指标。如果把分子和分母对换，则

$$该城市商业网点密度 = \frac{人口数}{零售商店数} = \frac{1\ 000\ 000\ 人}{3\ 000\ 个} \approx 333\ 人/个$$

计算结果表明，该城市每个商业网点为 333 人服务。指标数值越大，需要为人民服务的人数越多，商业欠发达，即表示强度越低，这是逆指标。

强度相对指标的作用有以下几个方面：

（1）可以反映一个国家、地区或部门的经济实力并便于对比分析，如人均国民收入、人均粮食产量、人均钢产量等。

（2）可以说明为社会服务的能力，如按人口均摊的医生数或病床数、商业网点密度等。

（3）可以考虑企业或社会的经济效益。许多重要的经济效益指标都是强度相对指标，如利润率、商品流通费用率、资金占用率等。

码 4-1

5. 动态相对指标

动态相对指标又称发展速度，它是同一指标在不同时间上对比的比值，说明同类现象在不同时间上的发展、变动程度。其计算公式如下：

$$动态相对指标 = \frac{报告期数值}{基期数值} \times 100\%$$

动态相对指标通常用百分数表示。所谓报告期就是所要研究的时期，基期是用来作为对比标准的时期。

例 4-2 某大学在校学生人数 2005 年为 10 000 人，2010 年为 15 000 人，则该校在校学生人数 2010 年是 2005 年的多少？

$$动态相对指标 = \frac{15\ 000\ 人}{10\ 000\ 人} \times 100\% = 150\%$$

6. 计划完成程度相对指标

计划完成程度相对指标是现象在某一时期内的实际完成数与计划任务数对比的比值，用以表明某一时期实际完成计划的程度，一般用百分数表示。常用来检查和监督计划的执行情况。其计算公式如下：

$$计划完成程度相对指标 = \frac{实际完成数}{计划任务数} \times 100\%$$

计划完成程度相对指标用于检查计划的执行情况。它必须以计划任务数为标准，用实际完成数与计划任务数对比，从而确定计划的完成程度。因此分子和分母不能互换，而且要求分子和分母在指标含义、计算口径和方法、计量单位及时间、空间范围等方面应保持一致。

（1）计划完成程度相对指标的计算。在实际应用中，由于所下达的计划任务数可以是绝对数，也可以是相对数或平均数，因此计划完成程度相对指标在计算形式上也有以下三种：

1）计划任务数为绝对数，其计算公式如下：

$$计划完成程度相对指标 = \frac{实际水平}{计划水平} \times 100\%$$

该指标适用于考核社会经济现象的规模或水平的计划完成程度。

例 4-3 某商业企业某年商品销售额计划为 1 000 万元，实际完成 1 200 万元，则

$$计划完成程度相对指标 = \frac{1\ 200\ 万元}{1\ 000\ 万元} \times 100\% = 120\%$$

计算表明，该企业超额 20% 完成了商品销售额计划，超额完成商品销售额 200 万元。

2）计划任务数为相对数。这里下达的计划任务数是以比上期"提高了""增长了"或"降低了""减少了"百分之几的形式出现。其计算公式如下：

$$计划完成程度相对指标 = \frac{1 + 实际提高率}{1 + 计划提高率} \times 100\% = \frac{1 - 实际降低率}{1 - 计划降低率} \times 100\%$$

该指标适用于考核社会经济现象的降低率、增长率的计划完成程度。

例 4-4 某企业计划规定 2010 年的劳动生产率要比 2009 年提高 8%，而实际提高了 10%，则该企业劳动生产率的计划完成程度为：

$$劳动生产率的计划完成程度 = \frac{1 + 10\%}{1 + 8\%} \times 100\% = 101.85\%$$

计算结果表明该企业的劳动生产率实际比计划超额完成 1.85%。

例 4-5 某产品上年度实际成本为 400 元，本年度计划降低 5%，实际降低了 6%，则单位成本的计划完成程度为：

$$单位成本的计划完成程度 = \frac{1 - 6\%}{1 - 5\%} \times 100\% = 98.95\%$$

计算结果表明该产品单位成本已超额完成了计划，超额完成了 1.05%。

以上两例可见，同样是计划完成程度相对指标，在对其结果进行评价时，要根据计划指标的性质和要求来评价。如果计划指标是以最低限额规定的，如产品产量、产值、利润、商品销售额等劳动成果指标，则从经济意义上说这些指标数值越大越好，其计划完成程度相对指标数值大于 100% 才算超额完成计划；如果计划指标是以最高限额规定的，如单位产品成本、原材料消耗量、销售费用等劳动消耗和劳动占用指标，则从经济意义上说这些指标数值越小越好，其计划完成程度相对指标数值小于 100% 才算超额完成计划。

在实际工作中，有时也采用差率来检查计划完成情况。这种方法是直接用实际提高率（或降低率）减去计划提高率（或降低率）的办法，但相减的结果代表的含义却与前面计算方法的结果含义不同，它以百分点表示。如上例中劳动生产率的计划完成情况 = 10% − 8% = 2%，说明实际比计划提高了两个百分点；单位成本的计划完成情况 = 6% − 5% = 1%，说明实际比计划降低了一个百分点。

3）计划任务数为平均数，其计算公式如下：

$$计划完成程度相对指标 = \frac{实际平均水平}{计划平均水平} \times 100\%$$

该指标适用于考核以平均水平表示的技术经济指标的计划完成程度。

（2）计划进度执行情况检查。在实际工作中，为了保证计划的完成，常在计划执行的过程中，应用计划执行进度百分数指标来分析计划的执行情况，考核计划执行的均衡性，以便及时发现问题，采取措施。其计算公式如下：

$$计划执行进度 = \frac{从计划期初至某一时期止的累计实际完成数}{全期计划任务数} \times 100\%$$

例 4-6　某商业企业某年计划销售额 320 万元；第一、第二、第三季度的实际销售额分别为：85 万元、80 万元、95 万元。截至第三季度末，该商业企业销售额的计划执行进度为：

$$销售额的计划执行进度 = \frac{(85+80+95)\text{万元}}{320\text{万元}} \times 100\% = 81.25\%$$

计算结果表明，截至第三季度末，全年时间已过 3/4（或 75%），应完成全年计划任务的 75%，而该商业企业实际的计划执行进度为 81.25%，说明达到了进度要求，进度执行较快。

（3）中长期计划完成情况的检查。计划完成情况的检查，可分为中长期计划检查和短期计划检查两种。中长期计划一般是指五年或五年以上的计划。由于计划任务要求和制定方法不同，因此，检查中长期计划的完成情况有水平法和累计法两种方法。

1）水平法。在五年计划中，如果计划任务只规定最后一年（第五年）应达到的水平，则应采用水平法检查计划的完成情况。其计算公式如下：

$$计划完成情况相对指标 = \frac{五年计划末年实际达到的水平}{五年计划末年规定达到的水平} \times 100\%$$

在采用水平法检查计划的完成情况时，不仅要计算计划完成程度，还要计算提前完成计划的时间。在计划期内，只要有连续一年时间（或连续 12 个月累计，不论是否在 1 个年度内）的实际完成水平恰好达到了五年计划最后一年规定达到的水平，就算完成了计划，则剩余的时间即为提前完成计划的时间。

例 4-7　某企业五年计划规定，最后一年产品产量应达到 45 万 t，实际执行情况如表 4-2 所示。

表 4-2　某企业某产品产量资料　　　　（单位：万 t）

年　度	第一年	第二年	第　三　年		第　四　年				第　五　年			
			上半年	下半年	第一季度	第二季度	第三季度	第四季度	第一季度	第二季度	第三季度	第四季度
产量	30	32	17	19	10	10	11	12	12	12	13	12

试计算计划完成程度相对指标及提前多长时间完成计划任务。

$$计划完成程度相对指标 = \frac{(12+12+13+12)\text{万 t}}{45\text{万 t}} \times 100\% = 108.89\%$$

计算结果说明：该企业产品产量超额 8.89% 完成五年计划。提前三个季度完成计划任务（10 + 11 + 12 + 12 = 45）。

2）累计法。在五年计划中，如果规定在整个计划期内累计应达到的总量为计划任务，则应采用累计法检查计划的完成情况。其计算公式如下：

$$计划完成程度相对指标 = \frac{五年计划期内实际累计完成数}{五年计划规定的累计数} \times 100\%$$

按累计法计算提前完成计划的时间，只要从计划期开始到某一时期止，实际累计完成数达到了计划任务规定的累计数，就算完成了计划，剩余的时间就是提前完成的时间。即

计划提前完成时间 = 五年计划时间 − 自计划执行之日起至完成计划之日止的累计时间

73

如上例中，如果该企业五年计划规定，五年内产品产量应达到 178 万 t，实际执行情况如表 4-2 所示。试计算计划完成程度相对指标及提前多长时间完成计划任务。

计划完成程度相对指标

$$= \frac{(30 + 32 + 17 + 19 + 10 + 10 + 11 + 12 + 12 + 12 + 13 + 12) 万 t}{178 万 t} \times 100\%$$

$$= \frac{190 万 t}{178 万 t} \times 100\% = 106.74\%$$

计算结果说明：该企业产品产量超额 6.74% 完成五年计划。提前一个季度完成计划任务（30 + 32 + 17 + 19 + 10 + 10 + 11 + 12 + 12 + 12 + 13 = 178）。

4.2.4　计算和应用相对指标应注意的问题

1. 要保持相对指标的可比性

计算和应用相对指标要保持指标数值的可比性，即对比的分子指标与分母指标所包括的内容、范围、计算方法、计量单位必须一致。例如，在计划完成程度相对指标中，实际完成数与计划任务数必须是同一时期的同类现象的两个指标。强度相对指标必须是有联系的两个总量指标。如果将非同类现象或无联系的总体指标进行对比，就会失去相对指标的实际意义，以致得不出正确的结论。

2. 将相对指标与总量指标结合运用

无论是哪一种指标，都有它自身的优势，也有其局限性。总量指标能够反映事物发展的总规模和总水平，却看不清事物的差别程度；而相对指标反映了现象之间的数量对比和差异程度，却不能反映现象之间绝对量上的差别。因此，要深刻而全面地对社会经济现象的发展变化做出正确的评价，就必须将相对指标和总量指标结合起来运用。

3. 将各种相对指标结合运用

一种相对指标只能反映某种现象某一方面的数量关系。对于复杂的社会经济现象，只有把各种相对指标结合起来使用，才能把从不同侧面反映的情况结合起来观察、分析，从而更加全面深入地说明被研究现象的特征及其发展规律。例如，在研究企业的经营效果时，我们不仅要看总产值、产品产量、销售收入、利税总额等总量指标，还要结合企业的投入，观察产值利税率、资金利税率等相对指标，客观反映企业的经济效益。同时，我们还要将这些指标与企业的计划任务相比较，检查企业计划的执行情况；利用动态相对指标，将当前的指标数值与企业过去的同类指标数值进行纵向对比，可以总结经验和成绩；通过计算各个比较相对指标，能够实现与其他同类企业的横向对比，发现自己的差距和不足，及时改进。

本章小结

总量指标又称绝对数，它是表明社会经济现象在一定时间、地点条件下的规模或水平的指标。总量指标按反映的总体内容不同，分为总体单位总量和总体标志总量。总体单位总量是一个总体中的单位总数，它反映总体本身规模的大小。总体标志总量是总体各单位某一数量标志值的总和，它反映某种总体特征的总数量。

相对指标也称相对数，它是两个有联系的指标数值对比而得到的指标。常用的相对指标有结构相对指标、比例相对指标、比较相对指标、强度相对指标、动态相对指标和计划完成程度相对指标六种。其中分子与分母为同一时期的相对指标有：结构相对指标、比例相对指标、比较相对指标、强度相对指标和计划完成程度相对指标。此外，正确运用相对指标，要做到：① 要保持相对指标的可比性。② 将相对指标与总量指标结合运用。③ 将各种相对指标结合运用。

复习思考题

一、概念题

总体单位总量　　总体标志总量　　时期指标　　时点指标　　相对指标　　计划完成程度相对指标

结构相对指标　　比例相对指标　　比较相对指标　　强度相对指标

二、简答题

(1) 什么是总量指标？它在经济统计中有何作用？

(2) 时期指标与时点指标有什么区别与联系？

(3) 结构相对指标、比例相对指标和比较相对指标有什么不同的特点？试举例说明。

(4) 如何评价计划完成程度相对指标？

(5) 计算和应用相对指标应注意哪些问题？

三、练习题

1. 判断题（把"√"或"×"填在题后的括号里）

(1) 时期指标数值的大小与时期的长短成正比，时点指标数值的大小与时点的间隔长短成反比。

（　　）

(2) 用总体部分数值与总体全部数值对比求得的相对指标，称为比例相对指标。　（　　）

(3) 国民收入中积累额与消费额之比为 1∶3，这是一个比较相对指标。　（　　）

(4) 我国现在一年钢的产量，相当于 1949 年钢产量的 460 倍，这是动态相对指标。　（　　）

(5) 计划完成程度相对指标大于 100% 不一定是超额完成计划，而小于 100% 也不一定未完成计划。

（　　）

(6) 北京全市人口数，相当于 5 个左右的西藏人口数，这是比较相对指标。　（　　）

2. 单选题

(1) 商品销售额、商品库存量、固定资产投资额、出生人口数指标中，属于时点指标的有（　　）。

    A. 1 个　　　　　　　B. 2 个　　　　　　　C. 3 个　　　　　　　D. 4 个

(2) 某单位男职工占职工总人数的 65%，这个指标是（　　）。

    A. 结构相对指标　　　B. 比较相对指标　　　C. 比例相对指标　　　D. 强度相对指标

(3) 甲地区的农业生产总值比乙地区高 5%，这是（　　）。

    A. 动态相对指标　　　B. 比较相对指标　　　C. 比例相对指标　　　D. 强度相对指标

(4) 某厂女工人数与男工人数对比的相对数是（　　）。

    A. 结构相对指标　　　B. 比较相对指标　　　C. 比例相对指标　　　D. 强度相对指标

(5) 某企业劳动生产率计划比上一年提高 8%，实际提高了 5%，则该厂劳动生产率的计划完成程度为（　　）。

    A. $\dfrac{5\%}{8\%}$　　　　　　B. $\dfrac{8\%}{5\%}$　　　　　　C. $\dfrac{1+5\%}{1+8\%}$　　　　　D. $\dfrac{1+8\%}{1+5\%}$

(6) 某企业计划单位产品成本比去年降低 3%，实际降低了 5%，则单位产品成本的计划完成程度为（　　）。

A. 101.9%　　　　　B. 167%　　　　　C. 60%　　　　　D. 97.9%

3. 多选题

（1）下列指标属于总量指标的有（　　　）。

  A. 工资总额　　　　　　B. 商业网点密度　　　　　C. 商品库存量

  D. 人均国民生产总值　　　　　　　　　　　　　E. 进出口总额

（2）下列属于时点指标的有（　　　）。

  A. 人口总数　　　　　B. 死亡人口数　　　　　C. 在校学生人数　　　　　D. 银行存款余额

（3）下列属于相对指标的有（　　　）。

  A. 人口出生率　　　　　B. 粮食产量　　　　　C. 产品合格率

  D. 平均工资　　　　　　　　　　　　　　　　　E. 人口密度

（4）在相对指标中，分子和分母可以互换的有（　　　）。

  A. 比较相对指标　　　　B. 比例相对指标　　　　C. 动态相对指标

  D. 结构相对指标　　　　E. 强度相对指标　　　　F. 计划完成程度相对指标

（5）某市某年工业利润总额为 10 亿元，这是（　　　）。

  A. 质量指标　　　　　B. 品质标志　　　　　C. 数量指标

  D. 总量指标　　　　　E. 时期指标　　　　　F. 时点指标

（6）下列指标属于强度相对指标的有（　　　）。

  A. 每百户居民拥有电话机的数量　　　　　B. 人均粮食产量

  C. 人均钢产量　　　　　　　　　　　　　　D. 人均生活费支出

  E. 粮食平均亩产量

4. 计算题

（1）某企业下属三个分厂 2010 年上半年产值计划完成情况如表 4-3 所示。

表 4-3　三个分厂 2010 年上半年产值计划完成情况

分　厂	第一季度实际总产值（万元）	第二季度				第二季度为第一季度的百分比（%）
		计划总产值（万元）	实　际		计划完成百分比（%）	
			总产值（万元）	比重（%）		
（甲）	（1）	（2）	（3）	（4）	（5）	（6）
A	105	110	116			
B	125	135			100.0	
C	162		195		95.1	
合计	392		446			

要求：根据资料计算表中所缺数值，并指出（1）、（4）、（5）、（6）栏是什么指标？

（2）某企业五年计划规定，最后一年的钢产量应达到 200 万 t，实际生产情况如表 4-4 所示。

表 4-4　某企业实际生产情况

年　度	第一年	第二年	第三年	第　四　年				第　五　年			
				第一季度	第二季度	第三季度	第四季度	第一季度	第二季度	第三季度	第四季度
钢产量/万 t	130	135	135	20	30	40	50	50	60	65	75

要求：计算钢产量的计划完成程度及提前完成计划的时间。

（3）某旅游公司五年计划累计接待游客 208 万人，最后一年应接待游客 50 万人，实际执行情况如表 4-5 所示。

表 4-5 某旅游公司五年实际执行情况

年 度	第一年	第二年	第 三 年		第 四 年				第 五 年			
			上半年	下半年	第一季度	第二季度	第三季度	第四季度	第一季度	第二季度	第三季度	第四季度
接待人数（万人）	43	45	22	25	11	12	12	12.2	12.8	13	13	14

要求：分别用水平法和累计法计算计划完成程度及提前完成计划的时间。

（4）某企业 2012 年某产品单位成本为 620 元，计划规定 2013 年成本降低 5%，实际降低 7%。试确定 2013 年成本的计划数和实际数，并计算当年的降低成本计划完成程度。

（5）甲地区 2011 年实现国民生产总值 150 亿元，年平均人口 600 万人，该年国民生产总值的第一、第二、第三产业情况如表 4-6 所示。

表 4-6 该年国民生产总值的情况

项 目	实际（亿元）
国民生产总值	150
第一产业	13
第二产业	84
第三产业	53

又知该地区 2010 年国民生产总值 138 亿元，乙地区 2011 年实现国民生产总值 180 亿元。利用以上资料，计算各种相对指标。

77

第 5 章

平均指标与标志变异指标

引导案例

某公司甲、乙两个销售组，各有 10 名和 8 名业务员，销售同一种产品。上个月每人销售业绩如表 5-1 所示。

表 5-1　甲、乙两组各业务员销售业绩　　　　　　　　　　　（单位：万元）

甲组	12	8	10	38	15	17	10	20	14	9
乙组	18	16	20	22	19	17	24	16	—	—

这两个小组哪个销售业绩更好呢？可以看出，虽然甲组总的销售业绩为 153 万，多于乙组的 152 万，但我们知道不能轻易断定甲组业绩更好，因为两组的人数不同，不能简单比较总量指标。要做出正确的判断，就有必要计算反映两个组的平均水平和离散程度的标志变异指标。

经过计算，甲组人均销售业绩为 15.3 万元，乙组人均销售业绩为 19 万元。因此，认为乙组销售业绩好于甲组更符合实际。在本例中，用平均指标而不是总量指标作为判断标准显然更为客观。通过进一步分析我们还发现，甲、乙两组个人的销售业绩稳定性表现也不相同，乙组显然要比甲组稳定。

从这个例子可以看出，要反映某一变量的特征可从两个方面来进行描述：平均水平和差异程度（即标志变异指标）。试想一下，你手里有 100 元钱丢了 10 元钱和手里仅有 20 元钱丢了 10 元钱，哪种情况对你的伤害更大？两个班级"统计学"课程的平均分都是 75 分，就说明两个班级的学习情况是一样的吗？

本章学习目标

1. 深刻理解平均指标和标志变异指标的基本理论和分析方法。
2. 重点掌握平均指标的各种计算方法及运用原则；重点掌握标志变异指标的计算方法，并能运用标志变异指标说明平均数的代表性基本理论和分析方法。
3. 明确平均指标与标志变异指标的区别与联系。

5.1　平均指标概述

5.1.1　平均指标的概念

在社会经济现象的同质总体中，由于各个单位都有区别于其他单位的特征，这些特征在数量表现上不尽相同，标志值大小各异，这就使得难以对各个单位直接进行数量特征上的比较。因此需要利用平均指标来代表总体的一般水平。总体各单位的同质性和某种标志值在各单位的差异性，是计算平均数的前提条件。

平均指标是同类社会经济现象总体内各单位某一数量标志在一定时间、地点和条件下数量差异抽象化的代表性水平指标，是反映总体单位数量特征的一般水平的综合指标，其数值表现为平均数。平均指标是统计分析中最常用的综合指标之一，它反映了标志值分布的中心位置或集中趋势，即一组数据向其中心值靠拢的倾向。

码 5-1

例如，某班有 20 名学生，"统计学"课程期末考试成绩如表 5-2 所示。

表 5-2　某班"统计学"课程期末考试成绩　　　　　　　　　（单位：分）

序　号	1	2	3	4	5	6	7	8	9	10
成绩	88	76	68	60	72	85	75	90	56	92
序　号	11	12	13	14	15	16	17	18	19	20
成绩	95	80	86	82	70	98	77	83	65	74

从表 5-2 中可以看出这 20 名学生"统计学"课程的考试成绩高低不等，每个分数分别代表了学生们各自的水平，使得该班这一总体的个体之间存在着明显的差异，统计研究的目的就在于通过这些差异反映出总体的基本特征。为此，需要找出一个能够代表该班学生成绩一般水平的代表性数值，它应该能够将 20 名学生成绩之间的数量差异抽象化，这个抽象化的指标即为平均成绩。

通过以上实例可以看出，平均指标具有以下三个显著特点：

（1）它是一个代表值，可以代表总体的一般水平。

（2）它是一个抽象化的数值，即把同质总体内各单位在某一数量标志上的差异抽象化了，是对各单位具体数值的平均。

（3）它反映了总体分布的集中趋势，同一总体一般距离其平均值远的标志值较少，而距离其平均值近的或接近平均值的标志值比较多。

5.1.2　平均指标的作用

（1）可以用来比较同类现象在不同地区、单位（即不同总体）发展的一般水平，用以说明经济发展水平的高低和工作质量的好坏。例如，在评价商业企业工作成绩好坏时，如果用总量指标（如商品的销售额或利税额）进行对比，因为其企业的规模大小不同，职工人数多少不同，无法评价，如果用平均指标（如平均劳动效率、人均创利额等），则可消除这种影响，进行比较分析评价。

（2）可以用来对同一总体某种现象在不同时间上进行比较，以反映该现象的发展趋势或规律。例如，对同一地区人均年收入水平逐年进行比较，来反映该地区居民生活水平的发展趋势或规律。

（3）可以作为判断事物的一种数量标准。由于总体各单位的数量特征有差异性，不便于直接对比，因此，只有作为代表总体数量特征的平均数，才是比较事物的数量标准。例如，对某班或某校学生成绩的优劣评价，不是以个别学生的成绩来说明的，而是以全班或全校学生的平均成绩为依据的。

（4）可以用来分析现象之间的依存关系。例如，分析施肥量和农作物亩产量的依存关系；劳动生产率和平均单位成本间的依存关系。

5.1.3 平均指标的种类

平均指标按其性质可分为静态平均数和动态平均数。

静态平均数反映的是在同一时间范围内各单位某一数量标志一般水平的平均数。动态平均数反映的是在不同时间同一总体范围内某一指标一般水平的平均数（内容详见第 6 章动态数列分析）。本章主要介绍静态平均数，又称一般平均数。

静态平均数按其计算方法的不同，又可分为数值平均数和位置平均数两种。数值平均数是指根据总体各单位标志值计算的平均数，包括算术平均数、调和平均数及几何平均数等形式。位置平均数是先将总体各单位的变量值按一定顺序排列，然后取某一位置的变量值来反映总体各单位的一般水平，把这个特殊位置上的数值看作是平均数，包括众数、中位数及四分位数等形式。本章 5.2 节和 5.3 节分别对位置平均数和数值平均数进行介绍。

5.2 位置平均数

前面几种平均数都是根据总体全部标志值计算的。而众数、中位数和四分位数不是根据全部标志值计算的，而是根据其在总体中所处的特殊位置确定或根据部分标志值计算的，因此也称位置平均数。

5.2.1 众数

1. 众数的概念

众数是总体中各单位出现次数最多的那个标志值，也就是该总体各单位中最普遍、最常出现的标志值，用符号 M_o 表示。用众数也可以表明社会经济现象的一般水平。

码 5-2

在实际工作中，众数被广泛应用。例如，要说明消费者需要的服装、鞋、帽等最普遍的尺码，反映集市贸易市场某种蔬菜最普遍的价格水平，企业工人中最普遍的工资，等等，都可以通过市场调查、分析、了解哪一尺码的服饰成交量最大，哪一种价格的蔬菜成交量最多，哪一级工资水平的工人人数最多，即为众数。

2. 众数的确定

确定众数，首先要将数据资料进行分组，编制变量数列；然后，根据变量数列的不同，采用不同的方法确定。

（1）根据单项数列来确定众数。在单项数列情况下，确定众数比较简单，只需要观察找出次数最多的那个标志值即为众数。

例 5-1 某班学生年龄的分组资料如表 5-3 所示，求众数。

表 5-3 某班学生年龄分组表

年龄（岁）	17	18	19	20	21	22
学生人数（人）	1	2	8	15	3	1

经观察发现，20 岁的学生人数最多，即众数为 20 岁。

（2）根据组距数列来确定众数。先确定众数组，然后再根据公式计算众数的近似值。

例 5-2 2016 年某地区职工家庭人均月收入资料如表 5-4 所示。

表 5-4 某地区职工家庭人均月收入情况分布表

人均月收入（元）	家庭户数（户）
300 以下	260
300 ~ 400	660
400 ~ 500	1 800
500 ~ 600	3 200
600 ~ 700	2 000
700 ~ 800	1 000
800 ~ 900	800
900 ~ 1 000	600
1 000 以上	400
合计	10 720

从表 5-4 中的家庭户数可知，家庭户数最多的是 3 200 户，它所对应的人均月收入为 500 ~ 600 元，因此这一组就是众数组，然后利用下列公式计算众数的近似值。

下限公式：

$$M_o = L + \frac{\Delta_1}{\Delta_1 + \Delta_2} d$$

上限公式：

$$M_o = U - \frac{\Delta_2}{\Delta_1 + \Delta_2} d$$

式中，M_o 为众数；L 为众数组的下限；U 为众数组的上限；d 为众数组的组距；Δ_1 为众数组次数与上一组次数之差；Δ_2 为众数组次数与下一组次数之差。

根据表 5-4 中的资料，计算众数的近似值：

$$M_o = 500 \text{ 元} + \frac{3\ 200 - 1\ 800}{(3\ 200 - 1\ 800) + (3\ 200 - 2\ 000)} \times 100 \text{ 元} = 553.85 \text{ 元}$$

5.2.2 中位数

1. 中位数的概念

将总体中各单位标志值按大小顺序排列，处于中间位置的那个标志值就是中位数，用符号 M_e 表示。

码 5-3

2. 中位数的确定

根据所掌握资料的不同，中位数的确定方法有两种，即由未分组资料确定中位数和根据分组资料确定中位数。

（1）根据未分组资料确定中位数。首先将掌握的资料，按标志值大小顺序排序，然后确定中位数所在的位置，在这个位置上对应的标志值即为中位数。故

$$中位数位置 = \frac{n+1}{2}$$

1）当 n 为奇数时，中位数就是居于中间位置的那个标志值。

例 5-3　某专业有 9 名学生，其英语考试成绩排序为：65 分、68 分、72 分、75 分、77 分、81 分、84 分、88 分、90 分，则中位数所在的位置 $= \frac{9+1}{2} = 5$，即处于第 5 位的那个标志值为中位数，即 $M_e = 77$ 分，它代表了这 9 名学生英语考试成绩的一般水平。

2）当 n 为偶数时，中位数是处于中间位置的那两个标志值的算术平均数。

假如上述专业又增加了一名进修生，这 10 名学生英语考试成绩排序为：65 分、68 分、72 分、75 分、76 分、77 分、81 分、84 分、88 分、90 分，此时中位数位置 $= \frac{10+1}{2} = 5.5$，则中位数处在第 5 个标志值与第 6 个标志值之间中点的位置，即为第 5 个标志值与第 6 个标志值的算术平均数。故

$$中位数 \, M_e = \frac{76+77}{2} 分 = 76.5 \, 分$$

（2）根据分组资料确定中位数。

1）根据单项数列确定中位数。首先要按一定方法计算累计次数，再用总次数除以 2，即 $\frac{\sum f}{2}$，求出中位数所在的组，这组所对应的标志值即为中位数。

例 5-4　某学院 2016～2017 学年共有 30 名同学获得奖学金，其分布情况如表 5-5 所示。

表 5-5　学生获得奖学金分布情况及计算表

奖学金金额（元/人） x	获奖人数（人） f	人数累计	
		向上累计（人）	向下累计（人）
300	3	3	30
500	6	9	27
800	8	17	21
1 000	7	24	13
1 500	6	30	6
合计	30	—	—

用表 5-5 中的资料计算，中位数位置为：

$$\frac{\sum f}{2} = \frac{30}{2} = 15$$

中位数应在第 15 人的位置上。无论是向上累计法还是向下累计法，所选择的累计人数数值都应是含 15 人的最小数值。表中的 17 和 21 都符合这一要求，它们对应的都是第三组，即中位数所在的组为第三组，它所对应的标志值 800 元就是中位数。

2）根据组距数列确定中位数。

例 5-5　某学期某班 50 名学生"统计学"课程的考试成绩分布情况如表 5-6 所示，要计算考试成绩的中位数。

表 5-6　某学期某班 "统计学" 课程考试成绩分布表

成绩（分）	学生人数（人）	向上累计人数（人）	向下累计人数（人）
60 以下	3	3	50
60 ~ 70	12	15	47
70 ~ 80	19	34	35
80 ~ 90	10	44	16
90 ~ 100	6	50	6
合计	50	—	—

确定中位数的步骤如下：

第一步，确定中位数所在的组。

$$中位数位置 = \frac{\sum f}{2} = \frac{50}{2} = 25$$

由此可知，中位数应在第 25 人的位置，所对应的组为第三组，即为中位数所在的组。

第二步，确定中位数的近似值。确定中位数所在的组以后，再采用以下两个公式估算中位数的值：

下限公式：

$$M_e = L + \frac{\frac{\sum f}{2} - S_{m-1}}{f_m} d$$

上限公式：

$$M_e = U - \frac{\frac{\sum f}{2} - S_{m+1}}{f_m} d$$

式中，M_e 为中位数；d 为中位数所在组的组距；L 为中位数所在组的下限；U 为中位数所在组的上限；S_{m-1} 为向上累计至中位数所在组前一组的累计次数；S_{m+1} 为向下累计至中位数所在组后一组的累计次数；f_m 为中位数所在组的次数；$\sum f$ 为总次数。

按下限公式可得中位数：

$$M_e = \left(70 + \frac{\frac{50}{2} - 15}{19} \times 10 \right) 分 = 75.26 \ 分$$

5.2.3　四分位数

1. 四分位数的概念

四分位数是通过 3 个点将一组按大小顺序排列的标志值等分为 4 部分，其中每部分包含 25% 的数据。其中处于中间（2/4 分位）的四分位数就是中位数，因此四分位数通常是指位于 25% 位置的数值（称为下四分位数或 1/4 分位数，用 Q_1 表示）和 75% 位置的数值（称为上四分位数或 3/4 分位数，用 Q_3 表示）。

码 5-4

2. 四分位数的确定

根据所掌握资料的不同，四分位数的确定方法有两种，即由未分组资料确定四分位数和根据分组资料确定四分位数。

(1) 根据未分组资料确定四分位数。首先将掌握的资料，按标志值大小顺序排序，然后分别确定上、下四分位数所在的位置，在该位置上对应的标志值即为四分位数。故

$$Q_1 \text{位置} = \frac{n+1}{4}$$

$$Q_3 \text{位置} = \frac{3(n+1)}{4}$$

例 5-3 中，Q_1 位置 $= \frac{9+1}{4} = 2.5$，即下四分位数位于第 2 个数值和第 3 个数值之间的位置，因此，$Q_1 = (68+72)$ 分 $/2 = 70$ 分；Q_3 位置 $= \frac{3 \times (n+1)}{4} = \frac{3 \times (9+1)}{4} = 7.5$，即上四分位数位于第 7 个数值和第 8 个数值之间的位置，因此，$Q_3 = (84+88)$ 分 $/2 = 86$ 分。

(2) 根据分组资料确定四分位数。根据单项数列分组资料确定四分位数，首先计算累计次数，再确定四分位数所在的组，这组所对应的标志值即为中位数。

$$Q_1 \text{位置} = \frac{\sum f}{4}$$

$$Q_3 \text{位置} = \frac{3\sum f}{4}$$

组距数列计算四分位数，首先用累计法确定四分位数所在位置，再用插值法计算四分位数的估计值。公式如下（仅给出下限公式）：

$$Q_1 = L_{Q_1} + \frac{\dfrac{\sum f}{4} - S_{Q_1}}{f_{Q_1}} d_{Q_1}$$

$$Q_3 = L_{Q_3} + \frac{\dfrac{3\sum f}{4} - S_{Q_3}}{f_{Q_3}} d_{Q_3}$$

式中，L_{Q_1} 为下四分位数所在组下限；S_{Q_1} 为向上累计到下四分位数组前一组的累计次数；f_{Q_1} 为下四分位数组的次数；d_{Q_1} 为下四分位数所在组的组距；L_{Q_3} 为上四分位数所在组下限；S_{Q_3} 为向上累计到上四分位数组前一组的累计次数；f_{Q_3} 为上四分位数组的次数；d_{Q_3} 为上四分位数所在组的组距。

例 5-6 以例 5-5 的资料计算四分位数。

第一步，确定四分位数所在的组。

$$Q_1 \text{位置} = \frac{\sum f}{4} = \frac{50}{4} = 12.5 \approx 13$$

$$Q_3 \text{位置} = \frac{3\sum f}{4} = \frac{3 \times 50}{4} = 37.5 \approx 38$$

由此可知，下四分位数应在第 13 人的位置，所对应的组为第二组；上四分位数应在第 38 人的位置，所对应的组为第四组。

第二步，确定四分位数的近似值。根据下限公式计算可得：

$$Q_1 = L_{Q_1} + \frac{\dfrac{\sum f}{4} - S_{Q_1}}{f_{Q_1}} d_{Q_1} = \left(60 + \frac{\dfrac{50}{4} - 3}{12} \times 10\right) \text{分} = 67.92 \text{分}$$

$$Q_3 = L_{Q_3} + \frac{\frac{3\sum f}{4} - S_{Q_3}}{f_{Q_3}}d_{Q_3} = \left(80 + \frac{\frac{150}{4} - 34}{10} \times 10\right)\text{分} = 83.5\text{分}$$

上面所介绍的六种平均数：算术平均数、调和平均数、几何平均数、中位数、众数和四分位数，都是用来反映客观现象在某个数量上所达到的一般水平的，它们的含义和作用基本相同，但各个平均数又有各自的特点。

首先，就数值平均数来说，根据同一资料分别计算和确定平均数，得到的结果一般是不同的。其中算术平均数最大，几何平均数其次，调和平均数最小。但在实际应用中这样比较是没有意义的，因为不同的计算方法是根据所掌握的不同的数据条件来选择的，对于任何一个计算对象一般只选择一种最合适的方法进行计算。

其次，就算术平均数和位置平均数的应用来看，算术平均数反映了全部数据的信息，具有优良的数学性质，是一个可靠的具有代表性的数值，是实践中应用最为广泛的测度集中趋势的数据，不过算术平均数容易受到极端值影响，特别是数据中存在差异极大的极端值时，往往会严重削弱其代表性；众数、中位数和四分位数是位置平均数，其数值只与位置所在及邻近数值有关，不受极端值影响，但因计算和确定并不包含所有数据，其代表性也较弱，不如算术平均数应用广泛。

5.3　数值平均数

5.3.1　算术平均数

码 5-5

1. 算术平均数的基本形式

算术平均数是统计中最基本、最常用的一种平均数。它的基本计算形式是用总体标志总量除以总体单位数。其计算公式如下：

$$\text{算术平均数} = \frac{\text{总体标志总量}}{\text{总体单位数}}$$

在社会经济现象中，总体标志总量常常是总体各单位标志值的总和。例如，工人工资总额是各个工人工资额的总和。在掌握了总体单位数和总体标志总量的资料后，就可以按照上面的公式计算算术平均数。

例如，某企业某月职工工资总额为 180 000 元，职工总人数为 200 人，则该企业该月职工的平均工资为

$$\frac{180\ 000\ \text{元}}{200\ \text{人}} = 900\ \text{元/人}$$

使用这一基本公式应该注意公式中分子与分母的口径必须保持一致，它所对比的分子与分母是同一总体，而且各个标志值与各单位之间必须具有一一对应关系，标志总量随着总体单位总数的变动而变动，分子依存于分母。这也正是平均指标与强度相对指标不同的地方。强度相对指标虽然也是两个总量指标之比，但分子、分母各属不同的总体，它们之间没有直接的依存关系。

计算算术平均数时，根据掌握的资料不同和计算的复杂程度，可分为简单算术平均数和

加权算术平均数两种形式。

2. 简单算术平均数

如果所掌握的资料是总体各单位的标志值，应先加总求出标志总量，再用总体单位数去除，就得出算术平均数。

例 5-7　如表 5-2 所示，计算该班 20 名学生"统计学"课程期末考试成绩的平均成绩。

$$平均成绩 = \frac{全班总分数}{全班总人数}$$

$$= \frac{88+76+68+60+72+85+75+90+56+92+95+80+86+82+70+98+77+83+65+74}{20} 分$$

$$= \frac{1\,572}{20} 分 = 78.6 分$$

即该班"统计学"课程的平均成绩为 78.6 分，它代表了该班"统计学"课程考试成绩的一般水平。

简单算术平均数的计算公式用符号表示为

$$\bar{x} = \frac{x_1 + x_2 + x_3 + \cdots + x_n}{n} = \frac{\sum x}{n}$$

式中，$\bar{x}$ 为算术平均数；$\sum$ 为总和符号；x 为各单位标志值；n 为总体单位数。

简单算术平均数计算方法简便，但其应用的前提条件是：所给资料未分组整理，各变量值一一列出的情况。

3. 加权算术平均数

当变量值已经分组整理，是经过整理的单项数列或组距数列时，就不能再用简单算术平均数的计算方法，而要采用加权算术平均数的计算方法。

例 5-8　某企业生产车间有 200 名工人，每人每天生产某种零件数的单项数列及计算如表 5-7 所示，试求平均每个工人日产零件数。

表 5-7　日产零件数及平均数计算表

按每人日产零件数分组（件）	工人人数（人）	生产零件数（件）
x	f	xf
15	10	150
16	20	320
17	36	612
18	60	1 080
19	44	836
20	30	600
合计	200	3 598

平均每个工人日产零件数：

$$\bar{x} = \frac{15 \times 10 + 16 \times 20 + 17 \times 36 + 18 \times 60 + 19 \times 44 + 20 \times 30}{10 + 20 + 36 + 60 + 44 + 30} 件$$

$$= \frac{3\,598}{200} 件 = 17.99 件$$

在该平均数的计算中，不仅涉及变量值 x，还涉及另一个反映变量值出现次数的量，用

f 表示。则有

$$\bar{x} = \frac{x_1 f_1 + x_2 f_2 + x_3 f_3 + \cdots + x_n f_n}{f_1 + f_2 + f_3 + \cdots + f_n} = \frac{\sum xf}{\sum f}$$

式中，x 为各组变量值；f 为各组的次数（权数）。

该计算公式表明，平均数的大小不仅取决于总体各单位标志值 x 的大小，而且还受各单位标志值出现次数 f 的影响。次数越多，即权数越大，平均数受该组的影响就越大；反之亦然。例如，例题中第四组人数（60 人）最多，这组变量值"18"对平均数的影响就大，使得平均数接近于该变量值。所以，式中的 f 在此起着"权衡轻重"的作用，故将其称为权数，以上计算方法称为加权算术平均法。

必须指出，权数对算术平均数的影响，不是取决于权数本身数值的大小，而是取决于权数比重的大小。权数比重是作为权数的各组单位数占总体单位数的比重，也叫权数系数。单位数所占比重大的组，其变量值对平均数的影响就大；反之影响就小。其公式如下：

$$\bar{x} = \frac{\sum xf}{\sum f} = \sum \left(x \frac{f}{\sum f} \right)$$

式中，$\dfrac{f}{\sum f}$ 为权数所占比重。

例 5-9 仍以例 5-8 为例，采用权数系数形式计算加权算术平均数（见表 5-8）。

表 5-8　日产零件数及平均数计算表

按每人日产零件数分组（件） x	工人人数（人） f	工人人数占比重（%） $\dfrac{f}{\sum f}$	$x \dfrac{f}{\sum f}$
15	10	5	0.75
16	20	10	1.60
17	36	18	3.06
18	60	30	5.40
19	44	22	4.18
20	30	15	3.00
合计	200	100	17.99

计算加权算术平均数如下：

$$\bar{x} = \sum \left(x \frac{f}{\sum f} \right) = 17.99 \text{ 件}$$

计算结果和前面计算的加权算术平均数完全相同。

简单算术平均数与加权算术平均数两者之间具有内在联系。当加权算术平均数公式中各组次数完全相同时，即各组 f 都相等，此时它不再对 x 大小产生影响，这时由于 $f_1 = f_2 = f_3 = \cdots = f_n$，则可得

$$\bar{x} = \frac{\sum xf}{\sum f} = \frac{\sum x}{n}$$

可见简单算术平均数不过是加权算术平均数在各组 f 相等时的特例。

上面所举的例子，是根据单项数列来计算算术平均数的。如果我们掌握的资料是组距数

列，则其计算算术平均数的方法与单项数列基本相同。只要先计算出各组的组中值，然后以各组的组中值为变量值，代入加权算术平均数公式即得。

例 5-10　某企业某月职工的津贴资料如表 5-9 所示，求职工的月平均津贴。

表 5-9　某企业某月职工的津贴情况

按月津贴额分组（元）	职工人数（人）f	组中值（元）x	各组工人津贴（元）xf
600 以下	180	500	90 000
600 ~ 800	350	700	245 000
800 ~ 1 000	900	900	810 000
1 000 ~ 1 200	520	1 100	572 000
1 200 以上	50	1 300	65 000
合计	2 000	—	1 782 000

职工月平均津贴：

$$\bar{x} = \frac{\sum xf}{\sum f} = \frac{1\ 782\ 000}{2\ 000} 元 = 891 元$$

由此可见，由组距数列计算加权算术平均数，是用各组的组中值来代替各组标志值的实际水平，但这种方法具有一定的假定性，即假定各组内部的标志值分布是均匀的。实际上，各组内部的标志值呈均匀分布是不多见的，所以，用组中值计算的加权算术平均数也会存在一定的误差。

5.3.2　调和平均数

调和平均数是各单位标志值倒数的算术平均数的倒数，因而又称为倒数平均数。在社会经济统计中，往往由于缺乏总体的单位数资料，不能直接采用算术平均数计算，这时，就需要把算术平均数的形式加以改变，而采用另一种计算方法。所以，实际工作中，它主要作为算术平均数的变形来使用。

码 5-6

调和平均数与算术平均数一样，由于掌握的资料不同，分为简单调和平均数和加权调和平均数。

1. 简单调和平均数

简单调和平均数是各标志值倒数的简单算术平均数的倒数。在各个标志值相应的标志总量均为一个单位的情况下求平均数时，应计算简单调和平均数。其计算公式如下：

$$H = \frac{n}{\frac{1}{x_1} + \frac{1}{x_2} + \frac{1}{x_3} + \cdots + \frac{1}{x_n}} = \frac{n}{\sum \frac{1}{x}}$$

式中，H 为调和平均数；x 为各标志值；n 为项数。

例 5-11　某集贸市场西红柿的价格，早市 1 元/kg，午市 0.8 元/kg，晚市 0.5 元/kg，若早、中、晚各买 1 元钱的西红柿，求西红柿的平均价格。

其计算方法如下：

（1）早、中、晚各买 1 元钱，合计花 3 元。

（2）早市 1 元/kg，1 元钱可买 1kg；午市 0.8 元/kg，1 元钱可买 1.25kg；晚市 0.5 元/kg，1 元钱可买 2kg。

（3）平均 1 元买 1.42kg，计算为 $(1+1.25+2)/3$。

（4）平均价格为 0.70 元/kg（1/1.42）。

将上述过程结合起来，则为

$$H = \frac{n}{\frac{1}{x_1} + \frac{1}{x_2} + \frac{1}{x_3} + \cdots + \frac{1}{x_n}} = \frac{3}{\frac{1}{1} + \frac{1}{0.8} + \frac{1}{0.5}} 元/kg = 0.7 \ 元/kg$$

2. 加权调和平均数

加权调和平均数是各标志值倒数的加权算术平均数的倒数。前面介绍的简单调和平均数，其计算的条件是早、中、晚各买 1 元钱的商品，每种价格对平均数的影响是相同的。如果上例中早、中、晚不是各买 1 元钱的商品，而是各买不同的金额，那么每种价格对平均数的影响就不同了，这时就应计算加权调和平均数。其计算公式如下：

$$H = \frac{m_1 + m_2 + m_3 + \cdots + m_n}{\frac{m_1}{x_1} + \frac{m_2}{x_2} + \frac{m_3}{x_3} + \cdots + \frac{m_n}{x_n}} = \frac{\sum m}{\sum \frac{m}{x}}$$

式中，m 为调和平均数的权数。

例 5-12 承例 5-11 资料，早市买 3 元西红柿，午市买 2 元西红柿，晚市买 1 元西红柿，求西红柿的平均价格。

$$平均价格 \ H = \frac{\sum m}{\sum \frac{m}{x}} = \frac{3 + 2 + 1}{\frac{3}{1} + \frac{2}{0.8} + \frac{1}{0.5}} 元/kg = 0.8 \ 元/kg$$

式中，m 为金额，即权数，价格 x 为变量值，分子是总金额（总体标志总量），分母是购买总数量（总体单位数）。所以，调和平均数仍然是用总体标志总量除以总体单位数计算的。它在经济内容和计算结果上与算术平均数一致，只是由于掌握的资料不同，不能直接采用算术平均数计算时，才利用调和平均数形式计算平均指标，这样实际上是将调和平均数作为算术平均数的变形来使用。如设 $m = xf$，则 $f = \frac{m}{x}$ 代入加权算术平均数公式，得

$$加权算术平均数 \ \bar{x} = \frac{\sum xf}{\sum f} = \frac{\sum m}{\sum \frac{m}{x}} = H \ 加权调和平均数$$

下面通过实例来说明加权算术平均数和加权调和平均数两种方法的应用。

（1）由相对数计算平均数。以计划完成程度相对指标为例，当掌握计划完成程度相对指标计算公式的分母（计划任务数）资料时，求平均计划完成程度，应采用加权算术平均数计算。

例 5-13 某饭店分一部、二部、三部，2012 年计划收入分别为 300 万元、260 万元、240 万元，计划完成程度分别为 102%，107%，109%，求平均计划完成程度。

由于掌握的资料是计划任务数，平均计划完成程度应采用以计划收入为权数的加权算术平均数来计算，如表 5-10 所示。

表 5-10 某饭店计划完成资料及计算表

部 门	计划完成程度（%） x	计划收入（万元） f	实际收入（万元） xf
一部	102	300	306.0
二部	107	260	278.2
三部	109	240	261.6
合计	—	800	845.8

平均计划完成程度为

$$\bar{x} = \frac{\sum xf}{\sum f} = \frac{845.8 \ \text{万元}}{800 \ \text{万元}} = 105.73\%$$

当掌握计划完成程度相对指标计算公式的分子（实际完成数）资料时，求平均计划完成程度就不能用加权算术平均数公式计算了，而应以实际收入为权数，采用加权调和平均数计算，如表 5-11 所示。

表 5-11 某饭店实际完成资料及计算表

部 门	计划完成程度（%） x	实际收入（万元） m	计划收入（万元） $\frac{m}{x}$
一部	102	306.0	300
二部	107	278.2	260
三部	109	261.6	240
合计	—	845.8	800

由表 5-11 中的资料计算平均计划完成程度为

$$H = \frac{\sum m}{\sum \frac{m}{x}} = \frac{845.8 \ \text{万元}}{800 \ \text{万元}} = 105.73\%$$

（2）由平均数计算平均数。对于这个问题的计算和应用，与上面所分析的方法相同。首先要从平均数本身的计算特征出发，再看所掌握的资料是这个平均数计算公式的分子数值，还是分母数值，再决定采用哪种方法计算。

例 5-14 某商品在三个农贸市场上的平均价格和交易量资料如表 5-12 所示。

表 5-12 某商品在三个农贸市场上的平均价格和交易量

市 场	平均价格（元/kg） x	贸易量/kg f	贸易额（元） xf
甲	1.00	30 000	30 000
乙	1.50	20 000	30 000
丙	1.40	25 000	35 000
合计	—	75 000	95 000

平均价格的基本计算公式为：贸易额除以贸易量。本例中我们掌握的是贸易量（分母）资料，由此可采用加权算术平均数计算，即

$$各市场平均价格 = \frac{\sum xf}{\sum f} = \frac{95\,000\,元}{75\,000\,kg} = 1.27\,元/kg$$

若本例中给出的是每个市场商品的平均价格和贸易额（分子）资料，那就采用加权调和平均数计算。其计算过程如表 5-13 所示。

表 5-13　某商品在三个农贸市场上的平均价格和贸易额

市　场	平均价格（元/kg）x	贸易额（元）m	贸易量/kg $\frac{m}{x}$
甲	1.00	30 000	30 000
乙	1.50	30 000	20 000
丙	1.40	35 000	25 000
合计	—	95 000	75 000

$$各市场平均价格 = \frac{\sum m}{\sum \frac{m}{x}} = \frac{95\,000\,元}{75\,000\,kg} = 1.27\,元/kg$$

两种方法计算结果相同。

5.3.3　几何平均数

几何平均数不同于算术平均数和调和平均数，是 n 个变量值连乘积的 n 次方根。它反映的是某种特定现象的平均水平，这种现象的标志总量不是各单位的标志值的总和，而是它们的连乘积。在统计分析中，几何平均数主要用来计算平均比率或平均发展速度。

码 5-7

由于掌握资料的差异，几何平均数也分为简单几何平均数和加权几何平均数两种。

1. 简单几何平均数

设有 n 个变量值 x_1，x_2，$\cdots$，x_n，由几何平均数定义可得出简单几何平均数的计算公式如下：

$$G = \sqrt[n]{x_1 x_2 x_3 \cdots x_n} = \sqrt[n]{\prod x}$$

式中，G 为几何平均数；$\prod$ 为连乘符号。

例 5-15　某机械厂生产机器，设有毛坯、粗加工、精加工、装配四个连续作业的车间，某批产品各车间的合格率分别为 96%、93%、95%、97%，求各车间制品的平均合格率。

由于全厂产品的总合格率并不等于各车间制品的合格率总和，后续车间的合格率是在前一车间制品全部合格率的基础上计算的，全厂产品的总合格率应等于各车间制品合格率的连乘积，所以不能采用算术平均数和调和平均数来计算平均合格率，而应采用几何平均数来求得，即

$$车间制品平均合格率\ G = \sqrt[n]{\prod x} = \sqrt[4]{96\% \times 93\% \times 95\% \times 97\%} = 95.24\%$$

2. 加权几何平均数

当计算几何平均数的每个变量值的次数不等时，则应用加权几何平均数。其计算公式如下：

$$G = \sqrt[f_1 + f_2 + \cdots + f_n]{x_1^{f_1} x_2^{f_2} \cdots x_n^{f_n}} = \sqrt[\sum f]{\prod x^f}$$

式中，f 为变量值的次数。

例 5-16　某笔为期 20 年的投资按复利计算收益，前 10 年的年利率为 10%，中间 5

年的年利率为 8%，最后 5 年的年利率为 6%，则整个投资期间的年平均利率为

$$(1+10\%)^{10} \times (1+8\%)^5 \times (1+6\%)^5 = 5.100\ 1$$

整个投资期间的年平均利率为

$$G = \sqrt[10+5+5]{(1+10\%)^{10} \times (1+8\%)^5 \times (1+6\%)^5} - 1 = \sqrt[20]{5.100\ 1} - 1 = 8.487\%$$

5.4　标志变异指标

在总体内，各总体单位所表现的标志值不同，可以计算平均指标，反映总体各单位标志值的一般水平和总体分布的集中趋势。但是各标志值之间的差异状况和离散程度却得不到反映。为了揭示标志值间的差异，从相反的角度来揭示现象的离中趋势，有必要计算标志变异指标。

码 5-8

5.4.1　标志变异指标的意义

社会经济现象总体各单位某一标志值之间，客观上存在着各种各样的差异，平均指标把这种差异抽象化了，反映的是该标志值达到的一般水平，说明的是总体各标志值的集中趋势，却掩盖了其差异性，有时这种差异可能很大，是不能被忽视的。

例 5-17　有甲、乙两个技能培训班，各有 10 名学员，其年龄（单位：岁）构成如下：

甲班　19　23　29　35　36　37　44　48　49　60

乙班　30　37　38　38　38　39　39　40　40　41

通过计算，甲、乙两个班学员的平均年龄均为 38 岁，可以看出甲、乙两个班学员的平均年龄无差异。但从两个班学员各自的年龄分布来看，可以明显看出乙班学员年龄的分布较均匀，而甲班学员年龄的分布则具有高、低相差悬殊的特点。从此例可看出，平均水平掩盖了总体内部各单位标志值的差异程度，所以，在分析实际问题时，除了要反映总体的一般水平外，还需要把总体内部各单位标志值之间的差异程度反映出来，即需用标志变异指标来反映这些差异情况。

标志变异指标又称标志变动度，它是用来反映总体各单位标志值之间差异程度的指标，也是度量统计分布离中趋势的综合指标。标志变异指标与平均指标之间具有相互联系、相互对应的关系。平均指标表现为总体各单位标志值的一般水平，反映各单位标志值的集中趋势；而标志变异指标则表现为总体各单位标志值的差异程度，反映各单位标志值的离中趋势。

在研究现象总体数量特征时，仅用平均指标说明集中趋势是不够的，既要看到总体的集中趋势，又要看到总体的离中趋势，才能全面认识总体的数量特征。所以，要把平均指标与标志变异指标结合起来运用。

5.4.2　标志变异指标的作用

（1）标志变异指标可以衡量平均数代表性的大小。平均指标作为总体各单位标志值一般水平的代表值，其代表性的大小与总体各单位标志值的差异程度有直接关系，即标志变异指标数值越大，平均数的代表性越小；反之，标志变异指标数值越小，平均数的代表性越大。

见例 5-17 中的资料，两个班学员的平均年龄均为 38 岁，但是，各班学员年龄的差异程度却不同。甲班各学员的年龄相差很大，最大年龄与最小年龄相差 41 岁；乙班学员年龄差

异较小，最大年龄与最小年龄相差 11 岁。很明显，甲、乙两个班学员的平均年龄虽然都是 38 岁，但对于甲班来说，其平均年龄的代表性要小于乙班。

（2）标志变异指标可以说明社会经济现象变动过程的均衡性、节奏性和稳定性。计算同类总体的标志变异指标，并进行比较，可以观察标志值变动的稳定性或均衡性。因此，利用它可以进行产品质量控制和评价经济管理工作质量。

（3）标志变异指标的大小有助于确定必要的样本单位数。进行抽样调查时，为了合理地利用人力、财力、物力和时间，应正确地确定必要的样本单位数，抽取的样本单位数过多或过少都会影响样本平均数的代表性。而标志变异指标的大小可以帮助我们正确地确定必要的样本单位数。

5.4.3　标志变异指标的计算与分析

标志变异指标主要有全距、平均差、方差、标准差及标准差系数。

1. 全距

全距是测定标志变异程度最简单的指标，它是指总体各单位标志值中最大值与最小值之差，反映了各标志值的变动范围。由于是两个极端值之差，故又称极差，用符号"R"来表示，其计算公式如下：

$$R = 最大标志值 - 最小标志值$$

对于组距数列，全距可用最高组上限减最低组下限来求得。

仍以例 5-17 中的资料为例，计算全距如下：

甲班　　　　　　　　　　　$R = 60\ 岁 - 19\ 岁 = 41\ 岁$

乙班　　　　　　　　　　　$R = 41\ 岁 - 30\ 岁 = 11\ 岁$

两个班学员的平均年龄都是 38 岁，但从全距来看，甲班学员年龄的差异程度大，乙班学员年龄的差异程度小。

从计算可知，全距反映了总体各单位标志值的变动范围。它的优点是计算简便，易于了解。所以在实际工作中应用十分广泛，如在工业企业的产品质量管理中、证券市场的行情分析中等都有广泛应用。

但全距在计算时只取决于两个极端数值，没有考虑到中间各标志值的变动情况，故不能全面反映总体各单位标志值的差异程度。

2. 平均差

平均差是总体各单位标志值与其算术平均数值离差绝对值的算术平均数，它反映的是各变量值与其平均数的平均差异程度，用符号"AD"表示。计算平均差的目的是测算各单位标志值与算术平均数离差的大小。因为离差有正、有负，还可能是零，所以，为了避免加总过程中的正负抵消，计算平均差时要取离差的绝对值。由于掌握的资料不同，平均差可以分为简单平均差和加权平均差。

码 5-9

（1）简单平均差。如果掌握的资料是未分组的（原始）资料，可采用简单平均差来计算。其计算公式如下：

$$AD = \frac{\sum \left| x - \bar{x} \right|}{n}$$

例 5-18 根据例 5-17 中甲、乙两个班学员年龄的资料，计算简单平均差（见表 5-14）。

表 5-14 甲、乙两个班学员年龄的简单平均差计算

甲班学员（平均年龄为 38 岁）		乙班学员（平均年龄为 38 岁）	
年龄/岁 x	$\lvert x-\bar{x}\rvert$	年龄/岁 x	$\lvert x-\bar{x}\rvert$
19	19	30	8
23	15	37	1
29	9	38	0
35	3	38	0
36	2	38	0
37	1	39	1
44	6	39	1
48	10	40	2
49	11	40	2
60	22	41	3
合计	98	合计	18

$$\text{甲班学员 } AD = \frac{\sum \lvert x-\bar{x}\rvert}{n} = \left(\frac{98}{10}\right)\text{岁} = 9.8 \text{ 岁}$$

$$\text{乙班学员 } AD = \frac{\sum \lvert x-\bar{x}\rvert}{n} = \left(\frac{18}{10}\right)\text{岁} = 1.8 \text{ 岁}$$

可见，甲班学员年龄的平均差是 9.8 岁，乙班学员年龄的平均差是 1.8 岁，甲班学员年龄的平均差明显地大于乙班学员，说明乙班学员平均年龄的代表性大于甲班学员平均年龄的代表性。

（2）加权平均差。如果掌握的资料是分组资料，则可计算加权平均差。其计算公式如下：

$$AD = \frac{\sum \lvert x-\bar{x}\rvert f}{\sum f}$$

例 5-19 采用例 5-15 某学期某班 50 名学生的"统计学"课程考试成绩的数据资料，计算该班 50 名学生"统计学"课程考试成绩的加权平均差（见表 5-15）。

$$\bar{x} = \frac{\sum xf}{\sum f} = \left(\frac{3\,790}{50}\right)\text{分} = 75.8 \text{ 分} \approx 76 \text{ 分}$$

表 5-15 某班学生"统计学"课程考试成绩的加权平均差计算

成绩（分）	学生人数（人） f	组中值 x	xf	$\lvert x-\bar{x}\rvert$	$\lvert x-\bar{x}\rvert f$
60 以下	3	55	165	21	63
60 ~ 70	12	65	780	11	132
70 ~ 80	19	75	1 425	1	19
80 ~ 90	10	85	850	9	90
90 ~ 100	6	95	570	19	114
合计	50	—	3 790	—	418

$$AD = \frac{\sum \left| x - \bar{x} \right| f}{\sum f} = \left(\frac{418}{50} \right) 分 = 8.36 \, 分$$

计算结果表明，该班学生统计学考试成绩的加权平均差为 8.36 分。一般而言，平均差越大，标志变异程度越大，平均数的代表性越小；反之，平均数的代表性越大。

从计算过程可知，平均差的计算考虑了所有标志值的差异程度，所以可以全面地反映总体各单位标志值的离散程度。但由于其计算时采用了离差绝对值，不适于用代数方法处理，因此在实际应用中受到了一定限制。

3. 方差与标准差

方差与标准差是测定标志变异程度最常用的指标。方差是总体各单位标志值对其算术平均数的离差平方的算术平均数。方差用符号"σ^2"表示。

标准差又称均方差，是总体各单位标志值对其算术平均数离差平方的算术平均数的平方根，是测定标志变异程度的最常用、最重要的指标，用符号"σ"表示。标准差的实质与平均差基本相同，也是各个标志值与其算术平均数的平均离差，即平均距离。标准差与平均差只是在数学处理上不同，它用平方的方法消除离差的正负号，然后对离差的平方计算算术平均数，并开方求出标准差。

码 5-10

根据所掌握资料的不同，标准差可分为简单标准差和加权标准差两种形式。

（1）简单标准差。如掌握的资料是未分组资料，则可用简单标准差来计算，其计算公式如下：

$$\sigma = \sqrt{\frac{\sum (x - \bar{x})^2}{n}}$$

例 5-20 仍以例 5-17 中甲、乙两个班学员年龄为例，计算简单标准差（见表 5-16）。

表 5-16　甲、乙两个班学员年龄的简单标准差计算

甲班学员（平均年龄为 38 岁）		乙班学员（平均年龄为 38 岁）	
年龄（岁）x	$(x - \bar{x})^2$	年龄（岁）x	$(x - \bar{x})^2$
19	361	30	64
23	225	37	1
29	81	38	0
35	9	38	0
36	4	38	0
37	1	39	1
44	36	39	1
48	100	40	4
49	121	40	4
60	484	41	9
合计	1 422	合计	84

根据表 5-16 中的资料，甲班学员年龄的简单标准差为：

$$\sigma = \sqrt{\frac{\sum (x - \bar{x})^2}{n}} = \left(\sqrt{\frac{1\,422}{10}} \right) 岁 = 11.92 \, 岁$$

乙班学员年龄的简单标准差为：

95

$$\sigma = \sqrt{\frac{\sum (x - \bar{x})^2}{n}} = \left(\sqrt{\frac{84}{10}}\right) 岁 = 2.9 \ 岁$$

计算结果表明，甲、乙两个班学员的平均年龄虽然都是 38 岁，但乙班学员年龄的标准差 2.9 岁小于甲班学员年龄的标准差 11.92 岁，说明乙班学员平均年龄的代表性大，同时也说明乙班学员年龄的差异程度较小。

（2）加权标准差。如掌握的资料为分组资料，则可采用下列公式计算加权标准差：

$$\sigma = \sqrt{\frac{\sum (x - \bar{x})^2 f}{\sum f}}$$

例 5-21　已知某工厂甲车间工人的平均日产量为 42kg，其标准差为 5.6kg；乙车间工人的产量资料如表 5-17 所示。计算乙车间工人的平均日产量及标准差。

表 5-17　乙车间工人的平均日产量及标准差计算

日产量/kg	工人人数（人）f	组中值 x	xf	$(x - \bar{x})^2$	$(x - \bar{x})^2 f$
20 ~ 30	10	25	250	289	2 890
30 ~ 40	70	35	2 450	49	3 430
40 ~ 50	90	45	4 050	9	810
50 ~ 60	30	55	1 650	169	5 070
合计	200	—	8 400	516	12 200

乙车间平均日产量：　　　$\bar{x} = \frac{\sum xf}{\sum f} = \left(\frac{8\ 400}{200}\right) kg = 42 kg$

乙车间日产量的标准差：　　$\sigma = \sqrt{\frac{\sum (x - \bar{x})^2 f}{\sum f}} = \left(\sqrt{\frac{12\ 200}{200}}\right) kg = 7.81 kg$

计算结果表明，在两个车间平均日产量相同的情况下，乙车间的标准差 7.81kg，大于甲车间的标准差 5.6kg，说明乙车间工人平均日产量的代表性小于甲车间。

标准差就其统计含义来讲，与平均差基本相同，也是根据总体所有单位的标志值计算出来的，可以全面反映总体各单位标志值的差异程度。由于它避免了绝对值的计算，在数学处理上比平均差更合理，也更优越。所以在统计分析中应用十分广泛。

4. 标准差系数

前面介绍的全距、平均差、标准差三种标志变异指标都为绝对指标，其计量单位均与平均数的计量单位相同。它们的大小不仅与各单位标志值的差异程度有关，也与各标志值本身水平的大小有关。因此对于具有不同平均水平的总体，就不适宜直接通过全距、平均差和标准差三种标志变异指标，来比较其标志变异程度的大小或平均数代表性的大小，而需要用标准差与相应的平均数对比，计算标准差系数，来消除不同平均水平对标志变异程度大小的影响，反映不同总体、不同平均水平标志值的差异程度。

码 5-11

标准差系数是标准差与其算术平均数对比的相对数。一般用符号"V_σ"表示。其计算公式如下：

$$V_\sigma = \frac{\sigma}{\bar{x}} \times 100\%$$

式中，V_σ 为标准差系数；σ 为标准差；$\bar{x}$ 为算术平均数。

例 5-22 根据例 5-21 中相关数据计算现有甲、乙两车间的标准差系数。

甲车间：

$$V_\sigma = \frac{\sigma}{\bar{x}} \times 100\% = \frac{5.6\text{kg}}{42\text{kg}} \times 100\% = 13.3\%$$

乙车间：

$$V_\sigma = \frac{\sigma}{\bar{x}} \times 100\% = \frac{7.81\text{kg}}{42\text{kg}} \times 100\% = 18.6\%$$

可见，甲车间的生产稳定性要好于乙车间。

例 5-23 现有甲、乙两个品种水稻，其亩产量资料如表 5-18 所示，试判断哪个品种水稻产量的稳定性较好。

表 5-18 甲、乙两种水稻亩产量及标准差计算

甲 品 种		乙 品 种	
亩产量/kg x	$(x-\bar{x})^2$ ($\bar{x}=516\text{kg}$)	亩产量/kg x	$(x-\bar{x})^2$ ($\bar{x}=517\text{kg}$)
450	4 356	405	12 544
480	1 296	430	7 569
500	256	520	9
550	1 156	600	6 889
600	7 056	630	12 769
合计	14 120	合计	39 780

甲品种：

$$\sigma = \sqrt{\frac{\sum(x-\bar{x})^2}{n}} = \left(\sqrt{\frac{14\ 120}{5}}\right)\text{kg} = (\sqrt{2\ 824})\text{kg} = 53.14\text{kg}$$

$$V_\sigma = \frac{\sigma}{\bar{x}} \times 100\% = \frac{53.14\text{kg}}{516\text{kg}} \times 100\% = 10.3\%$$

乙品种：

$$\sigma = \sqrt{\frac{\sum(x-\bar{x})^2}{n}} = \left(\sqrt{\frac{39\ 780}{5}}\right)\text{kg} = (\sqrt{7\ 956})\text{kg} = 89.2\text{kg}$$

$$V_\sigma = \frac{\sigma}{\bar{x}} \times 100\% = \frac{89.2\text{kg}}{517\text{kg}} \times 100\% = 17.25\%$$

通过计算可见，甲品种水稻的标准差系数 10.3% 小于乙品种水稻的标准差系数 17.25%，即甲种水稻亩产量的差异程度小于乙种水稻，因此，甲种水稻亩产量的稳定性好于乙种水稻，更适宜推广。

本章小结

1. 算术平均数

（1）简单算术平均数：

$$\bar{x} = \frac{x_1 + x_2 + \cdots + x_n}{n} = \frac{\sum x}{n}$$

（2）加权算术平均数：

$$\bar{x} = \frac{x_1 f_1 + x_2 f_2 + x_3 f_3 + \cdots + x_n f_n}{f_1 + f_2 + f_3 + \cdots + f_n} = \frac{\sum xf}{\sum f} = \sum\left(x \cdot \frac{f}{\sum f}\right)$$

2. 调和平均数

它是各单位标志值倒数的算术平均数的倒数。

（1）简单调和平均数：

$$H = \frac{n}{\sum \frac{1}{x}}$$

（2）加权调和平均数：

$$H = \frac{\sum m}{\sum \frac{m}{x}}$$

3. 几何平均数

它是 n 个变量值连乘积的 n 次方根。

（1）简单几何平均数：

$$G = \sqrt[n]{x_1 x_2 x_3 \cdots x_n} = \sqrt[n]{\prod x}$$

（2）加权几何平均数：

$$G = \sqrt[f_1 + f_2 + \cdots + f_n]{x_1^{f_1} x_2^{f_2} \cdots x_n^{f_n}} = \sqrt[\sum f]{\prod x^f}$$

4. 众数

众数是总体中各单位出现次数最多的那个标志值，用符号 M_o 表示。其组距数列的计算公式如下：

下限公式：

$$M_o = L + \frac{\Delta_1}{\Delta_1 + \Delta_2} d$$

上限公式：

$$M_o = U - \frac{\Delta_2}{\Delta_1 + \Delta_2} d$$

5. 中位数

将总体中各单位标志值按大小顺序排列，处于中间位置的那个标志值就是中位数，用符号 M_e 表示。其组距数列的计算公式如下：

下限公式：

$$M_e = L + \frac{\frac{\sum f}{2} - S_{m-1}}{f_m} d$$

上限公式：

$$M_e = U - \frac{\frac{\sum f}{2} - S_{m+1}}{f_m} d$$

6. 四分位数

将总体中各单位标志值按大小顺序排列，位于 25% 位置的数值（称为下四分位数或 1/4 分位数，用 Q_1 表示）和 75% 位置（称为上四分位数或 3/4 分位数，用 Q_3 表示）的数值。

其组距数列的计算公式如下：

上四分位数（下限公式）：

$$Q_3 = L_{Q_3} + \frac{\frac{3\sum f}{4} - S_{Q_3}}{f_{Q_3}} d_{Q_3}$$

下四分位数（下限公式）：

$$Q_1 = L_{Q_1} + \frac{\frac{\sum f}{4} - S_{Q_1}}{f_{Q_1}} d_{Q_1}$$

7. 全距

它是指总体各单位标志值中最大值与最小值之差。其公式如下：

$$R = 最大标志值 - 最小标志值$$

8. 平均差

它是总体各单位标志值与其算术平均数值离差绝对值的算术平均数，用符号 AD 表示。

（1）简单平均差：

$$AD = \frac{\sum \left| x - \bar{x} \right|}{n}$$

（2）加权平均差：

$$AD = \frac{\sum \left| x - \bar{x} \right| f}{\sum f}$$

9. 标准差

它是总体各单位标志值对其算术平均数离差平方的算术平均数的平方根，是测定标志变异程度的最常用、最重要的指标，用符号 σ 表示。

（1）简单标准差：

$$\sigma = \sqrt{\frac{\sum (x - \bar{x})^2}{n}}$$

（2）加权标准差：

$$\sigma = \sqrt{\frac{\sum (x - \bar{x})^2 f}{\sum f}}$$

10. 标准差系数

它是标准差与其算术平均数对比的相对数，一般用符号"V_σ"表示。其计算公式如下：

$$V_\sigma = \frac{\sigma}{\bar{x}} \times 100\%$$

在统计分析时，应注意把平均指标和标志变异指标结合起来分析说明问题。

复习思考题

一、概念题

简单算术平均数　加权算术平均数　调和平均数　几何平均数　众数　中位数　四分位数

全距　平均差　标准差　方差　标准差系数

二、简答题

(1) 什么是平均指标？它在社会经济统计中有何作用？

(2) 平均指标和强度相对指标的本质区别是什么？

(3) 在对相对数和平均数计算平均数时，如何应用加权算术平均数和加权调和平均数？

(4) 什么是标志变异指标？它的作用是什么？

(5) 为什么要计算标准差、计算标准差系数？

(6) 平均差和标准差的主要异同是什么？

三、练习题

1. 判断题（把"√"或"×"填在题后的括号里）

(1) 算术平均数的大小，只受总体各单位标志值大小的影响。　　　　　　　　　（　　）

(2) 在特定条件下，加权算术平均数等于简单算术平均数。　　　　　　　　　　（　　）

(3) 标志变异指标数值越大，说明总体中各单位标志值的差异程度越大，则平均数的代表性越小。

　　　　　　　　　　　　　　　　　　　　　　　　　　　　　　　　　　　（　　）

(4) 任何两个总体，比较其平均数的代表性大小时，都可以采用标准差比较。　（　　）

(5) 平均差是总体各单位标志值与其算术平均数离差平方的算术平均数的平方根。（　　）

2. 单选题

(1) 在变量数列中，各组次数（权数）均扩大 100 倍，则算术平均数（　　　）。

　　A. 扩大 100 倍　　　　　B. 缩小 100 倍　　　　　C. 数值不变　　　　　D. 不能确定

(2) 已知某市的甲、乙、丙三个农贸市场的某种蔬菜的单价和购买额，计算这种蔬菜的平均价格应采用（　　　）。

　　A. 简单算术平均数　　　B. 加权算术平均数　　　C. 简单调和平均数　　　D. 加权调和平均数

(3) 标准差数值越小，则反映各标志值（　　　）。

　　A. 越分散，平均数的代表性越小　　　　　　　　B. 越集中，平均数的代表性越大

　　C. 越分散，平均数的代表性越大　　　　　　　　D. 越集中，平均数的代表性越小

(4) 在各标志变异指标中，最易受极端值影响的是（　　　）。

　　A. 全距　　　　　　　　B. 平均差　　　　　　　C. 标准差　　　　　　　D. 标准差系数

(5) 为了用标准差比较两个总体的平均数的代表性，其基本条件是（　　　）。

　　A. 两个总体的单位数相等

　　B. 两个总体的平均数相等

　　C. 两个总体的平均差相等

　　D. 两个总体的离差之和应相等

(6) 两组工人生产同样的零件。甲组工人每人加工零件数为：32 件，25 件，29 件，28 件，26 件。乙组为：30 件，25 件，22 件，36 件，27 件。这两组工人加工零件数的差异程度（　　　）。

　　A. 甲组大于乙组　　　B. 乙组大于甲组　　　C. 两组相同　　　D. 无法比较

(7) 两个总体的平均数不等，但标准差相等，则（　　　）。

　　A. 平均数小，代表性大　　　　　　　　　　　B. 平均数大，代表性大

　　C. 代表性相同　　　　　　　　　　　　　　　D. 无法正确判断

(8) 已知两个同类型企业，职工平均工资的标准差分别为：$\sigma_甲 = 7$ 元，$\sigma_乙 = 6$ 元。则两个企业职工平均工资的代表性是（　　　）。

　　A. 甲大于乙　　　　　　B. 乙大于甲　　　　　　C. 一样的　　　　　　　D. 无法判断

3. 多选题

(1) 下列指标属于位置平均数的有（　　　）。

  A. 众数   B. 中位数

  C. 四分位数   D. 平均数

  E. 十分位数

（2）某小组三名工人日产零件数分别为 120 件，104 件，190 件，根据这一资料得出（ ）。

  A. 全距大于平均差   B. 全距大于标准差

  C. 标准差大于平均差   D. 标准差大于标准差系数

4. 计算题

（1）某企业工人的日产量资料如表 5-19 所示。

表 5-19　工人日产量资料

日产量（件）	各组工人占工人总数的比重（%）
15	6
16	10
17	17
18	28
19	22
20	17
合计	100

  要求：计算工人的平均日产量。

（2）某地区抽样调查得出职工家庭人均收入资料如表 5-20 所示。

表 5-20　职工家庭人均收入资料

家庭人均月收入（元）	职工户数（户）
100 ~ 200	6
200 ~ 300	10
300 ~ 400	20
400 ~ 500	30
500 ~ 600	40
600 ~ 700	240
700 ~ 800	60
800 ~ 900	20
合计	426

  要求：根据上述资料计算职工家庭平均每人月收入，并用公式确定中位数和众数。

（3）甲、乙两个农贸市场农产品的价格及成交量、成交额资料如表 5-21 所示。

表 5-21　农产品价格及成交量、成交额资料

单价（元/kg）	甲市场成交量/kg	乙市场成交额（元）
1.20	10 000	30 000
1.50	14 000	22 500
1.80	16 000	18 000
合计	40 000	70 500

  要求：试计算哪个市场的平均价格高。

（4）某地区各工业企业产值计划完成情况及实际产值如表 5-22 所示。

表 5-22　某地区各工业企业产值计划完成情况及实际产值

计划完成程度（%）	企业数（个）	实际产值（万元）
90 以下	7	119
90 ~ 100	22	295
100 ~ 110	57	1 733
110 ~ 120	26	817
120 以上	3	50
合计	115	3 014

要求：根据上述资料计算产值的平均计划完成程度。

（5）某班 40 名学生某科考试成绩如表 5-23 所示。

表 5-23　某班 40 名学生某科考试成绩

成绩（分）	学生人数（人）
60 以下	2
60 ~ 70	4
70 ~ 80	8
80 ~ 90	16
90 ~ 100	10
合计	40

要求：计算该班学生考试成绩的平均分及标准差。

（6）甲、乙两组工人的产量资料如表 5-24 所示。

表 5-24　工人的产量资料　　　　　　　　　　　　　　　（单位：件）

工人编号	甲　组	乙　组
1	20	40
2	30	40
3	30	50
4	40	55
5	40	55
6	50	60
合计	210	300

要求：分别计算两组工人的平均产量，并说明哪一组工人平均产量的代表性大。

（7）甲、乙两个商店营业员及销售额的分组资料如表 5-25 所示。

表 5-25　商店营业员及销售额的分组资料

甲　商　店		乙　商　店	
按销售额分组（元）	营业员人数（人）	按销售额分组（元）	营业员人数（人）
20 ~ 30	3	20 ~ 30	—
30 ~ 40	12	30 ~ 40	2
40 ~ 50	9	40 ~ 50	8
50 ~ 60	6	50 ~ 60	6
60 ~ 70	—	60 ~ 70	4
合计	30	合计	20

要求：指出两个商店营业员平均销售额的代表性哪个大，并说明其原因。

软件应用——SPSS 的描述统计分析

一、用 SPSS 计算常用描述统计指标

1. 基本原理

在描述统计中我们常用的统计指标主要包括均值、方差、标准差、中位数、众数等。使用统计软件可以非常方便地得到这些结果。SPSS 的许多模块都可以进行描述性统计分析，其中最常用的几个模块集中在"分析"→"描述统计"菜单中，主要有"频数分布表""描述统计分析"和"探索分析"。

"频数分布表"命令的特色是可以产生频数表，"描述统计分析"除了可以进行一般性的统计描述，还可将原始数据转换成标准正态数据并以变量的形式存入数据库供以后分析使用（在对话框中选中"将标准化数值保存为变量"复选框）。"探索分析"过程除了产生描述统计指标以外，还可以输出一些统计图和一些统计检验。不同的命令可以计算的统计指标略有差异。

2. 实验工具

实验工具为汉化版的 SPSS 软件。

3. 试验方法

例 5-24 某企业对 85 名员工进行了业务知识培训，并在培训前后分别进行了测试，两次测试的得分如表 5-26 所示，要求计算均值、众数、中位数、方差、标准差等主要统计指标。

表 5-26　培训前后测试得分　　　　　　　　　（单位：分）

培 训 前							
66	63	81	51	60	62	73	66
66	60	48	60	62	57	56	62
44	60	62	81	76	30	79	60
68	68	43	60	76	67	77	40
53	80	84	76	45	75	61	61
58	52	75	61	39	62	35	29
60	77	54	78	78	80	49	83
55	55	48	32	63	69	71	21
56	38	58	60	70	62	36	71
50	66	47	53	71	80	83	64
26	72	74	57	46			
培 训 后							
73	73	63	79	94	43	71	85
71	71	67	87	65	70	85	64
79	96	87	64	92	89	54	93
45	78	82	64	94	64	75	72
75	88	82	64	66	70	73	75
80	95	67	97	93	53	80	75
73	68	84	75	87	53	64	85
80	62	64	75	64	80	71	71
75	66	75	86	86	81	62	49
68	75	95	66	79	78	80	89
75	88	63	78	37			

操作步骤如下：

将数据输入 SPSS。在菜单栏中选择"分析"→"描述统计"→"频数分布表"，进入"频数"对话框。将"培训前测试成绩"和"培训后测试成绩"同时选入"变量"对话框（见图 5-1），单击"统计"按钮进入"频数：统计量"对话框，选中需要的统计指标（见图 5-2），包括均值、中位数、模式（众数）、四分位数、标准差、方差、最小值、最大值。

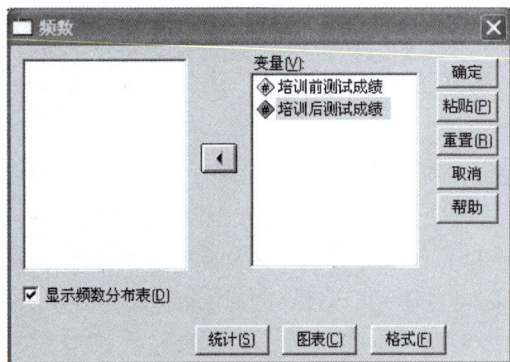

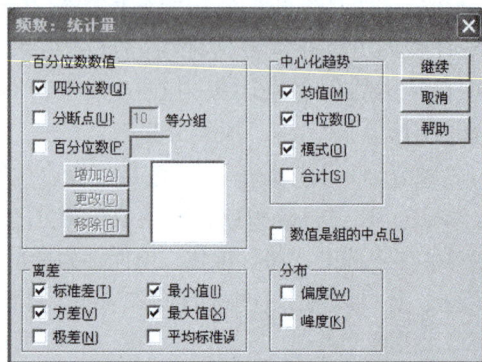

| | 图 5-1　"频数"对话框 | 图 5-2　"频数：统计量"对话框 |

单击"继续"按钮返回"频数"对话框，单击"确定"按钮可得到计算结果。
输出结果如图 5-3 所示。

Statistics

		培训前测试成绩	培训后测试成绩
N	Valid	85	85
	Missing	0	0
Mean		60. 51	74. 46
Median		61. 00	75. 00
Mode		60	75
Std. Deviation		14. 562	12. 559
Variance		212. 062	157. 727
Minimum		21	37
Maximun		84	97
Percen-tiles	25	52. 50	66. 00
	50	61. 00	75. 00
	75	71. 50	84. 50

图 5-3　输出结果

二、用 SPSS 进行统计分组

1. 基本原理

SPSS 有很好的分组统计功能，用 SPSS 进行分组是使用菜单中的"转换"命令，然后在对话框中进行分组区间设定。即通过"转换"→"重新编码"→"到不同变量"先定义一个新的变量名，然后单击"旧数值和新数值"指定分组的范围，然后再用"频数分布表"进行统计分析和图示。

2. 实验工具

实验工具为汉化版的 SPSS 软件。

3. 试验方法

例 5-25 对表 5-26 中的数据进行分组。

操作步骤如下：

（1）选择"转换"→"重新编码"→"到不同变量"命令，弹出"重新编码到不同变量"对话框，将"培训前测试成绩"选入"Numeric Variable"（数值变量）框中，并在"输出变量"中输入新变量的名字"培训前成绩分组"，单击框后的"更改"按钮（见图 5-4）。

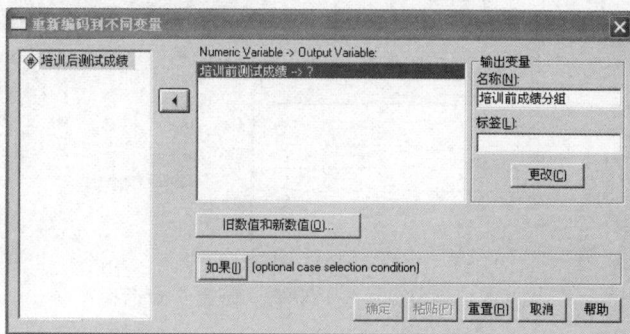

图 5-4 "重新编码到不同变量"对话框

（2）单击"旧数值和新数值…"按钮，弹出"重新编码到不同变量：旧的数值和新的数值"对话框。在对话框中左侧第二个"范围"框中输入"30"（从最小到 30），然后在"新值"框中的"值"后输入"1"，单击"增加"按钮，右侧的文本框中显示"Lowest thru 30→1"，表示用 1 代表 30 以下的分数。

在第一个"范围"框中输入"30"到"40"，然后在"新值"框中的"值"后输入 2，单击"增加"按钮加入，即用 2 代表 30 到 40 之间的分数。同样，用 3 代表 40 到 50 之间的分数，用 4 代表 50 到 60 之间的分数，用 5 代表 60 到 70 之间的分数，用 6 代表 70 到 80 之间的分数。

在第三个"范围"框中输入"80"（80 到最大），然后在"新值"框中的"值"后输入"7"，单击"增加"按钮加入，即用 7 代表 80 以上的分数（见图 5-5）。

（3）单击"继续"按钮，回到如图 5-4 所示的对话框中，单击"确定"按钮，生成新的变量"培训前成绩分组"。

（4）选择"分析"→"描述统计"→"频数分布表"命令，弹出"频数"对话框，从左侧选择"培训前成绩分组"进入"变量"框中，选中"显示频数分布表"复选框，表示显示频数分布表。单击"图表"按钮，弹出"频数：图表"对话框，如图 5-6 所示。选择"直方图"和"包括正态

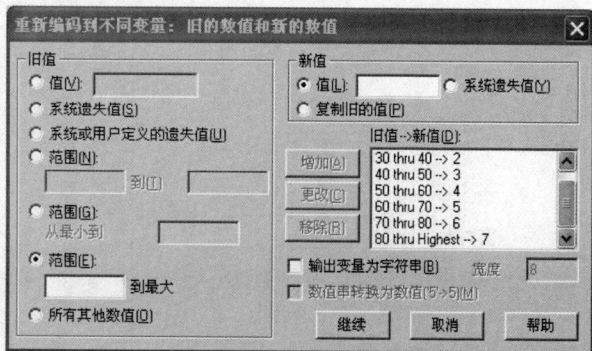

图 5-5 新变量赋值对话框

105

曲线"两项，单击"继续"按钮，回到"频数"对话框，单击"确定"按钮，显示结果如表 5-27 和图 5-7 所示。

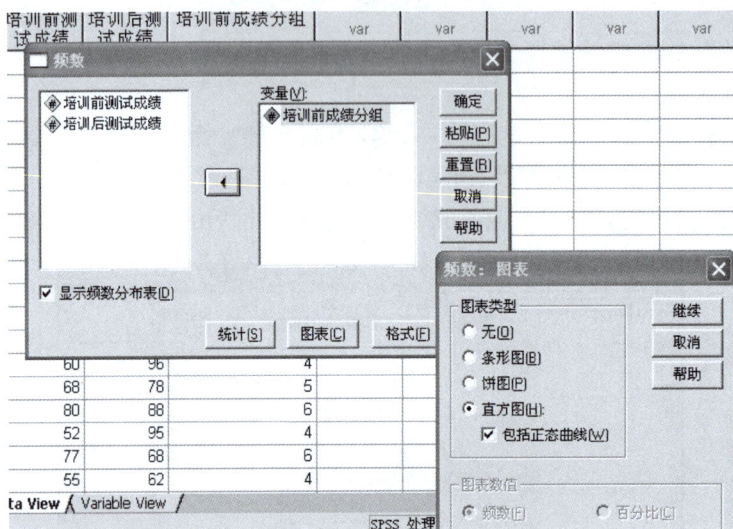

图 5-6　"频数"及"频数：图表"对话框

表 5-27　处理结果：培训前成绩分组

		Frequency	Percent	Valid Percent	Cumulative Percent
Valid	1	4	4.7	4.7	4.7
	2	6	7.1	7.1	11.8
	3	9	10.6	10.6	22.4
	4	21	24.7	24.7	47.1
	5	21	24.7	24.7	71.8
	6	19	22.4	22.4	94.1
	7	5	5.9	5.9	100.0
	Total	85	100.0	100.0	

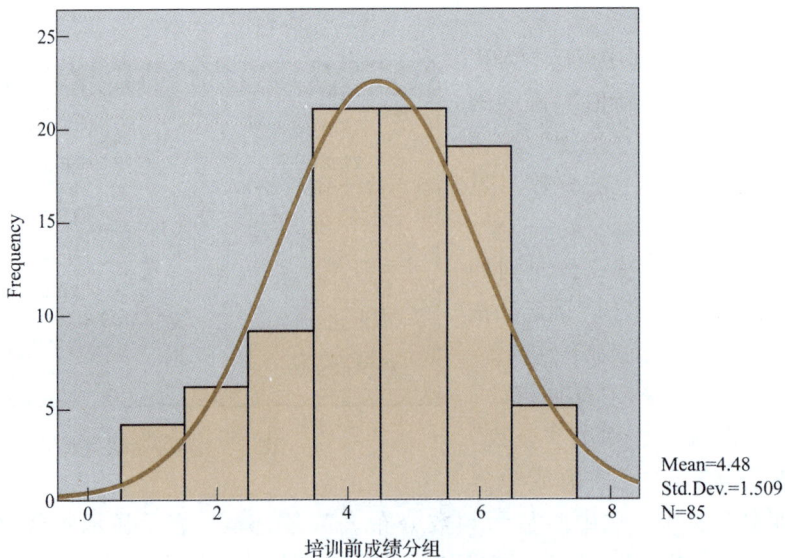

Mean=4.48
Std.Dev.=1.509
N=85

图 5-7　培训前成绩分组直方图

（5）按上述步骤，做出"培训后成绩分组"，显示结果如表 5-28 和图 5-8 所示。

表 5-28　处理结果：培训后成绩分组

		Frequency	Percent	Valid Percent	Cumulative Percent
Valid	2	1	1.2	1.2	1.2
	3	3	3.5	3.5	4.7
	4	3	3.5	3.5	8.2
	5	22	25.9	25.9	34.1
	6	31	36.5	36.5	70.6
	7	25	29.4	29.4	100.0
	Total	85	100.0	100.0	

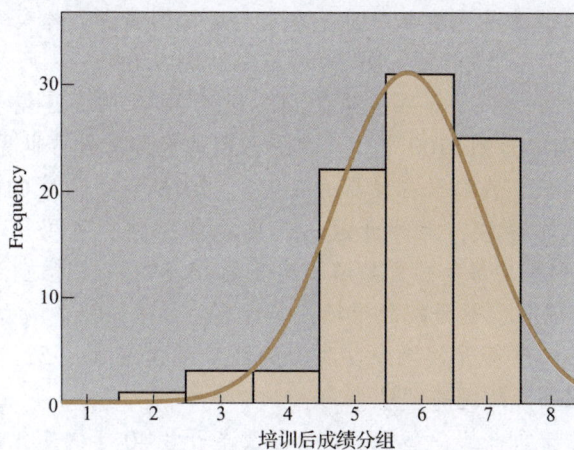

图 5-8　培训后成绩分组直方图

引导案例

北京大学国家发展研究院名誉院长、国务院参事林毅夫在北京大学国家发展研究院举办的第二届"国家发展论坛：国家发展进程中的改革开放暨纪念中国改革开放 40 周年系列活动启动式"上发表了以"改革开放与中国奇迹"为主题的演讲。林毅夫先生提到："从 1978 年到 2016 年，38 年我们平均每年的 GDP 的增长率达到 9.6%……所以把改革开放这 40 年称为中国的奇迹，我觉得是一个非常合适的词。经过 38 年的高速增长，GDP 增加了 32.3 倍，2016 年我们人均 GDP 达到 8100 美元。我们国家的经济总量占世界经济的总量，按市场汇率计算，1978 年的时候，我们只占世界的 2.3%。2016 年我们的 GDP 达到了 14.9%。这段时间里面，经济增长非常快，对外开放的速度也非常快。可以用贸易增长来衡量，从 1978 年到 2016 年，我们平均每年的贸易增长速度是 14.8%。经过这样的一个快速增长，现在我们是世界第二大经济体，这是按照市场汇率计算。如果按照购买力平价计算，我们已经是世界第一大经济体……改革开放至今，我们的经济规模增加了 52 倍。这是真实的增长，这只能靠劳动生产力水平不断提高。"⊖

和讯网的一篇有关新闻也从多个方面对中国改革开放 40 年的变化进行了总结：

一是交通道路建设，选取了关键时点进行分析（见表 6-1、6-2）。从数据中可知，我国道路建设逐渐增强，带动着整体经济发展。

表6-1　高速公路里程变化

年　　份	1987 年	1999 年	2002 年	2004 年	2007 年	2013 年	2016 年
公里数/万 km	0	1	2	3	5	10	13

表6-2　高速铁路里程变化

年　　份	2008 年	2013 年	2016 年	2020 年
公里数/万 km	0	1	2	3（计划）

二是移动支付，通过调查数据和移动支付规模对中国移动支付的发展进行分析（见表 6-3）。仅仅在 5 年之前，中国还是一个几乎所有线下消费都用现金方式进行的国家，出门不能忘记的东西中，一定有一样是钱包。从 2013 年开始，中国的移动支付伴随着移动互联网产业的发展开始爆发，每年都要翻几倍，到 2016 年达到 58.8 万亿人民币，这个数字，大约是美国第三方移动支付规模的 90 倍。

⊖ 摘自新浪财经《林毅夫谈改革开放近 40 年中国经济创造奇迹的原因》，2017 年 12 月 12 日。

表 6-3 中国第三方移动支付规模

年 份	2011 年	2012 年	2013 年	2014 年	2015 年	2016 年
中国第三方移动支付规模（万亿元）	0.1	0.2	1.2	6	12.2	58.8

三是中国央企在世界 500 强中的数量变化（见表 6-4）。2017 年，中国（含港台）共上榜 115 家企业，其中 80 家是国企，58 家是央企。这还是铁路总公司、烟草总公司等巨无霸没参与的情况。

表 6-4 《财富》世界 500 强中央企数量

年 份	1988 年	1995 年	2000 年	2005 年	2010 年	2015 年	2017 年
世界 500 强中央企数量（个）	1	2	8	15	37	56	58

此外，还有中国制造、航天事业、高等教育、网游行业以及股票市场等多个方面的发展分析，带我们了解了这 40 年间中国的发展变化。[⊖]

以上的分析中有个共同的特点，即都是基于某一社会经济现象随着时间的推移在数量上的变化数据进行的分析。这些数据中，有各年的总量数据，也有各年之间相比较的相对数据，通过这些数据的分析，能够清晰地知道各年的发展水平如何，增长多少，发展速度多快。本章主要介绍这类数据即动态数列的种类、编制原则以及分析指标的计算。

本章学习目标

1. 认识到从数量方面研究社会经济现象发展变化的过程是统计分析的一种重要方法。
2. 了解动态数列的基本理论。
3. 掌握对现象进行动态分析的方法。
4. 理解和掌握各种动态分析指标的计算与应用，以及长期趋势和季节变动的分析方法等。

6.1 动态数列

6.1.1 动态数列的意义

社会经济现象都处于不断发展变化之中，认识问题时不能单纯停留在静态分析上，不仅要对社会经济现象的相互联系和相互制约进行研究，还要进行动态分析。动态是指社会经济现象在时间上的发展和运动的过程。在统计研究中，把对经济现象在不同时间上的数量进行对比，以了解现象变动的方向、速度和规律，并据此预测未来的方法，就是动态分析法。

要对社会经济现象的动态进行分析研究，编制动态数列是进行这种动态分析的前提。把反映某种现象的同一指标，在不同时间上的指标数值，按时间（年、季、月、日等）先后顺序编排所形成的数列，称为动态数列或时间数列，又称时间序列。动态数列是进行动态分析时所必须具备的统计资料。

⊖ 摘自和讯网《改革开放十大奇迹：重新定义了这一代中国人 ｜ 激荡四十年》，http://news.hexun.com/2017-12-13/191960805.html

表 6-5 中的每一行有序数值，就是一个动态数列，表中共有两个动态数列。可见动态数列是由互相配对的两个基本要素构成的：一是反映现象所属的时间，其时间可能为一段时期，也可能为某一时点；二是反映客观现象的指标数值，这个指标可能是总量指标，也可能是相对指标或平均指标。

表 6-5　某企业近几年职工人数及工资额的情况

年　　份	2013 年	2014 年	2015 年	2016 年	2017 年	2018 年
年末职工人数（人）	620	710	780	840	900	1 020
职工工资总额（万元）	1 128.4	1 384.5	1 614.6	1 856.4	2 169.9	2 529.6

编制动态数列是计算动态分析指标，考察现象发展变化方向和速度，预测现象发展趋势的基础，也是动态分析的依据。

码 6-1

动态数列主要有如下用途：

（1）动态数列可以描述现象在具体的时间条件下的发展状况和结果。

（2）利用动态数列资料可进行各种动态对比分析，研究现象发展变化的方向和程度。

（3）利用动态数列可以分析现象的发展变化趋势及其规律，例如事物发展的长期趋势、季节变动规律等。

（4）利用动态数列，根据对现象发展变化趋势与规律的分析可以进行动态预测。

动态数列分析有助于了解过去的活动规律，评价当前，安排未来，所以它是社会经济统计重要的分析方法。

6.1.2　动态数列的种类

由于反映社会经济现象的指标有总量指标、相对指标和平均指标三种，所以动态数列根据统计指标表现形式不同可以分为总量指标动态数列、相对指标动态数列和平均指标动态数列三种。其中总量指标动态数列是基本数列，后两种是在此基础上派生出来的动态数列。

（1）总量指标动态数列。把总量指标在不同时间上的数值按时间先后顺序排列而形成的动态数列，称为总量指标动态数列。它反映了社会经济现象在不同时间上所达到的绝对水平及其发展变化的过程。根据其反映的社会经济现象性质不同，又可以分为时期数列和时点数列两种。

1）时期数列。总量指标动态数列中，如果每项指标都是同类性质的时期指标，则这种总量指标动态数列就被称为时期数列。时期数列反映某个经济现象在各个相等的时期内发展变化的总量。例如，表 6-6 就是反映我国 2012～2016 年国内生产总值的时期数列。

表 6-6　2012～2016 年我国国内生产总值

年　　份	2012 年	2013 年	2014 年	2015 年	2016 年
国内生产总值（亿元）	540 367.4	595 244.4	643 974.0	689 052.1	743 585.5

资料来源：中国国家统计局，http://www.stats.gov.cn

此外，反映产品产量、工资总额、产品销售收入、利润总额等发展变化情况的历史统计资料，都是时期数列。时期数列具有如下特点：

第一，时期数列中各个指标的数值可以相加。时期数列中彼此连接时期的指标值可以加总，得出更长时期的总计值。例如，将表 6-6 中各年的国内生产总值相加，就是我国这五年内实现的国内生产总值。

第二，时期数列具有连续统计的特点。国内生产总值是通过各个基本单位每天实现的增加值连续记录汇总而成的。

第三，时期数列中各个指标数值大小与所包括时期长短有直接关系。时期可以是日、月、季、年或更长的时期，这要根据具体研究的目的来确定。一般来说，在时期数列中，时期越长，指标数值越大；时期越短，指标数值越小。例如，一年实现的国内生产总值大于半年的，半年完成的国内生产总值大于一个季度的。

2）时点数列。总量指标动态数列中，若每一个指标值所反映的是现象在某一时刻上的总量，则这种动态数列称为时点数列。例如，表 6-7 是反映我国 2010～2016 年城镇就业人员数的时点数列。

表 6-7　我国 2010～2016 年城镇就业人员数

年　份	2010 年	2011 年	2012 年	2013 年	2014 年	2015 年	2016 年
城镇就业人员数（万人）	4 467.5	5 227.0	5 643.0	6 142.0	7 009.0	7 800.0	8 627.0

资料来源：中国国家统计局，http：//www.stats.gov.cn

此外，反映企业在制品结存量、原材料库存量、生产设备拥有量、定额流动资金占用额等发展变化情况的历史统计资料，都是时点数列。时点数列具有如下特点：

第一，时点数列中各个指标的数值不具有可加性。时点数列中，同样一个总体单位或者标志值可能统计到数列中几个时期的指标值中。不同时点上的指标值相加没有经济意义。我们不能把每年的城镇就业人数加总，因为相加的结果会有重复，不能反映任何实际内容。

第二，时点数列不具有连续统计的特点。由于反映的是现象在某一时刻上的状况，时点数列中的指标数值通常不是连续登记取得的，而是在某一时点上进行统计的。

第三，时点数列中各个指标数值大小与其所属各时点间隔长短没有直接关系。时点数列各指标数值只表明现象在某一瞬间上的数量，因此其数值与时点间的间隔长短没有直接联系。例如，年底的工人数、库存量就不一定比年内各月底的数值大。

（2）相对指标动态数列。把一系列同类相对指标按时间先后顺序排列而形成的动态数列叫做相对指标动态数列。它反映社会经济现象之间相互联系的发展过程。相对指标动态数列是两个总量指标动态数列对比而形成的。它可以是两个时期数列对比形成的，如我国 2007～2016 年全社会固定资产投资额比上年增长的百分比（见表 6-8）；可以是两个时点数列对比形成的，如设备利用率动态数列；也可以是一个时期数列与一个时点数列对比形成的，如商品周转次数动态数列。在相对指标动态数列中，每个指标都是相对指标，而且各个指标数值是不能相加的。

表 6-8　我国 2007～2016 年全社会固定资产投资额比上年增长的百分比

年　份	2007 年	2008 年	2009 年	2010 年	2011 年
增长百分比（%）	24.84	25.85	29.95	12.06	23.76
年　份	2012 年	2013 年	2014 年	2015 年	2016 年
增长百分比（%）	20.29	19.11	14.73	9.76	7.91

资料来源：中国国家统计局，http：//www.stats.gov.cn

（3）平均指标动态数列。把一系列平均指标按时间先后顺序排列形成的动态数列称为平均指标动态数列。它反映社会经济现象总体各单位某个标志一般水平的发展变动趋势。平均指标动态数列也是由两个总量指标动态数列对比而形成的。它可以是两个时期数列对比形成的，如单位产品成本动态数列；可以是两个时点数列对比形成的，如平均每户家庭人口数动态数列；也可以是一个时期数列与一个时点数列对比形成的，如我国城镇居民家庭平均每人全年消费性支出动态数列（见表 6-9）。在平均指标动态数列中，每个指标都是平均数，而且各个指标数值相加也是没有实际意义的。

表 6-9　我国城镇居民人均消费支出　（单位：元）

年　　份	2013 年	2014 年	2015 年	2016 年
城镇居民人均消费支出	18 488	19 968	21 392	23 079

资料来源：中国国家统计局，http://www.stats.gov.cn

6.1.3　动态数列的编制原则

动态数列反映社会经济现象发展变动的规律和趋势，要使编制成的动态数列能够揭示现象发展的客观实际，就要保证数列中各项指标值具有可比性，这是编制动态数列的基本要求。具体而言，编制原则有以下四点：

（1）时期数列的时期长短应该一致，时期数列和时点数列的间隔力求一致。时期数列指标值的大小与指标包含时间长短有直接关系。因此，一般要求时期数列指标值包含的时期前后一致，以便于对比。时期数列的间隔最好能相等，以便于动态分析比较。对于时点数列来说，由于数列上的指标值均表示一定时刻上的状态，不存在包含时期长短的因素，只有间隔的问题。时点数列指标数值之间间隔若能相等，既便于动态对比分析，又便于进一步计算动态分析指标。

（2）总体范围应该一致。总体范围，通常是指现象的空间范围。正确编制动态数列，应根据研究目的，将总体范围前后的统计资料加以调整，使其保持一致。例如，研究某地区工业生产发展情况，如果那个地区的行政区划有了变动，则前后指标值就不能直接对比，必须将资料进行适当的调整，然后再做动态分析。

（3）指标的经济内容应该统一。指标的经济内容，与指标所反映现象的性质是密切联系着的，当指标所反映现象的性质发生变化时，指标的名称虽然依旧，但它已属于另一种性质，在此情况下，若将该指标数值进行动态对比分析，则结论很可能是错误的。例如，要研究深圳证券交易所每日股票量变化情况时，不允许数列中出现债券交易量的数据，也不允许数列中出现基金交易量的数据，不能将内容和含义不同的指标混合编制成一个动态数列。

（4）指标的计算方法应该统一。动态数列各项指标的计算口径、计量单位和计算方法应该统一，保持不变。例如，要研究企业劳动生产率的变动，产量用实物量还是用价值量，人数用全部职工数还是用生产工人数，前后都要统一起来。再如，要把不同时期工农业产值对比，就应该注意价格水平的变化，采用统一的不变价格表示，不然，价格标准不同，就不能从指标的对比中，正确反映工农业产值的实际变化程度。可见，一个动态数列中，各期指标的计算方法、计算价格和计量单位若不相同，其指标数值就不具有可比性。

动态数列往往反映一段很长时期的过程，各期的统计资料难免由于各种原因导致指标所属时间、总体范围、计算方法乃至经济内容不统一，所以可比性原则是需要强调。不容忽视的。

码 6-2

6.2　动态数列的水平指标

6.2.1　发展水平与平均发展水平

1. 发展水平

发展水平就是动态数列中与其所属时间相对应的指标数值，又称发展量，反映了社会经济现象在各个时期所达到的规模和发展的程度。它可以表现为总量指标，如某地区的国民生产总值、国内生产总值、财政总收入、进出口贸易额等；也可以表现为相对指标或平均指标，如人口出生率、工人劳动生产率、职工的平均工资等。在动态数列里，由于发展水平所处的位置不同，有最初水平和最末水平、报告期水平和基期水平之分。最初水平是指一个动态数列资料中，处在第一个时间上的数值。最末水平是处在最后时间上的数值。在对比两个时间的发展水平时，作为对比基础时期的水平称为基期水平，作为研究时期的发展水平称为报告期水平。应该指出，这些不同的水平都不是固定的，要根据研究问题目的确定。

例如，用 a_0，a_1，a_2，a_3，$\cdots$，a_n 表示一个动态数列，则共有 $n+1$ 个发展水平，a_0 为最初水平，a_n 为最末水平。若将其中的 a_i 项与其前一项 a_{i-1} 项进行比较，则 a_i 为报告期水平，而作为比较基础的 a_{i-1} 则为基期水平。

例如，在表 6-10 中，某地区 2018 年 1 月份的降水量 0.9mm 是最初水平，12 月份降水量 3.8mm 是最末水平。在这个资料中，要分析 1~12 月份该地区降水量的发展变化情况，1 月份的降水量 0.9mm 是基期水平，和最初水平一致。12 月份的降水量 3.8mm 是报告期水平，和最末水平相同。但是如果对比 2 月份~11 月份降水量的变化，则 2 月份的降水量为基期水平，而报告期水平是 11 月份的降水量。由此可见，在一个动态数列中，最初水平和最末水平是固定的，而基期水平和报告期水平则随着研究问题的变化而变化。

表 6-10　某地区 2018 年各月降水量资料　　　　　（单位：mm）

月份/月	1	2	3	4	5	6	7	8	9	10	11	12
降水量	0.9	6.3	0.8	32.0	37.8	72.9	196.3	87.1	65.0	7.8	9.5	3.8

又如，表 6-11 是 2017 年 5 月 15 日~5 月 19 日上海黄金交易所的 99.99 金（Au 99.99）的交易行情，5 月 15 日为该数列的第一项，这一时期的成交数据为该数列的最初水平，5 月 19 日的成交数据为最末水平。如果我们把 5 月 15 日作为基期，那么 5 月 15 日的成交价格、成交额就是基期水平；报告期可以是基期后面的任何一个时期，相应的成交额、成交价格就是报告期水平。

表 6-11　2017 年 5 月 15 日~5 月 19 日上海黄金交易所 Au99.99 的交易行情

日　期	开盘价（元）	最高价（元）	最低价（元）	收盘价（元）	成交额（元）
5 月 15 日	275.39	276.50	274.65	276.29	7 667 868 110.40
5 月 16 日	276.99	278.00	276.11	276.70	6 795 738 542.00
5 月 17 日	277.49	277.88	276.31	277.61	5 695 611 762.60
5 月 18 日	280.00	281.25	278.00	279.82	6 717 756 323.60
5 月 19 日	298.00	298.00	278.21	279.26	7 347 434 537.20

资料来源：上海黄金交易所，http：//www.sge.sh

2. 发展水平的影响因素

动态数列反映现象的发展变化，是许多复杂因素共同作用的结果。不同因素的作用不同，形成的结果也不同。影响现象发展变动的因素主要有以下四种：

（1）长期趋势（T）。长期趋势是影响现象发展变动的最基本因素，在现象发展变化的各个时期起普遍的、持续的和决定性的作用，反映了现象在相当长的时期内所具有的发展变化的基本规律和特征。所以，长期趋势是在基本因素作用下，在较长时间内时间数列呈现的某种趋势，这种趋势可以是向上、向下或持平。

（2）季节变化（S）。季节变动是时间数列随季节变化而呈现的周期性变动，季节变动通常以"年"或更短的时间长度为周期，如空调的月销售量以年为周期呈现出周期性变动，夏季各月销售量高，春秋两季各月销售量低；商场的日零售额按周呈现出周期性变动，一般周末、周日销售额高。所以，这里所讲的季节变动是一个广义的概念，是指一年或更短的时间内，现象随季节变化而呈现出的周期性波动。

（3）循环波动（C）。循环变动是指一年以上的周期性变化，其波动是从低到高再从高到低的周而复始的一种循环变动，它实质上是一种不规则的周期。如经济发展呈周期性的波动。形成周期循环波动的原因，有属于经济内部的，如市场供求变化；也有来自外界的，如自然气候周期等。循环波动不同于趋势变动，它不是沿着单一的方向持续运动，而是升降相同、涨落交替的变动；它也不同于季节变动，季节变动有比较固定的规律，且变动周期长度在一年以内，而循环变动则无固定规律周期。变动周期多在一年以上，且周期长短不一，如经济增长的循环变动，房地产需求量的循环变动。

（4）不规则变动（I）。不规则波动属于时间数列中无法解释，往往也无须解释的那些剩余波动，引起事物发生不规则波动的因素很多是一些偶然因素，由于它们的影响使事物的发展变化呈现出无规律、不规则的状态，例如罢工、战争、政治动荡或自然灾害等。

时间数列根据构成因素及其表现的不同，可以分为以下几类：

（1）平稳数列。如果时间序列仅含有长期趋势和不规则变动，且长期趋势表现为水平发展的线性趋势，这样的时间数列就称为平稳数列。平稳数列中的各观察值基本上在某个固定的水平上波动，虽然在不同的时间段波动的程度不同，但并不存在某种规律，其波动可以看作是随机的。

（2）趋势型数列。如果时间数列仅含有长期趋势和不规则变动，但长期趋势表现为持续上升、持续下降的线性趋势，或某种类似指数或其他曲线等的非线性趋势，例如指数曲线型、二次曲线型、修正的指数曲线型等，这样的时间数列就称为趋势型序列。

（3）复合型数列。如果时间数列除了含有长期趋势和不规则变动外，还含有季节变动和（或）循环变动，这样的时间数列就称为复合型数列。这里的长期趋势既可以是持续上升、持续下降、水平发展的线性趋势，也可以是非线性趋势。

动态数列的每一指标值（Y）都是上述四种变动因素综合作用的结果，根据四种因素对 Y 的影响方式，动态数列的变动有两种形式的假设模型：

第一种是乘法模型。当四种因素存在相互影响的关系时，动态数列的每一项观察值都是四种因素的乘积，即 $Y = T \times S \times C \times I$。

第二种是加法模型。当四种因素存在相互独立的关系时，动态数列的每一项指标值都是四种因素的和，即 $Y = T + S + C + I$。

　　由于各种因素的变化是不确定的，因而客观事物在不同时间内的发展水平具有很大的偶然性，但是任何一种客观事物都有其内在的发展规律，如何探求其发展规律，掌握现象发展的本质特征，预测其发展趋势将是动态分析的一项有意义的工作。

3. 平均发展水平

　　社会经济现象在不同时期内或不同时点上的发展水平，由于受到一些偶然因素的影响，存在着数量上的差异，为了将各期发展水平的数量差异抽象化，反映现象在相当长的时期内平均每期发展所达到的规模和程度，可以计算每期的平均发展水平。将社会经济现象在不同时期上的发展水平加以平均而得到的平均数称为平均发展水平，平均发展水平也称为序时平均数。

　　序时平均数和一般平均数既有区别，又有联系。序时平均数是研究对象在不同时期上的平均数量表现，从动态上说明现象在某一时期发展的一般水平。因此，序时平均数也称为动态平均数。而一般平均数是将总体各单位同一时间的数量差异抽象化，用以反映总体在具体历史条件下的一般水平，称为静态平均数。此外，序时平均数是根据动态数列计算的，而一般平均数是根据变量数列计算的。

码 6-3

115

6.2.2 序时平均数的计算

　　序时平均数可以根据总量指标动态数列计算，也可以用相对指标动态数列和平均指标动态数列计算。其中，总量指标动态数列计算序时平均数是最基本的方法。

1. 总量指标动态数列计算序时平均数

　　（1）按时期数列计算。由于时期数列各项指标值可以相加，所以由时期数列计算序时平均数可采用简单算术平均数的方法，将数列各期指标值直接加总除以数列项数即可。其计算公式如下：

$$\bar{a} = \frac{a_1 + a_2 + a_3 + \cdots + a_n}{n} = \frac{\sum a}{n} \tag{6-1}$$

式中，$\bar{a}$ 为序时平均数；a 为各期发展水平；n 为期数。

　　例如，根据表 6-6 计算 2012～2016 年我国年平均国内生产总值：

$$\bar{a} = \frac{\sum a}{n} = \frac{540\,367.4 + 595\,244.0 + 643\,974.0 + 689\,052.1 + 743\,585.5}{5} = 642\,444.68 \text{ 亿元}$$

　　（2）按时点数列计算。时点数列有连续时点和间断时点之分，因此由不同的时点资料计算序时平均数的方法也不同。

　　1）按连续时点数列计算。如果时点数列的资料是逐日记录和排列的，则称为连续时点数列。在连续时点数列中又有间隔相等连续时点数列和间隔不等连续时点数列之分。

　　——间隔相等连续时点数列。这种时点数列是以日为间隔而排列的，当由这种动态数列计算序时平均数时，可采用简单算术平均数法，计算公式同式（6-1）。

　　例如，已知某企业一个月内每天的工人数，计算该月每天平均工人数，可以将每天工人数相加除以该月的日历天数。

　　——间隔不等连续时点数列。如果已知时点数列是在某段内各时点连续不断，而整个时期内各段又不等的时点资料时，称为间隔不等连续时点数列。即时点数列资料不是逐日变动，只是在发生变动时加以登记的。根据这种数列求序时平均数可以用每次变动持续的间隔长度（f）

为权数，对各时点水平（a）加权，应用加权算术平均法进行计算。其计算公式如下：

$$\bar{a} = \frac{a_1 f_1 + a_2 f_2 + a_3 f_3 + \cdots + a_n f_n}{f_1 + f_2 + \cdots + f_n} = \frac{\sum af}{\sum f} \tag{6-2}$$

例 6-1 已知某企业 2018 年 6 月 1 日~10 日的职工人数为 322 人，6 月 11 日调入 8 人，6 月 20 日调出 12 人，则该企业 6 月份平均职工人数为

$$\bar{a} = \frac{\sum af}{\sum f} = \left(\frac{322 \times 10 + 330 \times 9 + 318 \times 11}{10 + 9 + 11} \right) 人 = 323 人$$

2）按间断时点数列计算。如果时点数列的资料不是逐日记录和排列的，则称为间断时点数列。间断时点数列又可分为间隔相等间断时点数列和间隔不等间断时点数列两种情况。

——间隔相等间断时点数列。当掌握的资料是间隔相等的期初或期末资料，如每月末职工人数、季末库存量等，这时的序时平均数的计算方法是首末折半法。首末折半法，即取最初期期初水平的一半与最末期期末水平的一半以及其他各期水平正常，相加得到的总和除以时间得到间隔相等间断时点数列的序时平均数。计算时，假设现象在两个时点间的变动是均匀的，这样就可以先依次将相邻两个时点的指标值相加除以 2，得到两个时点指标值的序时平均数；然后再将这些序时平均数进行简单算术平均，求得整个时点数列的序时平均数。其计算公式如下：

$$\bar{a} = \frac{\frac{a_1 + a_2}{2} + \frac{a_2 + a_3}{2} + \cdots + \frac{a_{n-1} + a_n}{2}}{n-1} = \frac{\frac{a_1}{2} + a_2 + a_3 + \cdots + a_{n-1} + \frac{a_n}{2}}{n-1} \tag{6-3}$$

例 6-2 某发动机厂 2018 年第二季度库存资料如表 6-12 所示。

表 6-12　某发动机厂 2018 年第二季度库存资料　　（单位：台）

日　期	3 月 31 日	4 月 30 日	5 月 31 日	6 月 30 日
库存量	439	446	428	455

该企业第三季度平均库存量为

$$\bar{a} = \frac{\frac{a_1}{2} + a_2 + a_3 + \cdots + a_{n-1} + \frac{a_n}{2}}{n-1} = \left(\frac{\frac{439}{2} + 446 + 428 + \frac{455}{2}}{4-1} \right) 台 = 440 台$$

——间隔不等间断时点数列。当掌握的是间隔不等的间断时点资料时，计算序时平均数，则应以各相邻点之间所间隔的时间为权数，采用加权算术平均数方法进行计算，其计算公式如下：

$$\bar{a} = \frac{\frac{a_1 + a_2}{2} f_1 + \frac{a_2 + a_3}{2} f_2 + \cdots + \frac{a_{n-1} + a_n}{2} f_{n-1}}{f_1 + f_2 + \cdots + f_{n-1}} \tag{6-4}$$

例 6-3 某工厂 2018 年钢材库存资料如表 6-13 所示。

表 6-13　某工厂 2018 年钢材库存资料　　（单位：t）

日　期	1 月 1 日	4 月 15 日	8 月 15 日	12 月 31 日
库存量	38	42	24	16

2018 年该工厂钢材全年平均库存量为

$$\overline{a} = \frac{\frac{a_1 + a_2}{2}f_1 + \frac{a_2 + a_3}{2}f_2 + \cdots + \frac{a_{n-1} + a_n}{2}f_{n-1}}{f_1 + f_2 + \cdots + f_{n-1}}$$

$$= \left(\frac{\frac{38+42}{2} \times 3.5 + \frac{42+24}{2} \times 4 + \frac{24+16}{2} \times 4.5}{3.5 + 4 + 4.5}\right)t$$

$$= \left(\frac{362}{12}\right)t \approx 30t$$

根据间断时点数列计算序时平均数，是假定研究现象在相邻两个时点之间的变动是均匀的，而实际上各种现象的变动一般是不均匀的。因此，用上述方法计算得到的序时平均数，只是一个近似值。时点数列的间隔越长，其计算的准确性越差，为了使计算结果尽可能反映实际情况，间断时点数列的间隔不宜过长。

2. 相对指标动态数列或平均指标动态数列计算序时平均数

相对指标动态数列或平均指标动态数列是由具有互相联系的两个总量指标动态数列对比构成的。因此要先分别计算出这两个总量指标动态数列的序时平均数，然后进行对比，求得相对指标动态数列或平均指标动态数列序时平均数。由于相对指标或平均指标动态数列的各项指标值不具有可加性，所以，只能按照数列的性质，分别计算分子、分母两个指标动态数列的序时平均数，然后求得相对指标或平均指标动态数列的序时平均数。

设

$$c_1 = \frac{a_1}{b_1}, \ c_2 = \frac{a_2}{b_2}, \ c_3 = \frac{a_3}{b_3}, \ \cdots, \ c_n = \frac{a_n}{b_n}, \ c = \frac{a}{b}$$

即 c 为相对指标或平均指标动态数列，a、b 分别是分子和分母数列，$\overline{a}$、$\overline{b}$ 分别是它们的序时平均数，则相对指标或平均指标动态数列的序时平均数 $\overline{c}$ 的计算公式如下：

$$\overline{c} = \frac{\overline{a}}{\overline{b}} \tag{6-5}$$

（1）分子、分母数列都是时期数列的相对指标或平均指标动态数列序时平均数的计算。

1）如果分子、分母都是时期数列，那么

$$\overline{c} = \frac{\overline{a}}{\overline{b}} = \frac{\sum a}{\sum b} \tag{6-6}$$

2）如果已知 c 和 b，那么

$$\overline{c} = \frac{\overline{a}}{\overline{b}} = \frac{\sum bc}{\sum b} \tag{6-7}$$

例 6-4　某企业 2018 年各季度的销售额和销售利润率指标如表 6-14 所示，试计算该企业年平均销售利润率。

表 6-14　某企业销售资料

季　度	销售额 b/ 万元	销售利润率 c（%）
第一季度	450	42
第二季度	390	36
第三季度	410	40
第四季度	480	44

3）如果已知 c 和 a，那么

$$\bar{c} = \frac{\bar{a}}{\bar{b}} = \frac{\sum a}{\sum \dfrac{a}{c}} \tag{6-8}$$

例 6-5 某企业 2018 年第一季度销售计划完成程度资料如表 6-15 所示，试计算该企业第一季度平均计划完成程度。

表 6-15 某企业 2018 年第一季度销售计划完成情况

月 份	实际销售额 a（万元）	计划完成程度 c（%）
1	510	102
2	618	103
3	864	108

根据已知条件，该企业第一季度平均计划完成程度为

$$\bar{c} = \frac{\bar{a}}{\bar{b}} = \frac{\sum a}{\sum \dfrac{a}{c}} = \frac{510 + 618 + 864}{\dfrac{510}{102\%} + \dfrac{618}{103\%} + \dfrac{864}{108\%}} = 104.8\%$$

根据掌握的数据，采用不同的计算公式。

根据已知条件，年平均销售利润率为：

$$\bar{c} = \frac{\bar{a}}{\bar{b}} = \frac{\sum bc}{\sum b} = \frac{450\,\text{万元} \times 42\% + 390\,\text{万元} \times 36\% + 410\,\text{万元} \times 40\% + 480\,\text{万元} \times 44\%}{(450 + 390 + 410 + 480)\,\text{万元}} = 40.73\%$$

（2）分子、分母数列都是时点数列的相对指标或平均指标动态数列序时平均数的计算。

1）如果分子、分母都是间隔相等的连续时点数列，那么

$$\bar{c} = \frac{\bar{a}}{\bar{b}} = \frac{\sum a}{\sum b} \tag{6-9}$$

若已知 c 和 b，则

$$\bar{c} = \frac{\bar{a}}{\bar{b}} = \frac{\sum bc}{\sum b} \tag{6-10}$$

若已知 c 和 a，则

$$\bar{c} = \frac{\bar{a}}{\bar{b}} = \frac{\sum a}{\sum \dfrac{a}{c}} \tag{6-11}$$

2）如果分子、分母数列都是间隔不等的连续时点数列，则

$$\bar{c} = \frac{\bar{a}}{\bar{b}} = \frac{\sum af}{\sum bf} \tag{6-12}$$

若已知 c 和 b，则

$$\bar{c} = \frac{\bar{a}}{\bar{b}} = \frac{\sum bcf}{\sum bf} \tag{6-13}$$

若已知 c 和 a，则

$$\bar{c} = \frac{\bar{a}}{\bar{b}} = \frac{\sum af}{\sum \frac{a}{c}f} \tag{6-14}$$

3）如果分子、分母数列都是间隔相等的间断时点数列的序时平均数，则

$$\bar{c} = \frac{\bar{a}}{\bar{b}} = \frac{\frac{a_1}{2} + a_2 + \cdots + a_{n-1} + \frac{a_n}{2}}{\frac{b_1}{2} + b_2 + \cdots + b_{n-1} + \frac{b_n}{2}} \tag{6-15}$$

例 6-6　某企业包装车间工人数和全体职工人数资料如表 6-16 所示，试计算该工厂第三季度包装车间工人数占全体职工的平均百分比。

表 6-16　某企业包装车间工人数和全体职工人数资料　（单位：人）

日　期	9 月 30 日	10 月 31 日	11 月 30 日	12 月 31 日
全体职工人数	960	992	1 014	980
包装车间工人数	150	132	128	116

本例中，全体职工人数和包装车间工人数都是间隔相等的间断时点数列，所以包装车间工人数占全体职工人数的平均百分比（$\bar{c}$）可用如下公式进行计算：

$$\bar{c} = \frac{\bar{a}}{\bar{b}} = \frac{\frac{a_1}{2} + a_2 + \cdots + a_{n-1} + \frac{a_n}{2}}{\frac{b_1}{2} + b_2 + \cdots + b_{n-1} + \frac{b_n}{2}} = \frac{\left(\frac{150}{2} + 132 + 128 + \frac{116}{2}\right)人}{\left(\frac{960}{2} + 992 + 1\ 014 + \frac{980}{2}\right)人} = \frac{393\ 人}{2\ 976\ 人} = 13.2\%$$

4）如果分子、分母数列都是间隔不等的间断时点数列的序时平均数，则

$$\bar{c} = \frac{\bar{a}}{\bar{b}} = \frac{\sum_{i=1}^{n-1} \frac{a_i + a_{i+1}}{2} f_i}{\sum_{i=1}^{n-1} \frac{b_i + b_{i+1}}{2} f_i} \tag{6-16}$$

（3）如果分子、分母数列是不同性质的数列，则

$$\bar{c} = \frac{\bar{a}}{\bar{b}} \tag{6-17}$$

码 6-4

例 6-7　某商场第二季度各月商品流转次数情况如表 6-17 所示，要求计算该商场第二季度月平均商品流转次数。

表 6-17　某商场第二季度各月商品流转次数情况

月　份	3 月	4 月	5 月	6 月
商品零售额 a（万元）	—	560	712	900
月末商品库存额 b（万元）	358	282	286	320

本例中，作为分子的商品零售额动态数列是时期数列，而作为分母的月末商品库存额动态数列则是间隔相等的间断时点数列，因此，计算相对指标动态数列的序时平均数时，需要分别计算上述总量指标动态数列的序时平均数后进行对比。即

$$\bar{c} = \frac{\bar{a}}{\bar{b}} = \left(\frac{\dfrac{560 + 712 + 900}{3}}{\dfrac{\dfrac{358}{2} + 282 + 286 + \dfrac{320}{2}}{4 - 1}} \right) 次 = \left(\frac{724}{302} \right) 次 = 2.40 \ 次$$

例 6-8　某企业 2018 年下半年各月劳动生产率情况如表 6-18 所示, 12 月月末的工人数为 910 人, 要求计算下半年平均月劳动生产率。

表 6-18　某企业 2018 年下半年各月劳动生产率情况

月　　份	7 月	8 月	9 月	10 月	11 月	12 月
总产值 a（万元）	706.1	737.1	761.4	838.3	901.0	1 082.4
月初工人数 b（人）	790	810	810	830	850	880
劳动生产率 c（元/人）	8 938	9 100	9 400	10 100	10 600	12 300

本例中, 劳动生产率动态数列, 是由时期数列（总产值）和时点数列（工人数）相应指标对比形成的。计算平均月劳动生产率需要先用相应的方法计算出分子、分母的平均数, 然后再对比。即

$$\bar{c} = \frac{\bar{a}}{\bar{b}} = \left(\frac{\dfrac{706.1 + 737.1 + 761.4 + 838.3 + 901.0 + 1\,082.4}{6}}{\dfrac{\dfrac{790}{2} + 810 + 810 + 830 + 850 + 880 + \dfrac{910}{2}}{6}} \right) 万元/人 = \left(\frac{837.72}{838.33} \right) 万元/人 \approx 1 \ 万元/人$$

6.2.3　增长量与平均增长量

1. 增长量

增长量是表明某种现象在一段时期内增长的绝对量, 它等于报告期水平与基期水平之差。其计算公式如下:

$$增长量 = 报告期水平 - 基期水平 \tag{6-18}$$

根据基期选择的不同, 增长量可以分为累计增长量、逐期增长量和年距增长量。累计增长量是按固定的基期水平计算的增长量; 逐期增长量是以前一期水平为基期计算的增长量; 年距增长量是以去年同期发展水平为基期计算的增长量。它们分别表示现象较长或较短时期变动的总量。用公式表示如下:

累计增长量: $a_1 - a_0$, $a_2 - a_0$, $\cdots$, $a_n - a_0$

逐期增长量: $a_1 - a_0$, $a_2 - a_1$, $\cdots$, $a_n - a_{n-1}$

年距增长量 = 本期发展水平 - 去年同期发展水平

累计增长量和逐期增长量之间存在一定的换算关系, 即同一个动态数列各逐期增长量之和, 等于相应的累计增长量; 两个相邻累计增长量之差, 等于报告期的逐期增长量。

增长量有正有负, 正值表明增加, 负值则表明减少。在社会经济现象中, 有的现象发展水平表现为不断降低的趋势, 如单位产品成本、人口死亡率等, 这时, 增长量为负值。

表 6-19 反映了上海黄金交易所 2017 年 4 月 6 日 ~ 4 月 13 日金条 100g（Au100g）交易品种的加权平均价和成交量。

表6-19　2017 年 4 月 6 日~4 月 13 日 Au100g 交易品种的加权平均价和成交量

日　　期	4.6	4.7	4.10	4.11	4.12	4.13
加权平均价（元）	279.96	282.21	281.87	281.24	284.21	285.83
成交量/kg	54.8	148.4	110.2	45	86.2	108.6
价格的累计增长量	—	2.25	1.91	1.28	4.25	5.87
价格的逐期增长量	—	2.25	−0.34	−0.63	2.97	1.62
成交量的累计增长	—	93.6	55.4	−9.8	31.4	53.8
成交量的逐期增长	—	93.6	−38.2	−65.2	41.2	22.4

资料来源：http：//www.sge.sh

依据表 6-19 的原始数据，可以计算 2017 年 4 月 6 日~4 月 13 日期间，上海黄金交易所金条 100g 交易品种的加权平均价和成交量的累计增长量和逐期增长量。

2. 平均增长量

增长量还可以加以平均，用来说明某现象在一定时期内平均每期增长的数量。由于增长量是时期指标，所以平均增长量可以用简单算术平均法计算。其计算公式如下：

$$平均增长量 = \frac{各逐期增长量之和}{逐期增长量项数} = \frac{累计增长量}{动态数列项数 - 1}$$

$$= \frac{(a_2 - a_1) + (a_3 - a_2) + \cdots + (a_n - a_{n-1})}{n - 1} = \frac{a_n - a_1}{n - 1} \quad (6\text{-}19)$$

例 6-9　已知上海黄金交易所 2017 年 4 月 6 日~4 月 13 日金条 100g 交易品种的加权平均价和成交量如表 6-19 所示，计算金条 100g 交易品种在此期间加权平均价和成交量平均每日的增长量。

$$价格的日平均增长量 = \frac{累计增长量}{增长的时期数} = \left(\frac{285.83 - 279.96}{5}\right) 元$$

$$= 1.174 \, 元$$

$$成交量的日平均增长量 = \frac{累计增长量}{增长的时期数} = \left(\frac{108.6 - 54.8}{5}\right) kg$$

$$= 10.76 kg$$

6.3　动态数列的速度指标

6.3.1　发展速度与增长速度

1. 发展速度

发展速度是表明现象发展程度的相对指标，它是将现象的报告期水平除以基期水平得到的。发展速度通常用百分数表示，当比值较大时，也可以用倍数表示，它说明现象的报告期水平为基期水平的百分之几或若干倍。当它大于 100% 或 1 时，表明现象是上升的；当它小于 100% 或 1 时，表明现象是下降的。其计算公式如下：

$$发展速度 = \frac{报告期水平}{基期水平} \quad (6\text{-}20)$$

在计算发展速度时，由于采用的基期不同，发展速度可以分为定基发展速度、环比发展速度和年距发展速度三种。如果采用各报告期水平同某一固定基期水平对比计算，则称为定基发展速度，它说明现象在较长时期内发展的总速度。如果用报告期水平与前一期水平对比计算，则称为环比发展速度，它反映现象在前后两期的发展变化，表示现象的短期变动。如果用本期发展水平与去年同期发展水平相比而计算的发展速度，则称为年距发展速度，它表明现象本期比去年同期发展的相对程度。用公式表示如下：

$$定基发展速度：\frac{a_1}{a_0}, \frac{a_2}{a_0}, \frac{a_3}{a_0}, \cdots, \frac{a_n}{a_0}$$

$$环比发展速度：\frac{a_1}{a_0}, \frac{a_2}{a_1}, \frac{a_3}{a_2}, \cdots, \frac{a_n}{a_{n-1}}$$

$$年距发展速度 = \frac{本期发展水平}{去年同期发展水平}$$

根据以上关系不难看出，定基发展速度和环比发展速度之间也存在着一定的换算关系，即同一动态数列各期环比发展速度的连乘积，等于其相应时期的定基发展速度；两个相邻定基发展速度之比，等于相应报告期的环比发展速度。

表 6-20 是 2012 ~ 2016 年我国国家财政收支总额，我们可以计算出国家财政收支总额的定基发展速度和环比发展速度，以反映国家财政收支总额的变动状况。

表 6-20　2012 年 ~ 2016 年我国国家财政收支总额

年　　份	2012 年	2013 年	2014 年	2015 年	2016 年
财政收入（亿元）	117 253.52	129 209.64	140 370.03	152 269.23	159 604.97
财政支出（亿元）	125 952.97	140 212.10	151 785.56	175 877.77	187 755.21
财政收入环比发展速度（%）	—	110.2	108.6	108.5	104.8
财政收入定基发展速度（%）	—	110.2	119.7	129.9	136.1
财政支出环比发展速度（%）	—	111.3	108.3	115.9	106.8
财政支出定基发展速度（%）	—	111.3	120.5	139.6	149.1

资料来源：中华人民共和国国家统计局 http://www.stats.gov.cn/

2. 增长速度

增长速度是表明现象增长程度的相对指标，它是将现象报告期比基期的增长量除以基期水平而求得的。增长速度有正负之分，正值表示增长的速度，负值则表示下降的速度。其计算公式如下：

$$增长速度 = \frac{增长量}{基期水平} = \frac{报告期水平 - 基期水平}{基期水平}$$

$$= \frac{报告期水平}{基期水平} - 100\%（或 1）= 发展速度 - 100\%（或 1）$$

（6-21）

增长速度同样由于比较的基期不同，分为定基增长速度、环比增长速度和年距增长速度。定基增长速度是累计增长量除以固定基期的发展水平，或是定基发展速度减 1，表明现象在这一时期内增长的速度。环比增长速度是逐期增长量对前一期发展水平之比，表明现象逐期增长的速度。年距增长速度是年距增长量与去年同期发展水平之比，表明现象本期与去年同期相比的增长程度，用公式表示如下：

$$定基增长速度：\frac{a_1}{a_0} - 1, \frac{a_2}{a_0} - 1, \frac{a_3}{a_0} - 1, \cdots, \frac{a_n}{a_0} - 1$$

环比增长速度：$\dfrac{a_1}{a_0}-1$，$\dfrac{a_2}{a_1}-1$，$\dfrac{a_3}{a_2}-1$，$\cdots$，$\dfrac{a_n}{a_{n-1}}-1$

$$年距增长速度 = \frac{年距增长量}{去年同期发展水平} = 年距发展速度 - 100\%（或1）$$

需要指出的是，环比增长速度与定基增长速度并没有直接的换算关系。如果由一个环比增长速度数列求其定基增长速度数列，需先将各期环比增长速度加100%或1，换算成各期环比发展速度，再将它们连乘得到各期的定基发展速度，最后，将各期定基发展速度分别减100%或1，才能求得各期的定基增长速度。相反，若已知现象各期的定基增长速度，求各期的环比增长速度，也要经过一系列的变换计算才可以求得。

又如，已知2013～2016年我国城镇居民消费水平，很容易计算出我国城镇居民消费水平的发展速度和增长速度，如表6-21所示。此表表明，政府将保增长、扩内需、调结构、保民生作为头等大事来抓，宏观经济形式趋好，2013～2016年我国城镇居民消费水平逐年提高。

123

表6-21　2013年～2016年我国城镇居民消费水平

年　份	2013年	2014年	2015年	2016年
城镇居民消费水平（元）	18 488	19 968	21 392	23 079
环比发展速度（%）	—	108.0	107.1	107.9
定基发展速度（%）	—	108.0	115.7	124.8
环比增长速度（%）	—	8.0	7.1	7.9
定基增长速度（%）	—	8.0	15.7	24.8

资料来源：中国国家统计局，http：//www.stats.gov.cn

6.3.2　平均发展速度和平均增长速度

平均发展速度和平均增长速度统称为平均速度。平均速度是各个时期环比速度的平均数，说明社会经济现象在较长时期内速度变化的平均程度。平均速度指标在实际工作中运用得十分广泛，经常用来对比不同发展阶段的不同发展速度，是进行阶段分析的重要指标。

平均发展速度，是现象各期环比发展速度的平均数，它表明现象在一个较长时期内，平均单位时间发展变化的程度。

平均增长速度，是现象各期环比增长速度的平均数，它表明现象在一个较长时期内，平均单位时间增长的程度。

平均增长速度虽是各环比增长速度的平均数，但它不能直接由各期环比增长速度计算，而需要通过它与平均发展速度的关系求得。两者的关系如下：

$$平均增长速度 = 平均发展速度 - 100\%（或1）$$

当平均发展速度大于100%或1时，平均增长速度为正值，说明现象在一定时期内平均逐期增长的速度，称为平均递增速度；反之，当平均发展速度小于100%或1时，平均增长速度为负值，说明现象在一定时期内平均逐期下降的速度，称为平均递减速度。

现象发展的平均速度，一般用几何平均法计算。平均速度是总速度的平均，但现象发展的总速度，不等于各年发展速度之和，而等于各年环比发展速度的连乘积。平均发展速度是环比发展速度的平均数，计算时，不能用总和法按算术平均数公式计算，只能按连乘法，用几何平均数公式来计算。在实际工作中，平均发展速度的计算还可以采用方程法。下面分别介绍平均发展速度的两种计算方法。

1. 几何平均法

其计算公式为：

$$\bar{x} = \sqrt[n]{x_1 x_2 x_3 \cdots x_n} = \sqrt[n]{\prod x_i} \tag{6-22}$$

式中，$\bar{x}$ 为平均发展速度；x_i 为各年环比发展速度；n 为环比发展速度的项数；$\prod$ 为连乘符号。

动态数列中，定基发展速度等于各环比发展速度的连乘积，故计算平均发展速度的公式还可表示为

$$\bar{x} = \sqrt[n]{\frac{a_1}{a_0} \frac{a_2}{a_1} \cdots \frac{a_n}{a_{n-1}}} = \sqrt[n]{\frac{a_n}{a_0}} \tag{6-23}$$

一段时期内，定基发展速度即为现象的总速度，用 R 表示总速度，则平均发展速度的公式还可以写成：

$$\bar{x} = \sqrt[n]{R} \tag{6-24}$$

以上几个公式，可以根据提供的资料选择使用。如果有逐期环比发展速度，则用式（6-22）计算；如果已知期初和期末水平，则用式（6-23）计算；如果已知发展的总速度，则用式（6-24）计算。由几何平均法计算的平均发展速度使得 $a_n = a_0 \bar{x}^n$，即在现象的最初水平为 a_0，按平均发展速度 $\bar{x}$ 逐期发展，其最末时期的发展水平为 $a_n = a_0 \bar{x}^n$。故几何平均法也称为 "水平法"。

例 6-10　2012～2016 年我国粮食产量如表 6-22 所示，试用几何平均法计算我国粮食产量的年平均发展速度。

表 6-22　2012 年～2016 年我国粮食产量

年　份	2012 年	2013 年	2014 年	2015 年	2016 年
粮食产量/万 t	58 957.97	60 193.84	60 702.61	62 143.92	61 625.05

资料来源：中国国家统计局，http：//www. stats. gov. cn

这里 $a_0 = 58\,957.97$ 万 t，$n = 4$，$a_4 = 61\,625.05$ 万 t

$$\bar{x} = \sqrt[n]{\frac{a_n}{a_0}} = \sqrt[4]{\frac{61\,625.05 \text{ 万 t}}{58\,957.97 \text{ 万 t}}} = 101.1\%$$

计算表明，2006～2010 年我国粮食产量年平均发展速度是 101.1%。

例 6-11　已知 2007 年上海证券交易所 A 股、B 股的成交金额为 305 434.29 亿元，2017 年 A 股、B 股成交金额达到 511 242.79 亿元，试计算 2007～2017 年上海证券交易所 A 股、B 股成交总额的平均发展速度。

这里 $a_0 = 305\,434.29$ 亿元，$a_{10} = 511\,242.79$ 亿元，$n = 10$，则

$$\text{平均发展速度 } \bar{x} = \sqrt[10]{\frac{511\,242.79 \text{ 亿元}}{305\,434.29 \text{ 亿元}}} = 105.29\%$$

这说明上海证券交易所的 A 股、B 股成交总额在 10 年间，平均每年的发展速度为 105.29%。

用几何平均法计算平均发展速度时，需要开高次方根，这个开方的次数是数列的项数减去 1，这一点要特别注意。

码 6-5

2. 方程法

设 a_0 为现象发展的最初水平，$\bar{x}$ 为平均发展速度，a_1，$a_2\cdots$，a_n 为各期的实际发展水平，各期的理论发展水平为 $a_0\bar{x}$，$a_0\bar{x}^2$，$\cdots$，$a_0\bar{x}^n$ 那么，在整个研究期内，各期实际发展水平的累计数应等于各期理论发展水平的累计数，即

$$\sum_{i=1}^{n} a_i = \sum_{i=1}^{n} a_0\bar{x}^i = a_0 \sum_{i=1}^{n} \bar{x}^i$$

$$\sum_{i=1}^{n} \bar{x}^i = \frac{\sum_{i=1}^{n} a_i}{a_0} \tag{6-25}$$

这里得出了关于 $\bar{x}$ 的高次方程，解这个高次方程所得的正根，就是要计算的平均发展速度。用方程法计算平均发展速度，需要解关于 $\bar{x}$ 的高次方程，一般比较复杂，实际工作中都是根据事先编制的《平均增长速度查对表》查表计算的。

用方程法计算平均发展速度时，以整个研究期内实际发展水平的累计数等于理论发展水平的累计数为依据建立高次方程，故方程法也称为"累计法"。

实际统计工作中，计算平均发展速度的方法可以是几何平均法，也可以是方程法，这两种计算平均发展速度方法的数理依据是不同的，计算结果也有数量差异。当研究目的是关心现象最后一期的发展水平时，需用几何平均法；当研究目的是关心现象在整个研究期间内发展水平的累计数时，需用方程法计算平均发展速度。

6.4　水平指标与速度指标的结合运用

水平指标与速度指标的直接关系体现在速度指标是水平指标的派生计算上，此外，两者还有一些间接的关系，容易被忽视和迷惑，因此要强调把它们结合在一起，以便对现象做更深刻的动态分析。

具体来说，发展速度和增长速度下降时，增长量却可能在增加；增长量稳定不变，却意味着增长速度逐期下降；当现象逐期同速增长时，增长量却逐期增加。而数列中某些时期指标值的负增长却可能被逐期增长量的平均值所掩盖。因此，进行动态分析时，既要看速度，又要看水平，有一个很有代表性的指标，即增长 1% 的绝对值。

增长 1% 的绝对值是逐期增长量与环比增长速度之比，它可以表明某种现象报告期比基期每增长 1% 所包含的绝对量是多少。其计算公式如下：

$$增长 1\% 的绝对值 = \frac{报告期的逐期增长量}{报告期的环比增长速度（以百分点表示）} \tag{6-26}$$

例 6-12　表 6-23 表明了甲乙两家企业产值的增长情况。

表 6-23　甲乙两家企业产值增长情况对比　　　　　　　　　　　（单位：万元）

企　　业	基 期 产 值	报告期产值	增　长　量	增长速度（%）	增长 1% 的绝对值
甲	100	120	20	20	1
乙	1 000	1 100	100	10	10

根据表 6-23 中的数据，仅仅从增长速度看，甲企业是乙企业的 2 倍，但如果联系企业

报告期的增长量（甲企业为 20 万元，乙企业为 100 万元），用增长 1% 的绝对值看，甲企业每增长 1% 的绝对值是 1 万元，而乙企业则为 10 万元，是甲企业的 10 倍。这样看问题就清楚了。

增长 1% 的绝对值，实质上就是现象前期水平的 1%，推导过程如下：

$$增长 1\% 的绝对值 = \frac{逐期增长量}{环比增长速度 \times 100\%}$$

$$= \frac{a_i - a_{i-1}}{\dfrac{a_i - a_{i-1}}{a_{i-1}} \times 100\%} = \frac{a_{i-1}}{100}$$

又如，某建筑公司有甲乙两个建筑企业，各建筑企业 2015 年总产值分别为 300 万元、700 万元，2017 年分别为 350 万元、780 万元。根据上述资料可以计算出甲企业年产值增加 50 万元，增长 16.7%，每增长 1% 的绝对量为 2.99 万元（50/16.7）。乙企业年产值增加 80 万元，增长 11.4%，每增长 1% 的绝对量为 7.02 万元（80/11.4）。通过上述计算，不仅可以说明各建筑企业每增长 1% 所增加的产值数，而且也反映了不同基期水平建筑企业指标值的增长变化。上面的计算结果表明，甲企业的增长速度虽然快于乙企业，但每增长 1% 的绝对量不如乙企业，原因是两个建筑企业的基期水平不同。因此，必须把平均速度同环比速度、绝对量指标结合起来使用，以便全面深入地分析问题。

本章小结

动态数列的意义和种类。把反映某种现象的同一指标，在不同时间上的指标数值，按时间（年、季、月、日等）先后顺序编排所形成的数列，称为动态数列或时间数列，又称时间序列。动态分析指标包括：发展水平、平均发展水平；增长量、平均增长量；发展速度、增长速度；平均发展速度、平均增长速度。

各种情况下序时平均数的具体计算公式如表 6-24 所示。

表 6-24　序时平均数的具体计算公式

序时平均数	总量指标动态数列	按时期数列计算			$\bar{a} = \dfrac{\sum a}{n}$
		按时点数列计算	连续时点数列	间隔相等	$\bar{a} = \dfrac{\sum a}{n}$
				间隔不等	$\bar{a} = \dfrac{\sum af}{\sum f}$
			间断时点序列	间隔相等	$\bar{a} = \dfrac{\dfrac{a_1}{2} + a_2 + a_3 + \cdots + a_{n-1} + \dfrac{a_n}{2}}{n-1}$
				间隔不等	$\bar{a} = \dfrac{\dfrac{a_1 + a_2}{2} f_1 + \dfrac{a_2 + a_3}{2} f_2 + \cdots + \dfrac{a_{n-1} + a_n}{2} f_{n-1}}{f_1 + f_2 + \cdots + f_{n-1}}$
	相对指标动态数列或平均指标动态数列				$\bar{c} = \dfrac{\bar{a}}{\bar{b}}$

复习思考题

一、概念题

动态数列 序时平均数 逐期增长量 累计增长量 环比发展速度 定基发展速度
平均发展速度 增长率 平均增长率

二、简答题

(1) 什么是动态数列？动态数列分为几种？各种动态数列有何特点？

(2) 编制动态数列有何意义？编制动态数列应注意哪些基本要求？

(3) 什么是环比发展速度和定基发展速度？两者的关系如何？

(4) 动态分析采用的分析指标有哪些？

(5) 为什么要注意水平指标和速度指标的结合运用？如何结合？

三、练习题

1. 判断题（把"√"或"×"填在题后的括号里）

(1) 根据所采用指标的性质和表现形式的不同，动态数列可以分为总量指标动态数列、相对指标动态
数列、平均指标动态数列。 （ ）

(2) 动态数列中的各项数值就是发展水平。 （ ）

(3) 国民生产总值翻两番就是增长一倍，即为基期的 20%。 （ ）

(4) 若环比增长速度每年相等，则其逐期增长量也年年相等。 （ ）

(5) 相对指标动态数列、平均指标动态数列中的各个指标数值是能相加的。 （ ）

(6) 若各期的逐期增长量 Δ 相等（Δ > 0），则各期的环比增长速度是逐年（期）下降的。 （ ）

(7) 各期的环比增长速度连乘积等于最末期的定基增长速度。 （ ）

(8) 某产品连续 5 年的成本平均发展速度为 98.9%，意味着某产品成本平均每年下降了 1.1%。

（ ）

2. 单选题

(1) 序时平均数与一般平均数的共同点是（ ）。

　　A. 两者都是反映同一总体的一般水平

　　B. 都是反映现象的一般水平

　　C. 两者均可消除现象波动的影响

　　D. 共同反映同质总体在不同时间上的一般水平

(2) 下列属于时点数列的是（ ）。

　　A. 某企业各年总产值

　　B. 某企业年末拥有的设备数

　　C. 某企业年末生产工人数占全部职工人数的比重

　　D. 某企业各月工资总额

(3) 动态数列中的派生数列是（ ）。

　　A. 时期数列和时点数列

　　B. 总量指标动态数列和相对指标动态数列

　　C. 总量指标动态数列和平均指标动态数列

　　D. 相对指标动态数列和平均指标动态数列

(4) 几何平均法平均发展速度的计算，是（ ）的连乘积的 n 次方根。

A. 环比增长速度　　　　　　　　　　　　B. 环比发展速度

C. 定基发展速度　　　　　　　　　　　　D. 定基增长速度

(5) 当时期数列分析的目的侧重于研究某现象在各时期发展水平的累计总和时，应采用（　　　）。

A. 算术平均法计算平均发展速度　　　　　B. 调和平均法计算平均发展速度

C. 累计法计算平均发展速度　　　　　　　D. 几何平均法计算平均发展速度

(6) 发展速度与增长速度的关系是（　　　）。

A. 定基发展速度 − 1 = 环比增长速度

B. 环比发展速度 − 1 = 环比增长速度

C. 定基增长速度的连乘积 = 定基发展速度

D. 环比增长速度的连乘积 = 环比发展速度

(7) 在时点数列中，称为"间隔"的是（　　　）。

A. 最初水平与最末水平之间的距离　　　　B. 最初水平与最末水平之差

C. 两个相邻指标在时间上的距离　　　　　D. 两个相邻指标数值之间的距离

(8) 动态数列中的发展水平（　　　）。

A. 只能是绝对数　　　　　　　　　　　　B. 只能是相对数

C. 只能是平均数　　　　　　　　　　　　D. 可以是绝对数，也可以是相对数或平均数

3. 多选题

(1) 下列指标构成的动态数列属于时期数列的有（　　　）。

A. 全国每年大专院校毕业生人数　　　　　B. 某市全年新生婴儿数

C. 某商店各月月末商品库存额　　　　　　D. 某企业职工工资总额

E. 菜农场历年年末生猪存栏数

(2) 时点数列的特点有（　　　）。

A. 数列中各项指标数值相加之和有意义

B. 数列中各项指标数值相加之和没意义

C. 数列中每项指标数值的大小与其计算时间的长短存在着直接关系

D. 数列中每项指标数值的大小与其计算时间间隔的长短不存在直接关系

E. 数列中每项指标数值是间断登记取得的

(3) 把某企业 2018 年各月的总产值计划完成百分比，按月排列起来的数列称为（　　　）。

A. 动态数列　　　B. 变量数列　　　C. 总量指标动态数列

D. 相对指标动态数列　E. 平均指标动态数列

(4) 用于分析现象发展速度的指标有（　　　）。

A. 发展水平　　　B. 平均发展水平　　　C. 发展速度

D. 平均发展速度　E. 增减量

(5) 将不同时期的发展水平加以平均而得到的平均数称为（　　　）。

A. 序时平均数　　　B. 静态平均数　　　C. 动态平均数

D. 一般平均数　　　E. 平均发展水平

(6) 定基增长速度等于（　　　）。

A. 环比增长速度的连乘积　　　　　　　　B. 定基增长量除以固定水平

C. 定基发展速度减 1　　　　　　　　　　D. 环比增长量除以固定水平

E. 环比发展速度连乘积减去 100%

(7) 几何平均法计算平均发展速度，根据所掌握的资料不同计算公式有（　　　）。

A. $\sqrt[n]{\dfrac{a_n}{a_0}}$ 　　　　　　B. $\sqrt[n]{R}$ 　　　　　　C. $\dfrac{\sum x}{n}$

D. $\sqrt[n]{\prod x}$　　　　E. $\dfrac{a_n}{na_0}$

4. 计算题

（1）某商店 2018 年各月月末商品库存额资料如表 6-25 所示。

表 6-25　某商店 2018 年各月月末商品库存额资料

月　份	1 月	2 月	3 月	4 月	5 月	6 月	8 月	11 月	12 月
库存额（万元）	60	55	48	43	40	50	45	60	68

又知 1 月 1 日商品库存额为 63 万元。试计算上半年、下半年和全年的平均商品库存额。

（2）某企业 2018 年各月份记录在册的职工人数如表 6-26 所示。

表 6-26　某企业 2018 年各月份记录在册的职工人数

时　间	1 月 1 日	2 月 1 日	4 月 1 日	6 月 1 日	9 月 1 日	12 月 1 日	12 月 31 日
工人数（人）	326	330	335	408	414	412	412

试计算 2018 年月平均人数。

（3）某公司的两个企业 2018 年 2 月份产值及每日工人在册资料如表 6-27 所示。

表 6-27　2018 年 2 月份产值及每日工人在册资料

企　业	总产值（万元）	工人数（人）		
		1～15 日	16～20 日	21～28 日
甲	41.5	330	312	345
乙	45.2	332	314	328

试计算各企业和综合两企业的月平均劳动生产率。

（4）某企业 2017 年各季度计划产值和产值计划完成程度的资料如表 6-28 所示。

表 6-28　某企业 2017 年各季度计划产值和产值计划完成程度的资料

季　度	计划产值（万）	产值计划完成程度（%）
第一季度	860	130
第二季度	887	135
第三季度	875	138
第四季度	898	125

试计算该企业年度计划平均完成百分比。

（5）某种农产品在甲、乙两个市场的价格与销售额资料如表 6-29 所示。

表 6-29　某种农产品在甲、乙两个市场的价格与销售额资料　（单位：元/kg）

日　期	1 月 1 日	2 月 1 日	3 月 1 日	4 月 1 日
甲地价格	1.80	1.76	1.77	1.75
乙地价格	1.85	1.80	1.90	1.87

该商品第一季度销售额：甲地为 42 万元，乙地为 22 万元。试计算甲乙两地销售该种农产品的平均价格。

（6）某企业 2013～2018 年各年年底职工人数和工程技术人员数资料如表 6-30 所示。

表 6-30　某企业 2013～2018 年各年年底职工人数和工程技术人员数资料

年　份	职工人数（人）	工程技术人员数（人）
2013 年	1 000	50
2014 年	1 020	50
2015 年	1 085	52
2016 年	1 120	60
2017 年	1 218	78
2018 年	1 425	82

试计算 2013～2018 年工程技术人员占全部职工人数的平均比重。

（7）某工业企业资料如表 6-31 所示。

表 6-31　某工业企业资料

指　标	1 月	2 月	3 月	4 月
工业总产值（万元）	180	160	200	190
月初工人数（人）	600	580	620	600

试计算：

1）第一季度月平均劳动生产率。

2）第一季度平均劳动生产率。

（8）某地区 2013～2018 年粮食产量资料如表 6-32 所示。

表 6-32　某地区 2013～2018 年粮食产量资料

年　份	2013 年	2014 年	2015 年	2016 年	2017 年	2018 年
粮食产量/万 t	200					
定基增长量/万 t	—		31	40		
环比发展速度（%）	—	110			105	93

要求：

1）利用指标间的关系将表中所缺数字补齐。

2）计算该地区 2013～2018 年期间的粮食产量的年平均增长量以及年平均增长速度。

（9）根据表 6-33 已有的数据资料，运用动态指标的相互关系，确定动态数列的发展水平和表中所缺的定基动态指标。

表 6-33　数据资料

年　份	总产值（万元）	定基动态指标		
		增长量（万元）	发展速度（%）	增长速度（%）
2009 年	741	—	100	—
2010 年		59		
2011 年			115.6	
2012 年				23.9
2013 年			131.7	
2014 年		298		

（续）

年　份	总产值（万元）	定基动态指标		
		增长量（万元）	发展速度（%）	增长速度（%）
2015 年			149.9	
2016 年				55.2
2017 年		461		
2018 年			167.2	

（10）甲、乙两个国家 2013～2018 年某产品产量资料如表 6-34 所示。

表 6-34　甲、乙两个国家 2013～2018 年某产品产量资料

年　份	产量/万 t	
	甲　国	乙　国
2013 年	3 190	4 820
2014 年	3 290	4 940
2015 年	3 400	5 040
2016 年	3 620	5 140
2017 年	3 800	5 242
2018 年	4 000	5 346

试计算：

甲、乙两国产量的平均增长速度（以 2013 年为基期）。

第 7 章
抽 样 推 断

引导案例

某水泥厂生产某一强度等级的袋装水泥,每天的产量大约2 000 袋。按规定每袋的重量应不低于50kg,否则即为不合格。为对产品质量进行监测,企业设有质量检查科专门负责质量检验,并经常向企业高层领导提交质检报告。质检的内容之一就是每袋重量是否符合要求。

由于产品的数量大,进行全面的检验是不可能的,可行的办法自然是抽样检验,然后用样本数据估计平均每袋的重量。质量检查科从某天生产的一批水泥中随机抽取30 袋,经检验,估计出该天生产的水泥每袋平均重量在50.0 ~ 53.8kg之间,误差不超过1.3kg,合格率在75.6% ~ 97.4%之间,误差不超过11.6%,估计的置信水平为95%。

质检报告提交后,企业厂级领导人提出几点意见:一是抽取的样本是否有很好的代表性;二是能否将估计的误差再缩小一点,比如,估计平均重量时估计误差不超过1kg,估计合格率时误差不超过8%;三是估计的可靠程度能否再提高一些;四是企业生产的水泥目前重量的方差和全距各是多少,因为方差和全距的大小说明了生产过程的稳定程度,过大的方差和全距意味着应对生产过程进行调整。为此,质量检查科抽取了由50 袋同一强度等级的水泥构成的一个样本,检验的结果如表7-1 所示。

表7-1　50袋水泥的重量调查　　　　　　　　　　　　　　　　（单位：kg）

序　号	I	II	III	IV	V
1	51.2	52.3	50.1	49.5	52.1
2	54	50.8	49.6	49.7	50.7
3	49.9	49.8	48.9	52.4	50.4
4	53.1	50.3	51.5	52.3	49.6
5	50.0	50.8	49.3	49.7	54.1
6	53.8	52.0	51.2	52.6	53.4
7	49.2	48.9	51.4	51.3	49.6
8	49.8	53.0	50.9	53.1	49.7
9	52.4	52.2	50.1	51.3	49.8
10	51.5	50.8	52.3	51.4	50.9

那么,质量检查科是怎样抽取的这50 袋水泥?他们又是怎样根据表7-1 的数据估计全厂水泥的平均重量、合格率、方差与全距的呢?他们估计结果的误差能缩小多少呢?估计结果的可靠程度能比原来的95%高出多少呢?本章介绍抽样的基础知识和参数估计的基本原

理和方法。将学习到如何对总体的均值、比率和方差做出估计与检验，以及在估计总体均值（或比率）时如何根据实际需要确定必要的抽样单位数目。

🔍 本章学习目标

1. 重点掌握参数估计和假设检验的方法；掌握抽样调查的基本概念和数理基础的核心内容；了解抽样调查的意义和抽样组织设计的应用。

2. 了解抽样误差的概念及其影响因素；掌握区间估计的原理和方法；掌握推断目标最小样本容量的计算。

3. 熟悉并能够在实践中选择合适的调查组织形式。

7.1 抽样调查的意义

7.1.1 抽样调查的历史

抽样调查（Sampling Survey）的发展经历了若干历史阶段。1776 年，法国经济学家麦桑斯在其所著的《法国人口论》一书中，以部分地区的人口清查数来报算全国人口数。1802 年，法国著名数学家拉普拉斯在政府支持下，在法国挑选了 30 个县，对连续 3 年内的出生人数进行了调查，得出人口出生率为 35. 27‰。1812 年，他出版了《概率分析理论》一书。与此同时，法国的莫阿弗尔在 1773 年阐述了中心极限定理，推导了正态曲线公式，对平均误差问题进行了研究。而后，德国的高斯系统地提出了正态分布理论；俄国的本贝舍夫系统地阐明了大数定理；比利时的凯特勒把概率论引进统计学，提出了统计结果的稳定性，并于 1869 年出版了《社会物理学》一书。所有这些，都在一定程度上奠定了抽样调查的理论基础。

1895 年，在第五届国际统计学会伯尔尼会议上，挪威统计局局长凯尔提出了所谓"代表性调查"的抽样方法，认为"调查结果的准确性，不是取决于观察数量的多少，而是取决于取得正确代表性的方法。"但由于他没有提出完善的推导理论和解决如何检验"代表性"的问题，这一方法在相当长的一段时期中，没有得到很好的发展和应用，并成了被激烈争论的问题。然而，正是这种争论，才促使了抽样调查的形成和发展。在这一阶段及后来的时期里，抽样调查相继出现了典型抽样、随意抽样、定额抽样等抽样形式。

码 7-1

但有意抽样毕竟不够完善和科学，为此，随机抽样逐步产生并为人们所接受。1906 年，鲍莱指出：随机抽样可以得到我们所愿意要的完善的结果。而后，英国统计学家蒂配特编制了历史上第一张《随机数字表》，解决了随机取样问题。与此同时，俄国数学家李亚诺夫在 1901 年给出了中心极限定理的严格数学证明，英国的皮尔生在同年提出了著名的"卡方检验"。1908 年，英国的戈塞特提出了小样本理论和"t 分布"。1923 年，费喧提出了"方差分析法"，完善了小样本理论，阐述了著名的实验设计原则。1925 年，在罗马举行的第十六次国际统计学会上，"抽样方法应用研究委员会"提出了鲍莱的《抽样精确度的测定》和詹森的《代表性方法和实践》这两个报告，詹森和鲍莱在报告中第一次对随机抽样和有意抽样进行了研究和比较，从理论和实践上充分肯定了随机抽样的科学性，提出了随机抽样要按照概率理论给每个单位有同等被抽中的机会。到 20 世纪 30 年代，随机抽样的概念和原则得到了确立，逐步发展成为完善的抽样理论。此后，抽样调查为各国普遍采用，并成为非常重要的统计调查和推断方法。

我国对抽样调查的研究和利用始于 20 世纪 30 年代，以北京大学许宝騄教授为代表的中国统计学家，为抽样调查理论和方法的创建做出了杰出贡献，许教授的一系列抽样推断和多元分析等领域的论著达到了国际领先水平，他所著的《抽样论》，为开展大规模的抽样调查提供了方法依据，如人口调查、能源调查、社会经济调查、森林木材调查、中原和农田估产、昆虫数目估计等，也为培养统计人才提供了良好教材。1943 ~ 1944 年，在清华大学陈达教授的主持下，我国进行了云南户籍人口普查示范，并按现代抽样方式抽取部分人口以核对普查结果，这是我国首次抽样调查。1955 年，新中国第一次在全国范围内，按统一方案、统一计划进行了抽样调查——农民家计抽样调查。以等距抽样方法抽取调查项，再按类型比例与等距抽样相结合的方法在全国抽取 1.5 ~ 2 万农户。1981 年 9 月，国家统计局在《关于加强和改革统计工作的报告》中提出："凡是适合用抽样调查的，就不用全面报表。"1982 年 4 月，开始进行城市物价抽样调查。经过几年的艰苦努力，我国的抽样调查走向了专业化、正规化的道路，并在统计调查方法体系中占据越来越重要的地位。为了满足社会主义市场经济的需要，终于在 1994 年，经全国统计工作会议和国务院审批，我国确立了以周期性普查为基础，以经常性抽样调查为主体，同时辅之以重点调查、科学核算等综合运用的统计调查方法体系。抽样调查的主体方法地位得以正式确立。

7.1.2　抽样调查的含义和特点

1. 抽样调查的含义

抽样调查是一种科学的非全面调查。它是按照随机原则从调查对象的总体中抽取部分单位进行调查，并根据这部分单位的调查结果推断总体的数量特征。例如，根据部分产品的质量去推断全部产品的质量，根据某地区部分居民的家庭收支状况来推算该地区全部居民家庭的收支状况，根据某农作物部分种子进行催芽试验的资料来推断该批种子的发芽率等，都是最朴素、最简单的抽样调查。事实上，抽样调查是我们日常生活和工作中关系最为密切的一种调查，大到一个地区编制物价和生活费用指数，小到一个人生病后到医院抽血化验都是抽样调查。

按照随机原则抽样，就是排除主观意愿的干扰，使总体的每个单位在同一次抽样中都有相同的概率被抽中为样本单位。

抽样调查必须按照随机原则来抽取被调查单位。这是因为：第一，随机抽样可以使抽取出来的部分单位组成的样本成为总体的一个"缩影"，这一缩影（样本）的各项指标数值都与总体相应的数量特征相接近，从而使样本对总体具有充分的代表性。第二，抽样调查结果肯定会存在着误差，而随机抽样致使样本指标成为具有一定分布规律的随机变量，人们可以根据样本指标的分布规律运用概率理论对抽样调查结果的误差进行科学评价和计算。所以，随机原则是抽样调查的基本原则。

在实际抽样调查工作中，调查工作者可以在遵循随机原则的基础上，科学地设计抽样调查的组织形式和具体的抽取方法，来提高样本的代表性，缩小抽样误差，使得抽样调查结果更准确、更可靠。

2. 抽样调查的基本特点

（1）与全面调查相比较，抽样调查能节省人力、费用和时间，而且比较灵活。抽样调查的调查单位比全面调查少得多，因而既能节约人力、费用和时间，又能比较快地得到调查的结果，这对许多工作都是很有利的。例如，农产量全面调查的统计数字要等收割完毕以后一段时间才能得到，而抽样调查的统计数字在收获的同时就可以得到，一般能早得到两个月左右，这对于安排农产品的收购、储存、运输等都是很有利的。

由于调查单位少，有时可以增加调查内容。因此，有的国家在人口普查的同时也进行人口抽样调查，一般项目通过普查取得资料，另一些项目则通过抽样调查取得资料。这样既可以节省调查费用和时间，又丰富了调查内容。

（2）在某种情况下，抽样调查的结果比全面调查要准确。统计数字与客观实际数量之间是会有差别的，这种差别通常称为误差。统计误差有两种：一是登记误差，也叫调查误差或工作误差，是指在调查登记、汇总计算过程中发生的误差，这种误差应该设法避免；二是代表性误差，这是指用部分单位的统计数字为代表，去推算总体的全面数字时所产生的误差，这种误差一定会发生，是不可避免的。

全面调查只有登记误差而没有代表性误差，而抽样调查则两种误差都有。因此，人们往往认为抽样调查不如全面调查准确，这种看法忽略了两种误差的大小。全面调查的调查单位多，涉及面广，参加调查汇总的人员也多，水平参差不齐，因而发生登记误差的可能性大。抽样调查的调查单位少，参加调查汇总的人员也少，可以进行严格的培训，因而发生登记误差的可能性小。在这种情况下，抽样调查的结果会比全面调查的结果更为准确。

（3）抽选部分单位时要遵循随机原则。其他非全面调查，如典型调查和重点调查等，一般要根据统计调查任务的要求，有意识地选取若干个调查单位进行调查，而抽样调查不同，从总体中抽取部分单位时，必须非常客观，毫无偏见，也就是严格按照随机原则抽取调查单位，不受调查人员任何主观意图的影响，否则就会带上个人偏见，挑中那部分单位的标志值可能偏高或偏低，失去对总体数量特征的代表性。

（4）抽样调查会产生抽样误差，抽样误差可以计算，并且可以加以控制。在非全面调查方式中，典型调查固然也有可能用它所取得的部分单位的数量特征去推算全体的数量特征，但这种推算误差范围和保证程度，是无法事先计算并加以控制的。而抽样调查则是对一部分单位的统计调查，在实际观察标志值的基础上，去推断总体的综合数量特征。例如，某村种有晚稻 3 000 亩（1 亩 = 666.2m²），在晚稻成熟后随机抽取 50 个单位的田块为样本，每个单位为 1.111m²，进行实割实测，求得其平均亩产为 410kg，从而推算该村的晚稻总产量为 1 230 000kg（410 × 3 000）。当然这种推断也会存在一定的误差，但它与其他统计估算不同，抽样误差的范围可以事先加以计算，并控制这个误差范围，以保证抽样推断的结果达到一定的可靠程度。

抽样调查是必不可少的一种调查方法，但是，抽样调查也有它的缺点。例如，它只能提供说明整个总体情况的统计资料，而不能提供说明各级状况的详细的统计资料，这就难以满足各级领导和管理部门的要求。抽样调查也很难提供各种详细分类的统计资料。因此，抽样调查和全面调查是不能互相代替的。

135

7.1.3 抽样调查的应用范围与作用

1. 抽样调查的应用范围

抽样调查是一种使用很普遍的非全面调查，在市场经济条件下，商品供需预测、产品质量的可信度调查、居民家庭生活调查等，都是采用抽样调查的方法。因为这种调查方法既灵巧易行，又具有较好的效果，所以，现代的统计调查中，抽样调查日益受到各界重视。其主要应用范围可概括如下：

（1）用于不可能进行全面调查的现象。对于某些不可能进行全面调查，而又需要了解全面情况的社会经济现象，必须采用抽样调查。或者说，要认识无限总体必须采用抽样调查。例如，要了解宇宙间的情况、外星球的情况，就必须采用抽样调查。实践中，常把在某一定时期内无法确定单位数的总体看作无限总体，如某地区的矿藏、某城市的空气质量、某工厂的环境污染、某湖泊的水质等，要了解这些情况也必须采用抽样调查。

（2）用于进行全面调查就会失去现实意义的现象。对于某些进行全面调查就会失去现实意义的社会经济现象，只能采用抽样调查。例如，炮弹射程的测量，电视机、灯泡等耐用时数的检验，汽车轮胎的行程试验，种子的催芽试验，某水库的鱼虾数调查等，都不可能进行全面调查，而只能采用抽样调查。

码 7-2

（3）用于经济上不允许或精度上不必要进行全面调查的现象。经济上不允许或精度上不必要进行全向调查的社会经济现象，一般采用抽样调查。例如，我国农民生活水平调查、某市居民家计调查、某林区的木材储存量调查等，都只能采用抽样调查。

（4）用于时效性要求较强的调查。时效性要求较强的调查，通常要采用抽样调查。例如，为满足领导机关及时制定政策、安排工作需要而进行的民意测验，某农产品的产量调查等，往往都采用抽样调查。

2. 抽样调查的作用

第一，有些现象是无法进行全面调查的，为了测算全面资料，必须采用抽样调查的方法。例如，对无限总体不能采用全面调查。另外，有些产品的质量检查具有破坏性，如电视机使用寿命检验、罐头的防腐期限试验、轮胎的里程试验等，这些调查所使用的测试手段对产品具有破坏性，不可能进行全面调查，只能采用抽样调查。

第二，从理论上讲，有些现象虽然可以进行全面调查，但实际上没有必要或很难办到，也要采用抽样调查。例如，要了解全国城乡人民的家庭生活状况，从理论上讲可以挨门逐户进行全面调查，但是调查范围太大，调查单位太多，实际上难以办到，也没有必要。采用抽样调查既可以节约时间、人力、物力和财力，提高调查结果的时效性，又能达到和全面调查同样的目的和效果。

第三，抽样调查的结果可以对全面调查的结果进行检查和修正。全面调查涉及面宽，工作量大，参加人员多，调查结果容易出现差错。因此，在全面调查（如人口普查）之后进行抽样复查，根据抽查结果计算差错率，并以此为依据检查和修正全面调查结果，从而提高全面调查质量。

第四，抽样调查可以用于工业生产过程的质量控制。在工业产品成批或大量连续生产过程中，利用抽样调查可以检验生产过程是否正常，进行质量控制，保证生产质量稳定。

第五，利用抽样调查原理，可以对某些总体的假设进行检验，来判别这种假设的真伪，以决定行动的取舍。例如，某地区去年职工家庭年收入为 7 200 元，本年抽样调查结果表明，职工家庭年收入为 7 100 元，这是否意味着职工生活水平下降了呢？我们还不能下这个结论，最好通过假设性检验，检验这两年职工家庭收入是否存在显著性统计差异，才能判断该地区今年职工年收入是否低于去年水平。

总之，抽样调查是一种科学实用的调查方法，目前它不仅被广泛地应用于自然科学领域，也越来越多地被应用于社会经济现象数量方面的研究。随着抽样理论的发展，抽样技术的进步和完善，广大统计工作者业务水平的提高，抽样调查在社会经济统计中的应用将会愈加普及。

7.1.4 抽样的基本概念

1. 总体和样本

总体和样本是抽样调查的两个极为重要的概念。虽然本书已介绍过总体的概念，这里有必要从抽样的角度来进一步加以说明。因为抽样调查是根据样本来推断总体，抽样调查的理论主要是围绕总体和样本之间的关系来展开的。

当我们需要收集数据资料研究某些问题时，必须要确定数据资料的来源，即数据的所属范围，在统计学上将数据来源的范围定义为总体。理解总体的概念，既可以避免对总体以外无用数据的收集，还可以使调查者对资料范围的特征认识清楚，防止总体数据的遗漏。

在抽样调查中，有两种不同的总体，即全及总体和样本总体。简单地说全及总体就是我们所要认识的对象，样本总体则是我们所要具体观察的对象。这两种总体既有联系又有区别。

全及总体也叫母体，简称为总体，是指所要认识对象全部单位的集合体，它是由具有某种共同性质的许多单位组成的。例如，农作物产量调查中的该种农作物全部种植面积、职工工资调查中的全体职工、学生成绩调查中的全体学生等，都是全及总体。

全及总体按其所包含的单位数多少以及相应的变量性质，可分为有限总体和无限总体两类。无限总体又可以分为两种情况：一种是可列的无限变量，即变量值的大小可以一一列举直至无穷；另一种则是不可列的无限变量，它是一种连续变量，在所研究区间内的任何一个小区间都可能有无穷多的变量值，难以按顺序一一列举。我们所说的无限总体主要是后一种情况。有限总体包含的单位数是有限的，因而，它的变量个数也是有限的。当然可以按顺序一一列举。通常全及总体的单位数用大写的英文字母 N 表示。作为全及总体，单位数 N 往往是很大的，可能大到几千、几万、几十万……还可能是无限的。

在抽样调查中总体是根据研究目的来确定的。因而全及总体又叫目标总体。目标总体规定了理论上的抽样范围。但实际进行抽样的总体范围与目标总体有时是不一致的，如某省进行农户收支调查，目标总体是该省所有农户，其中可能有个别农户由于某种原因无法被抽到或抽到也不可能在指定时间内搜集到他的准确信息。因而，在抽样之前，还必须明确实际进行抽样的总体范围和抽样单位。在实际进行抽样的总体范围内，包括全部抽样单位的名单框架称为抽样框。抽样单位是指抽样调查的基本单位，通常，抽样单位与总体单位是一致的：有时抽样单位是若干总体单位构成的小单元，如居民生活情况调查，一般以每户居民家庭为搜集信息的基本单位，而调查结果则要说明某地区的人均生活情况。此时，总体单位是研究

137

范围内的每一自然人，抽样单位是包含若干自然人的每户居民家庭。

抽样框的主要形式有三种：① 名单抽样框。即可供抽取的所有抽样单位的名录一览表，如某地区企业名录、某校在籍学生花名册等。② 区域抽样框。即按地理位置将实际进行抽样的总体范围划分为若干小区域，以每个小区域为抽样单位。③ 时间表抽样框。即把总体的时间过程划分为若干个小的时间单位作为抽样单位，如对流水线上 24h 内生产的产品进行质量抽查时，以 10min 为一个抽样单位。

目标总体与抽样框有时是一致的；而在多数情况下，目标总体的范围要略大于抽样框。通常，在指定的调查期间内，目标总体中个别单位（或部分）可能无法接受调查。于是，这些单位往往不列入抽样框。此时，抽样框没有包含目标总体的所有单位。

所谓样本，就是总体中的一部分个体所构成的整体。它是从全及总体中随机抽取出来的（具体是从抽样框中抽取出来的），用来代表全及总体的那部分单位构成的总体。例如，由于对灯泡的质量检查具有破损性，所以检查人员只能从一批灯泡中抽选出部分灯泡进行检测，而被抽选出的部分灯泡就是样本。样本总体的单位数称为样本容量，通常用小写字母 n 来表示。样本容量 n 与总体单位数 N 的比值（n/N）称为抽样比。对全及总体的单位数 N 来说，n 是很小的数。它可以是 N 的几十分之一，甚至是几万分之一，还可能更小。一般来说，样本容量 n 在 30 以下时，称为小样本；达到或超过 30 时称为大样本。社会经济现象的抽样调查多取大样本，而对自然现象的测验则多取小样本。

如果将总体比做一个集合，个体就是集合中的元素，样本则相当于这个集合的子集。我们知道，一个集合可以有许多个子集，如果 {1, 2, 3} 是一个集合，则 {1}、{2}、{1, 2} … 都是子集。这就是说，总体是确定的，但样本是不确定的。

2. 参数和统计量

参数（Parameter）是根据全及总体所有单位的标志值计算出来的，反映总体的数量特征。由于全及总体是唯一确定的，因而根据全及总体计算的参数也是唯一确定的。在抽样调查中，总体参数是不能按定义式准确计算出来的，因为我们不可能掌握全及总体所有单位的标志表现。我们所要研究的参数主要有总体平均数、总体方差、总体比例等，分别用以下字母表示：

（1）总体平均数：μ。

（2）总体方差：σ^2。总体标准差：σ。

（3）总体比例：P。

统计量（Statistic）是指用来描述样本特征的概括性数字度量，又称为样本指标。我们所要研究的主要统计量有样本平均数、样本方差、样本比例等，分别用以下字母表示：

（1）样本平均数：

$$\bar{x} = \frac{x_1 + x_2 + \cdots + x_n}{n} = \frac{\sum\limits_{i=1}^{n} x_i}{n} \tag{7-1}$$

（2）样本方差：

$$s^2 = \frac{\sum\limits_{i=1}^{n} (x_i - \bar{x})^2}{n-1} \tag{7-2}$$

（3）样本标志差：

$$s = \sqrt{\frac{\sum_{i=1}^{n}(x_i - \bar{x})^2}{n-1}} \tag{7-3}$$

（4）样本比例：p。

例如，一个班的学生的平均年龄为 22 岁，平均年龄即为班组总体的一个参数；在班级中抽出 10 名学生，了解其年龄，并根据 10 名学生的年龄计算平均数为 21.5 岁，则 21.5 岁即为由样本构造出来的统计量。

3. 样本容量和样本个数

样本容量是指一个样本所包含的单位数。通常将样本单位数不少于 30 个的样本称为大样本，不到 30 个的样本称为小样本。在做实验时，样本必须足够大，这样，结果才不会受那些非常小的样本的不稳定性的影响而产生误导性。但一个大样本并不见得是一个好的样本。虽然有一个足够大的样本是重要的，但以一种恰当的方式选择的样本更重要，如随机选择。

在小儿麻痹疫苗的实验中，只有 4 个人在接受治疗的组中，其他 4 个人在控制的组中，这样的样本容量是无法揭示疫苗是否有效的。幸运的是，实际的实验包含一个大样本。20 万儿童注射了小儿麻痹疫苗，另外 20 万儿童注射了安慰剂。因为实际实验中使用了足够大的样本容量，可以看出小儿麻痹疫苗的有效性。不过，即使接受治疗和接受安慰剂的组都很大，如果测试对象没有以一种恰当的方式被分为两组，实验也会失败。

样本个数又称样本可能数目，是指抽样组织和抽样方法一定时，从总体 N 个单位中随机抽取一个容量为 n 的样本，不同样本构成的可能数目。实践中有重复抽样和不重复抽样两种情况。

重复抽样也叫重置抽样，是指每次抽样一个单位记录其标志表现后又放回，重复参加下一次的抽选。每个单位在任一次抽样中中选的机会是相等的。其特点有：第一，有 n 个样本单位的样本是由 n 次试验的结果构成的；第二，每次试验是独立的，即其试验结果与前次、后次的结果无关；第三，每次试验是在相同条件下进行的，每个单位在多次试验中选中的概率是相同的。在重复试验中，样本可能的个数是 N^n，N 为总体单位数，n 为样本容量。抽样通常还要考虑样本单位的排列顺序，如电话号码中的"7652"和"2567"不同。

不重复抽样是指每次从总体中抽取一个单位记录其标志表现后不再放回，从剩余的单位中抽取下一个单位。所有单位在同一次中被抽选为样本单位的概率是相等的。其特点有：第一，包含 n 个样本单位的样本是由 n 次试验的结果构成的，但由于每次抽取后不放回，所以实质上相当于从总体中同时抽取 n 个样本单位；第二，每次试验结果不是独立的，上次中选情况影响下一次的抽选结果；第三，每个单位在多次试验中选中的概率是不等的，但要求全部可能样本中的每一个样本被抽中的概率是相等的。在不重复抽样中，如果考虑顺序，则其样本可能个数为 $\frac{N!}{(N-n)!}$；如果不考虑顺序，则其样本可能个数为 $\frac{N!}{(N-n)! \, n!}$。

每个单位在各次抽样中中选的机会是不同的。这种抽样方法通常不考虑样本单位的排列顺序，如篮球队的 5 个队员按其号码"1、2、3、4、5"排队和"5、4、3、2、1"排队是同一个队。不重复抽样的样本可能数目 $m_{不重}$ 为 C_N^n。

例 7-1　设总体有 A、B、C、D 4 个单位，现在要从中随机抽取 2 个单位构成样本，试分别计算重复抽样和不重复抽样的样本可能数目。

编制样本构成表如表 7-2 所示。

表 7-2　重复抽样样本构成表

重复抽样		第　二　次			
		A	B	C	D
第一次	A	AA	AB	AC	AD
	B	BA	BB	BC	BD
	C	CA	CB	CC	CD
	D	DA	DB	DC	DD

由表 7-2 可见：

$$m_{重} = N^n = 4^2 = 16$$

$$m_{不重} = C_N^n = \frac{4 \times 3 \times 2 \times 1}{2 \times 1 \times 2 \times 1} = 6$$

7.2　抽样调查的组织设计

推断统计是建立在随机抽样的基础上的，而随机抽样的中心是抽样调查方案的设计，主要包括抽样技术和试验设计两项主要内容。抽样技术是指为保证样本的随机性和代表性而选择抽样方法和制定抽样方案。试验设计是指对试验方案的选择和对试验数据的统计分析。试验设计主要是对自然现象进行观察的方法，在社会经济统计学中应用较少，为此我们不做详细介绍，本节主要讲解抽样技术的主要内容。

统计抽样方案是统计调查方案的重要形式，是抽样推断工作的实施计划，其内容包括：① 确定调查的目的，要求集中、具体地明确所要研究和解决的问题。② 确定调查对象、调查单位和报告单位。调查对象是所要研究的现象总体。调查单位是进行登记的标志承担者。报告单位是提供调查资料的主体部门。③ 拟定调查提纲，确定调查项目，设计调查表。调查提纲是在调查过程中，需要得到答案的所有问题的列举。要尽可能以调查表的形式，把少而精的项目列出。④ 确定调查的时间。⑤ 确定调查的组织实施计划。包括调查机构的建立、调查工作的组织、调查方法的选择、调查范围的确定、调查工作安排、人员培训和经费等。

抽样组织方式是指在抽样时对总体的加工整理形式。根据对总体的加工整理形式不同，在随机抽样中抽样的组织方式很多，包括简单随机抽样、分层抽样、等距抽样、整群抽样和多阶段抽样等。

7.2.1　简单随机抽样

1. 简单随机抽样的含义

简单随机抽样也叫纯随机抽样，是指在进行抽样时，对全及总体不经过任何形式的整理和加工，完全凭借偶然的机会从总体中抽取样本单位的抽样方式。

简单随机抽样是抽样中最基本也是最单纯的形式，它适用于总体单位数不是太多的均匀总体，即具有某种特征的单位均匀地分布于总体的各个部分，使总体的各个部分都是同分布的，也就是说从抽样框（所有总体单元的名单）内的 N 个抽样单元中随机地、一个一个地抽取 n 个单元作为样本，在每次抽选中，所有未入样的待选单元入选样本的概率是相等的，这 n 个被抽中的单元就构成了简单随机样本。简单随机样本也可以一次同时从总体（抽样框）中抽出，这时全部可能样本中的每一个样本被抽中的概率也需要相等。

2. 简单随机抽样的具体做法

简单随机抽样方式的具体做法主要有以下三种：

（1）直接抽选法。这种方法是指直接从调查对象中随机抽选。例如，从仓库中存放的所有同类产品中随机指定若干件产品进行质量检验；从粮食仓库中不同的地点取出若干粮食样本进行含杂量、含水量的检验等。

简单随机抽样的突出特点是简单直观，在抽样框完整时，可以直接从中抽选样本，由于抽选的概率相同，用统计量对目标量进行估计及计算抽样误差都比较方便。但简单随机抽样在实际应用中也有一些局限：首先，它要求包含所有总体单元的名单作为抽样框，当 N 很大时，构造这样的抽样框并不容易；其次，根据这种方法抽出的单元很分散，给实施调查增加了困难；最后，这种方法没有利用其他辅助信息以提高估计的效率。所以，在规模较大的调查中，很少直接采用简单随机抽样，一般是将这种方法同其他抽样方法结合在一起使用。

（2）抽签法。抽签法适用于总体单位数较少的总体。即先将全及总体各个单位按照某种自然的顺序编上号，并做成号签，再把号签掺和起来充分摇匀，根据需要按重复抽样或不重复抽样方法，从中随机抽取 n 个号签，与之对应的总体单位即抽中的样本单位组成的样本。

例如，某系共有学生 360 人，系学生会打算采用简单随机抽样的办法，从中抽取 60 人进行调查。为了保证抽样的科学性，他们先从系办公室那里得到一份全系学生的名单，然后给名单中的所有学生都编上一个号（001～360）。抽样框编好后，他们又用 360 张小纸条分别写上 001、002…360 的号码。他们把这 360 张写好不同号码的小纸条放在一个盒子里，搅乱掺和后，随便摸出 60 张写好不同号码的小纸条。然后，他们按这 60 张小纸条上的号码找到总体名单上所对应的 60 位同学。这 60 位同学就构成了他们本次调查的样本。这种方法简便易行，但当总体单位很多时，写号码的工作量就很大，搅拌均匀也不容易，因而此法往往在总体单位较少时使用。

（3）查随机数表法。所谓随机数表，是指含有一系列组别的随机数字的表格。这种表格的编制可以借助电子计算机产生，也可以采用数码机产生或自己编制。表格中数字的出现及其排列是随机形成的。查随机数表（见附表 A）时，可以竖查、横查、顺查、逆查，可以用每组数字左边的头几位数，也可以用其右边的后几位数，还可以用中间的某几位数字。这些都需要事先完全定好，但一经决定采用某一种具体做法，就必须保证对整个样本的抽取完全遵从统一规则。具体查表方法见附表 A。

虽然简单随机抽样从理论上说最符合随机原则，是其他抽样方式的基础，也是衡量其他抽样方式抽样效果的标准。它满足概率抽样的一切必要的要求，保证每个总体单位在抽选时都有相等的机会被抽中。但是，它在统计实践中受到很大的限制：首先，当总体很大时，编号工作就很困难，对于连续生产的企业产品编号也不可能。另外，当总体各单位标志值之间差异很大时，采用这种抽样方式并不能保证样本的代表性。

3. 方便抽样与自愿回应抽样

有些在日常生活中常用的抽样调查方式并不是简单随机抽样，但我们经常将其认为是简单随机抽样，方便抽样和自愿回应抽样就是最有代表性的两种抽样方式。

方便抽样是指在进行抽样时，出于方便性考虑而抽取样本单位的抽样方式。我们把出于方便性考虑而抽取的样本称为方便样本。自愿回应抽样是指通过调查对象主动回答问题的方式取得样本单位的抽样方式。由此取得的样本称为自愿回应样本。大致来说，这两种方式取得的样本是有偏差的，从中得到的结论很难严格推广到总体。

例如，通过在商场中拦截过往行人说服他们做某产品的市场调研就是典型的方便抽样而非简单随机抽样。在商场的行人未必就是产品或服务的全部受众，会被说服、愿意停留下来做问卷的行人或许是不赶时间的人，或许是不好意思拒绝他人的人。如果受访者大多都是某一固定类型的人，结论不能代表总体。同样的道理，自愿回应抽样所得样本同样来自于特定类型，例如，广播电台采取听众来电的形式对某问题进行调查，取得的样本全部来自主动回应的听众，因此是典型的自愿回应抽样。但由此而得的样本都来自于广播电台的听众，且对所做调查感兴趣才会打来电话，并不是根据随机原则取得的样本，因此结果存在较大偏差，不能代表总体。

码 7-3

7.2.2　分层抽样

1. 分层抽样的含义

分层抽样是运用统计分组法，把全及总体按主要标志划分为若干个层（或组），然后在各组中再按随机原则抽取样本单位的组织形式。分层抽样类似于配额抽样。不过两者有两点重要的区别：第一，配额抽样的被调查者不是按随机原则抽出来的，而分层抽样必须遵守随机原则；第二，在分层抽样中，分类的标志一般应联系研究目标来选择，而配额抽样无此要求。

2. 分层抽样的具体方法

预先将个体进行分类，可以把性质比较接近的个体划为一组，从而缩小了个体单位之间的标志差异程度，这样从每层选出的个体单位组成的样本具有较高的代表性，抽样误差较小，其具体步骤如下：

首先，将总体按照某个特征分成若干个层。这里经常按自然形成的群体来分层，如每一条街区、每一栋楼房、不同的性别、产品不同的批次以及年龄的差异等，都可以成为一个层。

其次，计算在各层中应抽取的单位样本数。

最后，根据计算的数量在各层中随机抽取。

例如，在一所大学抽取学生进行调查时，我们可以先把总体分为男生和女生两大类；然后采用随机抽样的方法，分别从男生和女生中各抽取 100 名学生。这样，由这 200 名学生所构成的就是一个由分层抽样所得到的样本。当然我们还可以按年级、按系或者按专业来对总体进行分层。

分层抽样提高了样本的代表性。因为样本单位是从各类型组中抽取的，样本中有各种标志值水平的单位；同时，分层抽样降低了影响抽样平均误差的总体方差。在总体分组的情况下，总体方差由两部分组成：一部分是组间方差，即各类型组之间标志值差异程度；另一部分是组内方差，即各组组内各单位标志值之间的差异程度。在分层抽样的情况下，因为从各类型组都抽取了样本单位，所以，对各类型组来说是全面调查，因此，组间方差是可以不考虑的。影响抽样误差的总方差是组内方差。

提高分层抽样的效果，关键是如何分组，分组的原则是，从客观经济现象出发，在定性分析的基础上，尽量缩小组内标志值变异，增加组间标志值变异，这种做法缩小组内方差、增大组间方差，从而降低影响抽样误差的总方差。

经过分组后，确定各类型组抽样单位数一般有两种方法：① 不等比例抽样。即各类型组所抽选的单位数，按各类型组标志值的变异程度来确定，变异程度大的多抽一些单位，变动程度小的少抽一些单位，没有统一的比例关系。② 等比例抽样。即按照样本单位数在各类之间分配的比重与总体在各类之间分配相同的比重进行抽样。

在实际工作中，由于事先很难了解各组的标志变异程度，因此，大多数分层抽样采用等比例分层抽样法。

7.2.3 等距抽样

1. 等距抽样的含义

等距抽样又称为机械抽样或系统抽样，它是事先将总体各单位按某一标志排列，然后依固定顺序和间隔抽选调查单位的一种抽样组织形式。例如，对职工按姓氏笔画顺序排队，然后按此顺序等间隔地抽取样本单位进行调查。等距抽样要计算抽取间隔，间隔 d 等于总体单位数 N 除以样本容量 n，即 $d = N/n$。

例如，从 10 000 名职工中抽取 2%，即 200 名进行调查，职工可先按姓氏笔画排队列表，抽样间隔为 50 人（10 000/200），然后按排队顺序在 0～50 之间抽取第一个样本单位。假设第一组随机抽取了第 5 号职工，那么第一组样本单位的顺序号是 5，则等距抽样的第二个样本单位的顺序号就应该是 55（50 + 5），第三个样本单位的顺序号是 105（55 + 50），以此类推，抽取出 200 个职工，最后一个样本单位的顺序号是 9955。

2. 等距抽样的分类

等距抽样可以分为无关标志排序抽样和有关标志排序抽样两类。

（1）无关标志排序抽样是指排序的标志与被研究标志无关。例如，观察学生考试成绩，用姓氏笔画排序；观察产品的质量，按生产的先后顺序排序。无关标志排序可以保证抽样的随机性。它实质上相当于简单随机抽样。

（2）有关标志排序抽样是指排序的标志与被研究标志相关。例如，农产品产量调查时，将地块按过去连续几年的每公顷产量排序；家庭消费水平调查中，按收入额排序等。按有关标志排序可以利用辅助的信息，使抽样估计的效率提高，但必须采用科学的方法，避免由于抽样间隔与排序标志的周期性变化的重合所产生的系统性误差。

3. 等距抽样的优点

按等距抽样组织形式抽取样本单位，能够使抽出的样本单位更均匀地分布在总体中，等距抽样的误差一般较简单随机抽样的误差小，特别是当研究的现象标志变异程度较大时，更能显示出等距抽样的优越性。等距抽样中距离的选取十分重要，当距离选取不恰当时，将使抽样所得样本出现严重偏差。例如，对男女混住的宿舍进行调查，男生被分配在奇数号房间，女生被分配到偶数号房间。当每隔 10 个房间抽取一个房间时，我们得到的要么都是奇数号房间，要么都是偶数号房间，因此，获得的样本要么都是男生，要么都是女生，不具有男女混合的代表性。

7.2.4 整群抽样

1. 整群抽样的含义

整群抽样与前几种抽样的最大区别在于，它的抽样单位不是单个的个体，而是成群的个体。它是将总体各单位划分成若干群，然后以群为单位，从中随机抽取一些群，对中选群的所有单位进行全面调查的抽样方式。整群抽样与分层抽样对比，虽然两者都是将总体划分许多组，但划分组的作用却不同。分层抽样划分的组称为"类"，它的作用是缩小总体，使总体的差异减少，而抽取的样本仍是总体单位。整群抽样划分的组是"群"，它的作用却是扩大单位。

例如，假设某大学共有100个班级，每班都有30名学生，总共有3 000名学生。现要抽300名学生作为样本进行调查。如果采用整群抽样的方法，就不是直接去抽一个个的学生，而是从学校100个班级中，采取简单随机抽样的方法（或是分层抽样、等距抽样的方法）抽取10个班级，然后由这10个班级的全体学生构成调查的样本。

2. 整群抽样的优点

整群抽样的优点是组织工作比较方便，确定一群就可以抽出许多单位进行观察。但是，正因为以群为单位进行抽选，抽选单位比较集中，显著地影响了在全及总体中各单位分布的均匀性，因此，整群抽样和其他抽样方法比较，在抽样单位数相同的条件下，抽样误差较大，代表性较低。为此，在统计工作实践中采用整群抽样时，一般都要比其他抽样方式抽选更多的单位，借以降低抽样误差，提高抽样结果的准确程度。

7.2.5 多阶段抽样

1. 多阶段抽样的含义

抽样调查中，如果抽出的样本单位直接就是总体单位，则称为单阶段抽样，如简单随机抽样、等距抽样、等比例分层抽样；如果将总体进行多层次分组，然后依次在各层中随机抽组，直到抽到总体单位，则称为多阶段抽样，如我国农业产量调查就是采用多阶段抽样调查，先从省中抽县，然后从中选的县中抽乡，乡中抽村，再由中选的村中抽地块，最后从中选的地块中抽取小面积的样本单位。

2. 多阶段抽样的优点

在实际中，当总体单位很多且分布广泛，几乎不可能从总体中直接抽取总体单位时，常采用多阶段抽样。其优点有：首先，便于组织抽样。它可以按现在的行政区划或地理区域划分各阶段的抽样单元，从而简化抽样框的编制。其次，可以获得各阶段单元的调查资料。根据最初级资料可进行逐级抽样推断，得到各级的调查资料。如农产品质量调查，可根据样本推断地块资料，然后推断乡，乡再推断县等。最后，多阶段抽样的方式比较灵活。各阶段抽样的组织方式以前述四种为依据，进行选择。一般在初级阶段抽样时多采用分层抽样和等距抽样，在次级阶段抽样时多采用等距抽样和简单随机抽样。同时，还可以根据各阶段的不同特点，采用不同的抽样比。例如，方差大的阶段，抽样比大一些；方差小的阶段，抽样比小一些。而且多阶段抽样在简化抽样工作的同时，抽样单位的分布较广，具有较强的代表性。

随机抽样的主要方式及其特点如表7-3所示。

表 7-3 随机抽样的主要方式及其特点

抽　样	概　念	优　点	局　限　性
简单随机抽样	从总体所有单位中随机地抽取一部分单位组成样本，在每次抽取中，所有待入选的单位具有相同的中选机会	简单直观，参数估计及抽样误差的计算比较容易	要有比较完善的抽样框，当总体各单位间差异较大时，抽样误差也比较大，估计的精度比较差
分层抽样	将总体分为若干个不同的"层"，然后在每一层内独立地进行随机抽样，并将各层所得到的样本结合起来对总体参数进行估计	可以有效地提高估计的精度，方便对总体各层进行估计	需要事先掌握总体各单位的分层标志资料
等距抽样	将总体中的所有单位按一定顺序排列，随机地抽取一个单位作为初始单位，然后按一定间隔确定其他样本单位	操作简单，可以提高估计的精度	抽选间隔为小数时，须采用环形系统抽样方法
整群抽样	将总体划分为若干个"群"，每群包含若干个单位，然后以"群"为单位进行随机抽样，对抽中的群的所有单位都进行调查	抽样框比较简单，节约了调查费用	在相同样本容量的情况下，其抽样误差比较大
多阶段抽样	采用类似整群抽样的方法，先从所有群中抽取一部分群，再进一步从中抽取若干基本单位进行调查	样本相对集中，节约调查费用	有可能增加抽样误差

7.3　抽样调查的数理基础

7.3.1　正态分布

正态分布（Normal Distribution）是最常用的一种连续型随机变量分布。法国数学家拉普拉斯结合天文学、物理学等进行概率论的研究，于 1812 年发表了《概率分析理论》一书，首先阐明了正态分布理论。

1. 正态分布的概念及其特点

（1）正态分布的概念。当我们所研究的变量是连续型随机变量时，无法用列表的方式将变量值一一列举出来表示它的概率分布，因为变量值无穷多，每一变量值（即变量在每一点）的概率都接近于 0，求变量在任一点的概率都无实际意义。通常我们去求变量落在某一区间的概率。用分布函数 $F(x) = P\{X \leq x\}$ 来描述概率的分布情况，通过一个函数 $f(x)$ 把它表示成积分的形式：

$$F(x) = \int_{-\infty}^{x} f(t)\,dt \qquad (-\infty < x < +\infty) \tag{7-4}$$

函数 $f(x)$ 称为密度函数，它表示随机变量在 x 点的概率密度。在图形上则表示为各点概率大小的曲线，$F(x)$ 表示 x 值落在 $(-\infty, x)$ 区间内的概率，它的几何意义是 $f(x)$ 与 $(-\infty, x)$ 区间所围成的面积，如图 7-1 所示。

码 7-4

（2）正态分布的分布密度函数。正态分布的分布密度函数为

$$f(x) = \frac{1}{\sqrt{2\pi}\sigma} e^{\sqrt{\frac{-(x-\mu)^2}{2\sigma^2}}} \qquad (-\infty < x < +\infty) \tag{7-5}$$

145

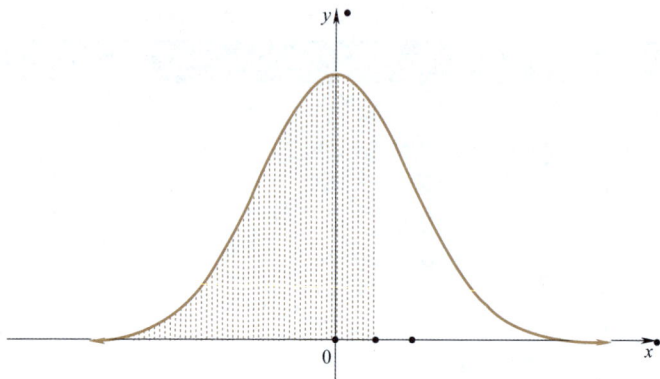

图 7-1 正态分布曲线图

式中，x 为随机变量；e 为自然对数的底；π 为圆周率；μ 为变量 x 的平均数；σ 为变量标准差；μ 和 σ 为决定密度函数的两个参数。

（3）关于密度函数 $f(x)$ 的两个参数 μ 和 σ。平均数 μ 和标准差 σ 是确定密度函数 $f(x)$ 的两个重要参数，平均数 μ 决定密度函数 $f(x)$ 的中心位置，如图 7-2a 所示。当平均数 $\mu = 0$ 时，密度函数 $f(x)$ 的频率曲线以 $X = 0$ 为对称轴向两边对称伸展；当平均数 $\mu = a$ 时，密度函数的频率曲线向右平移 a 个单位。当平均数 $\mu = -a$ 时，$f(x)$ 的频率曲线向左平移 a 个单位。

码 7-5

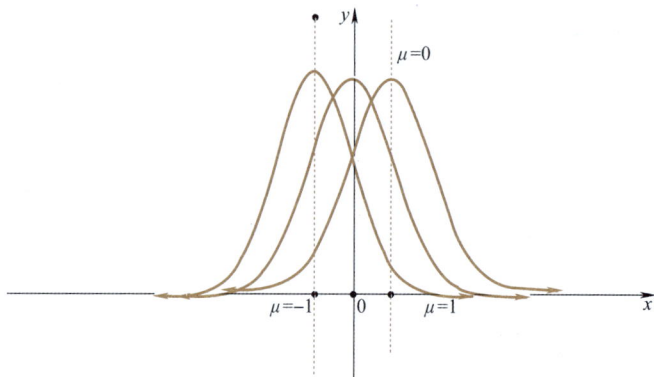

a）不同 μ 的正态分布曲线图

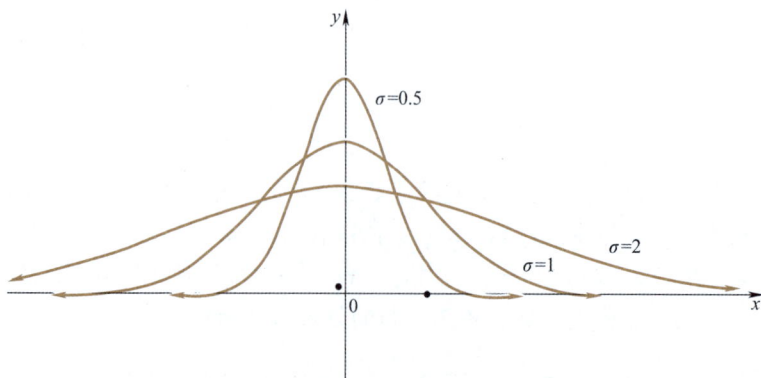

b）不同 σ 的正态分布曲线图

图 7-2 不同参数（μ 和 σ）的正态分布曲线图

标准差 σ 决定密度函数 $f(x)$ 曲线的陡缓程度，标准差 σ 的变动只改变 $f(x)$ 曲线的"胖"与"瘦"、"高"与"矮"程度，如图7-2b所示。当 $\mu=0$，$\sigma=1$ 时，我们把分布函数 $f(x)$ 的分布称为标准正态分布。当 $\sigma=0.5$ 时，分布曲线变瘦，中心部分则高一些，说明变量分布比较集中；当 $\sigma=2$ 时，分布曲线变胖，中心部分则矮一些，说明变量分布比较分散。

（4）正态分布密度函数的特点。正态分布密度函数的特点可归纳如下：

1）对称性，密度函数 $f(x)$ 的频率曲线以 $X=\mu$ 为对称轴。

2）非负性，密度函数 $f(x)$ 在 x 轴上方，即不论 $X>0$ 还是 $X\leq0$，都有 $f(x)>0$。

3）$f(x)$ 在 $X=\mu$ 时达到极大值 $f(\mu)=\dfrac{1}{\sqrt{2\pi}\sigma}$。

4）$f(x)$ 的曲线在 $X=\mu\pm\sigma$ 处有拐点。

5）当 $x\to\pm\infty$ 时，$f(x)$ 的曲线以 x 轴为渐近线。

（5）3σ 原则。对于正态分布，有3σ 原则，它为衡量全部数值中处于均值两侧1、2、3个标准差内的数值所占的百分比提供了精确的指引。如图7-3所示。

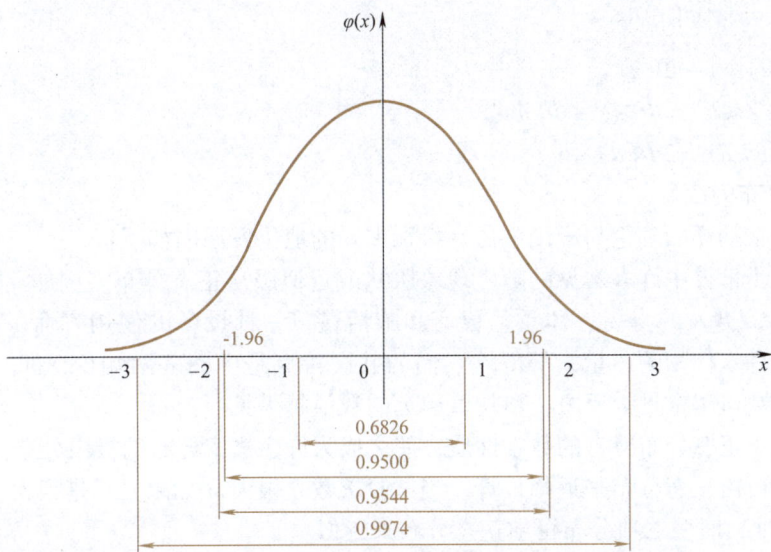

图7-3 正态分布的3σ 原则

正态分布的3σ 原则：

1）大约68.3%或者大概2/3的数值落在距均值1个标准差的区间内。

2）大约95.4%的数值落在距均值2个标准差的区间内。

3）大约99.7%的数值落在距均值3个标准差的区间内。

利用3σ 原则，可以回答正态分布中个数值频数或频率的问题。考虑1 000名学生参加的一次考试，考试分数服从均值 $\mu=75$，标准差 $\sigma=7$ 的正态分布。那么有多少名学生的得分超过82分？

当得分为82时，高于均值（75分）7分或1个标准差。根据3σ 原则可知，约68.3%的分数将位于距均值1个标准差的范围内。所以，约100% − 68.3% = 31.7%的分数距均值超过 1 个标准差。这其中有一半，也就是 15.9% 的分数低于均值且超过 1 个标准差；而另外 15.9% 的分数则高于均值且超过 1 个标准差。可以得出结论，在 1 000 名学生中大约有 15.9% 的学生，即 159 名学生的得分超过 82 分。

（6）标准正态分布。对于参数不同的正态分布，根据概率密度或分布函数计算它在不同区域的概率是一件比较烦琐的事情。但是，所有正态分布都可以通过线性变换转变为统一的正态分布——标准正态分布，这为任一正态分布概率的计算提供了极大的方便。

标准正态分布的概率密度为

$$\varphi(z) = \frac{1}{\sqrt{2\pi}} e^{-\frac{z^2}{2}} \qquad (-\infty < z < +\infty) \tag{7-6}$$

若随机变量 X 服从正态分布，其数学期望（均值）为 μ，方差为 σ^2，令：

$$Z = \frac{X - \mu}{\sigma} \tag{7-7}$$

则随机变量 Z 服从标准正态分布，记为 $Z \sim N(0, 1)$，用 $\Phi(z)$ 表示 Z 的分布函数，则它具有如下性质或结论：

1）$\Phi(z) = \int_{-\infty}^{z} \varphi(x) \mathrm{d}x$。

2）$\Phi(-z) = 1 - \Phi(z)$。

3）$P\{a \leqslant Z \leqslant b\} = \Phi(b) - \Phi(a)$。

4）$P\{|Z| \leqslant a\} = 2\Phi(a) - 1$。

2. 正态分布的应用

正态分布在抽样的理论与应用中占有特别重要的地位，原因如下：

其一，大千世界中许多常见的随机现象服从或近似服从正态分布。例如，测量误差，同龄男人的身高、体重、智商和肺活量，一种设备的使用寿命，一定条件下某种农作物的产量，等等。它们的共同特点是中间多两端少，即离均值越近的数值越常见；反之，离均值越远的数值越少见。

码 7-6

其二，由于正态分布特有的数学性质，使之成为许多概率分布的极限分布，其他一些正态分布的概率可由正态分布来近似计算。当试验次数 n 很大（如果 n 不是很大，则要求 p 不能太接近 0 或 1）时，二项分布可由正态分布来近似。

在实践中，求正态变量的概率，通常是先将一般正态变量转换为标准正态变量，然后从标准正态分布表（见附表 B）中查出相应标准正态变量值所对应的分布函数值，再计算出所求正态变量研究区间的概率。

现将部分常用 z 值和相应概率值列于表 7-4 中，以说明查表的方法。

表 7-4　标准正态分布数值表

Z	$F(Z)$	$P\{-z \leqslant Z \leqslant z\}$
0	0.500 0	0.000 0
0.5	0.691 5	0.383 0
1	0.841 3	0.682 7
1.645	0.950 0	0.900 0

（续）

Z	$F(Z)$	$P\{-z \leqslant Z \leqslant z\}$
1.96	0.975 0	0.950 0
2	0.977 2	0.954 5
2.58	0.995 0	0.990 0
3	0.998 7	0.997 3

在表 7-9 中，z 表示概率度，$F(Z)$ 表示与概率度 z 相对应的概率值：

$$F(Z) = \frac{1}{\sqrt{2\pi}} \int_{-\infty}^{z} e^{-\frac{x^2}{2}} dx \tag{7-8}$$

$P\{-z \leqslant Z \leqslant z\}$ 表示标准正态变量 Z 在区间 $[-z, z]$ 上的概率值：

$$P\{-z \leqslant Z \leqslant z\} = \frac{1}{\sqrt{2\pi}} \int_{-z}^{z} e^{-\frac{x^2}{2}} dx \tag{7-9}$$

正态分布在概率论中处于中心位置，具有很重要的地位和作用，在自然现象和社会现象中有很多随机变量都服从或近似服从正态分布。前面所研究的大量独立随机变量之和在什么条件下会服从或近似服从正态分布呢？下面我们所要讨论的中心极限定理就是研究这一问题的。

3. 中心极限定理

（1）中心极限定理的内容。

设随机变量序列 X_1，X_2，X_3，$\cdots X_n$ 相互独立且同分布，该分布存在有限的期望和方差，即 $E(X_i) = \mu$，$D(X_i) = \sigma^2 (i = 1, 2, \cdots)$。则当 n 趋于无穷大时，$\overline{X} = \frac{1}{n} \sum_{i=1}^{n} X_i$ 近似服从正态分布，即 $\overline{X} \sim N\left(\mu, \frac{\sigma^2}{n}\right)$。

码 7-7

从以上的结论，我们可以得出这样的推论，即设随机变量 $X \sim B(n, p)$，当 n 趋于无穷大时，X 近似服从 $N(np, np(1-p))$。这样在大样本下，服从二项分布的随机变量，可以借助正态分布的有关理论来解决。

例 7-2　某保险公司的老年人寿保险共有 1 万人参加，每人每年交 200 元。若老人在该年内死亡，则公司付给家属 1 万元，设老年人死亡率为 0.017，试求保险公司在一年的这项保险中亏本的概率。

设 X 为一年中投保老年人的死亡数，则易知 $X \sim B(n, p)$，其中 $n = 10\ 000$，$p = 0.017$，所以

$$E(X) = np = 10\ 000 \times 0.017 = 170$$

$$D(X) = np(1-p) = 10\ 000 \times 0.017 \times 0.983 = 167.11$$

利用中心极限定理，保险公司亏本的概率为

$$P\{10\ 000X > 10\ 000 \times 200\} = P\{X > 200\}$$

$$= P\left\{\frac{X - np}{\sqrt{np(1-p)}} > \frac{200 - 170}{\sqrt{167.11}}\right\}$$

$$= P\left\{\frac{X - np}{\sqrt{np(1-p)}} > 2.321\right\} = 1 - \Phi(2.321) = 0.01$$

（2）中心极限定理的意义。如果我们知道总体的均值 μ 和标准差 σ，那么中心极限定理使我们可以研究样本组的均值。这十分有用，但更为重要的是它的反向作用。

统计主要的两个任务在于估计总体均值和对总体均值进行假设检验。假设我们并不知道某一变量的总体均值，如果仅知道某个较小样本的均值，我们能否对总体均值进行良好的估计呢？能够回答这类问题的核心在于统计抽样。中心极限定理提供了回答这类问题的关键。

7.3.2　大数定理及其意义

人们在长期实践中发现，事件发生的频率具有稳定性，也就是说，随着试验次数的增多，事件发生的频率将稳定于一个确定的常数。另外，人们还从实践中认识到大量测量值的算术平均值也具有稳定性，即平均结果的稳定性。它表明无论随机现象的个别结果如何，或者它们在进行过程中的个别特征如何，大量随机现象的平均结果实际上不受随机现象个别结果的影响，并且几乎不再是随机的。大数定理以数学形式表达并证明了，在一定条件下的、大量重复出现的随机现象的统计规律性，即频率的稳定性与平均结果的稳定性，这就是大数定理的意义。

大数定理是阐述大量随机变量的平均结果具有稳定性的一系列定理的总称。这里只介绍两个最常用的大数定理。

（1）独立同分布大数定理。

独立随机变量 x_1，x_2，$\cdots x_n$，$\cdots$具有相同分布，且存在有限的数学期望 μ 和方差 σ^2，则对于任意小的正数 ε，有

$$\lim_{n \to \infty} P\left\{\left|\frac{1}{n}\sum_{i=1}^{n} x_i - \mu\right| < \varepsilon\right\} = 1 ,$$

该定理表明，当 n 足够大时，独立同分布的一系列随机变量的均值接近（依概率收敛于）数学期望，且平均数具有稳定性。

（2）贝努力大数定理。

设 m 是 n 次独立随机试验中事件 A 发生（"成功"）的次数，p 是事件 A 在每次试验中发生的概率，则对于任意小的正数 ε，有

$$\lim_{n \to \infty} P\left\{\left|\frac{m}{n} - p\right| < \varepsilon\right\} = 1,$$

该定理表明，当 n 足够大时，事件 A 发生的频率接近（依概率收敛于）事件 A 发生的概率，即频率具有稳定性。

大数定理对于抽样推断具有重要意义。它从理论上揭示了样本和总体之间的内在联系，即随着抽样单位数 n 的增大，样本平均数（或比率）有接近于总体平均数（或比率）的趋势。在随机试验中，观察现象是连同一切个别的特性来观察的，这些个别的特性往往蒙蔽了事物的规律性。但是在大量的观察中个别因素的影响将相互抵消而使总体稳定。这种规律性正是通过大数定理来表现出来的。

同时，在现实生活中，人们所积累的经验表明，概率很接近于 1 的事件在一次实验中几乎一定要发生，而概率接近于 0 的事件几乎不可能发生。因此这类事件具有很重要的意义。大数定理就是要建立关于这类事件，尤其是大量独立试验中的事件发生之概率的规律性。贝努力大数定理就建立了其概率的稳定性，从而使概率的概念有了客观的意义。而且可以通过

这一定理做试验，确定某事件发生的频率并把它作为相应概率的估计。这类方法就是参数估计，它是统计中的重要方法之一。

具体来说，大数定理可归纳如下：

（1）现象的某种总体性规律（或称统计规律），只有当具有这种现象的足够多数的单位综合汇总在一起的时候，才能显示出来。因此，只有从大量现象的总体中，才能研究这些现象的规律性。

（2）现象的总体性规律或倾向通常是以平均数（或比率）的形式表现出来的。

（3）所研究的现象总体包含的单位越多，平均数（或比率）也就越能够正确反映出这些现象的规律性。

（4）各单位的共同倾向（这些表现为主要的、基本的因素）决定着平均数（或比率）的水平，而各单位对平均数（或比率）的离差（这些表现为次要的、偶然的因素）则会由于足够多数单位的综合汇总的结果，而相互抵消，趋于消失。

根据大数定理的内容特点，运用抽样法时，必须注意以下两个问题：

第一，抽样必须遵循随机原则。只有在随机原则下进行抽样，样本的构成才有可能接近全及总体，样本统计量才能成为随机变量，大数定理才能得以应用，样本统计量才能用来对全及总体做出估计推断。

第二，抽样必须遵循大量原则。在全及总体中随机抽样，每个被抽取单位的标志值或偏大或偏小，纯属偶然，并不代表全及总体的数量特征。只有观察到足够多的单位，才有可能在综合后使个别单位表现出的偶然因素得以消除，才会使抽样结果接近全及总体的数量特征。

7.3.3　抽样分布

由样本各单位信息确定的指标称为统计量。统计量是一个随机变量，它有若干可能取值，每一可能取值都有一定的概率，从而形成它的概率分布，即抽样分布。简而言之，抽样分布就是统计量的概率分布。

例 7-3　设总体有 4 名学生 A、B、C 和 D，他们的考试成绩分别为 75 分、88 分、95 分和 66 分。现在采用抽样调查方法抽取其中的 2 名学生作为样本，了解这 4 名学生的平均成绩。则统计量为 $\bar{x} = \dfrac{x_1 + x_2}{2}$，若采用重复抽样，则样本构成情况如表 7-5 所示。

表 7-5　重复抽样样本构成情况

样本构成		第 二 次			
		A	B	C	D
第一次	A	AA	AB	AC	AD
	B	BA	BB	BC	BD
	C	CA	CB	CC	CD
	D	DA	DB	DC	DD

统计量（$\bar{x}$）取值情况如表 7-6 所示。

表 7-6　重复抽样统计量取值情况　　　　　　　　　　（单位：分）

样 本 均 值		第　二　次			
		75	88	95	66
第一次	75	75	81.5	85	70.5
	88	81.5	88	91.5	77
	95	85	91.5	95	80.5
	66	70.5	77	80.5	66

统计量的概率分布（抽样分布）如表 7-7 所示。

表 7-7　重复抽样的统计量的概率分布

$\bar{x}$/分	66	70.5	75	77	80.5	81.5	85	88	91.5	95
m	1	2	1	2	2	2	2	1	2	1
p	$\frac{1}{16}$	$\frac{2}{16}$	$\frac{1}{16}$	$\frac{2}{16}$	$\frac{2}{16}$	$\frac{2}{16}$	$\frac{2}{16}$	$\frac{1}{16}$	$\frac{2}{16}$	$\frac{1}{16}$

（1）样本均值的分布。对于任何样本均值的分布，样本容量越大，样本均值的分布越接近正态分布，总体中所有样本均值的平均值与总体均值相等，总体中所有样本均值的标准差的表达式为 $\sigma/\sqrt{n}$。

（2）样本成数的分布。样本成数的抽样分布是指给定容量时，源自所有可能样本的成数（$\hat{p}$）的分布。样本容量越大，样本成数的分布越接近正态分布，样本成数分布的平均值与总体成数相等，样本成数分布的标准差的表达式为 $\sqrt{p(1-p)/n}$。

7.4　抽样误差的计算

7.4.1　抽样误差的概念

1. 定义

一般地说，抽样误差是指统计量与被它估计未知的总体参数（总体特征值）之差。具体是指，样本平均数 x 与总体平均数 X 的差，样本成数 p 与总体成数 P 的差。例如，某地区全部小麦平均亩产 400kg，而抽样调查得到的平均亩产为 391kg 或 403kg，则统计量与总体参数之间的误差为 -9kg 或 3kg。

2. 抽样误差的来源

在抽样中误差的来源有许多方面。

一类是登记性误差，即在调查过程中由于观察、测量、登记、计算上的差错所引起的误差，这类误差是所有统计调查都可能发生的。

另一类是代表性误差，即样本各单位的结构不足以代表总体而引起的误差。

代表性误差的发生有以下两种情况：一种情况是由于违反抽样调查的随机原则，如有意地多选较好的单位或较坏的单位进行调查，这样做就使得所据以计算的统计量必然出现偏高或偏低现象，造成系统性的误差。系统性误差和登记性误差都是不应当发生的，可以也应该采取措施避免发生或将其降低到最小限度。另一种情况是即使遵守随机原则，由于被抽选的样本各种各样，只要被抽中的样本其内部各单位被研究标志的构成比例和总体有所出入，就会出现或大或小的偶然性代表性误差。

我们所讲的抽样误差就是指这种偶然性代表性误差，即按随机原则抽样时，在没有登记性误差和系统性误差的条件下单纯由于不同的随机样本得出不同估计量而产生的误差。抽样误差是抽样调查所固有的，是无法避免与消除的，但可以运用数学方法计算其数量界限，并通过抽样设计程序控制其范围，所以这种抽样误差也称为可控制误差。

需要指出，抽样误差不是固定不变的数，它的数值是随样本不同而变化的，所以它也是随机变量。

7.4.2　影响抽样误差的主要因素

1. 样本单位数的多少

在其他条件不变的情况下，抽样单位数越多，抽样误差就越小；反之，抽样单位数越少，抽样误差就越大。

2. 总体被研究标志的变异程度

在其他条件不变的情况下，总体单位标志值的变异程度越小，抽样误差就越小，抽样误差和总体变异程度成正比变化。

3. 抽样方法

抽样方法不同，抽样误差也不同，一般重复抽样的误差比不重复抽样的误差要大。

4. 抽样调查的组织形式

不同的抽样组织形式会有不同的抽样误差，这个在本章后面将专门论述。

7.4.3　抽样平均误差及其计算

抽样平均误差是反映抽样误差一般水平的指标。由于从一个全及总体中可以抽出很多个样本，因而统计量（如样本平均数、样本成数）就有许多不同数值。这就是说，从理论上讲，可以计算出很多个误差，这些误差有大有小。要反映抽样误差的一般水平，就有必要计算抽样平均误差。

1. 抽样平均数的抽样平均误差

如果 $\mu_{\bar{x}}$ 表示抽样平均误差，则计算平均数的抽样平均误差的理论公式为

$$\mu_{\bar{x}} = \sqrt{\frac{\sum (\bar{x} - X)^2}{\text{样本可能数目}}} \tag{7-10}$$

该公式表明了抽样平均误差的意义，但是当总体单位数较大，而抽取的样本单位数也较大时，样本可能数目就非常大。即使求出样本可能数目，上述公式仍然不适用，这是因为在该公式中出现了总体平均数。这也正是抽样调查所要推算出的数值，在实践中是不知道的。

抽样调查实践中用来计算抽样平均误差的基本公式是根据理论公式推导出来的。

在重复抽样条件下

$$\mu_{\bar{x}} = \frac{\sigma}{\sqrt{n}} \text{或} \mu_{\bar{x}} = \sqrt{\frac{\sigma^2}{n}} \tag{7-11}$$

在不重复抽样条件下

$$\mu_{\bar{x}} = \sqrt{\frac{\sigma^2}{n}\left(\frac{N-n}{N-1}\right)} \qquad (7\text{-}12)$$

我们把式子 $\frac{N-n}{N-1}$ 叫做修正因子。不难看出当 N 较大时，$\frac{N-n}{N-1}$ 与 $1-\frac{n}{N}$ 的计算结果是十分接近的。因此，当 N 较大时在不重复抽样条件下计算抽样平均误差的公式可采用 $\mu_{\bar{x}} = \sqrt{\frac{\sigma^2}{n}\left(1-\frac{n}{N}\right)}$。

例 7-4　从某厂生产的 10 000 只日光灯管中随机抽取 100 只进行检查，假如该产品平均使用寿命的标准差为 100h，试计算该厂日光灯管平均使用寿命的平均误差。

在重复抽样条件下 $\mu_{\bar{x}} = \frac{\sigma}{\sqrt{n}} = \left(\frac{100}{\sqrt{100}}\right)\text{h} = 10\text{h}$

在不重复抽样条件下 $\mu_{\bar{x}} = \sqrt{\frac{\sigma^2}{n}\left(1-\frac{n}{N}\right)} = \sqrt{\frac{100^2}{100}\times\left(1-\frac{100}{10\,000}\right)}\text{h} = \sqrt{99}\text{h} = 9.95\text{h}$

2. 抽样成数的抽样平均误差

如果用 μ_p 表示抽样成数的抽样平均误差，则其公式为

在重复抽样条件下

$$\mu_p = \sqrt{\frac{p(1-p)}{n}} \qquad (7\text{-}13)$$

在不重复抽样条件下

$$\mu_p = \sqrt{\frac{p(1-p)}{n}\left(1-\frac{n}{N}\right)} \qquad (7\text{-}14)$$

以上所有的公式中，不论是抽样平均数的抽样平均误差，还是抽样成数的抽样平均误差，所用的标准差都是全及总体的标准差。但实际上，无论是在抽样之前，还是在抽样之后，全及总体的标准差都是未知的。所以，一般都用样本总体的相应指标来代替。

例 7-5　从某厂生产的 10 000 件产品中，随机抽取 1 000 件进行调查，测得有 85 件为不合格产品。试求产品合格率的抽样平均误差。

根据条件可知，合格率 $p = \frac{1\,000\,\text{件} - 85\,\text{件}}{1\,000\,\text{件}} = 91.5\%$

在重复抽样条件下 $\mu_p = \sqrt{\frac{p(1-p)}{n}} = \sqrt{\frac{0.915\times(1-0.915)}{1\,000}} = 0.88\%$

在不重复抽样条件下 $\mu_p = \sqrt{\frac{p(1-p)}{n}\left(1-\frac{n}{N}\right)}$

$$= \sqrt{\frac{0.915\times0.085}{1\,000}\times0.9} = 0.84\%$$

3. 不同抽样组织方式的抽样平均误差

（1）简单随机抽样的平均误差

由于抽取样本单位的方法分为重复抽样和不重复抽样，所以简单随机抽样的平均误差的计算也有区别，现分别介绍如下：

1）简单重复随机抽样。这种方法保证总体中每个单位在抽选时，有同等中选机会。前述关于抽样的理论和方法，均是按简单重复随机抽样讨论的，即

$$\mu_x = \sqrt{\frac{\sigma^2}{n}}, \ \mu_p = \sqrt{\frac{p(1-p)}{n}} \tag{7-15}$$

2）简单不重复随机抽样。如果从总体各单位中，按不重复抽样方法抽取样本单位，只要总体中未被抽取的各个单位都有同等被抽中的概率就叫简单不重复随机抽样。简单不重复随机抽样推断中，除随机平均误差外，其余内容与简单重复随机抽样完全相同。简单不重复随机抽样的平均误差与简单重复随机抽样的平均误差，也只相差一个系数 $\sqrt{\frac{N-n}{N-1}}$，且在总体很大或无限总体中，该系数可表示为 $\sqrt{1-\frac{n}{N}}$，即

$$\mu_x = \sqrt{\frac{\sigma^2}{n}\left(1-\frac{n}{N}\right)}, \ \mu_p = \sqrt{\frac{p(1-p)}{n}\left(1-\frac{n}{N}\right)} \tag{7-16}$$

（2）分层抽样的抽样平均数和抽样平均误差

抽样平均数为

$$\bar{x} = \frac{\sum n_i \bar{x_i}}{\sum n_i} \tag{7-17}$$

重复抽样的平均误差为

$$\mu = \sqrt{\frac{\overline{\sigma_i^2}}{n}\left(1-\frac{n}{N}\right)} \tag{7-18}$$

式中，$\overline{\sigma_i^2}$ 为组内方差的平均数。

例 7-6 某农场种小麦 12 000hm²，其中平原 3 600hm²，丘陵 6 000hm²，山地 2 400hm²，现用分层抽样法调查 1 200hm²，组成样本，以各种麦田占全农场面积的比重分配抽样面积，求抽样平均误差。

抽样平均误差计算如表 7-8 所示。

表 7-8　抽样平均误差计算

类　型	全场播种面积 /hm² N_i	抽样调查面积 /hm² n_i	单位面积产量不均匀程度指标 σ_i	$\sigma_i^2 n_i$
丘陵	6 000	600	750	337 500 000
平原	3 600	360	840	254 016 000
山地	2 400	240	1 000	240 000 000
合计	12 000	1 200	—	831 516 000

$$\overline{\sigma_i^2} = \frac{\sum \sigma_i^2 n_i}{\sum n_i} = \frac{831\ 516\ 000}{1\ 200} = 692\ 930$$

$$\overline{\sigma_i^2} = \frac{\sum \sigma_i^2 i N_i}{N}$$

或

$$\mu_{\bar{x}} = \sqrt{\frac{\sigma_i^2}{n}\left(1 - \frac{n}{N}\right)} = \sqrt{\frac{692\,930}{1\,200} \times \left(1 - \frac{1\,200}{12\,000}\right)} = 22.8\,\text{hm}^2$$

即抽样平均误差是 22.8 hm²。

（3）等距抽样的抽样平均误差

抽样均为不重复抽样，其平均误差的计算可分为两类。按无关标志排序时，可用简单不重复随机抽样的平均误差公式计算。按有关标志排序时，可用分层抽样的平均误差公式计算。

例 7-7　年终在某储蓄所按定期储蓄存款进行每隔 5 户的等距抽样，得到如表 7-9 所示的资料，试以 95.45% 的概率估计平均定期存款的范围。

表 7-9　某储蓄所储户存款资料

定期存款（元）	1 ~ 100	100 ~ 300	300 ~ 500	500 ~ 800	800 以上
户数（户）	58	150	200	62	14

由题意可得，

$$\bar{x} = \frac{\sum xf}{\sum f} = 344\ \text{元}$$

$$\sigma^2 = \frac{\sum (x - \bar{x})^2 f}{\sum f} = 40\,698$$

$$\mu_x = \sqrt{\frac{\sigma^2}{n}\left(1 - \frac{n}{N}\right)} = \sqrt{\frac{40\,698}{484} \times \left(1 - \frac{484}{2\,420}\right)}\,\text{元} = 8.2\ \text{元}$$

$$\Delta_x = t\mu_x = (2 \times 8.2)\,\text{元} = 16.4\ \text{元}$$

$$\bar{x} \pm \Delta_x = 344 \pm 16.4\ \text{元}$$

可靠程度为 95.45% 时，平均定期存款为 327.6 ~ 360.4 元。

（4）整群抽样的推断方法

假设总体中的全部单位划为 R 群，每群中所包含的单位数为 m，现从群中随机抽取 r 群组成样本。则各群的样本平均数为

$$\bar{x} = \frac{\sum\limits_{j=1}^{m} x_{ij}}{m} \qquad (i = 1, 2, 3, \cdots, r) \tag{7-19}$$

全样本平均数为

$$\bar{x} = \frac{\sum\limits_{i=1}^{r} \bar{x_i}}{r} \tag{7-20}$$

群间方差为

$$\sigma^2 = \frac{\sum (\bar{x_i} - \bar{x})^2}{r} \tag{7-21}$$

整群抽样一般为不重复抽样，其抽样误差为

$$\mu = \sqrt{\frac{\sigma^2}{r}\left(\frac{R - r}{R - 1}\right)} \tag{7-22}$$

7.5 参数估计

7.5.1 点估计

所谓点估计就是由样本 x_1，x_2，$\cdots$，x_n 确定一个统计量 $\hat{\theta} = g\ (x_1,\ x_2,\ \cdots,\ x_n)$，用它来估计总体的未知参数，称为总体参数的估计量。当具体的样本抽出后，可求出统计量。用它作为总体参数的估计值，称作总体参数的点估计，实际上它就是总体未知参数的近似值。

1. 点估计的基本方法

点估计的方法有矩估计法、极大似然估计法、顺序统计量法、最小二乘法等，这里主要介绍矩估计法和极大似然估计法。

对总体参数进行估计，最容易想到的方法就是矩估计法，它是用样本的矩去估计总体的矩，从而获得有关参数的估计量。

（1）矩估计法。在统计学中，矩是以期望为基础而定义的数字特征。例如，数学期望、方差、协方差等。矩可以分为原点矩和中心矩两种。

设 X 为随机变量，对任意正整数 k，称 $E(X^k)$ 为随机变量 X 的 k 阶原点矩，记为

$$m_k = E(X^k) \tag{7-23}$$

当 $k = 1$ 时，$m_1 = E(X) = \mu$，可见一阶原点矩为随机变量 X 的数学期望。我们把

$$v_k = E(X - E(X))^k \tag{7-24}$$

称为以 $E(X)$ 为中心的 k 阶中心距。

显然，当 $k = 2$ 时，$v_2 = E(X - E(X))^2 = \sigma^2$，可见二阶中心矩为随机变量 X 的方差。

例 7-8 已知某种灯泡的寿命 $X \sim N(\mu,\ \sigma^2)$，其中 μ、σ^2 都是未知的，随机抽取 4 只灯泡，测得寿命为 1 502h、1 453h、1 367h、1 650h，试估计 μ、σ。

因为 μ 是全体灯泡的平均寿命，$\bar{x}$ 为样本的平均寿命，很自然地会想到用 $\bar{x}$ 去估计 μ；同理用 s 去估计 σ。

由于

$$\bar{x} = \frac{1}{4}(1\ 502 + 1\ 453 + 1\ 367 + 1\ 650)\text{h} = 1\ 493\text{h}$$

$$s^2 = \frac{[(1\ 502 - 1\ 493)^2 + (1\ 453 - 1\ 493)^2 + (1\ 367 - 1\ 493)^2 + (1\ 650 - 1\ 493)^2]\text{h}^2}{(4 - 1)} = 14\ 069\text{h}^2$$

$$s = 118.61\text{h}$$

故 μ 及 σ 估计值分别为 1 493h 和 1 18.61h。

矩估计法简便、直观，比较常用。但是也有其局限性：首先，它要求总体的 k 阶原点矩存在，若不存在则无法估计；其次，矩估计法不能充分地利用估计时已掌握的有关总体分布形式的信息。

例 7-9 设随机变量 X 为 $[a,\ b]$ 上的均匀分布，X_1，X_2，$\cdots$，X_n 为一个简单随机样本，试确定参数 a、b 的矩估计量。

根据均匀分布的性质

$$E(X) = \frac{a + b}{2}$$

$$\mathrm{Var}(X) = E(X^2) - (E(X))^2$$
$$= \frac{(b-a)^2}{12}$$

用 $E(X)$ 和 $\mathrm{Var}(X)$ 表示 a 和 b，得

$$a = E(X) - \sqrt{3\left[E(X^2) - (E(X))^2\right]}$$
$$b = E(X) + \sqrt{3\left[E(X^2) - (E(X))^2\right]}$$

用样本一阶原点矩和二阶原点矩代替 $E(X)$、$E(X^2)$ 得到 a 和 b 的估计量

$$\hat{a} = \overline{X} - \sqrt{3(\overline{X^2} - \overline{X}^2)}$$
$$\hat{b} = \overline{X} + \sqrt{3(\overline{X^2} - \overline{X}^2)}$$

通常设 θ 为总体 X 的待估计参数，一般用样本 X_1，X_2，$\cdots$，X_n，构成一个统计量 $\hat{\theta} = \hat{\theta}(X_1, X_2, \cdots, X_n)$ 来估计 θ，设 $\hat{\theta}$ 为 θ 的估计量。对应于样本的一组数值 x_1，x_2，$\cdots$，x_n，估计量 $\hat{\theta}$ 的值 $\hat{\theta}(x_1, x_2, \cdots, x_n)$ 称为 θ 的估计值。点估计即为待估计参数 θ 寻找一个估计值 $\hat{\theta}(x_1, x_2, \cdots, x_n)$ 的问题，必须注意的是对于不同的样本，估计值可能是不相同的。

（2）最大似然估计法。设 X_1，X_2，$\cdots$，X_n 为总体 $f(x; \theta_1, \theta_2, \cdots, \theta_k)$ 的一个简单随机样本，θ_1，θ_2，$\cdots$，θ_k 为总体的 k 个参数，由于样本中每个元素是相互独立的，那么

$$L(x_1, x_2, \cdots, x_n; \theta_1, \theta_2, \cdots, \theta_k) \tag{7-25}$$
$$= \prod_{i=1}^{n} f(x_i; \theta_1, \theta_2, \cdots, \theta_k)$$

该式称为似然函数，所谓最大似然估计，就是找出 θ_1，θ_2，$\cdots$，θ_k 的估计量 $\hat{\theta}_1$，$\hat{\theta}_2$，$\cdots$，$\hat{\theta}_k$，使得它们能够保证

$$L(x_1, x_2, \cdots, x_n; \theta_1, \theta_2, \cdots, \theta_k) \leqslant L(x_1, x_2, \cdots, x_n; \hat{\theta}_1, \hat{\theta}_2, \cdots, \hat{\theta}_k)$$

则称 $\hat{\theta}_1$，$\hat{\theta}_2$，$\cdots$，$\hat{\theta}_k$ 为 θ_1，θ_2，$\cdots$，θ_k 的最大似然估计。

联立方程组
$$\begin{cases} \dfrac{\partial \ln L(x_1, x_2, \cdots, x_n; \theta_1, \theta_2, \cdots, \theta_k)}{\partial \theta_1} = 0 \\[2mm] \dfrac{\partial \ln L(x_1, x_2, \cdots, x_n; \theta_1, \theta_2, \cdots, \theta_k)}{\partial \theta_2} = 0 \\[2mm] \qquad\qquad\qquad\vdots \\[2mm] \dfrac{\partial \ln L(x_1, x_2, \cdots, x_n; \theta_1, \theta_2, \cdots, \theta_k)}{\partial \theta_k} = 0 \end{cases}$$

就可以得到 θ_1，θ_2，$\cdots$，θ_k 的最大似然估计量。

例 7-10　X_1，X_2，$\cdots$，X_n 是来自正态总体的简单随机样本，试用最大似然估计法确定 μ、σ^2 的最大似然估计量。

令 x_i 为 X_i（$i = 1$，2，$\cdots$，n）的观察值，则

似然函数　　　　　$L(x_1, x_2, \cdots, x_n; \mu, \sigma^2)$

码 7-8

$$= \prod_{i=1}^{n} \frac{1}{\sqrt{2\pi}\sigma} \exp\left(-\frac{(x_i-\mu)^2}{2\sigma^2}\right)$$

$$= \left(\frac{1}{2\pi\sigma^2}\right)^{\frac{\pi}{2}} \exp\left(-\frac{1}{2\sigma^2}\sum_{i=1}^{n}(x_i-\mu)^2\right)$$

两边取自然对数

$$\ln L(x_1, x_2, \cdots, x_n; \mu, \sigma^2)$$

$$= -\frac{n}{2}\ln 2\pi\sigma^2 - \frac{1}{2\sigma^2}\sum_{i=1}^{n}(x_i-\mu)^2$$

求关于 μ、σ^2 的偏导数，并令其等于 0，即

$$\frac{\partial \ln L(x_1, x_2, \cdots, x_n; \mu, \sigma^2)}{\partial \mu} = \frac{1}{\sigma^2}\sum_{i=1}^{n}(x_i-\mu) = 0$$

$$\frac{\partial \ln L(x_1, x_2, \cdots, x_n; \mu, \sigma^2)}{\partial \sigma^2} = -\frac{n}{2\sigma^2} + \frac{1}{2(\sigma^2)^2}\sum_{i=1}^{n}(x_i-\mu)^2 = 0$$

解方程得到 μ，σ^2 的最大似然估计量

$$\hat{\mu} = \frac{1}{n}\sum_{i=1}^{n}x_i$$

$$\hat{\sigma}^2 = \frac{1}{n}\sum_{i=1}^{n}(x_i-\mu)^2$$

(7-26)

利用最大似然估计法确定估计量时，需要给定总体分布的形式。

例 7-11 $X_1, X_2, \cdots, X_n$ 为来自泊松分布 $P(\lambda)$ 的简单随机样本，试运用最大似然估计法给出参数 λ 的估计量。

泊松分布的概率函数为

$$f(x) = \frac{\lambda^x}{x!}e^{-\lambda} (x=0, 1, 2, \cdots)$$

$X_1, X_2, \cdots, X_n$ 为样本，构造的似然函数为

$$L(x_1, x_2, \cdots, x_n; \lambda) = \prod_{i=1}^{n}\frac{\lambda^{x_i}}{x_i!}e^{-\lambda}$$

求自然对数

$$\ln L(x_1, x_2, \cdots, x_n; \lambda) = -n\lambda + \sum_{i=1}^{n}\ln\frac{\lambda^{x_i}}{x_i!}$$

求关于 λ 的导数并令其等于 0，则

$$\frac{\partial \ln L(x_1, x_2, \cdots, x_n; \lambda)}{\partial \lambda} = -n + \frac{1}{\lambda}\sum_{i=1}^{n}x_i$$
$$= 0$$

解方程

$$\hat{\lambda} = \frac{1}{n}\sum_{i=1}^{n}x_i$$

所以，λ 的最大似然估计量是样本均值。

2. 点估计的评价准则

对同一个参数，我们可以构造出若干个不同的估计办法，如要估计城市居民的人均收

入，既可以采用样本均值，也可以用样本的众数、中位数，甚至是样本中的某一个数值。问题是，在这众多的估计方法中，哪一个估计才是更好的，要回答这个问题，便涉及估计量的评价问题。

优良的估计量，原则上应能满足以下几个方面的要求：

第一，不存在系统性误差。估计量是随机变量，无系统性误差表明，优良的估计量尽管取值是随机波动的，但总体上应集中在参数真值附近，围绕着参数的实际值而对称地变化。

第二，估计量的随机变化程度应最小。由于样本的原因，如果估计量变动的范围大，则估计的效果就不会好。

第三，当样本容量不断增大时，估计量的值要能稳步地趋向总体参数的实际值。

第四，样本估计量要能够充分地吸收样本中所包含的关于参数的信息。样本来自于总体，包含了总体的信息，这些信息构成了样本推断总体的依据。样本估计量是样本信息的提炼，在进行估计时，为了提高估计的精确度，自然不希望珍贵的样本资料未能被充分地利用。

第五，优良的估计量不应受假定的理论分布与实际总体分布之间的差距而产生较大的影响。这一要求表明，估计量要具有对总体分布的不敏感性。

与上面所述的要求相对应，点估计量的评价标准有无偏性、有效性、一致性、充分性和稳健性。实际上，估计量好坏的评价方法不只这些。另外，要严密地论证这些准则，有时需要用到较为复杂的数学知识，有鉴于此我们不打算详细地讨论每一个问题，只侧重介绍最常用的三个准则，即无偏性、有效性和一致性。

（1）无偏性。设 $\hat{\theta}$ 为总体未知参数 $\hat{\theta}$ 的估计量 $E(\hat{\theta})=\theta$，则称 $\hat{\theta}$ 是 θ 的无偏估计量，称 $\hat{\theta}$ 具有无偏性。如果 $\hat{\theta}$ 是有偏估计量，则它的偏差量为偏差 $E(\hat{\theta})=\theta$。

为什么要求估计量具有无偏性？因为估计量 $\hat{\theta}$ 是随机变量，对于不同的样本观察值有不同的估计值，我们用它来估计未知的总体参数，它不一定正好等于 θ，但是我们希望它能靠近这个参数，在这个参数值附近摆动，即希望 $E(\hat{\theta})=\theta$，如果不具有无偏性，就会产生偏差，有时是正偏差，有时是负偏差。

如果 $E(\hat{\theta})<\theta$，则为负偏差。

如果 $E(\hat{\theta})>\theta$，则为正偏差。

有了偏差，即使多次选取样本，$\hat{\theta}$ 也只能在 θ 的周围摆动，这时如用 $\hat{\theta}$ 作为 θ 的估计值就会产生系统性误差，不是偏大就是偏小。

例 7-12　重复抽样下，样本方差 $s_n^2\left(s_n^2=\dfrac{1}{n}\sum_{i=1}^n(x_i-\bar{x})^2\right)$ 不是总体方差的无偏估计量。

因为 X_1，X_2，$\cdots$，X_n 表示 n 次观测结果的 n 个独立随机变量，且这 n 个独立随机变量来自同一总体，因而有相同的分布律，从而有相同的期望值和方差。故

$$E(X_1)=E(X_2)=\cdots=E(X_n)=\mu$$

$$D(X_1)=D(X_2)=\cdots=D(X_n)=\sigma^2$$

又因为

$$E(s_n^2) = E\left[\frac{1}{n}\sum_{i=1}^{n}(X_i - \overline{X})^2\right]$$

$$= \frac{1}{n}\left\{\sum_{i=1}^{n}E[X_i - \mu] - (\overline{X} - \mu)^2\right\}$$

$$= \frac{1}{n}E\left\{\sum_{i=1}^{n}(X_i - \mu)^2 - 2\sum_{i=1}^{n}(X_i - \mu)(\overline{X} - \mu) + n(\overline{X} - \mu)^2\right\}$$

$$= \frac{1}{n}\left\{\sum_{i=1}^{n}E(X_i - \mu)^2 - 2nE(\overline{X} - \mu)^2 + nE(\overline{X} - \mu)^2\right\}$$

$$= \frac{1}{n}\left\{\sum_{i=1}^{n}E(X_i - \mu)^2 - nE(\overline{X} - \mu)^2\right\}$$

$$= \frac{1}{n}\left\{n\sigma^2 - n\left(\frac{\sigma^2}{n}\right)\right\}$$

$$= \frac{n-1}{n}\sigma^2$$

由于

$$E(s_n^2) \neq \sigma^2$$

所以 s_n^2 不是 σ^2 的无偏估计量。

通常我们用

$$s_{n-1}^2 = \frac{1}{n-1}\sum_{i=1}^{n}(X_i - \overline{X})^2 \tag{7-27}$$

来计算样本方差，这是因为 s_{n-1}^2 是 σ^2 的无偏估计量。

$$E(s_{n-1}^2) = E\left[\frac{1}{n-1}\sum_{i=1}^{n}(X_i - \overline{X})^2\right]$$

$$= \frac{1}{n-1}\left\{n\sigma^2 - n\left(\frac{\sigma^2}{n}\right)\right\}$$

$$= \sigma^2$$

在讨论样本统计量的数字特征时，由于 $E(\overline{X}) = \mu$，$E(s_{n-1}^2) = \sigma^2$（重复抽样时成立），因此，样本平均数、方差分别作为对应的总体平均数、方差的估计量时是符合无偏要求的。

码 7-9

（2）一致性。随着样本容量的增大，如果对任意小的正数 $\varepsilon > 0$，估计量 $\hat{\theta}$ 与总体参数 θ 之差的绝对值小于 ε 的可能性越来越大，甚至达到 100%（或 1），即

$$\lim_{n \to \infty}P\left\{\left|\hat{\theta} - \theta\right| < \varepsilon\right\} = 1$$

则称 $\hat{\theta}$ 是 θ 的一致估计量，称 $\hat{\theta}$ 具有一致性，可以证明 $\overline{x}$ 与 S^2 均具有一致性。

码 7-10

一致性标准说明：当样本单位数（或样本容量）n 越来越大时，估计量 $\hat{\theta}$ 接近于被估计量 θ 的概率也越来越大。

例 7-13　X_1，X_2，$\cdots$，X_n 为来自均值 μ、方差 σ^2 总体的一个简单随机样本，$\overline{X}$ 是样本均值，证明 $\overline{X}$ 是 μ 的一致估计。

161

根据切比雪夫不等式

$$P\left\{\left|\hat{\theta}-\theta\right|>\varepsilon\right\}\leqslant\frac{\mathrm{Var}(\hat{\theta})}{\varepsilon^{2}}$$

式中，ε 为任意小的正数。

因为

$$E(\overline{X})=\mu$$

$$\mathrm{Var}(\overline{X})=\frac{\sigma^{2}}{n}$$

所以有

$$\lim_{n\to\infty}P\left\{\left|\overline{X}-\mu\right|>\varepsilon\right\}\leqslant\lim_{n\to\infty}\frac{\mathrm{Var}(\overline{X})}{\varepsilon^{2}}=\lim_{n\to\infty}\frac{\sigma^{2}}{n\varepsilon^{2}}=0$$

概率总是非负数，因此只能有

$$\lim_{n\to\infty}P\left\{\left|\overline{X}-\mu\right|>\varepsilon\right\}=0$$

这就说明了 $\overline{X}$ 是 μ 的一致估计。

一致性是从极限角度反映样本估计量与总体参数之间关系的，所以只有在大样本情况下才有意义。从理论上讲，如果是大样本，则估计量的一致性要求很容易得到满足。但不是所有统计量都符合以上标准。可以说符合以上标准的统计量要比不符合或不完全符合以上标准的统计量更为优良。

（3）有效性。设 $\hat{\theta}_1$ 与 $\hat{\theta}_2$ 都是 θ 的无偏估计量，如果 $\hat{\theta}_1$ 在样本容量相同的情况下的方差小于 $\hat{\theta}_2$ 的方差，则称 $\hat{\theta}_1$ 较 $\hat{\theta}_2$ 为有效估计量。表示为

$$\frac{D(\hat{\theta}_1)}{D(\hat{\theta}_2)}<1 \text{ 或 } D(\theta_1)<D(\theta_2)$$

统计量具有有效性的性质，可以保证选取的是一个样本取值更靠近总体参数的统计量，即选取的是具有最小方差的统计量。例如，统计学家已经证明，在估计总体均值时，样本均值 $\bar{x}$ 的方差要小于其他统计量的方差。所以，可以认为 $\bar{x}$ 在估计总体均值时更有效。

7.5.2　区间估计

1. 区间估计的概念

（1）定义。区间估计就是根据概率保证程度的要求，选定概率度 t，以及极限抽样误差 $\Delta_{\bar{x}}=t\mu_{\bar{x}}$（或 $\Delta p=t\mu p$），再利用抽样指标 $\bar{x}$ 或 p，定出估计上限 $\bar{x}+\Delta_{\bar{x}}$（或 $p+\Delta p$）和估计下限 $\bar{x}-\Delta_{\bar{x}}$（或 $p-\Delta p$），即指出总体参数可能存在的区间范围。我们把区间 $(\bar{x}-\Delta_{\bar{x}},\ \bar{x}+\Delta_{\bar{x}})$ 或 $(p-\Delta p,\ p+\Delta p)$ 称为置信区间，概率保证程度称为置信程度。

区间估计由于只给出参数的可能取值范围，并没有明确指出究竟会取哪一个值，从这一点来看，区间估计似乎没有点估计那样清晰。但是区间估计的好处是，它能够说明估计结果的把握程度，并能把估计的置信程度与估计误差有机地联系起来。

在"套圈"游戏中，我们每个人或许都有这样的感受，圈子做得大一点，套中奖品的可能性就大，反之圈子小，套中奖品的机会就不可能太多。点估计好比最小的圈子，等于拿一个小石子去投奖品（参数），而区间估计好比是拿圈子套奖品（参数），不言而喻，要让

大家试一试的话，多数人会选择用圈子来套。这个生活中的小常识告诉我们，区间估计更能增强估计到总体参数的信心。

从以上关于区间估计含义的解释和它的应用价值看，区间估计的基本特征是，它根据样本资料给总体参数画出一个大致的范围，以期望该范围能覆盖着参数的真实值。区间估计的理论与点估计有所差别，对于区间估计，可以计算出估计区间能包含总体参数的概率，在实际中，就是用这个概率作为估计信度的一个衡量。而对点估计，如果该估计量具有连续性抽样分布，则当它取某个值时其概率为 0，即使是呈离散性抽样分布，它取某个具体值的概率，也只有相对的意义。

那么，与此区别相联系，区间估计重点解决的问题，主要是估计信度与估计精度的矛盾的统一。

对于置信区间和置信程度（或置信水平，level of confidence），可以用频率来说明。如果 $[\theta_1(x_1, x_2, \cdots, x_n), \theta_2(x_1, x_2, \cdots, x_n)]$ 是置信水平为 0.95 的置信区间，只要反复从 $f(x, \theta)$ 中取样，每次由样本 $x_1, x_2, \cdots, x_n$ 去算出 $[\theta_1(x_1, x_1, \cdots, x_n), \theta_2(x_1, x_2, \cdots, x_n)]$，于是区间 $[\theta_1, \theta_2]$ 不尽相同，有的包含真值 θ，有的并不包含 θ，包含 θ 的区间出现的频率应在 0.95 附近波动。

置信区间表达了区间估计的精确度，置信程度表达了区间估计的可靠性，它是区间估计的可靠概率；而显著性水平表达了区间估计的不可靠的概率，例如，$\alpha = 0.01$ 或 1%，是说总体指标在置信区间内，平均 100 次有 1 次会产生错误。

关于置信程度，在统计学中进行区间估计时，按照一定要求总是先定好标准，通常采用以下三个标准：

1) $1 - \alpha = 0.95$，即 $\alpha = 0.05$。

2) $1 - \alpha = 0.99$，即 $\alpha = 0.01$。

3) $1 - \alpha = 0.999$，即 $\alpha = 0.001$。

当然，在进行区间估计时，必须同时考虑置信程度与置信区间两个方面，即置信程度定得越大（即估计的可靠性越大），则置信区间相应也越大（即估计精确性越小），所以可靠性与精确性要结合具体问题、具体要求来全面考虑。

（2）区间估计与点估计的区别：① 区间估计不像点估计那样用一个数值对总体参数进行估计，而是用一个范围对总体参数进行估计；② 点估计是一个确切的估计值，而区间估计是区间，根据概率度的要求可宽可窄；③ 点估计无法回答估计值的把握程度，而区间估计可以回答估计区间的把握程度。

2. 区间估计的方法

在进行区间估计的时候，有总体平均数 μ、总体方差 σ^2 以及总体成数 p 三种总体参数的区间估计方法，对于一个总体的区间估计，根据所给定条件的不同，总体平均数和总体成数的估计有两套模式，下面分别举例说明。

（1）根据已给定的抽样误差范围，求置信程度。具体步骤如下：

1) 抽取样本，计算统计量，即计算样本平均数 $\bar{x}$ 和抽样成数 p，作为总体参数的估计值，并计算样本标准差 s 以推算抽样平均误差。

2) 根据给定的抽样极限误差范围 Δ，估计总体参数的上限和下限。

3) 将抽样极限误差 Δ 除以抽样平均误差，求出概率度 t，再根据 t 值查概率表（见附表

C)，求出相应的置信程度。

例 7-14　对一批某型号的电子元件进行耐用性能检查，按简单重复随机抽样的资料分组列表如表 7-10 所示，要求估计耐用时数的允许误差范围 $\Delta_{\bar{x}} = 10.5\text{h}$，试估计该批电子元件的平均耐用时数。

表 7-10　电子元件耐用性能检查表

耐用时数/h	组中值 x/h	抽样检查结果 f（只）
900 以下	875	1
900 ~ 950	925	2
950 ~ 1 000	975	6
1 000 ~ 1 050	1 025	35
1 050 ~ 1 100	1 075	43
1 100 ~ 1 150	1 125	9
1 150 ~ 1 200	1 175	3
1 200 以上	1 225	1
合计	—	100

第一步，计算 $\bar{x}$、s、$\mu_{\bar{x}}$：

$$\bar{x} = \frac{\sum xf}{\sum f} = \left(\frac{105\ 550}{100}\right)\text{h} = 1\ 055.5\text{h}$$

$$s = \sqrt{\frac{\sum (x - \bar{x})^2 f}{\sum f}} = 51.91\text{h}$$

$$\mu_{\bar{x}} = \frac{\sigma}{\sqrt{n}} = \left(\frac{51.91}{\sqrt{100}}\right)\text{h} = 5.191\text{h}（总体标准差 } \sigma \text{ 未知，可用样本标准差 } s \text{ 来代替）}$$

第二步，根据给定的 $\Delta_{\bar{x}} = 10.5\text{h}$，计算总体平均数的上下限：

$$下限 = \bar{x} - \Delta_{\bar{x}} = (1\ 055.5 - 10.5)\text{h} = 1\ 045\text{h}$$
$$上限 = \bar{x} + \Delta_{\bar{x}} = (1\ 055.5 + 10.5)\text{h} = 1\ 066\text{h}$$

第三步，根据 $t = \dfrac{\Delta_{\bar{x}}}{\mu_{\bar{x}}} = \dfrac{10.5}{5.191} = 2.02$，查概率表得概率 $F(t) = 95.66\%$。

推断的结论：以 95.66% 的置信程度，估计该批电子元件的耐用时数在 1 045 ~ 1 066h。

仍用上例资料，设该厂的产品质量检验标准规定，元件耐用时数达 1 000h 以上为合格品，要求合格率估计的误差范围不超过 4%，试估计该批电子元件的合格率。

第一步，计算 p、s_p^2、μ_p：

$$p = 1 - \frac{9\ 只}{100\ 只} = 91\%$$

$$s_p^2 = p(1 - p) = 0.91 \times 0.09 = 0.081\ 9$$

$$\mu_p = \sqrt{\frac{p(1 - p)}{n}} = \sqrt{\frac{0.081\ 9}{100}} = 2.86\%$$

第二步，根据该给定的 $\Delta_p = 4\%$，求总体合格率的上下限：

$$下限 = p - \Delta_p = 91\% - 4\% = 87\%$$
$$上限 = p + \Delta_p = 91\% + 4\% = 95\%$$

第三步，根据 $t = \dfrac{\Delta_p}{\mu_p} = \dfrac{4\%}{2.86\%} = 1.4$，查概率表得概率 $F(t) = 83.85\%$。

通过计算得出的估计：可以以 83.85% 的置信程度，估计该批电子元件的合格率为 87% ~ 95%。

（2）根据已给定的置信程度，求抽样极限误差。具体步骤如下：

第一步，抽取样本，计算统计量，即计算样本平均数 $\bar{x}$ 和抽样成数 p，作为总体参数的估计值，并计算样本标准差 s 以推算抽样平均误差。

第二步，根据给定的置信程度 $F(t)$ 的要求，查《正态分布概率表》求得概率度 t。

第三步，根据概率度 t 和抽样平均误差 μ 推算抽样极限误差 Δ，并根据抽样极限误差求出被估计总体参数的上下限。

例 7-15 对我国某城市进行居民家庭人均年旅游消费支出调查，随机抽取 400 户居民家庭，调查得知居民家庭人均年旅游消费支出为 350 元，标准差为 100 元，要求以 95% 的置信程度，估计该市人均年旅游消费支出额。

第一步，根据抽样资料已知

$$样本每户年人均旅游消费支出 \ \bar{x} = 350 \ 元$$
$$样本标准差 \ s = 100 \ 元$$
$$\mu_{\bar{x}} = \frac{s}{\sqrt{n}} = \left(\frac{100}{\sqrt{400}}\right)元 = 5 \ 元$$

第二步，根据给定的置信程度 $F(t) = 95\%$，查概率表，得 $t = 1.96$。

第三步，计算得

$$\Delta_{\bar{x}} = t\mu_{\bar{x}} = (1.96 \times 5)元 = 9.8 \ 元$$

则该市居民家庭人均年旅游消费支出额的上下限为

$$下限 = \bar{x} - \Delta_{\bar{x}} = (350 - 9.80)元 = 340.20 \ 元$$
$$上限 = \bar{x} + \Delta_{\bar{x}} = (350 + 9.80)元 = 359.80 \ 元$$

结论：我们可以以 95% 的置信程度，估计该市居民家庭人均年旅游消费支出额为 340.20 ~ 359.80 元。

例 7-16 某市电视台为了解观众对某电视栏目的喜爱程度，在该市随机对 900 名居民进行调查，结果有 540 名喜欢该电视栏目，要求以 90% 的置信程度，估计该市居民喜欢该电视栏目的比率。

第一步，根据抽样资料计算

$$样本喜欢程度比率 \ p = \frac{n_1}{n} = \frac{540 \ 名}{900 \ 名} = 60\%$$

$$样本方差 \ \sigma_p^2 = p(1-p) = 0.6 \times 0.4 = 0.24$$

$$抽样平均误差 \ \mu_p = \sqrt{\frac{p(1-p)}{n}} = \sqrt{\frac{0.24}{900}} = 1.63\%$$

第二步，根据给定的置信程度 $F(t) = 90\%$，查概率表，得概率度 $t = 1.64$。

第三步，计算得

$$\Delta_p = t\mu_p = 1.64 \times 1.63\% = 2.67\%$$

则总体比率的上下限为

$$下限 = p - \Delta_p = 60\% - 2.67\% = 57.33\%$$
$$上限 = p + \Delta_p = 60\% + 2.67\% = 62.67\%$$

结论：我们可以以 90% 的置信程度，估计该市居民对此电视栏目喜爱的比率为 57.33% ~ 62.67%。

7.6 抽样数目的确定

在参数区间估计的讨论中，估计值 $\hat{\theta}$ 和总体的参数 θ 之间存在着一定的差异，这种差异是由样本的随机性产生的。在样本容量不变的情况下，若要增加估计的可靠度，置信区间就会扩大，估计的精确度就降低了。若要在不降低可靠性的前提下，增加估计的精确度，就只有扩大样本容量。当然，增大样本容量要受到人力、物力和时间等条件的限制，所以需要在满足一定精确度的条件下，尽可能恰当地确定样本容量。

7.6.1 必要的抽样数目及其影响因素

1. 总体的变异程度（总体方差 σ^2）

在其他条件相同的情况下，有较大方差的总体，样本的容量应该大一些，反之则应该小一些。例如，在正态总体均值的估计中，抽样平均误差为 $\sigma/\sqrt{n}$，它反映了样本均值相对于总体均值的离散程度。所以，当总体方差较大时，样本的容量也相应要大，这样才会使 $\sigma/\sqrt{n}$ 的值较小，以保证估计的精确度。

2. 允许误差的大小

允许误差是指允许的抽样误差，记为 $|\hat{\theta} - \theta| = \Delta_\theta$。例如，样本均值与总体均值之间的允许误差可以表示为 $|\bar{X} - \mu| = \Delta_{\bar{x}}$，允许误差以绝对值的形式表现了抽样误差的可能范围，所以又称为误差。

允许误差说明了估计的精确度，所以，在其他条件不变的情况下，如果要求估计的精确度高，允许误差要小，那么样本容量就要大一些；如要求的精确度不高，允许误差可以大一些，则样本容量可以小一些。

3. 置信程度 $1 - \alpha$ 的大小

置信程度说明了估计的可靠程度。所以，在其他条件不变的情况下，如果要求较高的可靠度，就要增大样本容量；反之，可以相应减少样本容量。

4. 抽样方法不同

在相同的条件下，重复抽样的抽样平均误差比不重复抽样的抽样平均误差大，所需要的样本容量也就不同。重复抽样需要更大的样本容量，而不重复抽样的样本容量则可小一些。

此外，必要的抽样数目还要受抽样组织方式的影响，这是因为不同的抽样组织方式有不同的抽样平均误差。

7.6.2 抽样数目的确定方法

1. 估计总体均值的样本容量

在总体均值的区间估计里，置信区间是由以下公式确定的：

$$\bar{x} = t \frac{\sigma}{\sqrt{n}} \tag{7-28}$$

例如，对于正态总体以及非正态总体大样本时，都是以它为置信区间。

从图 7-4 中可以看到，从估计量 x 的取值到点 $t \frac{\sigma}{\sqrt{n}}$ 的距离实际上为置信区间长度的 $\frac{1}{2}$。

这段距离表示在一定置信程度 $1 - \alpha$ 下，用样本均值估计总体均值时所允许的最大绝对误差即允许误差 $\Delta_{\bar{x}}$。显然，若以 x 的取值为原点，则允许误差 $\Delta_{\bar{x}}$ 可以表示为

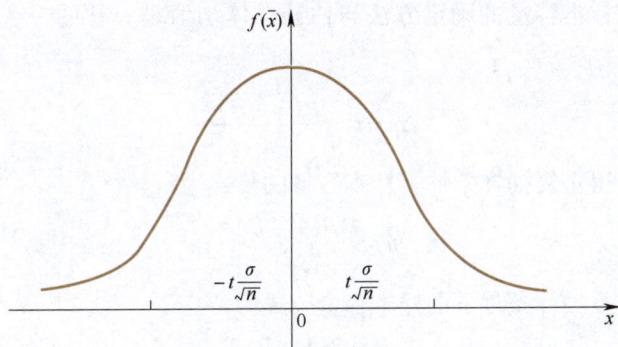

图 7-4　允许误差示意图

$$\Delta_{\bar{x}} = t \frac{\sigma}{\sqrt{n}} \tag{7-29}$$

在重复抽样条件下，把允许误差 Δ 的计算公式 $\Delta = t \frac{\sigma}{\sqrt{n}}$ 进行变形整理，则得到样本容量的计算公式

$$n = \frac{t^2 \sigma^2}{\Delta_{\bar{x}}^2} \tag{7-30}$$

在不重复抽样条件下，抽样允许误差为 $\Delta_{\bar{x}} = t \sqrt{\frac{\sigma^2}{n} \left(1 - \frac{n}{N}\right)}$，因此变形后得到不重复抽样条件下的样本容量公式为

$$n = \frac{t^2 \sigma^2 N}{N \Delta_{\bar{x}}^2 + t^2 \sigma^2} \tag{7-31}$$

例 7-17　某食品厂要检验本月生产的 10 000 袋某产品的重量，根据以往的资料，这种产品每袋重量的标准差为 25g。如果要求在 95.45% 的置信程度下，平均每袋重量的误差不超过 5g，应抽查多少袋产品？

由题意可知 $N = 10\ 000$ 袋，$\sigma = 25\text{g}$，$\Delta_{\bar{x}} = 5\text{g}$，根据置信程度 $1 - \alpha = 95.45\%$，有 $t = 2$。在重复抽样的条件下

$$n = \frac{t^2 \sigma^2}{\Delta_{\bar{x}}^2} = \left(\frac{2^2 \times 25^2}{5^2}\right)\text{袋} = 100 \text{ 袋}$$

在不重复抽样条件下

$$n = \frac{t^2 \sigma^2 N}{N \Delta_{\bar{x}}^2 + t^2 \sigma^2} = \left(\frac{2^2 \times 25^2 \times 10\ 000}{5^2 \times 10\ 000 + 2^2 \times 25^2}\right)\text{袋} \approx 99 \text{ 袋}$$

由计算结果可知：在其他条件相同的情况下，重复抽样所需的样本容量大于不重复抽样所需要的样本容量。

在计算样本容量时，必须知道总体的方差，而在实际抽样调查前，总体的方差往往是未知的。在实际操作时，可以用过去的资料，若过去曾有若干个方差，则应该选择最大的，以保证抽样估计的精确度；也可以进行一次小规模的调查，用调查所得的样本方差来替代总体方差。

2. 估计总体成数时的样本容量

估计总体成数时样本容量的确定方法与估计总体均值是一样的，在 $1 - \alpha$ 的置信程度，重复抽样条件下

$$\Delta_p = t \sqrt{\frac{P(1-P)}{n}}$$

解上面的方程可得重复抽样条件下样本容量的公式为

$$n = \frac{t^2 P(1-P)}{\Delta_p^2} \tag{7-32}$$

同理，可得不重复抽样条件下的样本容量公式为

$$n = \frac{t^2 P(1-P) N}{N\Delta_p^2 + t^2 P(1-P)} \tag{7-33}$$

在估计成数时，计算样本容量需要总体的成数，但是总体的成数通常是未知的，在实际的抽样调查时，可先进行小规模的调查求得样本的成数来代替，也可用历史的资料。如果有若干个成数可供选择，则应选择最靠近 50% 的成数，使样本成数的方差最大，以保证估计的精确度。

例 7-18 为了检查某企业生产的 10 000 只显像管的合格率，需要确定样本的容量。根据以往经验，合格率为 90% 和 91.7%。如果要求估计的允许误差不超过 0.0275，置信程度为 95.45%。求应该选取多少只显像管？

根据资料，我们应该选择 $P = 0.9$ 计算样本容量，根据置信程度 0.9545，有 $t = 2$，$\Delta_p = 0.0275$。重复抽样条件下，样本容量

$$n = \frac{t^2 P(1-P)}{\Delta_p^2} = \left(\frac{2^2 \times 0.9 \times (1-0.9)}{0.0275^2}\right) 只 = 476.03 \text{ 只} \approx 477 \text{ 只}$$

不重复抽样条件下，样本容量

$$n = \frac{t^2 P(1-P) N}{N\Delta_p^2 + t^2 P(1-P)} = \left(\frac{2^2 \times 0.9 \times (1-0.9) \times 10\,000}{0.0275^2 \times 10\,000 + 2^2 \times 0.9 \times (1-0.9)}\right) 只 = 454.4 \text{ 只} \approx 455 \text{ 只}$$

从计算的结果可以看出，重复抽样应该抽 477 只显像管检验，而不重复抽样应该抽 455 只显像管检查。可见，在相同条件下，重复抽样需要的样本容量更大。

需要注意的是，计算样本容量时，考虑到抽样的覆盖率、回答率等问题，计算结果一般向上取整。

本章小结

抽样推断是按照随机原则，从全部研究总体中抽取一部分单位进行调查，并依据所获得

的数据对总体的某一数量特征做出具有一定可靠程度的估计与推断的一种统计方法。抽样推断的全过程，就是抽样调查。

与全面调查相比较，抽样调查能节省人力、费用和时间，而且比较灵活；有些情况下，抽样调查的结果比全面调查要准确；抽选部分单位时要遵循随机原则；抽样调查会产生抽样误差，但抽样误差可以计算，并且可以加以控制。

抽样调查包括：简单随机抽样、分层抽样、等距抽样、整群抽样、多阶段抽样。各种抽样方式有各自的优缺点，我们可以根据所选样本的特点，选择合适的抽样方法。

抽样误差是指统计量与被它估计未知的总体参数（总体特征值）之差。抽样中误差的来源主要有两方面：一类是登记性误差，另一类是代表性误差。

参数估计可以分为点估计和区间估计。点估计是由样本统计量的一个具体数值估计总体参数。区间估计是样本数值依据一定概率给出总体参数的一个可能位于的区间。

对总体参数进行估计时，应根据已知的条件选择不同的统计量，否则，参数的置信区间的公式是不能成立的。

确定适当的样本容量，是实际抽样之前必须解决的问题。样本容量的多少决定了估计的精确度，同时也影响到抽样的费用。应该根据抽样的目的，选择适当的公式进行计划，做到"心中有数"。

复习思考题

一、概念题

随机原则　总体　样本　参数　统计量　样本容量　样本个数　简单随机抽样　重复抽样　不重复抽样　分层抽样　等距抽样　整群抽样　多阶段抽样　点估计　区间估计　抽样平均误差　概率度　抽样极限误差

二、简答题

（1）什么是抽样推断？它有哪些特点？

（2）抽样调查的组织形式有几种？各适合于什么情况？

（3）什么是抽样误差？抽样误差与一般的统计误差有什么不同？影响抽样误差的因素有哪些？

（4）哪些因素决定了抽样的数量？

（5）抽样估计有哪些特点？其优良标准是什么？

（6）什么是概率度？什么是置信程度？这两者有什么关系？

三、练习题

1. 判断题（把"√"或"×"填在题后的括号里）

（1）重复抽样的抽样误差一定大于不重复抽样的抽样误差。（　　）

（2）在抽样推断中，全及总体指标值是确定的、唯一的，而样本指标值是一个随机变量。（　　）

（3）在缺少总体方差的资料时，也可以用样本方差资料来代替，以计算抽样误差。（　　）

（4）在其他条件不变的情况下，提高抽样估计的可靠程度，则降低了抽样估计的精确程度。（　　）

（5）抽样估计的优良标准有三个：无偏性、可靠性和一致性。（　　）

（6）总体参数区间估计必须具备三个要素，即估计值、抽样误差范围和抽样误差的概率度。（　　）

2. 单选题

（1）在抽样调查中，无法避免的误差是（　　）。

A. 登记性误差　　　　　B. 系统性误差　　　　　C. 极限误差　　　　　D. 随机误差

（2）抽样调查所必须遵循的基本原则是（　　　）。

　　A. 准确性原则　　　　　　　　　　　　　B. 随机原则

　　C. 可靠性原则　　　　　　　　　　　　　D. 灵活性原则

（3）某工厂连续生产，在一天中每隔 1h 抽出 10min 的产品进行检验，这种抽查方式是（　　　）。

　　A. 简单随机抽样　　　　　　　　　　　　B. 等距抽样

　　C. 分层抽样　　　　　　　　　　　　　　D. 整群抽样

（4）在简单重复随机抽样条件下，当抽样平均误差缩小一半时，样本单位数应为原来的（　　　）。

　　A. 2 倍　　　　　　　B. 3 倍　　　　　　　C. 4 倍　　　　　　　D. 1/4 倍

（5）反映抽样指标与全及总体指标之间抽样误差的可能范围的指标是（　　　）。

　　A. 概率度　　　　　　　　　　　　　　　B. 抽样误差系数

　　C. 抽样平均误差　　　　　　　　　　　　D. 抽样极限误差

（6）在抽样推断中，样本容量（　　　）。

　　A. 越少越好　　　　　　　　　　　　　　B. 越多越好

　　C. 取决于统一的抽样比例　　　　　　　　D. 取决于对抽样推断可靠性的要求

3. 多选题

（1）抽样法的基本特点有（　　　）。

　　A. 根据部分实际资料对全部总体的数量特征做出估计

　　B. 深入研究某些复杂的专门问题

　　C. 按随机原则从全部总体中抽选样本单位

　　D. 调查单位少，调查范围小，了解总体基本情况

　　E. 抽样推断的抽样误差可以事先计算并加以控制

（2）抽样估计中的抽样误差（　　　）。

　　A. 是不可避免要产生的　　　　　　　　　B. 是可以通过改进调查方式来消除的

　　C. 是可以事先计算出来的　　　　　　　　D. 是只能在调查结束后才能计算的

　　E. 其大小是可能控制的

（3）在抽样推断中（　　　）。

　　A. 全及总体是唯一确定的　　　　　　　　B. 总体参数只能有一个

　　C. 统计量是唯一确定的　　　　　　　　　D. 统计量是随机的

　　E. 总体参数是随机的

（4）要增大抽样估计的置信程度，可采用的方法有（　　　）。

　　A. 增加样本容量　　　　　　　　　　　　B. 缩小抽样误差范围

　　C. 扩大抽样误差范围　　　　　　　　　　D. 提高估计精确度

　　E. 降低估计精确度

（5）从总体中抽取样本单位的具体方法有（　　　）。

　　A. 简单随机抽样　　　B. 重复抽样　　　　C. 不重复抽样　　　D. 等距抽样

　　E. 非概率抽样

（6）抽样推断的组织形式有（　　　）。

　　A. 重复抽样　　　　　B. 不重复抽样　　　C. 随机抽样　　　　D. 分层抽样

　　E. 等距抽样　　　　　F. 整群抽样

4. 计算题

（1）某灯泡厂 1 月份生产灯泡 10 万只，抽取 1‰ 做寿命检验，结果如表 7-11 所示。

表 7-11 寿命检验结果

灯泡寿命/h	抽检灯泡数（只）
900 以下	1
900 ~ 950	2
950 ~ 1 000	3
1 000 ~ 1 050	20
1 050 ~ 1 100	34
1 100 ~ 1 150	26
1 150 ~ 1 200	10
1 200 以上	4
合计	100

按规定这种灯泡寿命达到和高于 1 000h 的为合格品。根据以上资料计算灯泡寿命的抽样平均误差和合格率的抽样平均误差。

（2）已知某果园某种果树每株产量服从正态分布，随机抽取 6 株计算其年产量（单位：kg）如下：

222.2   190.4   201.9   204   256.1   236

试以 95% 的置信程度，估计全部果树的平均年产量的置信区间。

（3）某一商店为了了解居民对某种商品的需要，随即抽查了 100 户，算得平均每户每月需要商品 10kg，标准差为 3kg。如果这个商店供应 10 000 户，问最少应准备多少该商品才能以 99% 的置信程度满足要求。

（4）某地区共有奶牛 2 500 头，随机调查了几处共 400 头，得出每头奶牛的平均年产奶量为 3 000kg，标准差为 300kg，试以 95% 的置信程度估计该地区奶牛全年总产奶量的置信区间。

（5）我们希望从随机样本的 n 个观察值中估计总体均值，过去的经验显示 $\sigma = 12.7$。如果希望估计 μ 正确的范围在 1.6 以内，置信程度为 0.95，试问样本中应包含多少个样品？

软件应用——SPSS 在参数估计中的应用

一、基本原理

在实际问题中，人们常常可以大致判断出总体分布的类型（例如，由大量的小的随机因素组成的随机变量，服从正态分布），但却难以直观地判断出总体分布的参数（如均值、方差等），这就需要用样本来推断总体分布的这些参数，这就是所谓参数估计。

参数估计分为点估计与区间估计两种：点估计，是用样本的某一函数值来估计总体分布中的未知参数；区间估计，是（以一定概率）把总体分布的参数确定在由样本所决定的某一区间内。

二、实验工具

实验工具为汉化版的 SPSS 软件。

三、试验方法

例 7-19 某班级学生的身高数据（当然也可以是学生某门课程的成绩，或体育比赛的成绩等）如表 7-12 所示。试估算出学生身高均值、方差、标准差和置信程度为 95% 时，均值的置信区间。

表 7-12　某班级学生的身高数据　　　　　　　　　　（身高单位：cm）

姓名	1	2	3	4	5	6	7	8
身高	175.00	170.00	172.00	165.00	176.00	169.00	158.00	166.00
性别	1.00	1.00	1.00	1.00	1.00	2.00	1.00	1.00
姓名	9	10	11	12	13	14	15	16
身高	158.00	165.00	176.00	169.00	171.00	182.00	177.00	178.00
性别	1.00	1.00	1.00	1.00	2.00	2.00	2.00	2.00
姓名	17	18	19	20	21	22	23	24
身高	181.00	185.00	168.00	175.00	180.00	176.00	160.00	178.00
性别	2.00	2.00	1.00	2.00	2.00	2.00	2.00	2.00
姓名	25	26	27	28	29	30	31	32
身高	186.00	190.00	177.00	183.00	173.00	169.00	171.00	170.00
性别	2.00	2.00	2.00	2.00	2.00	2.00	2.00	2.00

1. 用频次分析模块来做点估计

（1）操作步骤如下：

1）启动 SPSS，调入样本值。

2）从主菜单的"分析"开始，依次单击"分析"→"描述统计"→"频数分布表"，就可以进入到频次分析模块。

3）在频次分析模块的主窗口（见图 7-5）中，把"身高"变量送入右框，单击"统计"按钮，系统弹出频次模块的统计子窗口，在此子窗口中，选择左下角的"标准差""方差"和右上角的"均值"，选择结果如图 7-6 所示。

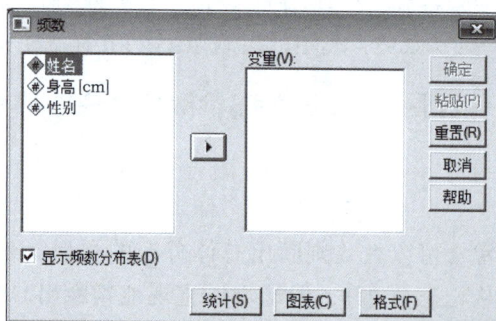

图 7-5　频次分析模块的主窗口

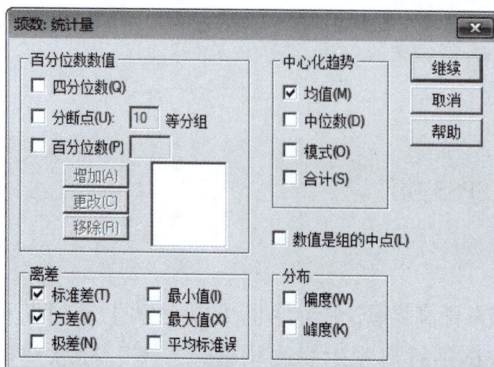

图 7-6　频次分析的输出统计量的选择窗口

4）在单击"继续"按钮返回频次分析模块的主窗口后，单击"确定"按钮，输出结果。

（2）输出结果及分析。输出结果如图 7-7 所示。

Statistics

N	Valid	32
	Missing	0
Mean		173.4063
Std. Deviation		7.83647
Variance		61.410

图 7-7　身高均值、方差估计值（单位：cm）

根据以上 32 个样本数据，估算出学生的平均身高是 173.406 3cm，标准差是 7.836 47，方差是 61.410。

2. 用描述统计模块来做点估计

（1）操作步骤如下：

1）启动 SPSS，调入样本值。

2）单击"分析"→"描述统计"→"描述统计分析"。此时，系统弹出一个窗口进入描述统计模块（见图 7-8）。

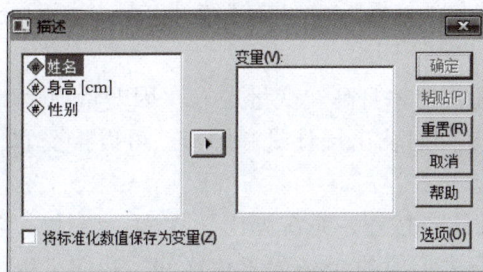

图 7-8　描述统计模块窗口

3）在此窗口中，把左框的"身高"变量送入右框。单击右下角的"选项"按钮，系统弹出选择输出统计值的窗口，在此窗口中，选择左列的"均值"、"标准差"与"方差"，选择结果如图 7-9 所示。

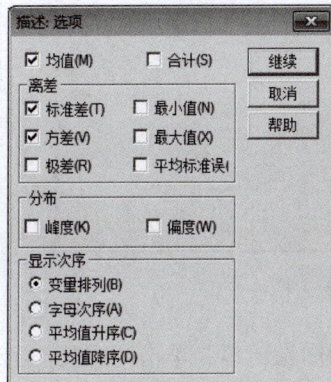

图 7-9　描述统计的选择窗口

4）单击"继续"按钮返回描述统计模块的主窗口后，单击"确定"按钮，输出结果。

（2）输出结果及分析。输出结果如图 7-10 所示。

	身高	Valid N（listwise）
N	32	32
Mean	173.406 3	
Std. Deviation	7.836 47	
Variance	61.410	

图 7-10　身高均值、方差估计值（单位：cm）

可以得出：样本总数是 32 个，有效的也是 32 个，学生的平均身高是 173.406 3cm，标准差是 7.836 47，方差是 61.410，和用频次分析模块计算结果相同。

3. 用探索分析模块对总体均值做区间估计

以例 7-19 的样本值为例，说明 SPSS 计算总体均值置信区间的过程。仍可以把同年级的男女生身高视为总体，而所面对的数据，可以理解为从该年级的学生抽样的结果。

（1）操作步骤如下：

1）在调入数据后，单击"分析"→"描述统计"→"探索分析"。此时系统弹出一个窗口如图 7-11 所示。

2）在图 7-11 中，用箭头把"身高"变量送入"因变量列表"框中。图 7-11 中，左下角的"显示"框的默认值是同时输出统计量和图形，可以接受它，也可以改变它。本例中仅要求输出统计量。

3）单击右下角的"统计"按钮，系统弹出"探索：统计"窗口，如图 7-12 所示。该窗口的系统默认值，正是输出均值的 95% 的置信区间，我们可以接受它，也可以将它变为 99% 的置信区间，或其他百分点的置信区间。

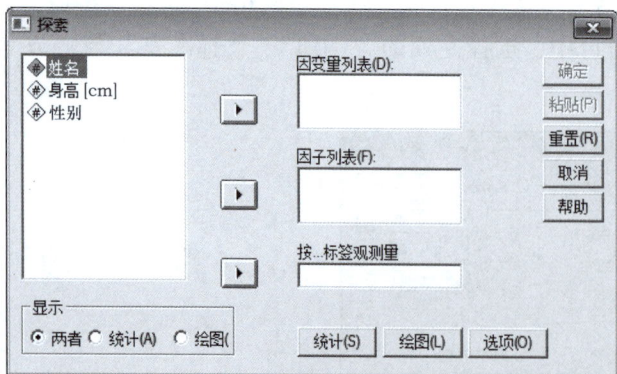

图 7-11　身高问题的探索模块主窗口　　　图 7-12　探索分析统计选择窗口

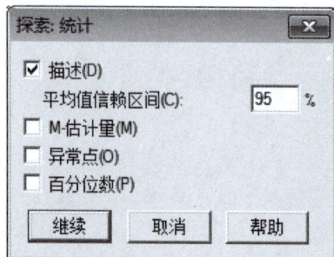

4）单击"继续"，按钮，返回主窗口，单击"确定"按钮，输出结果。

（2）输出结果及分析。输出结果如图 7-13 所示。

		Statistic	Std. Error
身高	Mean	173. 406 3	1. 385 31
95% Confidence Interval for Me	Lower Bound	170. 580 9	
	Upper Bound	176. 231 6	
	5% Trimmed Mean	173. 423 6	
	Median	174. 000 0	
	Variance	61. 410	
	Std. Deviation	7. 836 47	
	Minimum	158. 00	
	Maximum	190. 00	
	Range	32. 00	
	Interquartile Range	9. 00	
	Skewness	−0. 081	0. 414
	Kurtosis	−0. 201	0. 809

图 7-13　身高均值的 95% 的置信区间（单位：cm）

从该图可以读出均值的估计值为 173. 406 3cm，覆盖总体均值的 95% 的置信区间是（170. 580 9，176. 231 6），此图同时还输出了总体方差和总体标准差的估计值等。

第 8 章
假 设 检 验

引导案例

例 8-1 商家欺骗了消费者吗?

消费者协会接到消费者投诉,指控某品牌纸包装饮料存在容量不足,有欺骗消费者之嫌。包装上标明的容量为 250ml。消费者协会从市场上随机抽取 50 盒该品牌纸包装饮料,测试发现平均含量为 248ml,小于 250ml。设按历史资料,总体的标准差是 4ml,这是生产中正常的波动,还是厂商的有意行为? 消费者协会能否根据该样本数据,判定饮料厂商欺骗了消费者呢?

例 8-2 消费者对某企业的满意度达到 30% 了吗?

某企业声明有 30% 以上的消费者对其产品质量满意。如果随机调查 600 名消费者,表示对该企业产品满意的有 220 人。试在显著性水平 $\alpha = 0.05$ 的情况下,检验调查结果是否支持企业的自我声明。

上面两个例题的共同特点是,对母体分布的数字特征(或参数)做出待检假设 H_0,然后根据从总体中抽取的一个样本对 H_0 是否为真做出推断,像这样的一个过程称为统计假设检验,简称假设检验。

例 8-1 中,消费者协会实际要进行的是一项统计检验工作,检验总体平均容量是否等于包装上注明的 250ml。即检验总体 $\mu = 250$ml 是否成立。这就是一个原假设(Null Hypothesis),通常用 H_0 表示,即

$$H_0 : \mu = 250\text{ml}$$

与原假设对立的是备择假设(Alternative Hypothesis)H_1,备择假设是在原假设被否定时另一种可能成立的结论。

第一种:如果消费者协会希望知道的是,该品牌饮料的平均容量是否为标明的 250ml,则
$$H_1 : \mu \neq 250$$

第二种:如果消费协会希望知道该品牌饮料的平均容量是否少于标明的 250ml,则
$$H_1 : \mu > 250$$

第三种:如果消费者协会希望知道该品牌饮料的平均容量是否大于标明的 250ml,则
$$H_1 : \mu < 250$$

由于备择假设不同,可将假设检验分为双侧(边、尾)检验(Two Tailed Test)(第一种情况)和单侧(边、尾)检验(One Tailed Test)(第二、三种情况)。

例 8-2 中,欲检验消费者对企业的满意度(总体成数)是否超过 30%,即
$$H_0 : P = 30\% , H_1 : P > 30\%$$

像上面两例,这类问题一般对总体分布的类型有一定了解,只对总体分布中未知参数或

数字特征做假设检验，称为参数的假设检验。有时候，我们对总体分布的情况了解不多，需对其分布类型进行假设检验，称为拟合检验，这类检验属于非参数检验。本章只讨论参数的假设检验问题。

本章学习目标

1. 熟悉假设检验的研究目的和思想；了解假设检验的基本概念和步骤。
2. 掌握一个总体参数的假设检验和总体成数（比例）的假设检验的方法。
3. 熟悉使用 SPSS 实现假设检验的步骤。

8.1 假设检验的基本问题

所谓参数假设检验，就是对总体分布中某些未知参数做某种假设，然后由抽取的样本所提供的信息对假设的正确性进行判断的过程。

码 8-1

8.1.1 假设检验的基本概念

1. 原假设和备择假设

在假设检验中，希望通过研究来加以证实的假设，常作为备择假设，用 H_1 表示。由于直接检验 H_1 的真实性一般是比较困难的，因此我们总是通过检验 H_0 的不真实性来证明 H_1 的真实。当我们推断出 H_0 不真实时，就认为 H_1 是真实的，从而拒绝 H_0，接受 H_1，而认为 H_0 为真实时就接受 H_0，认为 H_1 不真实。

2. 小概率原理

假设检验是统计推断的另一种方式，它与区间估计的差别主要在于：区间估计是用给定的大概率推断出总体参数的范围，而假设检验是以小概率为标准，对总体的状况所做出的假设进行判断。进行参数假设检验，首先要对总体分布的某些参数做出假设，然后再根据样本数据和小概率原理，对假设的正确性做出判断。这种思维方法与数学里的反证法很相似，反证法先将要证明的结论假设为不正确，作为进一步推论的条件之一使用，最后推出矛盾的结果，以此否定事先所做的假设。反证法所认为矛盾的结论，也就是不可能发生的事件，这种事件发生的概率为零，该事件是不能接受的现实。其实，我们在日常生活中，不仅不肯接受概率为 0 的事件，而且对小概率事件，也持否定态度。比如，虽然偶尔也有媒体报道陨石降落的消息，但人们不必担心天空降落的陨石会砸伤自己。

所谓小概率原理，即指概率很小的事件在一次试验中实际上不可能出现。这种事件称为"实际不可能事件"。

小概率的标准是多大？这并没有绝对的标准，一般我们以一个所谓显著性水平 $\alpha(0<\alpha<1)$ 作为小概率的界限，α 的取值与实际问题的性质有关。所以，统计检验又称显著性检验。

3. 拒绝域

原假设与备择假设确定之后，我们要构造一个统计量来决定是"接受原假设，拒绝备择假设"，还是"拒绝原假设，接受备择假设"。对不同的问题，要选择不同的检验统计量。检验统计量确定后，就要利用该统计的分布以及由实际问题中所确定的显著性水平，来进一步确定检验统计量拒绝原假设的取值范围，即拒绝域。在给定的显著性水平 α 下，检验统计量的可能取值范围被分成两部分：小概率区域与大概率区域。小概率区域就是概率不超过显著性水平 α 的区域，是原假设的拒绝域；大概率区域是概率为 $1-\alpha$ 的区域，是原假设的接受域。如果样本统计量落入拒绝域，我们就拒绝原假设，接受备择假设，认为样本数据支持备择假设的结论；如果样本统计量落入接受域，我们就接受原假设，认为没有充分证据证明备择假设结论为真。请注意，我们这里使用的判断语气比较委婉，原因是拒绝域是小概率区域，按小概率原理应该拒绝原假设，但是，小概率事件不是完全不可能事件，还是有可能发生的；接受域是大概率区域，大概率事件也不是必然事件。无论是接受原假设还是拒绝原假设，都有产生判断失误的可能。

4. 两种类型的错误

统计假设检验是通过比较检验统计量的样本数值做出决策。统计量是随机变量，据之所做的判断不可能保证百分之百的正确。一般来说，决策结果存在以下四种情形：① 原假设是真实的，判断结论是接受原假设，这是一种正确的判断；② 原假设是不真实的，判断结论是拒绝原假设，这也是一种正确的判断；③ 原假设是真实的，判断结论是拒绝原假设，这是一种产生"弃真错误"的判断；④ 原假设是不真实的，判断结论是接受原假设，这又是一种产生"取伪错误"的判断。

码 8-2

以上四种判断可归纳为如表 8-1 所示的形式。

表 8-1　统计决策表

项　　目	接受 H_0	拒绝 H_0
H_0 真实	判断正确	弃真错误（α）
H_0 不真实	取伪错误（β）	判断正确

以上的弃真错误也称作假设检验的"第一类错误"；取伪错误也称作假设检验的"第二类错误"。无论是第一类错误还是第二类错误，都是检验结论失真的表现，都是应尽可能地加以避免的情形，如果不能完全避免，也应该对其发生的概率加以控制。

第一类错误产生的原因是在原假设为真的情况下，检验统计量不巧刚好落入小概率的拒绝域。因此，犯第一类错误的概率大小就等于显著性水平的大小，即等于 α。我们可以通过控制显著性水平大小的方式，来控制犯第一类错误的可能性大小。α 定得越小，犯第一类错误的可能性就越小。例如，$\alpha = 0.05$，表示犯第一类错误的可能性为 5%，100 次判断中，产生弃真错误的次数大约是 5 次；进一步降低显著性水平，取 $\alpha = 0.01$，这时犯第一类错误的概率下降为 1%。

第二类错误是"取伪"的错误，即把不正确的原假设当作正确的而将它接受了的错误。犯第二类错误大小的概率记为 β，因此，统计学上称第二类错误为 β 错误。犯第二类错误的概率与犯第一类错误的概率是密切相关的，在样本一定的条件下，α 小，β 就增大；α 大，β 就减小。为了同时减小 α 和 β，只有增大样本容量，减小抽样分布的离散性，这样才能达到目的。

8.1.2　假设检验的步骤

下面以例 8-1 为例，说明假设检验的步骤。

首先建立假设

$$H_0: \mu = 250\text{ml}$$
$$H_1: \mu \neq 250\text{ml}$$

设 X_1，X_2，$\cdots$，X_n 为一组样本，x_1，x_2，$\cdots$，x_n 是它的一次观测值。

由于 $\overline{X} = \dfrac{1}{n}\sum_{i=1}^{n} X_i$ 是 μ 的无偏估计量，因此，若 H_0 正确，则 $\overline{x} = \dfrac{1}{n}\sum_{i=1}^{n} x_i$ 与 $\mu = \mu_0 = 250\text{ml}$ 的偏差一般不应太大，即 $|\overline{x}-\mu_0|$ 不应太大；反之，如果 $|\overline{x}-\mu_0|$ 特别大，我们就认为 H_0 不正确，从而拒绝 H_0。

考察 $|\overline{x}-\mu_0|$ 的大小等价于考察 $\dfrac{\overline{x}-\mu_0}{\frac{\sigma}{\sqrt{n}}}$ 的大小，而 $\dfrac{\overline{x}-\mu_0}{\frac{\sigma}{\sqrt{n}}}$ 的大小是容易考察的。当总体服从正态分布时，$Z = \dfrac{\overline{X}-\mu_0}{\frac{\sigma}{\sqrt{n}}} \sim N(0,1)$，所以，对任意给定的小正数 α，由于事件" $\dfrac{|\overline{X}-\mu_0|}{\frac{\sigma}{\sqrt{n}}} \geq z_{\frac{\alpha}{2}}$ "是概率为 α 的小概率事件，即

$$P\left\{\frac{|\overline{X}-\mu_0|}{\frac{\sigma}{\sqrt{n}}} \geq z_{\frac{\alpha}{2}}\right\} = \alpha \tag{8-1}$$

因此，当用样本值 x_1，x_2，$\cdots$，x_n 代入统计量 $Z = \dfrac{\overline{X}-\mu_0}{\frac{\sigma}{\sqrt{n}}}$ 计算，得到其观测值 $|z| \geq \dfrac{|\overline{x}-\mu_0|}{\frac{\sigma}{\sqrt{n}}}$ 时，若 $|z| \geq z_{\frac{\alpha}{2}}$，则说明在一次抽样中，小概率事件居然发生了。依据小概率原理，不符合原假设，所以有理由拒绝 H_0，接受 H_1；若 $|z| < z_{\frac{\alpha}{2}}$，则说明在一次抽样中，小概率事件没发生，符合原假设，所以接受 H_0，如图 8-1 所示。

总结：" H_0 不正确" $\Leftrightarrow$ " $|\overline{x}-\mu_0|$ 很大" $\Leftrightarrow$ " $\dfrac{|\overline{x}-\mu_0|}{\frac{\sigma}{\sqrt{n}}}$ 很大" $\Leftrightarrow$ " $Z = \dfrac{|\overline{X}-\mu_0|}{\frac{\sigma}{\sqrt{n}}} \geq z_{\frac{\alpha}{2}}$ "。

将上述判断过程加以概括，可得参数假设检验的一般步骤：

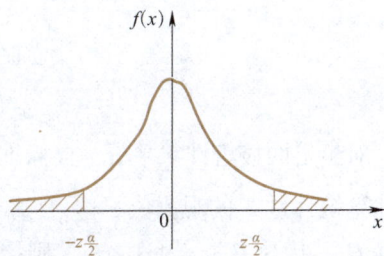

图 8-1 双侧检验对应的拒绝域

(1) 根据所讨论的问题建立原假设 H_0 及备择假设 H_1。

(2) 选择合适的检验统计量 Z，并确定其分布。

(3) 对预先给定的小概率 $\alpha > 0$，由 α 确定临界值 $z_{\frac{\alpha}{2}}$。

(4) 由样本值具体计算统计量 Z 的观测值 z，并进行判断：若 $|z| \geq z_{\frac{\alpha}{2}}$，则拒绝 H_0，接受 H_1；若 $|z| < z_{\frac{\alpha}{2}}$，则接受 H_0。

码 8-3

关键是第二步找合适的检验统计量。

下面运用一般步骤解决例 8-1。

假设该品牌包装饮料的容量服从正态分布。

(1) 建立假设 H_0: $\mu = \mu_0 = 250\text{ml}$, H_1: $\mu \neq 250\text{ml}$。

(2) 选择检验统计量 $Z = \dfrac{\overline{X} - \mu_0}{\dfrac{\sigma}{\sqrt{n}}} \sim N(0,1)$。

(3) 取 $\alpha = 0.05$, 查标准正态分布表可得临界值 $z_{\frac{\alpha}{2}} = z_{0.025} = 1.96$。

(4) 具体计算: $n = 50$, $\sigma = 4$, $\bar{x} = 248$, 故统计量 Z 的观测值

$$z = \frac{\bar{x} - \mu_0}{\dfrac{\sigma}{\sqrt{n}}} = \frac{248 - 250}{\dfrac{4}{\sqrt{50}}} = -3.54$$

因为 $|z| = 3.54 > 1.96$, 所以拒绝 H_0, 接受 H_1, 即认为有足够的证据说明该种纸包饮料的平均容量小于包装盒上注明的 250ml, 厂商有欺骗行为。

8.2 一个总体参数的检验

设总体 $X \sim N(\mu, \sigma^2)$, $X_1, X_2, \cdots, X_n$ 是总体 X 的一组样本, 记 $\overline{X} = \dfrac{1}{n} \sum\limits_{i=1}^{n} X_i$, $S^{*2} = \dfrac{1}{n-1} \sum\limits_{i=1}^{n} (X_i - \overline{X})^2$。

8.2.1 一个总体均值 μ 的检验

原假设 H_0: $\mu = \mu_0$; 备择假设 H_1: $\mu \neq \mu_0$。

1. σ^2 已知——Z 检验法

由上一节的讨论知, 在 H_0 成立的条件下, 检验统计量为

$$Z = \frac{\overline{X} - \mu_0}{\dfrac{\sigma}{\sqrt{n}}} \sim N(0, 1) \tag{8-2}$$

对给定的显著性水平 α, 查标准正态分布表得临界值 $z_{\frac{\alpha}{2}}$, 再由样本值具体计算统计量 Z 的观测值 $z = (\bar{x} - \mu_0)/(\sigma/\sqrt{n})$, 并进行判断: 若 $|z| \geqslant z_{\frac{\alpha}{2}}$, 则拒绝 H_0, 接受 H_1; 若 $|z| < z_{\frac{\alpha}{2}}$, 则接受 H_0。

码 8-4

例 8-3 设某一台车床生产垫圈的厚度 X 服从正态分布, 根据以往的经验, 当车床工作正常时, 生产的垫圈的平均厚度为 $\mu_0 = 0.05\text{cm}$, 方差 $\sigma^2 = 0.004^2$。某天开机一段时间后, 为检验车床工作是否正常, 抽取 10 个垫圈为一组样本, 测得其平均厚度为 0.053cm。假定方差没有变化, 试分别在 $\alpha_1 = 0.05$, $\alpha_2 = 0.01$ 下, 检验该车床工作是否正常。

(1) 建立假设 H_0: $\mu = \mu_0 = 0.05$; H_1: $\mu \neq \mu_0$。

(2) 由于 $\sigma^2 = 0.004^2$ 已知, 所以选择检验统计量为 $Z = \dfrac{\overline{X} - \mu_0}{\dfrac{\sigma}{\sqrt{n}}} \sim N(0,1)$。

(3) 在 $\alpha_1 = 0.05$ 下，查标准正态分布表，得临界值 $z_{\frac{\alpha_1}{2}} = z_{0.025} = 1.96$。

(4) 统计量 Z 的观测值的绝对值为 $|z| = \dfrac{|\bar{x} - \mu_0|}{\dfrac{\sigma}{\sqrt{n}}} = \dfrac{|0.053 - 0.05|}{\dfrac{0.004}{\sqrt{10}}} = 2.37 > 1.96$，因此，

拒绝 H_0，接受 H_1。

在 $\alpha_2 = 0.01$ 下，查标准正态分布表，得临界值 $z_{\frac{\alpha_2}{2}} = z_{0.005} = 2.58$。所以，$|z| = 2.37 <$ 2.58，接受 H_0。

2. σ^2 未知——T 检验法

由抽样分布定理知，在 H_0 成立的条件下，检验统计量

$$T = \frac{\bar{X} - \mu_0}{\dfrac{S^*}{\sqrt{n}}} \sim t(n-1) \tag{8-3}$$

于是，对给定的显著性水平 α，查 t 分布表（见附表 D）得临界值 $t_{\frac{\alpha}{2}}(n-1)$，使得

$P\{|T| \geqslant t_{\frac{\alpha}{2}}(n-1)\} = \alpha$ 成立。再由样本值具体计算统计量 T 的观测值 $t = \dfrac{\bar{x} - \mu_0}{\dfrac{S^*}{\sqrt{n}}}$，并进行判

断：若 $|t| \geqslant t_{\frac{\alpha}{2}}(n-1)$，则拒绝 H_0，接受 H_1；若 $|t| < t_{\frac{\alpha}{2}}(n-1)$，则接受 H_0。

例 8-4 设某次参加概率统计课程考试的学生成绩 X 服从正态分布，从中随机抽取 36 位学生的成绩，算得平均成绩为 71.5 分，修正标准差为 11 分，问在显著性水平 0.05 下，是否可以认为这次考试全体学生的平均成绩为 75 分？

设 $X \sim N(\mu, \sigma^2)$，由题可知：样本容量 $n = 36$，$\bar{x} = 71.5$，$S^* = 11$，$\alpha = 0.05$。

(1) 建立假设 $H_0: \mu = \mu_0 = 75$；$H_1: \mu \neq \mu_0$。

(2) 由于 σ^2 未知，所以选择检验统计量为 $T = \dfrac{\bar{X} - \mu_0}{\dfrac{S^*}{\sqrt{n}}} \sim t(n-1)$。

(3) 在 $\alpha = 0.05$ 下，查 t 分布表得临界值 $t_{0.025}(35) = 2.0301$。

(4) 统计量 T 的观测值 $|t| = \dfrac{|71.5 - 75|}{\dfrac{11}{\sqrt{36}}} = 1.9 < 2.0301$，则接受假设 $H_0: \mu = \mu_0 =$

75，即在显著性水平 0.05 下，可以认为这次考试全体学生的平均成绩为 75 分。

一个总体均值检验的单侧拒绝域如表 8-2 所示。

表 8-2　正态总体均值检验的拒绝域

情　形	假　设		基本假设 H_0 的拒绝域	
	H_0	H_1	Z 检验	T 检验
1	$\mu = \mu_0$	$\mu \neq \mu_0$	$\{|z| \geqslant z_{\frac{\alpha}{2}}\}$	$\{|t| \geqslant t_{\frac{\alpha}{2}}(n-1)\}$
2	$\mu \leqslant \mu_0$	$\mu > \mu_0$	$\{z \geqslant z_\alpha\}$	$\{t \geqslant t_\alpha(n-1)\}$
3	$\mu \geqslant \mu_0$	$\mu < \mu_0$	$\{z \leqslant -z_\alpha\}$	$t \leqslant -t_\alpha(n-1)$

8.2.2　一个总体比例的检验

一个总体比例的检验的步骤如下：

（1）建立假设 H_0：$p = p_0$；H_1：$p \neq p_0$。

（2）由前章的抽样分布我们知道，样本成数是一个特殊的平均数，当样本容量较大时，下列统计量服从标准正态分布：

$$Z = \frac{P - p}{\sqrt{\dfrac{p(1-p)}{n}}} \sim N(0, 1) \tag{8-4}$$

式中，p 为总体的成数；P 为样本的成数。

以上的 Z 统计量可以用作总体成数检验的检验统计量，所以一个总体比例的检验还是 Z 检验，只是构造形式不同。

（3）对预先给定的小概率 $\alpha > 0$，由 α 确定临界值 $z_{\frac{\alpha}{2}}$。

（4）由样本值具体计算统计量 Z 的观测值 $z = \dfrac{P - p_0}{\sqrt{\dfrac{p_0(1-p_0)}{n}}}$，并进行判断：若 $|z| \geqslant z_{\frac{\alpha}{2}}$，则拒绝 H_0，接受 H_1；若 $|z| < z_{\frac{\alpha}{2}}$，则接受 H_0。

一个总体比例的单侧检验的拒绝域可以参见表 8-3。

表 8-3　一个总体比例检验的拒绝域

情　形	假　设		基本假设 H_0 的拒绝域
	H_0	H_1	Z 检验
1	$p = p_0$	$p \neq p_0$	$\{|z| \geqslant z_{\frac{\alpha}{2}}\}$
2	$p \leqslant p_0$	$p > p_0$	$\{z \geqslant z_\alpha\}$
3	$p \geqslant p_0$	$p < p_0$	$\{z \leqslant -z_\alpha\}$

例 8-5　某企业声明有 30% 以上的消费者对其产品质量满意。如果随机调查 600 名消费者，表示对该企业产品满意的有 220 人。试在显著性水平 $\alpha = 0.05$ 下，检验调查结果是否支持企业的自我声明。

（1）做出假设 H_0：$p \leqslant 30\%$；H_1：$p > 30\%$。

以上的备择假设是企业自我声明的结论，我们希望该企业说的是实话。因此使用右侧检验。

（2）构造 Z 检验统计量，当 n 很大时 $Z = \dfrac{P - p}{\sqrt{\dfrac{p(1-p)}{n}}} \sim N(0,1)$。

（3）确定拒绝域，显著性水平 $\alpha = 0.05$，查标准正态分布表得临界值 $z_\alpha = 1.645$，拒绝域是 $z \geqslant 1.645$。

（4）计算检验统计量的数值并做出判断，样本成数 $P = \dfrac{220}{600} = 0.37$，总体假设的成数 $p = 0.3$，代入 Z 检验统计量，得

码 8-5

码 8-6

$$Z = \frac{P - p}{\sqrt{\dfrac{p(1-p)}{n}}} = \frac{0.37 - 0.3}{\sqrt{\dfrac{0.3 \times (1 - 0.3)}{600}}} = 3.74$$

检验统计量的样本取值 $Z = 3.74 > 1.645$，落入拒绝域。拒绝原假设，接受备择假设，认为样本数据证明该企业声明属实。

8.2.3　一个总体方差的检验

方差 σ^2 的检验——χ^2 检验法。

原假设 H_0：$\sigma^2 = \sigma_0^2$；备择假设 H_1：$\sigma^2 \neq \sigma_0^2$。

由于 $S^{*2} = \dfrac{1}{n-1}\sum\limits_{i=1}^{n}(X_i - \overline{X})^2$ 为 σ^2 的无偏估计，所以，当 H_0 成立时，$\dfrac{S^{*2}}{\sigma_0^2}$ 不应太大，也不应太小，考察 $\dfrac{S^{*2}}{\sigma_0^2}$ 的大小等价于考察 $\dfrac{(n-1)S^{*2}}{\sigma_0^2}$ 的大小，而 $\dfrac{(n-1)S^{*2}}{\sigma_0^2}$ 的大小是容易考察的。因为由抽样分布定理知，统计量

$$\chi^2 = \frac{\sum\limits_{i=1}^{n}(X_i - \overline{X})^2}{\sigma_0^2} = \frac{(n-1)S^{*2}}{\sigma_0^2} \sim \chi^2(n-1) \tag{8-5}$$

故选用 χ^2 作检验统计量，在给定的显著性水平 $\alpha > 0$ 下，查 χ^2 分布表（见附表 E），得临界值 $\chi^2_{\frac{\alpha}{2}}(n-1)$ 及 $\chi^2_{1-\frac{\alpha}{2}}(n-1)$，使得

$$P\{\chi^2 \geqslant \chi^2_{\frac{\alpha}{2}}(n-1)\} = P\{\chi^2 \leqslant \chi^2_{1-\frac{\alpha}{2}}(n-1)\} = \frac{\alpha}{2} \tag{8-6}$$

再用样本值 x_1，x_2，$\cdots$，x_n 具体计算检验统计量 χ^2 的观测值 $\chi^2 = \dfrac{(n-1)\ S^{*2}}{\sigma_0^2}$。若 $\chi^2 > \chi^2_{\frac{\alpha}{2}}(n-1)$ 或 $\chi^2 < \chi^2_{1-\frac{\alpha}{2}}(n-1)$，则拒绝 H_0，接受 H_1；若 $\chi^2_{1-\frac{\alpha}{2}}(n-1) < \chi^2 < \chi^2_{\frac{\alpha}{2}}(n-1)$，则接受 H_0。

总结："H_0 不正确" $\Leftrightarrow$ "$\dfrac{S^{*2}}{\sigma_0^2}$ 很大或很小" $\Leftrightarrow$ "$\dfrac{(n-1)S^{*2}}{\sigma_0^2}$ 很大或很小" $\Leftrightarrow$ "$\chi^2 > \chi^2_{\frac{\alpha}{2}}(n-1)$ 或 $\chi^2 < \chi^2_{1-\frac{\alpha}{2}}(n-1)$"。

例 8-6　设某种晶体管的寿命（单位：h）$X \sim N(\mu, \sigma^2)$，其中 μ 和 σ^2 均未知。现检测了 16 只晶体管，其寿命如下：

159　280　101　212　224　279　179　264　222　362　168　250　149　260　485　170

试问晶体管寿命的方差是否等于 100^2（$\alpha = 0.05$）？

（1）依题意，假设 H_0：$\sigma^2 = \sigma_0^2 = 100^2$；$H_1$：$\sigma^2 \neq \sigma_0^2$。

（2）选取检验统计量

$$\chi^2 = \frac{\sum\limits_{i=1}^{n}(X_i - \overline{X})^2}{\sigma_0^2} = \frac{(n-1)S^{*2}}{\sigma_0^2} \sim \chi^2(n-1)$$

（3）在显著性水平 $\alpha = 0.05$，$n = 16$ 下，查 χ^2 分布表，得临界值

$$\chi^2_{\frac{\alpha}{2}}(n-1)=\chi^2_{0.0025}(15)=27.488,\ \chi^2_{1-\frac{\alpha}{2}}(n-1)=\chi^2_{0.975}(15)=6.262$$

（4）由样本值，得 $s^{*2}=92.403\ 8^2$，故 $\chi^2=\dfrac{(n-1)S^{*2}}{\sigma_0^2}=\dfrac{15\times92.403\ 8^2}{100^2}=12.81$。

因为 $6.262<12.81<27.488$，所以，接受 H_0，即可以认为晶体管寿命的方差与 100^2 无显著差异。

对于一个正态总体方差的单侧假设检验的拒绝域如表 8-4 所示。

表 8-4　正态总体方差的检验

情　形	假　　设		假设 H_0 的水平 α 拒绝域
	H_0	H_1	
1	$\sigma^2=\sigma_0^2$	$\sigma^2\neq\sigma_0^2$	$\{\chi^2\leqslant\chi^2_{1-\frac{\alpha}{2}}(n-1)\}\cup\{\chi^2\geqslant\chi^2_{\frac{\alpha}{2}}(n-1)\}$
2	$\sigma^2\leqslant\sigma_0^2$	$\sigma^2>\sigma_0^2$	$\{\chi^2\geqslant\chi^2_{\alpha}(n-1)\}$
3	$\sigma^2\leqslant\sigma_0^2$	$\sigma^2<\sigma_0^2$	$\{\chi^2\leqslant\chi^2_{1-\frac{\alpha}{2}}(n-1)\}$

8.3　两个总体参数的检验

实践中经常会需要解决两个总体情形的参数检验问题，例如两车间生产的灯泡寿命是否相同；两批电子元件的电阻是否有差异；两台机床加工零件的精度是否有差异等等。

设 X_1，X_2，$\cdots$，X_m 是取自正态总体 X 的一组样本，Y_1，Y_2，$\cdots$，Y_n 是取自正态总体 Y 的一组样本，且 $X\sim N(\mu_1,\sigma_1^2)$，$Y\sim N(\mu_2,\sigma_2^2)$。$X_1$，$X_2$，$\cdots$，$X_m$ 与 Y_1，Y_2，$\cdots$，Y_n 相互独立。记

$$\overline{X}=\frac{1}{m}\sum_{i=1}^{m}X_i$$

$$S_1^{*2}=\frac{1}{m-1}\sum_{i=1}^{m}(X_i-\overline{X})^2$$

$$\overline{Y}=\frac{1}{n}\sum_{j=1}^{n}Y_j$$

$$S_2^{*2}=\frac{1}{n-1}\sum_{j=1}^{n}(Y_j-\overline{Y})^2$$

8.3.1　两个总体均值差的检验

原假设 H_0：$\mu_1-\mu_2=\delta$；备择假设 H_1：$\mu_1-\mu_2\neq\delta$（其中 δ 为已知常数）。

1. σ_1，σ_2 已知时均值差的检验

（1）原假设 H_0：$\mu_1-\mu_2=\delta$；备择假设 H_1：$\mu_1-\mu_2\neq\delta$（其中 δ 为已知常数）。

（2）在 H_0 成立的条件下，由抽样分布定理的推论可知

$$Z=\frac{(\overline{X}-\overline{Y})-\delta}{\sqrt{\dfrac{\sigma_1^2}{m}+\dfrac{\sigma_2^2}{n}}}\sim N(0,1) \tag{8-7}$$

故选用 Z 作为检验统计量。

（3）对给定的显著性水平 α，查标准正态分布表得临界值 $z_{\frac{\alpha}{2}}$。

（4）再由样本值具体计算统计量 Z 的观测值 $z = \dfrac{(\bar{x} - \bar{y}) - \delta}{\sqrt{\dfrac{\sigma_1^2}{m} + \dfrac{\sigma_2^2}{n}}}$，并进行判断。若 $|z| \geqslant z_{\frac{\alpha}{2}}$，

则拒绝 H_0，接受 H_1；若 $|z| < z_{\frac{\alpha}{2}}$，则接受 H_0。

常用的是 $\delta = 0$ 的情形，这时假设也可简写为：

原假设 H_0：$\mu_1 = \mu_2$；备择假设 H_1：$\mu_1 \neq \mu_2$。

例 8-7　假设甲厂生产的灯泡的使用寿命（单位：h）$X \sim N(\mu_1, 95^2)$，乙厂生产的灯泡的使用寿命 $Y \sim N(\mu_2, 120^2)$。在两厂产品中各抽取了 100 只和 75 只样本，测得灯泡的平均寿命分别为 1 180h 和 1 220h。试问甲、乙两厂生产的灯泡的平均使用寿命有无显著差异（$\alpha = 0.05$）？

（1）原假设 H_0：$\mu_1 = \mu_2$；备择假设 H_1：$\mu_1 \neq \mu_2$。

（2）由于两正态总体的方差都已知，故选用检验统计量 $Z = \dfrac{(\bar{X} - \bar{Y})}{\sqrt{\dfrac{\sigma_1^2}{m} + \dfrac{\sigma_2^2}{n}}} \sim N(0,1)$。

对给定的显著性水平 $\alpha = 0.05$，查标准正态分布表得临界值 $z_{\frac{\alpha}{2}} = z_{0.025} = 1.96$。

由题可知，$\bar{x} = 1\ 180$，$\bar{y} = 1\ 220$，$\sigma_1^2 = 95^2$，$\sigma_2^2 = 120^2$，$m = 100$，$n = 75$，故 $|z| = $

$\left| \dfrac{1\ 180 - 1\ 220}{\sqrt{\dfrac{95^2}{100} + \dfrac{120^2}{75}}} \right| = 2.38$，并进行判断：由于 $2.38 > 1.96$，则拒绝 H_0，接受 H_1，即可认为甲、

乙两厂生产的灯泡的平均使用寿命有显著差异。

2. $\sigma_1^2 = \sigma_2^2 = \sigma^2$ 但未知时均值差的检验

（1）原假设 H_0：$\mu_1 - \mu_2 = \delta$；备择假设 H_1：$\mu_1 - \mu_2 \neq \delta$（其中 δ 为已知常数），

（2）在 H_0 成立的条件下，由抽样分布定理的推论知

$$T = \frac{(\bar{X} - \bar{Y}) - \delta}{S_\omega^* \sqrt{\dfrac{1}{m} + \dfrac{1}{n}}} \sim t(m + n - 2) \tag{8-8}$$

其中，$S_\omega^{*2} = \dfrac{(m-1)S_1^{*2} + (n-1)S_2^{*2}}{m + n - 2}$。故选用 T 作为检验统计量。

对给定的显著性水平 $\alpha > 0$，查 t 分布表得临界值 $t_{\frac{\alpha}{2}}(m + n - 2)$。

再由样本值具体计算统计量 T 的观测值 $t = \dfrac{(\bar{x} - \bar{y}) - \delta}{S_\omega^* \sqrt{\dfrac{1}{m} + \dfrac{1}{n}}}$，并进行判断：若 $|t| > t_{\frac{\alpha}{2}}$

$(m + n - 2)$，则拒绝 H_0，接受 H_1；若 $|t| < t_{\frac{\alpha}{2}}(m + n - 2)$，则接受 H_0。

例 8-8　从甲、乙两煤矿各抽样数次，测得其含灰率（%）如下：

甲矿：24.3　20.8　23.7　21.3　17.4

乙矿：18.2　16.9　20.2　16.7

假设各煤矿含灰率都服从正态分布且方差相等。试问甲、乙两煤矿含灰率有无显著差异（$\alpha = 0.05$）？

（1）原假设 H_0：$\mu_1 = \mu_2$；备择假设 H_1：$\mu_1 \neq \mu_2$。

（2）由于两正态总体的方差未知且相等，故选用检验统计量

$$T = \frac{(\bar{X} - \bar{Y}) - \delta}{S_\omega^* \sqrt{\frac{1}{m} + \frac{1}{n}}} \sim t(m + n - 2)$$

$m = 5$，$n = 4$，对给定的显著性水平 $\alpha = 0.05$，查 t 分布表得临界值 $t_{\frac{\alpha}{2}}(m + n - 2) = t_{0.025}(7) = 2.3646$。

再由样本值具体计算得：$\bar{x} = 21.5$，$\bar{y} = 18$，$s_1^{*2} = 7.505$，$s_2^{*2} = 2.5933$，故

$$s_\omega^{*2} = \frac{(m-1)s_1^{*2} + (n-1)s_2^{*2}}{m + n - 2} = \frac{4 \times 7.505 + 3 \times 2.5933}{5 + 4 - 2} = 5.40$$

$$t = \frac{\bar{x} - \bar{y}}{s_\omega^* \sqrt{\frac{1}{m} + \frac{1}{n}}} = \frac{21.5 - 18}{\sqrt{5.40} \times \sqrt{\frac{1}{5} + \frac{1}{4}}} = 2.245$$

由于 $2.245 < 2.3646$，则接受 H_0，即可认为甲、乙两煤矿含灰率无显著差异。

8.3.2　两个总体比例之差的检验

两个总体比例之差的假设检验包括两个方面：检验两个总体比例是否相等和检验两个总体比例之差为某个不为零的常数。

1. 检验两个总体比例是否相等

假设 P_1、P_2 为来自比例分别为 p_1 和 p_2 两个总体的样本比例，检验两个总体比例是否相等等价于检验两个总体比例之差是否为零。

（1）可建立假设 H_0：$p_1 - p_2 = 0$；H_1：$p_1 - p_2 \neq 0$。

（2）其适当的检验统计量为

$$Z = \frac{(P_1 - P_2) - (p_1 - p_2)}{\sqrt{\frac{p_1(1 - p_1)}{m} + \frac{p_2(1 - p_2)}{n}}} \sim N(0, 1) \tag{8-9}$$

由于真正的总体比例 p_1 和 p_2 并不知道，我们必须对它们进行估计。最适当的估计通常为样本比例。由于原假设 $p_1 = p_2$，相当于假设两个总体比例相等。这就有理由将两个样本的结果联系起来，得出一个被设定为公共的联合估计值

$$\bar{p} = \frac{x_1 + x_2}{m + n} \tag{8-10}$$

其中，x_1 和 x_2 分别是在两个样本中具有某种特征单位的个数。因此检验统计量就成为

$$Z = \frac{P_1 - P_2}{\sqrt{\frac{\bar{p}(1 - \bar{p})}{m} + \frac{\bar{p}(1 - \bar{p})}{n}}} = \frac{P_1 - P_2}{\sqrt{\bar{p}(1 - \bar{p})\left(\frac{1}{m} + \frac{1}{n}\right)}} \tag{8-11}$$

根据经验，当 m 和 n 的最小值乘以 $\bar{p}$ 大于 5 时，统计量 Z 近似服从标准正态分布。

（3）对给定的显著性水平 α，查标准正态分布表得临界值 $z_{\frac{\alpha}{2}}$。

（4）再由样本值具体计算统计量 Z 的观测值

$$z = \frac{P_1 - P_2}{\sqrt{\dfrac{\overline{p}(1-\overline{p})}{m} + \dfrac{\overline{p}(1-\overline{p})}{n}}} = \frac{P_1 - P_2}{\sqrt{\overline{p}(1-\overline{p})\left(\dfrac{1}{m} + \dfrac{1}{n}\right)}},$$ 并进行判断：若 $|z| \geqslant z_{\frac{\alpha}{2}}$，则拒绝 H_0，

接受 H_1；若 $|z| < z_{\frac{\alpha}{2}}$，则接受 H_0。

例 8-9 甲乙两公司属于同一行业，有人问这两个公司的工人是愿意得到特定增加的福利费，还是愿意得到特定增加的基本工资。在甲公司 150 名工人的简单随机样本中，有 75 人愿意增加基本工资；在乙公司 200 名工人的简单随机样本中，103 人愿意增加基本工资。在 $\alpha = 0.01$ 的显著性水平下，可以判定这两个公司中愿意增加基本工资的工人所占的比例不同吗？

$$H_0 : p_1 = p_2；H_1 : p_1 \neq p_2$$

$$Z = \frac{P_1 - P_2}{\sqrt{\dfrac{\overline{p}(1-\overline{p})}{m} + \dfrac{\overline{p}(1-\overline{p})}{n}}} = \frac{P_1 - P_2}{\sqrt{\overline{p}(1-\overline{p})\left(\dfrac{1}{m} + \dfrac{1}{n}\right)}} \sim N(0,1)$$

当 $\alpha = 0.01$ 时，查标准正态分布表得 $z_{\frac{\alpha}{2}} = z_{0.005} = 2.58$。

$$P_1 = \frac{75}{150} = 0.5,\ P_2 = \frac{103}{200} = 0.515,\ \overline{p} = \frac{75+103}{150+200} = 0.509,\ z = \frac{P_1 - P_2}{\sqrt{\dfrac{\overline{p}(1-\overline{p})}{m} + \dfrac{\overline{p}(1-\overline{p})}{n}}} =$$

$$\frac{P_1 - P_2}{\sqrt{\overline{p}(1-\overline{p})\left(\dfrac{1}{m} + \dfrac{1}{n}\right)}} = \frac{0.5 - 0.515}{\sqrt{0.509 \times (1-0.509) \times \left(\dfrac{1}{150} + \dfrac{1}{200}\right)}} = -0.278,$$ 由于 $|z| < z_{\frac{\alpha}{2}}$，所以

接受原假设 H_0，可以判定这两个公司中愿意增加基本工资的工人所占的比例相同。

2. 检验两个总体比例之差为某一不为零的常数

(1) 原假设 $H_0 : p_1 - p_2 = \delta$；备择假设 $H_1 : p_1 - p_2 \neq \delta$（其中 δ 为已知非零常数）。

(2) 选用的检验统计量为

$$Z = \frac{(P_1 - P_2) - \delta}{\sqrt{\dfrac{p_1(1-p_1)}{m} + \dfrac{p_2(1-p_2)}{n}}} \tag{8-12}$$

Z 近似服从标准正态分布。

例 8-10 某厂质量检验人员认为该厂 1 车间的产品一级品的比例比 2 车间产品一级品的比例至少高 5%，现从 1 车间和 2 车间分别抽取两个独立样本，得到如下数据：$m = 150$，其中一级品数为 113；$n = 160$，其中一级品数为 104。试根据这些数据检验质量研究人员的观点（设 $\alpha = 0.05$）。

原假设 $H_0 : p_1 - p_2 \leqslant 5\%$；备择假设 $H_1 : p_1 - p_2 > 5\%$。

选用 $Z = \dfrac{(P_1 - P_2) - \delta}{\sqrt{\dfrac{p_1(1-p_1)}{m} + \dfrac{p_2(1-p_2)}{n}}} \sim N(0,1)$。

这是单侧检验，对于 $\alpha = 0.05$，查标准正态分布表得 $z_\alpha = z_{0.05} = 1.645$。

$$P_1 = \frac{113}{150} = 0.753,\ P_2 = \frac{104}{160} = 0.65,\ z = \frac{(P_1 - P_2) - \delta}{\sqrt{\dfrac{p_1(1-p_1)}{m} + \dfrac{p_2(1-p_2)}{n}}} =$$

187

$$\frac{0.753-0.65-0.05}{\sqrt{\dfrac{0.753\times(1-0.753)}{150}+\dfrac{0.65\times(1-0.65)}{160}}}=1.027$$，由于 $z<z_\alpha$，所以接受 H_0。即不认为该厂

1 车间的产品一级品的比例比 2 车间产品一级品的比例至少高 5%。

8.3.3　两个总体方差比的检验

方差比 $\dfrac{\sigma_1^2}{\sigma_2^2}$ 的检验——F 检验法。如果 $\dfrac{\sigma_1^2}{\sigma_2^2}=1$，则等价于 $\sigma_1^2=\sigma_2^2$。

（1）原假设 H_0：$\sigma_1^2=\sigma_2^2$；备择假设 H_1：$\sigma_1^2\neq\sigma_2^2$。

（2）由抽样分布定理的推论知

$$F=\frac{(n-1)mS_1^2\sigma_2^2}{(m-1)nS_2^2\sigma_1^2}=\frac{\sigma_2^2}{\sigma_1^2}\frac{S_1^{*2}}{S_2^{*2}}\sim F(m-1,\,n-1) \tag{8-13}$$

在 H_0 成立的条件下，即 $\sigma_1^2=\sigma_2^2$，有

$$F=\frac{S_1^{*2}}{S_2^{*2}}\sim F(m-1,\,n-1) \tag{8-14}$$

故选用 F 为检验统计量。

（3）对给定的显著性水平 $\alpha>0$，查 F 分布表（见附表 F）得临界值 $F_{\frac{\alpha}{2}}(m-1,n-1)$ 和

$F_{1-\frac{\alpha}{2}},\,(m-1,\,n-1)$ 使得 $P\{F\geqslant F_{\frac{\alpha}{2}}\}=\dfrac{\alpha}{2}$，$P\{F\leqslant F_{1-\frac{\alpha}{2}}\}=\dfrac{\alpha}{2}$。

（4）再由样本值具体计算统计量 F 的观测值 $f=\dfrac{s_1^{*2}}{s_2^{*2}}$，并进行判断：若 $f\geqslant F_{\frac{\alpha}{2}}$ 或 $f\leqslant F_{1-\frac{\alpha}{2}}$，

则拒绝 H_0，接受 H_1；若 $F_{1-\frac{\alpha}{2}}<f<F_{\frac{\alpha}{2}}$，则接受 H_0。

总结："H_0 不正确" $\Leftrightarrow$ "$f=\dfrac{s_1^{*2}}{s_2^{*2}}$ 很大或很小" $\Leftrightarrow$ "$f\geqslant F_{\frac{\alpha}{2}}$ 或 $f\leqslant F_{1-\frac{\alpha}{2}}$"。

例 8-11　在针织品漂白工艺过程中，要考察温度对针织品断裂强力（主要质量指标）的影响。为了比较 70℃ 与 80℃ 的影响有无差别，在这两个温度下，分别重复做了 10 次试验，得到数据如下（单位：kg/cm^2）：

70℃时的断裂强力：85.6　85.9　85.7　85.7　85.8　85.7　86.0　85.5　85.5　85.4
80℃时的断裂强力：86.2　85.7　86.5　86.0　85.7　85.8　86.3　86.0　86.0　85.8

问在 70℃ 时的断裂强力与 80℃ 时的断裂强力的波动情况是否有显著差异（断裂强力可认为服从正态分布，$\alpha=0.05$）？

断裂强力波动可以通过方差来衡量。

（1）建立假设 H_0：$\sigma_1^2=\sigma_2^2$；H_1：$\sigma_1^2\neq\sigma_2^2$。

（2）选用检验统计量为 $F=\dfrac{S_1^{*2}}{S_2^{*2}}\sim F(m-1,n-1)$。

（3）由于 $\alpha=0.05$，$m=10$，$n=10$，查 F 分布表得临界值 $F_{\frac{\alpha}{2}}(m-1,n-1)=F_{0.025}$

$(9,9)=4.03$，要想查表得临界值 $F_{1-\frac{\alpha}{2}}(m-1,n-1)$，使用公式 $F_{1-\frac{\alpha}{2}}(m-1,n-1)=F_{0.975}$

$(9,9)=\dfrac{1}{F_{0.025}(9,9)}=\dfrac{1}{4.03}=0.25$。

（4）由样本观察值计算的 $\bar{x} = 85.68$，$\bar{y} = 86$，$s_1^{*2} = 0.035\,1$，$s_2^{*2} = 0.071\,1$，$f = \dfrac{s_1^{*2}}{s_2^{*2}} = \dfrac{0.035\,1}{0.071\,1} = 0.49$，进行判断，由于 $0.25 < f < 4.03$，接受 H_0，即可认为两总体方差无显著差异，亦即 70℃时的断裂强力与 80℃时的断裂强力的波动情况没有显著差异。

8.4　检验问题的进一步说明

8.4.1　假设检验与区间估计的关系

参数估计和假设检验的共同点都是用样本的信息对总体参数做出某种推断。在参数估计中，我们是根据样本所提供的信息，对未知参数进行估计，即求置信区间，并以一定的概率保证总体参数落在该区间之中，α 越小，置信区间就越宽。

在假设检验中当 α 确定和选择统计量之后，临界值的位置就已经确定，实际上，双侧假设检验由临界值围成的接受域就是以总体参数为中心的置信区间。比如，总体参数为均值 μ_0，原假设 $\mu = \mu_0$ 是否成立，就要看 μ 的统计量是否落在这个区间内。如果原假设 $\mu = \mu_0$ 为真，则 μ 的统计量落在这个区间外的概率很小；而一旦落在这个区间外，则根据小概率原理，原假设 $\mu = \mu_0$ 很可能是错误的，也就可以断定原假设不成立。此时 α 越小，置信区间就越宽，接受域就越大，从而使犯第一类（弃真）错误的可能性越小。

8.4.2　p 值检验

p 值检验是国际上流行的检验格式，该检验格式是通过计算 p 值，再将它与显著性水平 α 做比较，决定拒绝还是接受原假设。所谓 p 值就是拒绝原假设所需的最低显著性水平。p 值判断的原则：如果 p 值小于给定的显著性水平 α，则拒绝原假设；否则，接受原假设。p 值检验可直接把计算机计算出来的 p 值与显著性水平进行比较，立刻做出统计决策。Excel、SPSS 等统计软件都直接给出了 p 值。请大家注意的是这里的 p 值是指概率，不要与前面的总体比例指标相混淆。

p 值实际上是检验统计量超过（大于或小于）由样本数据所得数值的概率。因此，p 值与检验统计量的分布是双侧检验还是单侧检验、是左侧检验还是右侧检验都有关系。

以 Z 检验的 p 值为例，Z 检验统计量服从正态分布，可利用标准正态分布表计算 p 值。先看总体的均值检验的 p 值计算公式，以 z_0 表示检验统计量的抽样数据，则 p 值的计算方法如下：

如果 $H_1: \mu \neq \mu_0$，则双侧检验的 p 值 $= 2P\{z > |z_0|\}$。

如果 $H_1: \mu \geqslant \mu_0$，则单侧检验的 p 值 $= P\{z > z_0\}$。

如果 $H_1: \mu \leqslant \mu_0$，则单侧检验的 p 值 $= P\{z < z_0\}$。

总体比例检验的 p 值计算公式，与上述公式完全相同，只需将总体均值换成总体成数就行了，其他总体参数假设检验的 p 值计算与此类似，该方法通常在使用软件进行假设检验时使用。

本章小结

本章主要介绍了三方面的内容：一是假设检验的一般问题，包括假设检验的有关概念、假设检验的步骤、假设检验的原理及拒绝域等内容；二是一个参数的假设检验过程，包括一个总体均值的检验、一个总体比例的检验和一个总体方差的检验，重点是不同情况下的检验统计量的构造和各自拒绝域的形式；三是两个总体参数的检验，包括两个总体均值差的检验、两个总体比例之差的检验和两个总体方差比的检验等，此外，还介绍了假设检验和参数的区间估计之间的关系以及假设检验软件使用的 p 值检验。

1. 假设检验基本步骤

（1）根据所讨论的问题建立原假设及备择假设。

（2）选择合适的检验统计量，并确定其分布。

（3）对预先给定的小概率，由此确定原假设的拒绝域。

（4）由样本值具体计算统计量的观测值，并进行判断：若其落在拒绝域，则拒绝原假设，接受备择假设；若统计量的观测值落在接受域，则没有足够的理由拒绝原假设。

2. 一个总体参数假设检验的拒绝域

（1）一个正态总体均值检验的拒绝域如表 8-5 所示。

表 8-5　一个正态总体均值检验的拒绝域

情　形	原　假　设	备择假设	Z 检验的拒绝域	T 检验的拒绝域
1	$\mu = \mu_0$	$\mu \neq \mu_0$	$\{\lvert z \rvert \geq z_{\frac{\alpha}{2}}\}$	$\{\lvert t \rvert \geq t_{\frac{\alpha}{2}}(n-1)\}$
2	$\mu \leq \mu_0$	$\mu > \mu_0$	$\{z \geq z_\alpha\}$	$\{t \geq t_\alpha(n-1)\}$
3	$\mu \geq \mu_0$	$\mu < \mu_0$	$\{z \leq -z_\alpha\}$	$\{t \leq -t_\alpha(n-1)\}$

（2）一个总体比例检验的拒绝域如表 8-6 所示。

表 8-6　一个总体比例检验的拒绝域

情　形	原　假　设	备择假设	Z 检验拒绝域
1	$p = p_0$	$p \neq p_0$	$\{\lvert z \rvert \geq z_{\frac{\alpha}{2}}\}$
2	$p \leq p_0$	$p > p_0$	$\{z \geq z_\alpha\}$
3	$p \geq p_0$	$p < p_0$	$\{z \leq -z_\alpha\}$

（3）一个总体方差检验的拒绝域如表 8-7 所示。

表 8-7　一个总体方差检验的拒绝域

情　形	原　假　设	备择假设	拒　绝　域
1	$\sigma^2 = \sigma_0^2$	$\sigma^2 \neq \sigma_0^2$	$\{\chi^2 \leq \chi_{1-\frac{\alpha}{2}}^2(n-1)\} \cup \{\chi^2 \geq \chi_{\frac{\alpha}{2}}^2(n-1)\}$
2	$\sigma^2 \leq \sigma_0^2$	$\sigma^2 > \sigma_0^2$	$\{\chi^2 \geq \chi_\alpha^2(n-1)\}$
3	$\sigma^2 \geq \sigma_0^2$	$\sigma^2 < \sigma_0^2$	$\{\chi^2 \leq \chi_{1-\frac{\alpha}{2}}^2(n-1)\}$

3. p 值检验

P 值是检验统计量关于观测值在拒绝域方向的概率值，p 值判断的原则是：如果 p 值小于给定的显著性水平 α，则拒绝原假设；否则，接受原假设。

复习思考题

一、概念题

假设检验 原假设 备择假设 拒绝域 显著性水平

二、简答题

（1）假设检验与参数的区间估计有何区别与联系？

（2）何为假设检验中的第一类错误和第二类错误？它们之间是什么关系？

（3）假设检验依据的基本原理是什么？

（4）简述假设检验的一般步骤。

（5）如何理解假设检验中的显著性水平 α？确定显著性水平的原则是什么？

三、练习题

1. 判断题（把"√"或"×"填在题后的括号里）

（1）所谓参数假设检验，就是对总体分布中某些已知参数作某种假设，然后由抽取的子样所提供的信息对假设的正确性进行判断的过程。　　　　　　　　　　　　　　　　（　　）

（2）在假设检验中，希望通过研究来加以证实的假设，常作为备择假设。　　　　　（　　）

（3）假设检验是统计推断的另一种方式。　　　　　　　　　　　　　　　　　　（　　）

（4）有一个由300名工人组成的样本，对其中每一个人进行访问，以了解他们对某生产过程控制一周中哪一天最令人满意。调查结果如表8-8所示。

表8-8　调查结果

星　　期	星期一	星期二	星期三	星期四	星期五	星期六	星期日	合　　计
工人数/人	10	20	40	40	80	60	50	300

在0.05显著性水平下，这些数据说明该厂生产过程控制一周7天同样令人满意。　　（　　）

2. 单选题

（1）检验统计量，即（　　）。

　　A. 假设检验过程中所用的统计量　　　B. 样本统计量　　　　　　　C. 可靠因素

　　D. 估计的精确度　　　　　　　　　　E. 标准正态变量

（2）犯第一类错误是指（　　）。

　　A. 否定不真实的原假设　　　　　　　B. 不否定真实的原假设　　　C. 否定真实的原假设

　　D. 不否定不真实的原假设　　　　　　E. 否定真实的原假设或不否定不真实的原假设

（3）犯第二类错误是指（　　）。

　　A. 否定不真实的原假设　　　　　　　B. 不否定真实的原假设　　　C. 否定真实的原假设

　　D. 不否定不真实的原假设　　　　　　E. 否定真实的原假设或不否定不真实的原假设

（4）同时降低犯两类错误的概率的途径为（　　）。

　　A. 增加样本容量　　　　　　　　　　B. 减少样本容量　　　　　　C. 降低抽样平均误差

　　D. 取较小的标准差　　　　　　　　　E. 取较高的置信程度

（5）某种药物的平均有效治疗期限按规定至少必须达到37h，平均有效治疗期限的标准差已知为11h。从这一批这种药物中抽取100件进行检验，以该简单随机样本为依据，确定应接还是应拒收这批药物的假设形式为（　　）。

　　A. $H_0: \mu = 37$；$H_1: \mu \neq 37$　　　　B. $H_0: \mu \geq 37$；$H_1: \mu < 37$　　　C. $H_0: \mu < 37$；$H_1: \mu \geq 37$

　　D. $H_0: \mu > 37$；$H_1: \mu \leq 37$　　　　E. $H_0: \mu \leq 37$；$H_1: \mu > 37$

(6) 一医生声称，他有一种方法能在产前几个月决定未出生孩子的性别，有 80% 的准确度。作为一种检验，他预言了 20 个孩子的性别，其中有 13 个正确。这个检验的假设形式为（　　　）。

A. $H_0: \mu = 0.8$；$H_1: \mu \neq 0.8$　　　B. $H_0: \mu \geq 0.8$；$H_1: \mu < 0.8$　　　C. $H_0: \mu < 0.8$；$H_1: \mu \geq 0.8$

D. $H_0: \mu > 0.8$；$H_1: \mu \leq 0.8$　　　E. $H_0: \mu \leq 0.8$；$H_1: \mu > 0.8$

(7) 对灯泡生产者而言，平均寿命越低，将导致生产成本越低，因而其质量检验宜采用（　　　）。

A. 双侧检验　　　　　　　　B. 左侧检验　　　　　　　　C. 右侧检验

D. 双侧检验或左侧检验　　　E. 双侧检验或右侧检验

3. 多选题

(1) 所谓小概率原理，即指概率很小的事件在一次试验中实际上不可能出现。这种事件称为（　　　）。

A. 突发事件　　　B. 可能事件　　　C. 实际不可能事件　　　D. 小概率事件

(2) 统计假设检验是通过比较检验统计量的样本数值，做出决策。统计量是随机变量，据之所做的判断不可能保证百分之百的正确。一般来说，决策结果存在的两类错误是（　　　）。

A. 取伪错误　　　B. 统计量错误　　　C. 假设错误　　　D. 弃真错误

4. 计算题

(1) 某车床工人需要加工各种规格的工件，已知加工某种工件所需的时间服从正态分布 $N(\mu, \sigma^2)$，均值为 18min，标准差为 4.62min。现希望测定，是否由于对工作的厌烦影响了他的工作效率。今测得以下数据（单位：min）：

21.01　19.32　18.76　22.42　20.49　25.89　20.11　18.97　20.90

试依据这些数据（取显著性水平 $\alpha = 0.05$），检验假设：$H_0: \mu = 18$；$H_1: \mu \neq 18$。

(2) 某工厂的经理主张新来的雇员在参加某项工作之前应该需要培训 200h 才能成为独立工作者，为了检验这一主张的合理性，随机选取 10 个雇员询问他们独立工作之前所经历的培训时间（单位：h）记录如下：

208　180　232　168　212　208　254　229　230　181

设样本来自正态总体 $N(\mu, \sigma^2)$，μ 和 σ^2 均未知。试取 $\alpha = 0.05$，检验假设：$H_0: \mu = 200$；$H_1: \mu \neq 200$。

(3) 某地区成人中吸烟者占 75%，经过戒烟宣传之后，进行了抽样调查，发现 100 名被调查的成人中，有 63 人是吸烟者，问戒烟宣传是否收到了成效（$\alpha = 0.05$）？

(4) 一制造商声称他的工厂生产的某种型号的电池的寿命的方差为 5 000h²，为了检验这一主张，随机地取 26 只电池测得样本方差为 7 200h²，有理由认为样本来自正态总体。现取 $\alpha = 0.05$，检验假设：$H_0: \sigma^2 = 5\,000$；$H_1: \sigma^2 \neq 5\,000$。

(5) 某地某年高考后随机抽得 15 名男生、12 名女生的物理考试成绩如下：

男生：49　48　47　53　51　43　39　57　56　46　42　44　55　44　40

女生：46　40　47　51　43　36　43　38　48　54　48　34

从这 27 名学生的成绩能否说明这个地区男、女生的物理考试成绩不相上下（显著性水平 $\alpha = 0.05$）？

(6) 甲、乙两厂生产同一种电阻，现从甲、乙两厂的产品中分别随机抽取 12 个和 10 个样品，测得它们的电阻值后，计算出样本方差分别为 $s_1^{*2} = 1.4$ 和 $s_2^{*2} = 4.38$。假设电阻值服从正态分布，在显著性水平 $\alpha = 0.10$ 下，我们是否可以认为两厂生产的电阻值的方差相等？

软件应用——应用 SPSS 进行假设检验

一、一个总体样本的 T 检验

（一）基本原理

一个总体样本的 T 检验在 SPSS 命令菜单中被称为单一样本 T 检验，此时可用来检验样

本均值与已知总体均值之间是否存在差异。前提是样本服从正态分布。

（二）实验工具

实验工具为汉化版的 SPSS 软件。

（三）试验方法

试分析某班级学生的高考数学成绩与全国的平均成绩 70 分之间是否存在显著差异。数据如下（单位：分）：85　74　86　95　86　82　75　78　88　86　98　56　64　63　80

1. 操作步骤

（1）在数据窗建立数据文件，定义变量并输入数据，定义高考数学成绩为 X。

（2）按"分析"→"均值比较"→"单一样本 T 检验"的顺序单击，打开"单一样本 T 检验"对话框。

（3）从左边变量框中选取变量 X 作为检验变量，然后按向右箭头，所选取的变量 X 即进入"检验变量"框中，在"检验值"框输入"70"作为总体均值。

（4）不做其他选择，在对话框中，单击"确定"按钮提交。

2. 输出结果及分析

高考数学成绩的假设检验分析结果如表 8-9 和表 8-10 所示。

表 8-9　单样本统计量

项　目	N	均　值	标　准　差	均值的标准误
X	15	79.733 3	11.791 04	3.044 3

表 8-10　单样本 T 检验

项　目	检验总体均值 = 70					
	t	自 由 度	显著性（双侧检验的 p 值）	平 均 差	95% 的置信区间	
					下　限	上　限
X	3.207	14	0.006	9.733 3	3.222 9	16.243 7

表中各部分说明如下：

表 8-9 为所分析变量的基本情况描述，有样本量、均值、标准差和标准误。

表 8-10 为单样本检验表，第一行标明了用于比较的已知总体均值为 70，下面从左到右依次为 t 值（t）、自由度、双侧检验的 p 值、两均值的差值、差值的 95% 置信区间。由于该 95% 置信区间等于均值 ±1.96 × 均值的标准误，即 79.733 3 ±1.96 × 3.044 3，即与假设均值（等于 70）差值的置信区间是（3.222 9，16.243 7）。

统计结果表明，$t = 3.207$，$p = 0.006$，可以认为该班级高考数学成绩与全国相比，具有显著差异，即该班级高考数学成绩明显优于全国的平均水平。

二、两个总体样本的假设检验

（一）基本原理

两个总体样本的假设检验在 SPSS 命令菜单中被称为独立样本 T 检验，就是检验两个独立的正态总体下样本均值之间是否存在显著差异。检验前要求进行比较的两样本相互独立，并且服从正态分布。需要的话可以进行检验，但一般都可以由问题意义所确定。比如，一个班同学的高考数学成绩可以看成是服从正态分布，男同学和女同学的成绩应该相互独立。

在具体的分析中需要分两步来完成：第一，利用 F 检验判断两总体的方差是否相同；第二，根据第一步的结构决定 T 统计量和自由度计算公式，进而对 T 检验的结论做出判断。

（二）实验工具

实验工具为汉化版的 SPSS 软件。

（三）试验方法

试分析某班级学生的高考数学成绩是否存在性别上的差异。数据如表 8-11 所示。

表 8-11　某班级学生的高考数学成绩　　　　　　　　　　（单位：分）

性　　别	数　学　成　绩
男（m = 18）	85　89　75　58　86　80　78　76　84　89　99　95　82　87　60　85　75　80
女（n = 12）	92　96　86　83　78　87　70　65　79　78　72　56

1. 操作步骤

（1）输入数据集，因素变量有两个，即数学成绩用 score 表示（第一列），用 group 表示分组变量（第二列），输入时，男同学的数学成绩输入数字 1，女同学的数学成绩输入数字 2。

（2）在"分析"菜单中打开"均值比较"子菜单，从中选择"独立样本 T 检验"命令，打开"独立样本 T 检验"主窗口。

（3）指令分析变量。选择"score"进入"检验变量"框。选择"group"进入"组变量"框。单击"定义组"按钮，在"定义组"对话框中组 1 输入"1"，组 2 输入"2"，单击"继续"按钮，返回主对话框。

（4）不做其他选择，单击"确定"按钮。

2. 输出结果及分析

SPSS 输出结果如表 8-12 所示。

表 8-12　独立样本 T 检验的输出结果

(a) 独立样本分组的统计量					
项　　目	组	N	均　值	标　准　差	标　准　误
score	1	18	81. 277 8	10. 368 5	2. 443 9
	2	12	77. 75	11. 701 8	3. 378

(b) 独立样本 T 检验										
项　　目		方差齐性检验		均值相等的 T 检验						
		F	p 值	t	自　由　度	双侧 p 值	均　值　差	标　准　误	95% 的置信区间	
									下　限	上　限
score	方差相等	0. 467	0. 5	0. 868	28	0. 393	3. 527 8	4. 066 6	− 4. 802 2	11. 86
	方差不等	—	—	0. 846	21. 685	0. 407	3. 527 8	4. 169 4	− 5. 126 2	12. 18

表中各部分说明如下：

（a）为某班级男同学（1）、女同学（2）高考数学成绩（score）的基本情况描述，有样本量、均值、标准差和标准误。

（b）为独立样本 T 检验表，该表分为两部分：第一部分为方差齐性检验（即检验两总体的方差相等与否），用于判断两总体方差是否齐性（即两总体方差是否相等），这里的结果为 $F = 0.467$，p 值 $= 0.5$，可见在本例中两总体方差是齐性（相等）的。第二部分分别给出两组所在总体方差齐性和方差不齐性时的 t 检验结果，由于前面的方差齐性检验结果是方差齐性，第二部分就应该选择方差齐性时的 t 检验结果，即表中列出的 $t = 0.868$，自由度 $= 28$，p 值 $= 0.393$。由此可知，按照 $\alpha = 0.05$ 水平，接受原假设 H_0，认为该班级男、女同学的高考数学成绩不存在显著差异。

第 9 章

方 差 分 析

引导案例

例 9-1 哪种促销方式效果最好？

某连锁超市公司为了研究不同的促销方式对商品销售额的影响，选择了某类日常生活用品在其下属的 5 个门店分别采用不同的促销方式各进行了 4 个月的试验，试验前该类商品在这 5 个门店的月销售额基本处于同一水平。试验结果如表 9-1 所示。

表 9-1　销售额数据表　　　　　　　　　　（单位：万元）

促销方式	月销售额			
	第 1 个月	第 2 个月	第 3 个月	第 4 个月
A_1（通常销售）	12.5	15.4	11.8	13.2
A_2（广告宣传）	13.1	14.7	12.3	13.6
A_3（有奖销售）	15.6	16.5	13.4	13.1
A_4（特价销售）	17.9	19.6	21.8	20.4
A_5（买一送一）	18.2	17.1	16.5	16.2

其中，"通常销售"是指不采用任何促销手段，"广告宣传"是指没有价格优惠的单纯广告促销，"买一送一"是指买一件商品送另一件小商品。现该公司管理部门希望了解的有：

不同的促销方式是否对该类商品销售量的增长有显著影响？

若有显著影响，则哪种促销方式效果最好？

掌握以上信息对该公司制定今后的最佳促销策略有着非常重要的意义。

例 9-2 光照和噪声对工人生产是否有影响？

为了分析光照因素 A 与噪声因素 B 对工人生产有无影响，光照效应与噪声效应有无交互作用，在此两因素不同的水平处理组合下做观测，结果如表 9-2 所示。

表 9-2　产量数据表　　　　　　　　　　（单位：个）

因素 A	因素 B		
	B_1	B_2	B_3
A_1	15　15　17	19　19　16	16　18　21
A_2	17　17　17	15　15　15	19　22　22
A_3	15　17　16	18　17　16	18　18　18
A_4	18　20　20	15　16　17	17　17　17

表中的产量数据记为

$$y_{ijk}(i=1,2,3,4;j=1,2,3;k=1,2,3)$$

该工厂希望了解的有：

光照因素对工人的产量是否有影响？

噪声因素对工人的产量是否有影响？

光照和噪声对工人的产量是否有交互影响作用？

工厂如果知道这些问题的确切答案的话，则可以适当安排光照和噪声条件，从而提高产量。

方差分析是一种重要的统计分析方法，可以用来研究哪种因素对某指标的影响效果最为显著等实际问题，在经济管理中有着非常重要的应用价值。本章介绍方差分析的基本原理、软件求解方法及其应用。

本章学习目标

1. 了解方差分析的研究目的和思想；熟悉方差分析的基本概念。
2. 掌握单因素方差分析的方法和双因素方差分析的方法。
3. 熟悉使用 SPSS 实现样本数据的单因素和双因素方差分析的步骤。

9.1 方差分析引论

在科学试验、生产实践和社会生活中，影响一个事件的因素往往很多。例如，在工业生产中，产品的质量往往受到原材料、设备、技术及员工素质等因素的影响；又如，在工作中，影响个人收入的因素也是多方面的，除了学历、专业、工作时间、性别等方面外，还受到个人能力、经历及机遇等因素的影响。虽然在这众多因素中，每一个因素的改变都可能影响最终的结果，但有些因素影响较大，有些因素影响较小。故在实际问题中，就有必要找出对事件最终结果有显著影响的那些因素。方差分析就是根据试验或测试的结果进行分析，通过建立数学模型，鉴别各个因素影响效应的一种有效方法。

9.2 方差分析的基本概念

码9-1

在方差分析中，我们将要考察的对象的某种特征称为考察指标（如例9-1和例9-2中的销售额、产量），也称为分析中的因变量。影响考察指标的条件称为因素（如例9-1和例9-2中的促销方式、包装类型、光照等），也称为分析中的自变量。因素所处的状态，称为该因素的水平。如果在一项试验中只有一个因素在改变，则称为单因素试验；如果多于一个因素在改变，则称为多因素试验。为方便起见，后面用大写字母 A、B、C 等表示因素，用大写字母加下标表示该因素的水平，如 A_1，A_2，…等。

为了研究某因素对考察指标是否有显著影响，从实验或观测中得样本数据如表9-3所示。

表 9-3　单因素方差分析观测数据表

因素 A 的各种水平	各种水平下考察指标的数据			
A_1	X_{11}	X_{12}	$\cdots$	X_{1n_1}
A_2	X_{21}	X_{22}	$\cdots$	X_{2n_2}
$\vdots$	$\vdots$	$\vdots$	$\vdots$	$\vdots$
A_r	X_{r1}	X_{r2}	$\cdots$	X_{rn_r}

9.2.1　假设前提

设单因素 A 具有 r 个水平，分别记为 A_1，A_2，$\cdots$，A_r 在每个水平 $A_i(i=1,2,\cdots,r)$ 下，要考察的指标可能受因素 A 所影响，可以看成一个总体，故有 r 个总体，并假设：

（1）每个总体均服从正态分布。

（2）每个总体的方差相同。

（3）从每个总体中抽取的样本相互独立。

那么，要考察指标是否受因素 A 所影响转化为比较各个总体的均值是否一致，就是要检验各个总体的均值是否相等，设第 i 个总体的均值为 μ_i，则

原假设为 $H_0 : \mu_1 = \mu_2 = \cdots = \mu_r$

备择假设为 $H_1 : \mu_1$，μ_2，$\cdots$，μ_r 中至少有某两个值不同

9.2.2　偏差平方和及其分解

为了使造成各 X_{ij} 之间的差异的大小能定量表示出来，我们先引入：

在水平 A_i 下数据和记为 $X_{i.} = \sum_{j=1}^{n_i} X_{ij}$，其样本均值为 $\overline{X}_{i.} = \dfrac{1}{n_i} \sum_{j=1}^{n_i} X_{ij}$ 因素 A 下的所有水平的样本总均值为

$$\overline{X} = \frac{1}{n} \sum_{i=1}^{r} \sum_{j=1}^{n_i} X_{ij} = \frac{1}{r} \sum_{i=1}^{r} \overline{X}_{i.} \tag{9-1}$$

为了通过分析对比产生样本 $X_{ij}(i=1,2,\cdots,r; j=1,2,\cdots,k)$ 之间差异性的原因，从而确定因素 A 的影响是否显著，我们引入偏差平方和来度量各个体间的差异程度：

$$S_T = \sum_{i=1}^{r} \sum_{j=1}^{n_i} (X_{ij} - \overline{X})^2 \tag{9-2}$$

S_T 能反映全部试验数据之间的差异，又称为总偏差平方和。

如果 H_0 成立，则 r 个总体间无显著差异，也就是说因素 A 对指标没有显著影响，所有 X_{ij} 可以认为来自同一个总体 $N(\mu,\sigma^2)$，各个 X_{ij} 间的差异只是由随机因素引起的。若 H_0 不成立，则在总偏差中，除随机因素引起的差异外，还包括由因素 A 的不同水平的作用而产生的差异。如果不同水平作用产生的差异比随机因素引起的差异大得多，就认为因素 A 对指标有显著影响；否则，认为无显著影响。为此，可将总偏差中的这两种差异分开，然后进行比较。

记

$$S_T = S_A + S_E \tag{9-3}$$

其中，$S_A = \sum_{i=1}^{r} n_i (\overline{X}_{i.} - \overline{X})^2$，$S_E = \sum_{i=1}^{r} \sum_{j=1}^{n_i} (X_{ij} - \overline{X}_{i.})^2$。

S_A 反映在每个水平下的样本均值与样本总均值的差异，它是由因素 A 取不同水平引起的，称为组间（偏差）平方和，也称为因素 A 的偏差平方和。

S_E 表示在水平 A_i 下样本值与该水平下的样本均值之间的差异，它是由随机误差引起的，称为误差（偏差）平方和，也称为组内（偏差）平方和。

等式 $S_T = S_A + S_E$ 称为平方和分解式。事实上

$$S_T = \sum_{i=1}^{r} \sum_{j=1}^{n_i} (X_{ij} - \overline{X})^2 = \sum_{i=1}^{r} \sum_{j=1}^{n_i} [(X_{ij} - \overline{X}_{i.}) + (\overline{X}_{i.} - \overline{X})]^2$$

$$= \sum_{i=1}^{r} \sum_{j=1}^{n_i} (X_{ij} - \overline{X}_{i.})^2 + 2\sum_{i=1}^{r} \sum_{j=1}^{n_i} (X_{ij} - \overline{X}_{i.})(\overline{X}_{i.} - \overline{X}) + \sum_{i=1}^{r} n_i (\overline{X}_{i.} - \overline{X})^2$$

根据 $\overline{X}_{i.}$ 和 $\overline{X}$ 的定义知

$$\sum_{i=1}^{r} \sum_{j=1}^{n_i} (X_{ij} - \overline{X}_{i.})(\overline{X}_{i.} - \overline{X}) = 0$$

所以

$$S_T = \sum_{i=1}^{r} \sum_{j=1}^{n_i} (X_{ij} - \overline{X}_{i.})^2 + \sum_{i=1}^{r} n_i (\overline{X}_{i.} - \overline{X})^2 = S_E + S_A \tag{9-4}$$

9.3 方差分析的基本原理和方法

如果组间差异比组内差异大得多，则说明因素的各水平间有显著差异，r 个总体不能认为是同一个正态总体，应认为 H_0 不成立，此时，比值 $\dfrac{(n-r)S_A}{(r-1)S_E}$ 有偏大的趋势。为此，选用统计量

$$F = \frac{\dfrac{S_A}{r-1}}{\dfrac{S_E}{n-r}} = \frac{(n-r)S_A}{(r-1)S_E}$$

在 H_0 为真时，有

$$F = \frac{(n-r)S_A}{(r-1)S_E} \sim F(r-1, n-r) \tag{9-5}$$

对给定的检验水平 a，查 $F_a(r-1, n-r)$ 的值，由样本观察值计算 S_E，S_A，从而计算出统计量 F 的观察值。由于 H_0 不真时，S_A 值偏大，导致 F 比值偏大。因此：

（1）若 $F > F_a(r-1, n-r)$，则拒绝 H_0，表示因素 A 的各水平下的效应有显著差异。

（2）若 $F < F_a(r-1, n-r)$，则接受 H_0，表示因素 A 的各水平下的效应无显著差异。

实际分析中，常采用如下简便算法和记号：

$$T_{i.} = \sum_{j=1}^{n_i} X_{ij} \quad (i = 1, 2, \cdots, r) \tag{9-6}$$

$$T = \sum_{i=1}^{r} \sum_{j=1}^{n_i} X_{ij} = \sum_{i=1}^{r} T_{i.} \tag{9-7}$$

$$S_T = \sum_{i=1}^{r} \sum_{j=1}^{n_i} X_{ij}^2 - \frac{T^2}{n} \tag{9-8}$$

$$S_A = \sum_{i=1}^{r} \frac{T_{i\cdot}^2}{n_i} - \frac{T^2}{n} \tag{9-9}$$

$$S_E = S_T - S_A \tag{9-10}$$

9.4　单因素方差分析

影响考察指标的因素只有一个时，称此类方差分析为单因素方差分析，例如，例 9-1 即为单因素方差分析的问题。为表达的方便和直观，将上面的单因素分析过程和结果制成一个表格，称这个表为单因素方差分析表，如表 9-4 所示。

码 9-2

表 9-4　单因素方差分析表

来　　源	平　方　和	自　由　度	均　方　和	F 比值	p 值
因素 A（组间）	S_A	$r-1$	$\dfrac{S_A}{r-1}$	$\dfrac{(n-r)S_A}{(r-1)S_E}$	—
误差（组内）	S_E	$n-r$	$\dfrac{S_E}{n-r}$	—	—
总和	S_T	$n-1$	—	—	—

其中，p 值 $= P\{F > F$ 比值$\}$，即 $F > F$ 比值的概率，通常若 p 值 < 0.001，即 F 比值 $> F_{0.001}(r-1, n-r)$，则称因素 A 是极高度显著的；若 p 值 < 0.01，即 F 比值 $> F_{0.01}(r-1, n-r)$，则称因素 A 是高度显著的；若 p 值 < 0.05，即 F 比值 $> F_{0.05}(r-1, n-r)$，则称因素 A 是一般显著，若 p 值 > 0.05，即 F 比值 $< F_{0.05}(r-1, n-r)$，则称因素 A 的作用是不显著的，p 值和临界值分析的结果是一样的。

例 9-1 的单因素方差分析表如表 9-5 所示。

表 9-5　例 9-1 的单因素方差分析表

来　　源	平　方　和	自　由　度	均　方　和	F 比值	p 值
因素 A（组间）	127.717	4	31.929 3	3.055 57	0.000 022
误差（组内）	28.892 5	15	1.926 17	—	—
总和	156.61	19	—	—	—

由于 p 值为 0.000 022 < 0.000 1，故不同的销售方式间的差异是极高度显著的。完成了第一个问题的分析，即不同的促销方式对该类商品销售量的增长有显著影响。

由于检验结果说明不同的促销方式的效果间（因素 A 的不同处理间的均值）存在显著差异。接下来就需要确定哪一种促销方式效果最佳。这需要进一步分析，完成第二个问题的分析，即若有显著影响，哪种促销方式效果最好？可以使用各组平均数，如表 9-6 所示。

表9-6 例9-1因素 A 各处理间的样本平均数值表

组	计 数	求 和	平 均 数	方 差
通常销售	4	52.9	13.225	2.429 167
广告宣传	4	53.7	13.425	1.009 167
有奖销售	4	58.6	14.65	2.763 333
特价销售	4	79.7	19.925	2.649 167
买一送一	4	68	17	0.78

由表9-6可知 $\bar{x}_1 = 13.225$ 万元，$\bar{x}_2 = 13.425$ 万元，$\bar{x}_3 = 14.65$ 万元，$\bar{x}_4 = 19.925$ 万元，$\bar{x}_5 = 17$ 万元，可知特价销售的促销效果最好，平均月销售额达到19.925万元。

9.5 双因素方差分析

9.5.1 问题的提出

单因素方差分析只是考虑一个分类型自变量对数值因变量（考察指标）的影响。在实际问题中，影响某项考察指标的主要因素往往有多个，要了解各因素对该指标的综合影响，不仅要分别考察每个因素的影响，还需要研究各因素不同水平组合所产生的影响。比如，例9-2中影响工人生产产量的因素可能有光照因素和噪声因素，这种在方差分析中涉及两个分类型自变量时，称为双因素方差分析。

例9-2中，光照和噪声对产量有可能有影响。同时分析光照和噪声因素对产量的影响，分析究竟是一个因素在起作用，还是两个因素都起作用，或者两个因素都不起作用，这就是一个双因素方差分析问题。

在双因素方差分析中，由于两个影响因素，如果 A 因素和 B 因素对考察指标的影响是相互独立的，我们分别判断 A 因素和 B 因素对考察指标的影响，则这时的双因素方差分析称为无交互作用的双因素方差分析；如果除了 A 因素和 B 因素对考察指标的单独影响外，两个因素的搭配还会对考察指标产生一种新的影响效应，则这时的双因素方差分析称为有交互作用的双因素方差分析。

设变量（考察指标）Y 有 A 和 B 两个影响因素，对二因素的各种搭配进行重复观测的数据表如表9-7所示。在表9-7中，$y_{ijk}(i=1,2,\cdots,r; j=1,2,\cdots,c; k=1,2,\cdots,n_{ij})$ 是因变量 Y 的观测数据（Y 必须是数量型变量）；A 和 B 是对 Y 的两个影响因素（它们可以是数量型变量，也可以是属性变量）；A 因素有 r 种表现（r 种处理），分别是 A_1，A_2，$\cdots$，A_r；B 因素有 c 种表现（c 种处理）分别是 B_1，B_2，$\cdots$，B_c；在每一个 A_iB_j 组格内($i=1,2,\cdots,r; j=1,2,\cdots,c$)抽取一个容量为 n_{ij} 的简单随机样本，样本单位的序号用下标 k 表示。

表9-7 二因素重复观测数据表

项 目		B 因素的各种处理 B_j			
		B_1	B_2	$\cdots$	B_c
A 因素的各种处理 A_i	A_1	$y_{111},y_{112},\cdots,y_{11n_{11}}$	$y_{121},y_{122},\cdots,y_{12n_{12}}$	$\cdots$	$y_{1c1},y_{1c2},\cdots,y_{1cn_{1c}}$
	A_2	$y_{211},y_{212},\cdots,y_{21n_{21}}$	$y_{221},y_{222},\cdots,y_{22n_{22}}$	$\cdots$	$y_{2c1},y_{2c2},\cdots,y_{2cn_{2c}}$

码9-3

201

（续）

项　目		B 因素的各种处理 B_j			
		B_1	B_2	...	B_c
A 因素的各种 处理 A_i	⋮	⋮	⋮	⋮	⋮
	A_r	$y_{r11},y_{r12},\cdots,y_{r1n_{r1}}$	$y_{r21},y_{r22},\cdots,y_{r2n_{r2}}$	...	$y_{rc1},y_{rc2},\cdots,y_{rcn_{rc}}$

例如，A 为某工厂的不同的光照方式，A_1，A_2，$\cdots$，A_r 是 r 种不同的光照，B 为噪声的程度，B_1，B_2，$\cdots$，B_c 是 c 个不同噪声程度，y 是该工厂工人生产的产量，$y_{ijk}(i=1,2,\cdots,r;\ j=1,2,\cdots,c;\ k=1,2,\cdots,n_{ij})$ 是第 i 种光照与第 j 个噪声搭配下抽取的第 k 个工人生产的产量。

我们把 A_iB_j 的搭配所形成的组格总体即随机变量 Y_{ij} 的期望值记作 μ_{ij}，于是可以写出与表 9-7（样本）相应的总体期望值表，如表 9-8 所示。

表 9-8　组格总体期望值表

项　目		B 因素的各种处理 B_j				平　均
		B_1	B_2	...	B_c	
A 因素的各种 处理 A_i	A_1	μ_{11}	μ_{12}	...	μ_{1c}	$\mu_1.$
	A_2	μ_{21}	μ_{22}	...	μ_{2c}	$\mu_2.$
	⋮	⋮	⋮	⋮	⋮	⋮
	A_r	μ_{r1}	μ_{r2}	...	μ_{rc}	$\mu_r.$
平均		$\mu._1$	$\mu._2$	...	$\mu._c$	$\mu..$

表中，横行的各行平均值 $\mu_i.$ 表示在 A 的第 i 种处理下对 B 的各种处理产生的期望结果求平均（即 i·表示在 i 下对 j 求平均），纵栏的各栏平均值 $\mu._j$ 表示在 B 的第 j 种处理下对 A 的各种处理产生的期望结果求平均（即·j 表示在 j 下对 i 求平均）；$\mu..$ 表示同时对 i 和 j 求平均。它们分别定义为

$$\mu_i. = \frac{1}{c}\sum_{i=1}^{c}\mu_{ij} \tag{9-11}$$

$$\mu._j = \frac{1}{r}\sum_{j=1}^{r}\mu_{ij} \tag{9-12}$$

$$\mu.. = \frac{1}{rc}\sum_{i=1}^{c}\sum_{j=1}^{r}\mu_{ij} = \frac{1}{r}\sum_{i=1}^{r}\mu_i. = \frac{1}{c}\sum_{j=1}^{c}\mu._j \tag{9-13}$$

一般的双因素方差分析的任务有：

（1）检查因素 A 对变量 Y 是否有显著影响，也就是要检查因素 A 的各种处理对 Y 的作用是否有显著差别；也就是要检查各个 $\mu_i.$ 是否显著地不相等。

（2）检查因素 B 对变量 Y 是否有显著影响，也就是要检查因素 B 的各种处理对 Y 的作用是否有显著差别；也就是要检查各个 $\mu._j$ 是否显著地不相等。

（3）检查因素 A 和因素 B 的交互作用对变量 Y 是否有显著影响；也就是检查因素 A 的 r 种处理与因素 B 的 c 种处理的各种搭配下的交互作用对 Y 的作用是否有显著差别。

相应地建立以下三个原假设：

$$H_{01}: \mu_{1.} = \mu_{2.} = \cdots = \mu_{r.} = \mu_{..}$$
$$H_{02}: \mu_{.1} = \mu_{.2} = \cdots = \mu_{.c} = \mu_{..}$$
$$H_{03}: \mu_{ij} - [(\mu_{i.} - \mu_{..}) + (\mu_{.j} - \mu_{..})] = \mu_{..}$$

备择假设是上述原假设所列全相等的各项不全相等。

如果已经得知因素 A 和因素 B 相互独立并无交互作用，则不必对第三个假设进行检验。此时方差分析称为无交互作用的双因素方差分析。无交互作用的双因素方差分析的问题只需检验以上的前两个假设。

9.5.2 有交互作用的双因素方差分析

码9-4

与单因素方差分析类似，双因素方差分析也需要利用观测数据，首先建立样本数据的方差分析恒等式。

$$S_T = S_A + S_B + S_{AB} + S_E \tag{9-14}$$

式中，S_T 为总离差平方和；S_A 为 A 因素处理间的离差平方和；S_B 为 B 因素处理间的离差平方和；S_{AB} 为 AB 交互作用处理间的离差平方和；S_E 为组内离差平方和。

$$S_T = \sum_i \sum_j \sum_k (y_{ijk} - \bar{y}_{...})^2 \tag{9-15}$$

$$S_A = \sum_i \sum_j \sum_k (\bar{y}_{i..} - \bar{y}_{...})^2 \tag{9-16}$$

$$S_B = \sum_i \sum_j \sum_k (\bar{y}_{.j.} - \bar{y}_{...})^2 \tag{9-17}$$

$$S_{AB} = \sum_i \sum_j \sum_k (\bar{y}_{ij.} - \bar{y}_{i..} - \bar{y}_{.j.} + \bar{y}_{...})^2 \tag{9-18}$$

$$S_E = \sum_i \sum_j \sum_k (y_{ijk} - \bar{y}_{ij.})^2 \tag{9-19}$$

以上式中的各种样本平均数定义为

总样本平均数
$$\bar{y}_{...} = \frac{1}{rcn_{ij}} \sum_{i=1}^{r} \sum_{j=1}^{c} \sum_{k=1}^{n_{ij}} y_{ijk} \tag{9-20}$$

组内样本平均数
$$\bar{y}_{ij.} = \frac{1}{n_{ij}} \sum_{k=1}^{n_{ij}} y_{ijk} \tag{9-21}$$

A 因素各组处理样本平均数
$$\bar{y}_{i..} = \frac{1}{c} \sum_{j=1}^{r} \bar{y}_{ij.} \tag{9-22}$$

B 因素各组处理样本平均数
$$\bar{y}_{.j.} = \frac{1}{r} \sum_{i=1}^{c} \bar{y}_{ij.} \tag{9-23}$$

式中，r 为 A 因素处理的种类；c 为 B 因素处理的种类；n_{ij} 为第 ij 个组内总体所包含的样本观测值个数。

将各种离差平方和分别除以各自的自由度，可得到相应于各离差平方和来源的方差。即

总方差
$$MS_T = \frac{S_T}{\sum_{i=1}^{r} \sum_{j=1}^{c} n_{ij} - 1} \tag{9-24}$$

A 因素处理间方差
$$MS_A = \frac{S_A}{r-1} \tag{9-25}$$

203

B 因素处理间方差
$$MS_B = \frac{S_B}{c-1} \tag{9-26}$$

AB 交互作用处理间方差
$$MS_{AB} = \frac{S_{AB}}{(r-1)(c-1)} \tag{9-27}$$

组内方差
$$AS_E = \frac{S_E}{\sum\limits_{i=1}^{r}\sum\limits_{j=1}^{c} n_{ij} - rc} \tag{9-28}$$

分别针对前面给出的三个原假设可建立下列检验统计量:

(1) 针对 H_{01}
$$F_A = \frac{MS_A}{MS_E} = \frac{\dfrac{S_A}{r-1}}{\dfrac{S_E}{\sum\limits_{i=1}^{r}\sum\limits_{j=1}^{c} n_{ij} - rc}} \sim F(r-1) \tag{9-29}$$

(2) 针对 H_{02}
$$F_B = \frac{MS_B}{MS_E} = \frac{\dfrac{S_B}{c-1}}{\dfrac{S_E}{\sum\limits_{i=1}^{r}\sum\limits_{j=1}^{c} n_{ij} - rc}} \sim F(c-1) \tag{9-30}$$

(3) 针对 H_{03}
$$F_{AB} = \frac{MS_{AB}}{MS_E} = \frac{\dfrac{S_{AB}}{(r-1)(c-1)}}{\dfrac{S_E}{\sum\limits_{i=1}^{r}\sum\limits_{j=1}^{c} n_{ij} - rc}} \sim F((r-1)(c-1)) \tag{9-31}$$

完成例 9-2 的分析。

设定以下三对假设:

H_{01}: 光照因素 A 对产量没有显著影响; H_{11}: 光照因素 A 对产量有显著影响。

H_{02}: 噪声因素 B 对产量没有显著影响; H_{12}: 噪声因素 B 对产量有显著影响。

H_{03}: 光照效应与噪声效应没有交互作用; H_{13}: 光照效应与噪声效应有交互作用。

使用表 9-2 数据可得方差分析表如表 9-9 所示。

表 9-9　光照与噪声对产量是否有影响方差分析表

差 异 源	离差平方和	自 由 度	标 准 差	F 统计量值	p 值	临 界 值
B 因素	28.389	2	14.194	9.463	0.000 93	3.403
A 因素	2.083	3	0.694	0.463	0.710 8	3.009
交互	63.833	6	10.639	7.093	0.000 2	2.508
误差(内部)	36	24	1.5	—	—	—
总计	130.305	35	—	—	—	—

从上表可知：

$F_A = 0.463 < F_{0.05}(3,24) = 3.01$，接受 H_{01}，没有充分证据说明光照对产量有显著影响；$F_B = 9.463 > F_{0.05}(2,24) = 3.40$，拒绝 H_{02}，有充分证据说明噪声对产量有显著影响；$F_{AB} = 7.093 > F_{0.05}(6,24) = 2.51$，拒绝 H_{03}，有充分证据说明光照与噪声存在交互作用并由此对产量产生显著影响。

本章小结

本章主要介绍了三方面的内容：一是方差分析的一般问题，包括方差分析的假设条件、偏差平方和及其分解、方差分析的基本原理和方法；二是单因素方差分析；三是双因素方差分析等。

1. 方差分析概述

方差分析是根据试验或测试的结果，通过建立数学模型，鉴别各个因素影响效应的一种分析方法。

考察指标：在方差分析中，将要考察的对象的某种特征称为考察指标，也称为分析中的因变量。

因素：影响考察指标的条件称为因素，也称为分析中的自变量。

水平：各因素在实验或测试中所处的状态称为因素的水平。

单因素方差分析的假设条件：设单因素 A 具有 r 个水平，分别记为 A_1，A_2，$\cdots$，A_r。在每个水平 $A_i(i=1,2,\cdots,r)$ 下，要考察的指标可能受因素 A 所影响，可以看成一个总体，故有 r 个总体，并假设：

（1）每个总体均服从正态分布。

（2）每个总体的方差相同。

（3）从每个总体中抽取的样本相互独立。

方差分析的问题：要考察指标是否受因素 A 所影响转化为比较各个总体的均值是否一致，就是要检验各个总体的均值是否相等，设第 i 个总体的均值为 μ_i，则

原假设为 $H_0: \mu_1 = \mu_2 = \cdots = \mu_r$。

备择假设为 $H_1: \mu_1$，μ_2，$\cdots$，μ_r 中至少有某两个值不同。

2. 偏差平方和及其分解

$$S_T = \sum_{i=1}^{r} \sum_{j=1}^{n_i} (X_{ij} - \overline{X})^2，则 S_T = S_A + S_E。$$

其中，X_{ij} 为考察指标在因素各水平下实验重复下的取值，为了使造成各 X_{ij} 之间的差异的大小能定量表示出来，在水平 A_i 下数据和记为 $X_{i.} = \sum_{j=1}^{n_i} X_{ij}$，其样本均值为 $\overline{X}_{i.} = \frac{1}{n_i} \sum_{j=1}^{n_i} X_{ij}$，因素 A 下的所有水平的样本总均值为

$$\overline{X} = \frac{1}{n} \sum_{i=1}^{r} \sum_{j=1}^{n_i} X_{ij} = \frac{1}{r} \sum_{i=1}^{r} \overline{X}_{i.}，\quad S_A = \sum_{i=1}^{r} n_i (\overline{X}_{i.} - \overline{X})^2，\quad S_E = \sum_{i=1}^{r} \sum_{j=1}^{n_i} (X_{ij} - \overline{X}_{i.})^2。$$

3. 方差分析的基本原理和方法

如果组间差异比组内差异大得多，即说明因素的各水平间有显著差异，r 个总体不能认

为是同一个正态总体, 应认为 H_0 不成立, 此时, 比值 $\dfrac{(n-r)S_A}{(r-1)S_E}$ 有偏大的趋势。为此, 选用

统计量 $F = \dfrac{\dfrac{S_A}{r-1}}{\dfrac{S_E}{n-r}} = \dfrac{(n-r)S_A}{(r-1)S_E}$。

在 H_0 为真时, 有 $F = \dfrac{(n-r)S_A}{(r-1)S_E} \sim F(r-1, n-r)$。

对给定的检验水平 a, 查 $F_a(r-1, n-r)$ 的值, 由样本观察值计算 S_E 和 S_A, 从而计算出统计量 F 的观察值。由于 H_0 不真时, S_A 值偏大, 导致 F 比值偏大。因此:

（1）若 $F > F_a(r-1, n-r)$, 则拒绝 H_0, 表示因素 A 的各水平下的效应有显著差异。

（2）若 $F < F_a(r-1, n-r)$, 则接受 H_0, 表示因素 A 的各水平下的效应无显著差异。

4. 单因素方差分析表

单因素方差分析表如表 9-10 所示。

表 9-10 单因素方差分析表

来　　　源	平　方　和	自　由　度	均　方　和	F 比值	p 值
因素 A（组间）	S_A	$r-1$	$\dfrac{S_A}{r-1}$	$\dfrac{(n-r)S_A}{(r-1)S_E}$	—
误差（组内）	S_E	$n-r$	$\dfrac{S_E}{n-r}$	—	—
总和	S_T	$n-1$	—	—	—

检验方法:

（1）p 值法: 其中 p 值 $= P\{F > F$ 比值$\}$, 即 $F > F$ 比值的概率, 通常若 p 值 < 0.001, 即 F 比值 $> F_{0.001}(r-1, n-r)$, 则称因素 A 是极高度显著的; 若 p 值 < 0.01, 即 F 比值 $> F_{0.01}(r-1, n-r)$, 则称因素 A 是高度显著的; 若 p 值 < 0.05, 即 F 比值 $> F_{0.05}(r-1, n-r)$, 则称因素 A 是一般显著, 若 p 值 > 0.05, 即 F 比值 $< F_{0.05}(r-1, n-r)$, 则称因素 A 的作用是不显著的。

（2）临界值法: 当 F 比值 $> F_{0.001}(r-1, n-r)$ 时, 则称因素 A 是极高度显著的; F 比值 $> F_{0.01}(r-1, n-r)$, 则称因素 A 是高度显著的; F 比值 $> F_{0.05}(r-1, n-r)$ 则称因素 A 是一般显著。

p 值和临界值分析的结果是一样的。

复习思考题

一、概念题

方差分析　交互作用　双因素方差分析

二、简答题

（1）什么是方差分析? 它所研究的是什么问题?

（2）方差分析包括哪些类型? 它们有何区别?

（3）方差分析有哪些基本假定?

（4）简述方差分析的基本思想。

三、练习题

1. 判断题

（1）方差分析是对不同总体的方差的差异情况进行判断。　　　　　　　　　　　（　　　）

（2）方差分析的前提是各总体的分布都假设服从正态分布。　　　　　　　　　　（　　　）

（3）方差分析假设中认为各总体的方差相同。　　　　　　　　　　　　　　　　（　　　）

（4）方差分析使用的是 F 检验。　　　　　　　　　　　　　　　　　　　　　（　　　）

（5）方差分析用 p 值法判断时，当 p 值 <0.01 时，则认为因素 A 是显著的，即因素 A 的不同水平下的考查指标值的平均值是显著不一样的。　　　　　　　　　　　　　　　　　　　　　（　　　）

2. 单选题

（1）因素所处的状态，称为该因素的水平或处理。如果在一项试验中只有一个因素在改变，则称为（　　　）。

  A. 多因素试验　　　　B. 单因素试验　　　　C. 对照试验　　　　D. 对比试验

（2）方差分析是（　　　）。

  A. 假设检验方法的推广　　　　　　　　B. 双总体均值的假设检验的推广

  C. 方差比假设检验的推广　　　　　　　D. 为了把"处理"一词引入假设检验之中

3. 多选题

（1）方差分析解决的问题有（　　　）。

  A. 如何根据样本数据判断多个正态分布的、独立的总体的方差是否相等

  B. 如何根据样本数据判断多个正态分布的、同方差的、独立的总体的均值是否相等

  C. 如何根据样本数据判断自变量的不同取值对因变量是否有显著影响

  D. 如何根据样本数据判断影响考查指标的因素的不同水平对考查指标是否影响显著

（2）单因素方差分析中，当因素的水平数只有两个时，可以使用（　　　）。

  A. F 检验　　　　B. T 检验　　　　C. Z 检验　　　　D. χ^2 检验

（3）一般的方差分析中（　　　）。

  A. 考查指标必须是定量的

  B. 考查指标可以是定性的

  C. 影响考查指标的因素取值必须是定量

  D. 影响考查指标的因素取值既可以是定量的也可以是定性的

（4）单因素方差分析中隐含的假设有（　　　）。

  A. 这几个总体的分布可以是任意的　　　　B. 这几个总体分布是同方差的

  C. 这几个总体是相互独立的　　　　　　　D. 多个总体的分布是正态的

4. 计算题

（1）某家电制造公司准备购进一批 5 号电池，现有 A、B、C 三个电池生产企业愿意供货，为比较它们生产的电池质量，从每个企业各随机抽取 5 只电池，经试验得其寿命数据如表 9-11 所示。试分析三个企业生产的电池的平均寿命之间有无显著性差异（$a=0.05$）？

表 9-11　电池寿命数据表　　　　　　　　　　（单位：h）

试 验 号	电池生产企业		
	A	B	C
1	50	32	45
2	50	28	42

（续）

试 验 号	电池生产企业		
	A	B	C
3	43	30	38
4	40	34	48
5	39	26	40

（2）某企业准备用三种方法组装一种新的产品，为确定哪种方法每小时生产的产品数量最多，随机抽取了 30 名工人，并指定每个人使用其中的一种方法。通过对每个工人生产的产品数进行方差分析得到结果如表 9-12 所示。

表 9-12　工人生产产品数方差分析表

来　源	平 方 和	自 由 度	均 方 和	F 比值	p 值	F 临界值
因素 A 的误差	3 836		210	3.055 57	0.245 946	
总和		29				

要求：

1）完成上面的方差分析表。

2）检验三种方法组装的产品数量之间是否有显著性差异（$a = 0.05$）？

（3）为研究食品的包装和销售地区对其销售量是否有影响，在某周的三个不同地区中用三种不同包装方法进行销售，获得的销售量数据如表 9-13 所示（$a = 0.05$）。

表 9-13　食品销售量数据

销售地区（A）	包装方法（B）		
	B_1	B_2	B_3
A_1	45	75	30
A_2	50	50	40
A_3	35	65	50

检验不同的地区和不同的包装方法对该食品的销售量是否有显著影响？

（4）为检验广告媒体和广告方案对产品销售量的影响，一家营销公司做了一项试验，考察三种广告方案和两种广告媒体，获得的销售量数据如表 9-14 所示（$a = 0.05$）。

表 9-14　产品销售量数据

项　目		广告媒体	
		报　纸	电　视
广告方案	A	8	12
		12	8
	B	22	26
		14	30
	C	10	18
		18	14

检验广告方案、广告媒体或其交互作用对销售量的影响是否显著？

软件应用——应用 SPSS 进行方差分析

一、SPSS 的单因素方差分析

（一）基本原理

单因素方差分析是检验由单一因素影响的多组样本某因变量的均值是否有显著差异的问题，如各组之间有显著差异，说明这个因素（分类变量）对因变量是有显著影响的，因素的不同水平会影响到因变量的取值。

（二）实验工具

实验工具为汉化版的 SPSS 软件。

（三）试验方法

某灯泡厂用四种不同配料方案制成的灯丝，生产了四批灯泡。在每批灯泡中随机抽取若干个测其使用寿命（单位：h），数据列于表 9-15，现在想知道，对于这四种灯丝生产的灯泡，其使用寿命有无显著差异。

表 9-15　灯泡寿命数据表　　　　　　　　　　（单位：h）

灯泡 \ 灯丝	1	2	3	4	5	6	7	8
甲	1 600	1 610	1 650	1 680	1 700	1 700	1 780	—
乙	1 500	1 640	1 400	1 700	1 750	—	—	—
丙	1 640	1 550	1 600	1 620	1 640	1 600	1 740	1 800
丁	1 510	1 520	1 530	1 570	1 640	1 680	—	—

1. 操作步骤

（1）在数据窗建立数据文件，定义两个变量并输入数据，这两个变量为

灯丝，数值型，取值 1、2、3、4 分别代表甲、乙、丙、丁。

小时，数值型，其值为灯泡的使用寿命，单位是 h。

（2）按"分析"——"均值比较"——"一维方差分析"的顺序单击，打开"一维方差分析"对话框。

（3）从左边变量框中选取"小时"，然后按向右箭头，所选取的变量"小时"即进入"因变量列"框中。

（4）从左边变量框中选取"灯丝"，然后按向右箭头，所选取的变量"灯丝"即进入"因子"框中。

（5）在对话框中，单击"确定"按钮提交。

2. 输出结果及分析

灯泡使用寿命的单因素方差分析结果如表 9-16 所示。

表 9-16　灯泡数据的方差分析表

项　　目	平　方　和	自　由　度	均　方　和	F 比值	p 值
组间	39 776.46	3	13 258.819	1.638	0.209
组内	178 088.9	22	8 094.951	—	—
总	217 865.36	25	—	—	—

该表各部分说明如下：

第一列：方差来源，组间是组间变差，组内是组内变差，总是总的变差。

第二列：离差平方和，组间离差平方和 S_A 为 39 776.46，组内离差平方和 S_E 为 178 088.9，总离差平方和 S_T 为 217 865.36，由组间离差平方和与组内离差平方和相加而得。

第三列：自由度，组间自由度为 3，组内自由度为 22，总自由度为 25，是组间自由度和组内自由度之和。

第四列：均方和，即平方和除以自由度，组间均方是 13 258.819，组内均方是 8 094.951。

第五列：F 比值，这是 F 统计量的值，其计算公式为模型均方除以误差均方，用来检验模型的显著性，如果不显著说明模型对指标的变化没有解释能力，F 比值为 1.638。

第六列：p 值，是 F 统计量的 p 值，这里为 0.209。

由于 p 值 0.209 大于 0.05，所以在置信水平 0.95 下不能否定原假设，也就是说四种灯丝生产的灯泡，其平均使用寿命没有充分证据说明存在显著差异。

二、SPSS 的双因素方差分析

（一）基本原理

在双因素的试验中，使用方差分析而不用 T 检验的一个重要原因在于前者效率更高，本实验所讲的双因素方差分析是对于一个独立变量是否受一个或两个因素或变量影响而进行的方差分析。这个过程可以检验不同组之间均值由于受不同因素影响是否有差异的问题，既可以分析每一个因素的作用，也可以分析各因素之间的交互作用。

（二）实验工具

实验工具为汉化版的 SPSS 软件。

（三）试验方法

某生产队在 12 块面积相同的大豆试验田上，用不同方式施肥，大豆亩产（kg）的数据如表 9-17 所示。现在需要研究氮肥、磷肥是否对大豆的产量有显著影响，两者对于大豆产量是否存在交互作用。

表 9-17　大豆施肥及产量数据表　　　　　　　　　　　（单位：kg）

编　号	氮　肥	磷　肥	亩　产
1	0	0	400
2	0	0	390
3	0	0	420
4	0	4	450
5	0	4	460
6	0	4	455
7	6	0	430
8	6	0	420
9	6	0	440
10	6	4	560
11	6	4	570
12	6	4	575

氮肥用 N 表示，磷肥用 P 表示，两个因子各取两水平。为了探明氮肥作用大还是磷肥作用大，两者是否存在交互作用，需进行方差分析。

1. 操作步骤

（1）输入数据集，因素变量有两个，即 N 和 P，均有两水平，0 表示不用该肥料，1 表示用该肥料。因变量为亩产，单位为 kg。

（2）在"分析"菜单中打开"一般线性模型"子菜单，从中选择"单因变量多因素方差分析"命令，打开"单因变量"主窗口。

（3）指令分析变量。选择因变量"亩产"进入"因变量"框。选择因素变量 N 和 P 进入"固定因子"框。

（4）在对话框中单击"对比"按钮，打开"单因变量：对比"对话框，在该对话框下进行如下操作：

在"因子"框中选择 N。

在"更改对比"栏内，单击"对比"参数框内向下箭头，选择"简单"项，再选择"最后"作为比较参考类型，然后单击"更改"在"因子"框中显示 N。

用相同方法指定 P。

单击"继续"按钮回到主对话框。

（5）在主对话框中单击"选项"按钮，打开"单因变量：选项"对话框，做如下操作：

在"因子和因子的交互作用"框中选择 N、P、$N \times P$，单击向右箭头将因素变量送入"显示平均值"框中。在"显示"栏内选中"展布水平图"和"残差图"复选框。

单击"继续"按钮回到主对话框。

2. 输出结果及分析

大豆产量的双因素方差分析结果如表 9-18 所示。

表 9-18 大豆产量的双因素方差分析表

主效应间的检验				
因变量：产量				
来　　源	平　方　和	自　由　度	均　方　和	F 比值	p 值
N	14 700.000	1	14 700.000	141.120	0.000
P	27 075.000	1	27 075.000	259.920	0.000
$N \times P$	5 633.333	1	5 633.333	54.080	0.000
误差	833.333	8	104.167	—	—
总	2 633 650.000	11	—	—	—
R 平方 $=0.983$（调整的 R 平方 $=0.976$）					

该表各部分说明如下：

第一列：方差来源，N、P、$N \times P$ 是组间变差，误差是组内变差，总是总的变差。

第二列：离差平方和，N、P、$N \times P$ 组间离差平方和分别为 14 700、27 075、5 633.333，组内离差平方和为 833.333，总离差平方和为 2 633 650，是组间离差平方和与组内离差平方和相加而得。

第三列：自由度，组间自由度分别为 1、1、1，组内自由度为 8，总自由度为 11，是组间自由度和组内自由度之和。

第四列：均方和，即平方和除以自由度，组间均方分别是 14 700、27 075、5 633.333，组内均方是 104.167。

第五列：F 比值，这是 F 统计量的值，其计算公式为模型均方除以误差均方，用来检验模型的显著性，如果不显著说明模型对指标的变化没有解释能力，N、P、$N \times P$ 的 F 比值分别为 141.12、259.92、54.08。

第六列：p 值，是 F 统计量的 p 值，这里 N、P、$N \times P$ 的 p 值均为 0，说明 N、P、$N \times P$ 对大豆的产量影响均为显著。

第 10 章

相关分析与回归分析

引导案例

我们可以列举许多关于客观现象之间存在的相互联系、相互影响、相互制约的例子，如商品销售额与流通费、施肥量与农作物产量、家庭收入与家庭支出、工资增长与劳动生产率之间的关系等。从数量上研究这些现象的相互依存关系，分析现象变动的影响因素和作用程度，在实际工作中是很有用的。例如，在工业生产中，通过对影响产品成本的各种因素的分析，以达到控制成本的目的；在农业生产中，通过观察和研究施肥量、密植程度、耕作深度等各因素对农作物产量的影响，来确定合理的施肥量、密植程度、耕作深度，进而提高农作物产量。

相关分析与回归分析是处理变量之间关系的一种统计分析。对于上述几对变量，我们关心的问题是变量间是否存在关系，关系的密切程度如何，关系的具体形式是什么，怎样根据一个变量的变动来估计另一个变量的变动。本章将对以上问题一一做出回答。

本章学习目标

1. 了解相关分析的意义，以及如何利用一元线性回归方程进行预测的方法。
2. 熟悉相关关系的描述方法——相关图和相关表。
3. 掌握相关系数的计算公式，利用相关系数如何判断现象相关的密切程度。
4. 掌握回归分析的意义和内容以及多元回归模型。

10.1 相关分析的意义与内容

一切客观现象都是普遍联系、相互制约而不是孤立的，并且它们之间的相互关系都可以用数量表现出来。例如，身材高大的人体重也要重一些；增加施肥量会使农作物单位产量得到提高；扩大商场营业面积可以降低流通费用；劳动生产率提高会相应地降低成本，使利润增加，等等。从数量上研究现象之间的相互关系，是统计认识社会的有效方法。相关分析就是这种有效的分析方法之一。

10.1.1 相关分析的意义及特点

1. 相关分析的意义

相关分析是研究变量之间关系的紧密程度，并用相关系数或指数来表示的。其目的是揭示现象之间是否存在相关关系，确定相关关系的表现形式以及确定现象变量之间相关关系的密切程度和方向。

2. 相关分析的特点

（1）相关分析主要是计算一个指标，即相关系数，用于反映变量之间相关的密切程度。

（2）分析时把两个变量的地位可以看成对等的，不用区分哪个是自变量，哪个是因变量，可以直接根据两个变量的数值计算相关系数。

（3）当变量之间存在着互为因果关系的条件下，相关系数也只有一个。例如，变量 x 和 y 中，无论 x 为自变量，y 为因变量，还是 x 为因变量，y 为自变量，两种条件下计算的相关系数是一个。

（4）相关系数有正负号，表示相关的方向。

（5）计算相关系数时，所需要的两个变量的资料都可以是随机的。

10.1.2　相关分析的内容

对客观现象之间存在的相关关系密切程度的研究，叫做相关分析，其研究目的在于探讨现象之间相互关系的密切程度及其变化的规律性，并做出正确判断，从而进行必要的预测与控制。在互相依存的两个变量中，可以根据研究目的，把其中一个变量确定为自变量，另一个对应变化的变量确定为因变量。

相关分析的主要内容包括：

（1）判定现象之间是否存在相关关系及其相关的表现形式。这是相关分析的出发点，主要通过定性分析和对相关图表的观察做出判断。

（2）测定现象之间相关关系的密切程度。这是相关分析的基本内容，主要通过计算相关系数来判定。若相关关系不密切，就没有必要进行下一步的研究；如果相关关系较密切，就必须花费大量的精力进行研究，为以后的分析奠定基础。

（3）确定相关关系的数学表达式。借助一个数学表达式来近似地描述变量之间的数量变化关系。数学表达式即数学模型，根据它可以由一个或几个自变量的数值推断出因变量的可能值。利用数学模型去判断、推算和预测事物的数量，这是定量相关分析的主要内容。

（4）确定因变量估计值的误差程度。主要通过计算估计标准误差来完成。根据得到的数学模型和给出的自变量的若干数值，求得因变量的若干个估计值。这个估计值与实际值之间有一定的差距，差距的大小反映估计值的准确性大小。估计标准误差是用于反映因变量估计值误差程度大小的指标，估计标准误差大，说明估计不精确；估计标准误差小，说明估计较精确。

相关分析的内容较多，本章仅介绍最简单的一元直线（线性）相关分析与回归分析。

10.2　相关关系和相关程度的判断

10.2.1　相关关系的概念和种类

1. 相关关系的概念与特点

相关关系是客观现象之间相互关系的一种形式。相关关系是指现象之间确实存在的，但关系数值不固定的相互依存关系。

相关关系具有如下两个特点：

第一，现象之间确实存在着数量上的依存关系。两种现象，如果一种现象发生数量上的变化，就会影响到与它有关的现象也会发生某种程度的数量上的变化。例如，物价水平的提高会引起商品销售量的减少，劳动生产率的提高会带来工资水平的增长，学习时间的延长会使学习成绩提高，等等。

第二，现象间的数量依存关系值是不确定的。两种现象，如果一种现象发生数量上的变化，另一种现象会有几种可能值与之相对应，而不是唯一确定的值的对应。例如，对于同类产品而言，投入等量的广告费，其销售数量却不一样；同样，增加同样数量的广告费，其销售量的增加量也不一定都相同。

2. 相关关系与函数关系

如果留意观察，就会发现客观现象之间的数量依存关系具有两种不同的类型，即函数关系和相关关系。

函数关系是指现象之间客观存在的一种完全确定的依存关系。在这一关系中，对于自变量的每一个取值，因变量都会有唯一确定的数值与之相对应。函数关系可以用一个数学公式确切地表示出来，即方程式 $y = a + bx$。相比较而言，相关关系则不是完全确定的。对于自变量的某一个数值，与之对应的因变量数值不是唯一的。相关关系一般不能用数学公式准确地表示。

可见，相关关系与函数关系属于两种不同类型的数量关系，主要区别在于函数关系反映完全确定性的数量关系，而相关关系表明的不是完全确定性的数量关系。应当指出，现实生活中，存在着大量的这种不确定性的相关关系。因此，对相关关系的分析，就成为统计分析的一项重要内容。

相关关系与函数关系也存在一定的联系。在研究相关关系时，常常要用函数关系的形式来表现，以便找到相关关系的一般数量表现形式。

3. 相关关系的种类

相关关系具有如下不同的种类：

（1）相关关系按相关的方向不同，可分为正相关和负相关。当自变量的数值增加（或减少）时，因变量的数值也随之增加（或减少），即两个变量变化的方向一致，称为正相关，如图 10-1a 所示。例如，企业的劳动生产率提高，产品产量随之提高；产品单位成本下降，总成本费用也随之一起减少。当自变量的数值增加（或减少）时，因变量的数值随之而减少（或增加），即两个变量变化的方向相反，称为负相关，如图 10-1b 所示。例如，商品的物价水平下降，销售量随之增加；反之，商品的物价水平上升，销售量随之减少。

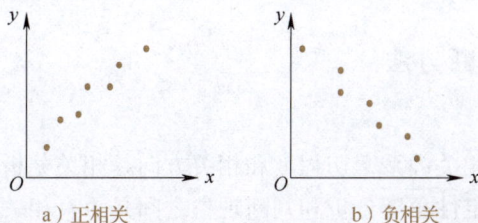

图 10-1　正相关与负相关

（2）相关关系按相关的表现形式不同，可分为线性相关和非线性相关。如果一个变量

215

变动时，另一个变量随之发生大致均等的变动，在散点图上近似地表现为一条直线，则这种相关关系称为线性相关，亦称直线相关，如图 10-2a 所示。如果一个变量变动时，另一个变量也随之发生变动，但变动是不均匀的，在散点图上近似地表现为曲线的形式，则这种相关关系就称为非线性相关，亦称曲线相关，如图 10-2b 所示。

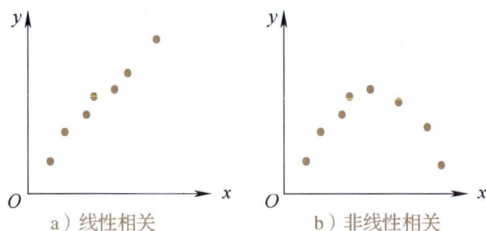

图 10-2 线性相关与非线性相关

（3）相关关系按变量之间的相关程度不同，可分为完全相关、不完全相关和不相关。如果一个变量的取值完全由另一个或一组变量的取值所决定，则这样的相关关系就是完全相关，此时，相关关系便成为函数关系，如图 10-3a 所示。例如，在价格一定的条件下，某种商品的销售额的大小由其销售量的变化来决定。如果两个现象之间的关系介于完全相关和不相关之间，则这样的相关关系就称为不完全相关，如图 10-3b 所示。不完全相关是相关分析的基本内容。当两个现象彼此互不影响，其数量变化各自独立时，称其为不相关，如图 10-3c 所示。

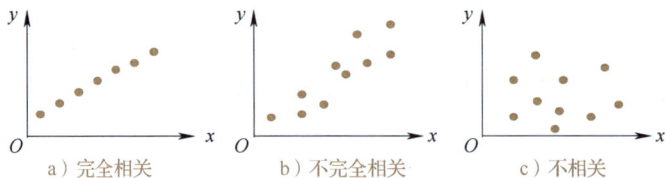

图 10-3 完全相关、不完全相关与不相关

（4）相关关系按其所涉及变量的多少不同，可分为单相关和复相关。单相关，亦称为一元相关，是指两个变量之间的相关关系。复相关，亦称为多元相关，是指三个或三个以上变量之间的相互关系，即一个因变量对应两个或多个自变量的相关关系。例如，施肥量与收获量的相关关系就是单相关，而施肥量、密植程度、降雨量、耕作深度与收获量之间的相关关系，就是复相关。

10.2.2 相关程度的判断方法

1. 相关关系的判断

判定两个变量之间的相关关系密切程度和相关方向是相关分析的重要内容之一。在进行相关分析之前，首先要从定性角度分析和判断现象之间是否有相关关系存在，以及是何种类型的关系。在初步确认有相关关系后，还要运用大量的实际客观资料，编制相关表，绘出相关图，利用相关图和相关表，再进一步计算相关系数，为相关分析奠定基础。

（1）相关表。相关表就是把具有相关关系的两个变量的具体数值按照一定的顺序平行排列在一张表上，以观察它们之间的关系。相关表有两种：简单相关表和分组相关表。一般是在总体单位数比较少的情况下采用简单相关表，如果总体单位数较多，就需要编制分组相关表，其方法与编制变量数列类似。相关表的作用：一是根据它可以绘制相关图；二是作为相关分析中各种计算的依据。

码 10-1

例 10-1　根据 10 个同类企业的生产性固定资产年平均价值和总产值资料编制相关表，如表 10-1 所示。

表 10-1　相关关系表　　　　　　　（单位：万元）

企业编号	生产性固定资产年平均价值	总 产 值
1	318	524
2	910	1 019
3	200	632
4	409	815
5	415	913
6	502	928
7	314	605
8	1 210	1 516
9	1 022	1 219
10	1 225	1 624

从表 10-1 中可以看出，生产性固定资产年平均价值与总产值之间有相关关系，表现为随着生产性固定资产年平均价值的增加，总产值也不断地增加。

（2）相关图。相关图又称为散点图，它是把相关表中一一对应的具体数值在直角坐标系中用坐标点描绘出来而形成的。例如，将表 10-1 所示的资料绘制成相关图，如图 10-4 所示。

码 10-2

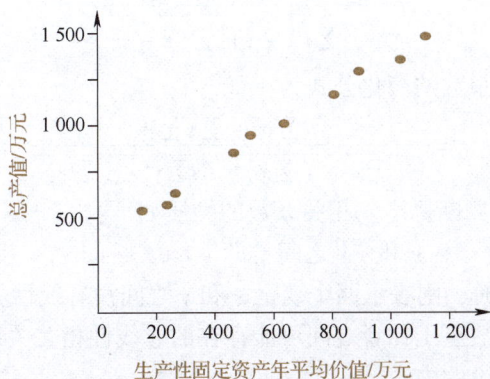

图 10-4　生产性固定资产年平均价值与总产值相关图

其中，以横轴代表自变量（生产性固定资产年平均价值），纵轴代表因变量（总产值），以表 10-1 中两个变量的对应数值为坐标点在坐标系中画出来，标出每对变量值的坐标点（相关点），用以表明相关点分布状况的图形即为相关图或散点图。利用相关图，可以更直

217

观、更形象地表现变量之间的相关关系。

从图 10-4 中可以清晰地看到，10 个企业生产性固定资产年平均价值与总产值间是线性正相关的。

2. 相关关系的测定

相关表和相关图都能对变量间的关系形态做出大致的描述，但不能准确反映变量之间的相关的密切程度，因此需要计算相关系数。

（1）相关系数的概念和计算方法。相关系数是在线性（直线）相关条件下，用于说明现象之间相关关系密切程度的统计分析指标。仅对两个变量之间相关程度的度量称为单相关系数，本书仅介绍这一种。相关系数通常用 r 表示。计算的方法有多种，如积差法和等级相关系数。这里主要介绍积差法。

用积差法计算相关系数，一般要先计算以下三个指标：

第一，自变量数列的标准差。

$$\sigma_x = \sqrt{\frac{\sum (x - \bar{x})^2}{n}} = \sqrt{\frac{1}{n} \sum (x - \bar{x})^2}$$

码 10-3

式中，σ_x 为自变量数列的标准差。

第二，因变量数列的标准差。

$$\sigma_y = \sqrt{\frac{\sum (y - \bar{y})^2}{n}} = \sqrt{\frac{1}{n} \sum (y - \bar{y})^2}$$

式中，σ_y 为因变量数列的标准差。

第三，两个数列的协方差。

$$\sigma_{xy}^2 = \frac{\sum (x - \bar{x})(y - \bar{y})}{n} = \frac{1}{n} \sum (x - \bar{x})(y - \bar{y})$$

式中，σ_{xy}^2 为两个数列的协方差。

根据以上计算的三个指标，就可以得到相关系数的计算公式，即

$$r = \frac{\sum (x - \bar{x})(y - \bar{y})}{\sqrt{\sum (x - \bar{x})^2 \sum (y - \bar{y})^2}}$$

进一步可推导出相关系数的简化公式为

$$r = \frac{n \sum xy - \sum x \sum y}{\sqrt{n \sum x^2 - (\sum x)^2} \sqrt{n \sum y^2 - (\sum y)^2}}$$

（2）相关密切程度的判断标准。相关系数的性质如下：

1）相关系数的取值介于 -1 和 $+1$ 之间，即 $-1 \leqslant r \leqslant +1$。

2）当相关系数 $r = 0$ 时，则表示两个变量 x 和 y 之间没有线性关系，但并不排除存在其他非线性相关关系的可能。至于二者之间可能存在的非线性相关关系，则需要利用其他指标进行分析，这不是本书讨论的内容。

3）如果相关系数 $|r| = 1$，则变量 x 和 y 之间完全线性相关。当 $r = 1$ 时，为完全正相关；当 $r = -1$ 时，为完全负相关。

4）在大多数情况下，$-1 < r < +1$ 时，说明变量 x 和 y 之间存在着一定的线性关系。r 的绝对值越接近 1，表示相关关系越强；r 的绝对值越接近 0，表示相关关系越弱。

具体来说，判断相关关系密切程度可以参照如表 10-2 所示的标准。

表 10-2　相关关系密切程度判断标准

相关系数绝对值 $|r|$	相关关系密切程度
0.3 以下	不相关
0.3 ~ 0.5	低度相关
0.5 ~ 0.8	显著相关
0.8 以上	高度相关

（3）相关系数的计算实例。

例 10-2　根据表 10-1 所示的资料，可知 10 个同类企业的生产性固定资产年平均价值和总产值的相关系数计算如表 10-3 所示。

码 10-4

表 10-3　相关系数计算

企业序号	生产性固定资产年平均价值 x(万元)	总产值 y(万元)	x^2	y^2	xy
1	318	524	101 124	274 576	166 632
2	910	1 019	828 100	1 038 361	927 290
3	200	632	40 000	399 424	126 400
4	409	815	167 281	664 225	333 335
5	415	913	172 225	833 569	378 895
6	502	928	252 004	861 184	465 856
7	314	605	98 596	366 025	189 970
8	1 210	1 516	1 464 100	2 298 256	1 834 360
9	1 022	1 219	1 044 484	1 485 961	1 245 818
10	1 225	1 624	1 500 625	2 637 376	1 989 400
合计	6 525	9 795	5 668 539	10 858 957	7 657 956

将表 10-2 中的有关数据代入相关系数公式中，可得

$$r = \frac{n\sum xy - \sum x \sum y}{\sqrt{n\sum x^2 - (\sum x)^2}\sqrt{n\sum y^2 - (\sum y)^2}}$$

$$= \frac{10 \times 7\,657\,956 - 6\,525 \times 9\,795}{\sqrt{10 \times 5\,668\,539 - 6\,525^2} \times \sqrt{10 \times 10\,858\,957 - 9\,795^2}} = 0.95$$

计算结果表明，10 个同类企业的生产性固定资产年平均价值与总产值之间存在着高度的正相关关系。

例 10-3　已知某企业 A 产品产量与单位成本的资料如表 10-4 所示。试计算该企业产品产量与单位成本之间的相关系数。

表 10-4　相关系数计算

月份	产品产量 x/t	单位成本 y（元）	x^2	y^2	xy
1 月	3	72	9	5 184	216
2 月	4	71	16	5 041	284
3 月	5	70	25	4 900	350
4 月	6	68	36	4 624	408

（续）

月　　份	产品产量 x/t	单位成本 y（元）	x^2	y^2	xy
5 月	7	66	49	4 356	462
6 月	8	65	64	4 225	520
7 月	9	63	81	3 969	567
8 月	10	62	100	3 844	620
9 月	11	61	121	3 721	671
10 月	12	60	144	3 600	720
合　　计	75	658	645	43 464	4 818

利用相关系数简化公式计算得

$$r = \frac{n\sum xy - \sum x \sum y}{\sqrt{n\sum x^2 - (\sum x)^2}\sqrt{n\sum y^2 - (\sum y)^2}}$$

$$= \frac{10 \times 4\,818 - 75 \times 658}{\sqrt{10 \times 645 - 75^2} \times \sqrt{10 \times 43\,464 - 658^2}} = -0.995$$

通过计算表明，该企业 A 产品产量与单位成本之间存在着高度的负相关关系。

10.3　回归模型的建立

10.3.1　回归分析的意义

1. 回归分析的概念

相关分析和回归分析都是研究两个变量相互关系的分析方法。但就具体方法所解决的问题而言，二者之间有着明显区别。相关系数能确定两个变量之间相关方向和相关的密切程度，但不能指出两个变量相互关系的具体形式，也就无法从一个变量的变化来推测另一个变量的变化情况。例如，企业增加一定产品产量，单位成本能降低多少；施肥量增加 1 kg，农作物单位产量可以提高多少，等等。

回归分析，就是对具有相关关系的两个或两个以上变量之间数量变化的一般关系进行测定，确立一个相应的数学表达式，以便从一个已知量来推测另一个未知量，为估计预测提供一种重要的方法。

2. 回归分析与相关分析的比较

（1）相关分析可以不必确定哪一个是自变量，哪一个是因变量，其涉及的变量之间的关系是对等的；回归分析则必须根据研究对象的性质和分析目的来判断哪一个是自变量，哪一个是因变量，并根据自变量的给定值，推算因变量的数值。因此，回归分析所研究的两个变量之间的关系不是对等的。

（2）相关分析主要是通过相关系数这一指标来反映变量之间相关的密切程度的高低；而回归分析则是利用所建立的回归方程，根据自变量的给定值，估计、推算、预测因变量的可能值。

（3）计算相关系数时，改变两个变量的地位并不影响相关系数的数值，所以只有一个相关系数；回归分析一般可以根据研究目的不同，分别建立两个不同的回归方程，即一个是以 x 为自变量、y 为因变量的"y 对 x 的回归方程"；另一个是以 y 为自变量、x 为因变量的"x 对 y 的回归方程"。当然，如果两个变量之间是单向因果关系，则回归分析就只能建立一个回归方程。

（4）相关分析中两个变量可以都是随机的；而在回归分析时，把自变量当作研究时可以控制的量，是非随机的，因变量才是随机的。

当然，回归分析和相关分析之间是相辅相成、密切联系的。相关分析需要回归分析来表明现象数量关系的具体形式，而回归分析则应该建立在相关分析的基础上。所以，相关分析是回归分析的基础和前提，回归分析是相关分析的深入和继续。只有把二者结合起来，才能达到分析的目的。

回归分析有不同的种类。按自变量的个数分，有一元回归和多元回归。只有一个自变量的叫做一元回归，又称简单回归。有两个或多个自变量的叫做多元回归，又称复回归。按回归的形状分，有线性回归（直线回归）和非线性回归（曲线回归）。本书只介绍简单线性回归分析方法。

10.3.2　一元线性回归模型

如果两个变量之间存在线性关系，其中一个是自变量，另一个是因变量，利用它们的样本数据，建立起表述它们之间关系的数学模型，对模型进行各种统计检验，并利用这一模型进行预测和控制，就是一元线性回归。

1. 总体回归模型

如果两个变量之间存在相关关系，并且一个变量的变化会引起另一个变量按某一线性关系变化，则两个变量间的关系可以用一元线性回归模型表述。

假设企业劳动生产率可解释为主要由年设备能力的变化所致，则劳动生产率作为因变量（被解释变量）Y，年设备能力作为自变量（解释变量）X，二者之间有以下数学结构式：

$$Y = \alpha + \beta x + \varepsilon$$

式中，α、β 为总体回归参数；ε 为随机项，表示除年设备能力以外其他影响劳动生产率变化的因素。

$Y = \alpha + \beta x + \varepsilon$ 被称为总体回归模型。若能搜集到变量 Y、X 的 n 个数据，则对每一组 Y_i、X_i 都存在上面的关系，即

$$Y_i = \alpha + \beta x_i + \varepsilon_i \quad (i = 1, 2, \cdots, n)$$

为了便于进行统计推断，变量 Y 与 X 所建立的 $Y_i = \alpha + \beta x_i + \varepsilon_i$ 一元线性回归模型有以下几点基本假设：

（1）变量 Y 与 X 之间存在着"真实的"线性关系。

（2）变量 X 为非随机变量。

（3）随机项 $i(i=1,2,\cdots,n) \sim N(0,2)$，且相互之间独立。

2. 样本回归模型

在实际的分析工作中，总体的数据一般是不能全部掌握的，常用的方法是用对应的样本数据对总体进行估计。于是我们可以设定样本回归模型和样本回归方程。

$Y = \alpha + \beta x + \varepsilon$ 中的参数 α、β 是理论上总体的值，实际上是不知道的，通常只能利用变量 Y、X 的样本数据，依据某种准则，得到它们的估计值 a、b。与 $Y = \alpha + \beta x + \varepsilon$ 相对应的样本回归模型为

$$Y = a + bx + e$$

式中，a、b 为总体回归参数 α、β 的估计值，称为回归系数，a 为回归直线的截距，b 为回归直线的斜率，二者结合反映变量 Y 与 X 之间的一种变动关系；e 为误差项。

与 $Y = a + bx + e$ 相对应的样本回归方程为

$$Y_i = a + bx_i + e_i$$

10.3.3　多元线性回归模型

1. 多元线性回归的概念

一元线性回归将影响因变量的自变量限制为一个，这在现实的大量社会经济现象中并不易做到。因而，实际应用回归分析法时，常需要有更一般的模型，把两个或更多个解释变量的影响分别估计在内，这就是多元回归，亦称多重回归。当影响因素与因变量之间是线性关系时，所进行的回归分析就是多元线性回归。

2. 多元线性回归方程

当影响变量 Y 的主要因素有 k 个时，可以建立起的总体回归模型为

$$Y = \alpha + \beta_1 x_1 + \beta_2 x_2 + \cdots + \beta_k x_k + \varepsilon$$

这是 Y 对 X_1，X_2，$\cdots$，X_k 的多元回归，也称多重回归或复回归。1，2，$\cdots$，k 称为偏回归系数。模型的基本假设大致与一元线性回归模型相同，只是自变量 X_1，X_2，$\cdots$，X_k 之间不能有较强的线性关系。

总体多元线性方程为

$$E(y) = a + b_1 x_1 + b_2 x_2 + \cdots + b_k x_k$$

利用变量 Y 与 X 的 n 组样本数据，依照一定准则，可以得到回归系数。1，2，$\cdots$，k 的估计值 b_0，b_1，$\cdots$，b_k 建立起样本回归模型：

$$y_i = \hat{a} + \hat{b}_1 x_{1i} + \hat{b}_2 x_{2i} + \cdots + \hat{b}_k x_{ki} + e_i$$

相应的多元线性回归方程为

$$\hat{y}_i = \hat{a} + \hat{b}_1 x_{1i} + \hat{b}_2 x_{2i} + \cdots + \hat{b}_k x_{ki}$$

10.3.4　利用回归方程进行预测

利用变量 Y 与 X 的 n 对样本数据建立的回归方程为

$$\hat{y} = a + bX$$

如果通过了上述的各种检验，即可用来预测。所谓预测问题，就是在确定自变量的某一个 X_0 值时求相应的因变量 Y 的估计值，其中又可以分为点预测和区间预测。

1. 点预测

将自变量的预测值 X_0 代入回归模型 $\hat{y} = a + bX$ 所得到的因变量 Y 的值 Y_0，作为与 X_0 相对应的 Y_0 的预测，就是点预测。可以证明 Y_0 是无偏预测。

2. 区间预测

对于与 X_0 相对应的值 Y_0，$\hat{y} = a + bX$ 可以作为 $Y_0 = a + bX + e$ 的一个点估计值。但不同的样本会得到不同的 a、b，因此，与 Y_0 之间总存在一定的抽样误差。在回归模型的假设条件下，可以证明 $\hat{y} - Y_0 \sim N\left[0, \sigma^2\left(1 + 1 + \dfrac{(x_0 + x)^2}{\sum(x_i - \bar{x})^2}\right)\right]$，因此，$Y_0$ 的概率为 $1 - a$ 的预测区间为

$$\hat{y}_0 \pm t_{\frac{a}{2}}\sigma\sqrt{1 + \frac{1}{n} + \frac{(x_0 - x)^2}{\sum(x_i - x)}}$$

当 X_0 取值在 x 附近，n 又比较大时，可以近似地认为 $\hat{Y}_0 - Y_0 \sim N(0, S_{y^2})$。因而 Y_0 的概率为 $1 - a$ 的预测区间为

$$\hat{y}_0 \pm t_{\frac{a}{2}}S_y$$

实际应用时，常常采用这一区间作为因变量 Y 相对应于自变量 X_0 的回归预测区间。当 $a = 0.05$ 时，Y_0 的 95% 预测区间为

$$\hat{y}_0 \pm 2S_y$$

若 $a = 0.01$，则 Y_0 的 99% 预测区间为

$$\hat{y}_0 \pm 3S_y$$

3. 应用回归分析时应注意的问题

回归方程分析是一种科学的分析方法，在计算和应用时，应注意如下几点：

（1）在定性分析的基础上进行定量分析，是保证正确运用回归分析的必要条件。如果将毫无关系的现象不加任何分析就配以回归方程进行模拟，就可能导致虚假性回归，结论是荒谬的。

（2）与相关系数 r 一样，回归系数 b 有正负号，正号表示两个变量之间为正相关，负号表示两个变量之间为负相关。但是，回归系数数值的大小与相关表中原数列使用的计量单位有关，所以它不能表明两个变量之间变化的密切程度，只能表明自变量每变化一个单位的量而因变量平均变化的量。

（3）应用回归分析方法进行推算或预测时要注意条件的变化。在做回归估计时，自变量的取值范围应以原数列 x 值范围为限，超出此范围的取值会造成很大误差，导致估计值 y_c 不可信。例如，施肥量和收获率之间的关系，在一定数量界限内，施肥量增加，收获率相应增加，体现为线性相关；但是一旦施肥量超过一定数量，收获率反而出现下降的情况，这就是一种非线性相关。

（4）注意社会经济现象的复杂性。社会经济现象之间的关系比自然现象的关系复杂得多。影响社会经济现象之间关系的不仅有自然技术条件，而且有政治的、经济的、道德的，甚至心理的因素等。同时，社会条件的变化也比较多、比较快。因此，在应用回归分析时应注意社会经济现象的复杂性。

（5）在进行回归分析时，最好与相关分析、估计标准误差同时使用。回归分析中，回归方程是重要的，它反映现象之间变化的一般规律，可以用于推算和预测。相关关系或估计标准误差则是说明回归方程的代表性大小的指标，它可以使我们了解根据回归方程所计算的

估计值的准确程度。

本章小结

本章主要介绍了三方面的内容：一是相关分析的一般问题，包括相关分析的有关概念、相关关系的种类及相关分析的主要内容；二是相关关系的测度，包括相关关系的图表显示和相关系数的计算，重点是利用相关系数来测定相关的方向和相关的密切程度；三是现象因果关系的回归分析，包括回归方程的建立、回归方程的推算、预测和分析等。

应用回归分析时需注意的问题如下：

（1）在定性分析的基础上进行定量分析，是保证正确运用回归分析的必要条件。

（2）与相关系数 r 一样，回归系数 b 有正负号，正号表示两个变量之间为正相关，负号表示两个变量之间为负相关。它只能表明自变量每变化一个单位的量而因变量平均变化的量。

（3）应用回归分析方法进行推算或预测时要注意条件的变化。

（4）注意社会经济现象的复杂性。

（5）在进行回归分析时，最好与相关分析、估计标准误差同时使用。

复习思考题

一、概念题

相关关系　相关系数　自变量　因变量　回归方程　回归系数

二、简答题

（1）解释相关关系的含义，并举出三个例子。

（2）简述相关关系和函数关系有何区别与联系。

（3）简述相关关系的种类。

（4）简述相关系数的取值及其意义。

（5）简述回归分析和相关分析的区别与联系。

（6）在直线回归方程 $y_c = a + bx$ 中，参数 a 和 b 的含义是什么？怎样求出 a 和 b 的值？

三、练习题

1. 判断题（把"√"或"×"填在题后的括号里）

（1）现象之间的相关关系可以用一个严格的数学表达式表示出来。　　　　（　）

（2）相关系数为 $+1$ 时，两变量完全正相关；相关系数为 -1 时，两个变量完全负相关。　（　）

（3）当相关系数等于零时，两变量之间不存在相关关系。　　　　　　　　（　）

（4）若变量 x 的值增加时，变量 y 的值也增加，说明 x 与 y 之间存在正相关关系；若变量 x 的值减少时，y 变量的值增加，说明 x 与 y 之间存在负相关关系。　　　　　　　（　）

（5）回归系数和相关系数都可以用来判断现象之间相关的密切程度。　　　（　）

（6）利用最小平方法配合的直线回归方程，要求实际测定的所有相关点和直线上点的距离平方和为零。

　　　　　　　　　　　　　　　　　　　　　　　　　　　　　　　　（　）

2. 单选题

（1）现象之间相关关系的类型有（　　）。

　A. 相关关系和因果关系　　　　　　　　B. 相关关系和随机关系

C. 相关关系和函数关系　　　　　　　　D. 函数关系和因果关系

(2) 存在相关关系的两变量间关系的性质是（　　）。

　　A. 因果关系　　　　　　　　　　　　B. 共变关系

　　C. 可能是因果关系，也可能是共变关系　　D. 以共变形式表现的因果关系

(3) 当自变量的数值确定后，因变量的数值不固定，这种关系属于（　　）。

　　A. 相关关系　　　　B. 函数关系　　　　C. 回归关系　　　　D. 因果关系

(4) 在相关分析中，要求相关的两变量（　　）。

　　A. 都是随机变量　　　　　　　　　　B. 都不是随机变量

　　C. 因变量是随机变量　　　　　　　　D. 自变量是随机变量

(5) 降雨量与农作物亩产量之间的关系是（　　）。

　　A. 函数关系　　　　B. 相关关系　　　　C. 随机关系　　　　D. 简单关系

(6) 正相关的特点是（　　）。

　　A. 当自变量的值变动时，因变量的值也随着变动

　　B. 当自变量的值变动时，因变量的值不随着变动

　　C. 当自变量的值增加时，因变量的值也随着增加

　　D. 当自变量的值增加时，因变量的值反而减少

3. 多选题

(1) 在直线相关和回归分析中（　　）。

　　A. 据同一资料，相关系数只能计算一个

　　B. 据同一资料，相关系数可以计算两个

　　C. 据同一资料，回归方程只能配合一个

　　D. 据同一资料，回归方程随自变量与因变量的确定不同，可能配合两个

　　E. 回归方程和相关系数均与自变量和因变量的确定无关

(2) 直线相关分析的特点有（　　）。

　　A. 两变量不是对等的　　　　　　　　B. 两变量只能算出一个相关系数

　　C. 相关系数有正负号　　　　　　　　D. 两变量都是随机的

　　E. 相关系数的绝对值是介于 0 ~ 1 的数

(3) 测定现象之间有无相关关系的方法有（　　）。

　　A. 编制相关表　　　　　　　　　　　B. 绘制相关图

　　C. 对客观现象作定性分析　　　　　　D. 计算估计标准误差

　　E. 配合回归方程

(4) 下列属于正相关的现象有（　　）。

　　A. 家庭收入越多，其消费支出也越多

　　B. 某产品产量随工人劳动生产率的提高而增加

　　C. 流通费用率随商品销售额的增加而减少

　　D. 生产单位产品所耗工时随劳动生产率的提高而减少

　　E. 产品产量随生产用固定资产价值的减少而减少

(5) 下列属于相关关系的有（　　）。

　　A. 圆的半径长度和周长的关系　　　　B. 农作物收获和施肥量的关系

　　C. 商品销售额和利润率的关系　　　　D. 产品产量与单位产品成本的关系

　　E. 家庭收入多少与消费支出增长的关系

4. 计算题

(1) 某企业机床使用年限与维修费用的资料如表 10-5 所示。

225

表 10-5　某企业机床使用年限与维修费用的资料

序　　号	机床使用年限 x（年）	年维修费用 y（元）
1	2	400
2	2	540
3	3	520
4	4	640
5	4	740
6	5	600
7	5	800
8	6	700
9	6	760
10	6	900

要求：

1）列出直线回归方程式，并得 a，b 的值。

2）解释说明回归系数 b 的含义。

（2）12 名学生的英语编班测验分数与英语期末分数的资料如表 10-6 所示。

表 10-6　12 名学生的英语编班测验分数与英语期末分数的资料　　（单位：分）

学 生 编 号	编班测验分数 x	英语期末分数 y
1	51	75
2	52	72
3	59	82
4	45	67
5	61	75
6	54	79
7	56	78
8	67	82
9	63	87
10	53	72
11	60	96
12	65	89

要求：计算两次英语分数之间的相关系数，并说明相关的密切程度如何。

（3）某市 2008～2013 年城镇居民人均消费支出和收入情况如表 10-7 所示。

表 10-7　某市 2008～2013 年城镇居民人均消费支出和收入情况　　（单位：万元）

年份/年	人均收入 x	人均消费支出 y
2008	5.2	4.1
2009	5.9	4.8
2010	6.8	5.2
2011	7.6	6.3
2012	8.1	6.2
2013	9.5	8.1

要求：

1）计算相关系数。

2）确定人均支出对人均收入的直线回归方程。

确定人均收入达到 11 万元时，人均消费支出是多少。

（4）根据某部门 5 个企业产品销售额和销售利润的资料得出以下计算结果（单位：万元）：

$$\sum xy = 172\,780, \sum x^2 = 2\,740\,300, \sum x = 3\,510, \sum y^2 = 11\,067.25, \sum y = 213.5$$

要求：计算产品销售额与销售利润的相关系数。

（5）某地区 2005～2009 年各年的人均收入与商品销售额的资料如表 10-8 所示。

表 10-8　某地区 2005～2009 年各年的人均收入与商品销售额的资料

年份/年	人均收入（元）	商品销售额（亿元）
2005	600	88
2006	640	92
2007	700	99
2008	780	103
2009	880	110

要求：

1）计算相关系数，并说明相关方向和相关程度。

2）建立回归直线方程，并说明回归系数 b 的经济含义。

3）估计人均收入为 1 500 元时的商品销售额。

软件应用——SPSS 的相关分析与回归分析

一、SPSS 的相关分析

（一）基本原理

相关分析是用某个指标来表明现象之间相互依存关系的密切程度。用来测度简单线性相关关系的系数是简单相关系数。一般来说相关性越高，做主成分分析就越成功。主成分分析是通过降低空间维度来体现所有变量的特征使得样本点分散程度极大，说得直观一点就是寻找多个变量的一个加权平均来反映所有变量的一个整体性特征。

（二）实验工具

实验工具为汉化版的 SPSS 软件。

（三）试验方法

例 10-4　设有 10 个厂家，序号为 1，2，…，10，各厂的投入成本记为 x，所得产出记为 y。各厂家的投入和产出如表 10-9 所示。根据这些数据，可以认为投入和产出之间存在相关性吗？

表 10-9　10 个厂家的投入和产出　　　　（单位：万元）

厂家	1	2	3	4	5	6	7	8	9	10
投入	20	40	20	30	10	10	20	20	20	30
产出	30	60	40	60	30	40	40	50	30	70

1. 操作步骤

选择菜单命令"分析"→"相关分析"→"两个变量相关分析",打开"两个变量相关"对话框。

选入需要进行相关分析的变量进入"变量"框,至少需要选入两个,如选入"投入""产出"变量。

在"相关系数"复选框中选择需要计算的相关系数。主要有:"Pearson"(皮尔逊)复选框,选择进行积距相关分析,即最常用的参数相关分析;"Spearman"(斯皮尔曼)复选框,计算 Spearman 相关系数,即最常用的非参数相关分析(秩相关)。

"显著性检验"单选框用于确定是进行相关系数的单侧还是双侧检验,系统默认双侧检验。

"标志显著相关"用于确定是否在结果中用星号标记有统计学意义的相关系数,一般选中。选中时 $p < 0.05$ 的系数值旁会标记一个星号,$p < 0.01$ 的则标记两个星号。

单击"选项"按钮,弹出"两个变量相关:选项"对话框,选择需要计算的描述统计量和统计分析。

在"统计"复选框中定义各变量输出的描述统计量。"均值和标准差"选项表示每个变量的样本均值和标准差;"离差平方和样本方差,协方差"选项表示各对变量的离差平方和、样本方差、两变量的叉积离差以及协方差阵。叉积离差为皮尔逊相关系数公式中的分子部分;协方差为 $\dfrac{叉积离差}{n-1}$。

在"缺失值"单选框中定义分析中对缺失值的处理方法,可以是具体分析用到的两个变量有缺失值才去除该记录(排除的情况下成对),或只要该记录中进行相关分析的变量有缺失值(无论具体分析的两个变量是否缺失),则在所有分析中均将该记录去除。

单击"确定"按钮完成设置,提交运行。

2. 输出结果及分析

根据资料,利用表 10-9 中的数据,建立 SPSS 数据文件,分别将变量"投入""产出"选入"变量"框中,并在"选项"对话框选中"均值和标准差"选项和"离差平方和样本方差,协方差"选项,其他选择默认。结果如表 10-10 和表 10-11 所示。

表 10-10　描述统计量

项　　目	平　均　数	标　准　差	数　量
投入	22.00	9.189	10
产出	45.00	14.337	10

表 10-11　简单相关系数分析结果

项　　目		投　　入	产　　出
投入	皮尔逊相关系数	1	0.759*
	显著性双侧检验	—	0.011
	平方和平方的差积	760.000	900.000
	协方差	84.444	100.000
	数量	10	10

（续）

项　　目		投　　入	产　　出
产出	皮尔逊相关系数	0.759 *	1
	显著性双侧检验	0.011	—
	平方和平方的差积	900.000	1 850.000
	协方差	100.000	205.556
	数量	10	10

*相关性在 0.05 水平上显著（双侧检验）。

　　表 10-10 为描述统计量，表 10-11 为相关分析结果。从表 10-11 中可以看出皮尔逊相关系数为 0.759，即投入与产出的相关系数为 0.759，双侧检验的 p 值为 0.011，明显小于 0.05，拒绝二者不相关的原假设。因此，我们可以得出结论：投入与产出之间存在正相关，当投入增加时，产出也会相应增加。

二、SPSS 的回归分析

（一）基本原理

　　回归分析是统计分析中的常用方法之一，这类方法不仅可以提供变量之间相互关系的数学表达式，还可以利用统计理论对这种关系进行统计检验，并进一步利用所得的公式进行预测和决策。得出参数的估计值并对参数和方程的显著性进行假设检验是回归分析的基本任务。在实际应用中要得到一个可靠的回归模型还需要做大量的其他诊断和检验，并根据检验结果不断对最初的模型进行修正。例如，线性回归模型的基本假设条件是保证最小二乘估计量优良性质的基础。对这些假设条件的检验也是回归分析的重要内容。

（二）实验工具

　　实验工具为汉化版的 SPSS 软件。

（三）试验方法

　　例 10-5　某地区病虫测报站用相关系数法选取了以下 4 个预报因子；x_1 为最多连续 10 天诱蛾量（单位：头）；x_2 为 4 月上、中旬百束小谷草把累计落卵量（单位：块）；x_3 为 4 月中旬降水量（单位：mm），x_4 为 4 月中旬雨日（单位：天）。分级别数值列表如表 10-12 所示。

表 10-12　某地区病虫测报站分级别数值列表

年份/年	X_1		X_2		X_3		X_4		Y	
	诱蛾量（头）	级　别	落卵量（块）	级　别	降水量/mm	级　别	雨日（天）	级　别	幼虫密度（头）	级　别
1960	1 022	4	112	1	4.3	1	2	1	10	1
1961	300	1	440	3	0.1	1	1	1	4	1
1962	699	3	67	1	7.5	1	1	1	9	1
1963	1 876	4	675	4	17.1	4	7	4	55	4
1965	43	1	80	1	1.9	1	2	1	3	1
1966	422	2	20	1	0	1	0	1	3	1

（续）

年份/年	X_1		X_2		X_3		X_4		Y	
	诱蛾量（头）	级 别	落卵量（块）	级 别	降水量/mm	级 别	雨日（天）	级 别	幼虫密度（头）	级 别
1967	806	3	510	3	11.8	2	3	2	28	3
1969	115	1	240	2	0.6	1	2	1	7	1
1971	718	3	1 460	4	18.4	4	4	2	45	4
1972	803	3	630	4	13.4	3	3	2	26	3
1973	572	2	280	2	13.2	2	3	2	16	2
1974	264	1	330	3	42.2	4	3	2	19	2
1975	198	1	165	2	71.8	4	5	3	23	3
1976	461	2	140	1	7.5	1	5	3	28	3
1977	769	3	640	4	44.7	4	3	2	44	4
1978	255	1	65	1	0	1	0	1	11	2

预报量 y：每平方米幼虫 0～10 头为 1 级，11～20 头为 2 级，21～40 头为 3 级，40 头以上为 4 级。

预报因子：x_1 诱蛾量 0～300 头为 1 级，301～600 头为 2 级，601～1 000 头为 3 级，1 000 头以上为 4 级；x_2 落卵量 0～150 块为 1 级，151～300 块为 2 级，301～550 块为 3 级，550 块以上为 4 级；x_3 降水量 0～10.0mm 为 1 级，10.1～13.2mm 为 2 级，13.3～17.0mm 为 3 级，17.0mm 以上为 4 级；x_4 雨日 0～2 天为 1 级，3～4 天为 2 级，5 天为 3 级，6 天或 6 天以上为 4 级。

1. 操作步骤

（1）准备分析数据。在 SPSS 数据编辑窗口中，创建"年份""诱蛾量""落卵量""降水量""雨日"和"幼虫密度"变量，并输入数据。再创建诱蛾量、落卵量、降水量、雨日和幼虫密度的分级变量"x_1"、"x_2"、"x_3"、"x_4"和"y"，它们对应的分级数值可以在 SPSS 数据编辑窗口中通过计算产生。

（2）启动线性回归过程。单击 SPSS 主菜单的"分析"下的"回归分析"中的"线性"项，打开"线性回归"窗口。

（3）设置分析变量

1）设置因变量：用鼠标选中左边变量列表中的"幼虫密度 [y]"变量，然后单击"因变量"栏左边的向右拉按钮，该变量移到"因变量"栏里。

2）设置自变量：将左边变量列表中的"诱蛾量 [x_1]""落卵量 [x_2]""降水量 [x_3]""雨日 [x_4]"变量，移到"自变量"栏里。

3）设置"选择变量"：本例中不使用"选择变量"，所以不选择任何变量。

4）选择"观测量标签"：选择"年份"为"观测量标签"。

5）选择"WLS 加权"：本例中没有加权变量，因此不做任何设置。

（4）回归方式。本例中的 4 个预报因子变量是经过相关系数法选取出来的，在回归分析时不做筛选。因此在"方法"框中选中"Enter"（进入）选项，建立全回归模型。

（5）设置输出统计量。单击"统计"按钮，打开"线性回归：统计"对话框，该对话框用于设置相关参数。其中各项的意义分别如下：

1）"回归系数"选项：①"估计"选项，输出回归系数和相关统计量；②"信赖区间"选项，回归系数的 95% 置信区间；③"协方差矩阵"选项，回归系数的方差—协方差矩阵。

本例子选择输出回归系数和相关统计量。

2）"残差"选项：①"Durbin-Watson"（杜宾—沃森）选项；②"Casewise 诊断"（奇异值诊断选项），输出满足选择条件的观测量的相关信息。选择该项，则下面两项处于可选状态，可以选择标准化残差的绝对值大于输入值的观测量，或选择所有观测量。

本例子都不选。

3）其他输入选项：①"模型拟合"选项，输出相关系数、相关系数平方、调整系数、估计标准误差、ANOVA（方差分析）表；②"R 平方变化"选项，输出由于加入和剔除变量而引起的复相关系数平方的变化；③"描述"选项，输出变量矩阵、标准差和相关系数单侧显著性水平矩阵；④"部分和偏相关"选项，相关系数和偏相关系数；⑤"共线性诊断"选项，显示单个变量和共线性分析的公差。

本例子选择"模型拟合"选项。

（6）保存分析数据的选项。在主对话框里单击"保存"按钮，打开"线性回归：保存"对话框。

1）"预测值"栏选项：①"不标准化"选项，非标准化预测值，会在当前数据文件中新添加一个以字符"PRE_"开头命名的变量，存放根据回归模型拟合的预测值；②"标准化"选项，标准化预测值；③"调整"选项，调整后预测值；④"平均标准误预测"选项，预测值的标准误。

本例选中非标准化预测值。

2）"距离"栏选项：①"Mahalanobis"（马氏距离）选项；②"Cook's"选项，用于诊断各种回归分析中是否存在异常数据；③"Leverage"选项，杠杆值。

3）"预测区间"选项：①"均值"选项，区间的中心位置。②"单值"选项，观测量上限和下限的预测区间。在当前数据文件中新添加一个以字符"LICI_"开头命名的变量，存放预测区间下限值；以字符"UICI_"开头命名的变量，存放预测区间上限值。③"信赖区间"栏，置信程度。

本例中不选。

4）"保存到新的文件"栏：选中"系数统计"项将回归系数保存到指定的文件中。本例中不选。

5）"输出模型信息到 XML 文件"栏，导出统计过程中的回归模型信息到指定文件。本例中不选。

6）"残差"选项：①"不标准化"选项，非标准化残差；②"标准化"选项，标准化残差；③"学生化"选项，学生化残差；④"删除"选项，删除残差；⑤"学生化删除"选项，学生化删除残差。

本例中不选。

7）"影响统计量"选项：①"DfBeta"选项，删除一个特定的观测值所引起的回归系数

231

的变化；②"Standardized DfBeta"选项，标准化的去除观测值后预测值的变化；③"DfFit"选项，删除一个特定的观测值所引起的预测值的变化；④"Standardized DfFit"选项，标准化的除观测值后预测值的变化；⑤"协方差比率"选项，删除一个观测值后的协方差矩阵的行列式和带有全部观测值的协方差矩阵的行列式的比率。

本例中不保存任何分析变量，不选择。

（7）在主对话框里单击"选项"按钮，打开"线性回归：选项"对话框。

1）"逐步方法标准"框用于进行逐步回归时内部数值的设定。其中各项为：①"使用 F 分布的概率"选项。如果一个变量的 F 值的概率小于所设置的"进入"值（Entry），那么这个变量将被选入回归方程中；当变量的 F 值的概率大于设置的"移除"值（Removal），则该变量将从回归方程中被剔除。由此可见，设置变量 F 值的概率小于所设置的进入值时，应使进入值小于移除值。②"使用 F 值"选项。如果一个变量的 F 值大于所设置的"进入"值（Entry），那么这个变量将被选入回归方程中；当变量的 F 值小于设置的"移除"值（Removal），则该变量将从回归方程中被剔除。

同时，设置"使用 F 值"时，应使进入值大于移除值。

本例是全回归不设置。

2）"在方程式中包含常量"选项，选择此项表示在回归方程中有常数项。

本例选中该选项，在回归方程中保留常数项。

3）"缺失值"框用于设置对缺失值的处理方法。其中各项为：①"排除因变量或自变量有缺失值的观测量"选项；②"排除因变量与自变量均有缺失值的观测量"选项；③"用平均值替换"选项。

本例选中"排除因变量或自变量有缺失值的观测量"。

（8）提交执行。在主对话框里单击"确定"按钮，提交执行，结果将显示在输出窗口中。输出结果如表 10-13 和表 10-14 所示。

表 10-13　模型概述

Model	R	R Square	Adjusted R Square	Std. Error of the Estimate
1	0.894	0.799	0.726	0.619

表 10-14　方差分析

Model		Sun of Squarss（平方和）	df（自由度）	Marn Square（均方）	F	Sig（显著性水平）
1	Regression（回归）	16.779	4	4.195	10.930	0.001（a）
	Residual（剩余）	4.221	11	0.384		
	Total（总的）	21.000	15			

2. 输出结果及分析

表 10-13 是回归模型统计量：R 是相关系数；R Square 是相关系数的平方，又称判定系数，判定线性回归的拟合程度，用来说明用自变量解释因变量变异的程度（所占比例）；"Adjusted R Square"是调整后的判定系数；"Std. Error of the Estimate"是估计标准误差。

表 10-14 是回归模型的方差分析表，F 值为 10.93，显著性水平是 0.001，表明回归极显著。

　　显著性水平值是 T 统计量对应的概率值，所以 T 和显著性水平两者是等效的，看显著性水平就可以了。显著性水平值要求小于给定的显著性水平，一般是 0.05、0.01 等，显著性水平越接近于 0 越好；R 平方衡量方程拟合优度，R 平方越大越好，一般来说，大于 0.8 说明方程对样本点的拟合效果很好，0.5 ~ 0.8 之间也可以接受。如果是时间序列的话，R 平方很容易达到很大，如果是截面数据，则 R 平方的要求没那么严格。但要注意的是 R 平方统计量不是检验的统计量，只衡量显著性；F 是检验方程显著性的统计量，是平均的回归平方和与平均剩余平方和之比，越大越好。

　　回归系数如表 10-15 所示，表中 "Sig"，Sig = significance，意为 "显著性"，下面的值就是统计出的 p 值，如果 $0.01 < p < 0.05$，则为差异显著，如果 $p < 0.01$，则差异极显著。

表 10-15　回归系数

Model	Unstandardized Coefficients（非标准化回归系数）		Standardized Coefficients（标准化回归系数）	t	Sig.
	B	Std. Error	Beta（β）		
1　（Constant）（常数）	-0.182	0.442		-0.412	0.668
诱蛾量	0.142	0.158	0.133	0.800	0.367
落卵量	0.245	0.213	0.258	1.145	0.276
降水量	0.210	0.224	0.244	0.996	0.369
雨日	0.605	0.245	0.466	2.473	0.031

　　建立回归模型。根据多元回归模型：

$$Y = \alpha + \beta_1 x_1 + \beta_2 x_2 + \cdots + \beta_k x_k + \varepsilon$$

从方差分析表中得知：F 统计量为 10.93，系统自动检验的显著性水平为 0.001。$F(0.05, 4, 11)$ 值为 3.36，$F(0.01, 4, 11)$ 值为 5.67，$F(0.001, 4, 11)$ 值为 10.35。因此回归方程相关非常显著。

第 11 章
统 计 指 数

引导案例

在日常生活中,人们往往对所见到的或所听到的物价指数很感兴趣。例如,2016 年我国统计公报中提到:全年居民消费价格比上年上涨 2.0%;工业生产者出厂价格下降 1.4%;工业生产者购进价格下降 2.0%;固定资产投资价格下降 0.6%;农产品生产者价格上涨 3.4%。12 月份 70 个大中城市新建商品住宅销售价格月同比上涨的城市个数为 65 个,下降的为 5 个;月环比上涨的城市个数为 46 个,比年内高点减少 19 个,持平的为 4 个,下降的为 20 个。除了消费物价指数以外,还有股票价格指数、债券价格指数、外汇和期货价格指数等。究竟什么是指数?物价指数数字是如何计算出来的?它们又反映了什么内容?物价的变动对于百姓的生活消费支出有多大影响?本章将针对上述一系列问题做出回答。

例如,某市场四种副食品调整价格前后的资料如表 11-1 所示。

表 11-1　某市场四种副食品调整价格前后的资料

副 食 品	调 整 前		调 整 后	
	零售价 (元/kg)	零售量/kg	零售价 (元/kg)	零售量/kg
蔬菜	1.8	5 000	2.5	5 200
猪肉	9.0	4 460	11.0	5 520
鲜蛋	4.2	1 200	3.8	1 150
鲜鱼	6.0	1 150	7.2	1 300

我们将如何反映在调整价格前后,这四种副食品的零售价格总体上的变化是多少?以及由于价格调整使附近的居民增加或减少了多少消费支出呢?

本章将介绍统计指数的基本概念和统计指数编制的基本原理及其应用。本章既是全书的重点,又是难点所在。

本章学习目标

1. 掌握总指数的两种形式——综合指数与平均指数的编制方法,指数体系因素分析方法和具体应用。

2. 熟悉统计指数的概念和作用;了解综合指数与平均指数的含义及特点,并比较二者的区别及联系;掌握指数体系的概念和作用、指数因素分析法的种类及步骤。

3. 了解统计指数的分类、拉氏指数和派氏指数的区别,以及我国常用的几种价格指数。

11.1　统计指数概述

11.1.1　统计指数的概念

统计指数的编制最早起源于物价指数，最初的物价指数局限于某一种商品价格在不同时间上的对比。例如，假定鸡蛋上月的价格为 2 元/500g，本月的价格为 2.5 元/500g，则鸡蛋价格的变化为

$$\frac{本月价格}{上月价格} = \frac{2.5}{2.0} = 125\%$$

这说明鸡蛋的本月价格是上月价格的 1.25 倍，或者说鸡蛋价格的动态相对值为 125%，这就是物价指数，25%（125% – 100%）表示物价上涨的幅度。

随着统计指数应用范围的不断扩大，其含义和内容也随之发生了变化，由单纯反映一种现象的相对变动，到反映多种现象的综合变动；由不同时间的对比分析，到不同空间的比较分析，等等。广义地讲，任何两个数值对比形成的相对数都可以称为统计指数，前面学过的动态相对指标、比较相对指标和计划完成程度相对指标也可以叫统计指数；狭义地讲，统计指数是一种特殊的相对指标，反映不能直接相加和对比的多因素组成的复杂现象综合变动的相对数。例如，综合说明所有工业产品产量的变动时，由于各种产品的使用价值和计量单位不同，它们的产量是不能直接相加的，我们不能将 1 辆自行车和 2 台彩电直接相加，同样也不能将它们的价格或单位成本相加，因而无法说明全部工业产品产量、价格、单位成本的综合变动情况。本章专门讨论狭义统计指数。

11.1.2　统计指数的分类和作用

1. 统计指数的分类

统计指数可以从不同的角度加以分类。

（1）统计指数按照说明社会经济现象范围的不同，分为个体指数和总指数。

个体指数是反映个别现象变动的相对数，如个别商品的销售量指数、个别商品的价格指数等。个体指数用公式表示为

$$K_q = \frac{q_1}{q_0}$$

$$K_p = \frac{p_1}{p_0}$$

式中，K_q 为个体物量指数；q_1 为报告期某种商品销售量；q_0 为基期某种商品销售量；K_p 为个体价格指数；p_1 为报告期某种商品价格；p_0 为基期某种商品价格。

总指数是综合反映多种（或全部）现象数量变动的相对数，如消费品零售物价总指数、农副产品收购价格总指数。总指数按其表现形式不同，又分为两种：综合指数和平均指数。

（2）统计指数按照指标的内容不同，可分为数量指标指数和质量指标指数。

数量指标指数简称数量指数，是反映现象总体规模或总水平的变动程度的相对数，如产品产量指数、商品销售量指数等。

质量指标指数简称质量指数，是反映现象的相对水平、平均水平或工作质量变动程度的相对数，如价格指数、单位成本指数、劳动生产率指数等。

（3）统计指数按所采用的基期不同，分为定基指数和环比指数。

如果连续将多个时期的指标加以比较，就形成指数数列。采用某一固定时期作为基期，这样计算的一系列指数称为定基指数。采用各报告期前一期作为基期，这样计算的一系列指数称为环比指数。

（4）统计指数按照编制任务的不同，分为时间指数、地区指数和计划完成情况指数。

时间指数是反映现象在时间上动态变化的统计指数，其对比基准是现象在基期的水平，亦称动态指数，这是统计指数的基本形式，如上述的价格指数、商品销售量指数、产量指数等。

地区指数是反映同一时期的现象在地区之间综合比较变化的统计指数，其对比基准是同一时期的现象在某一地区的水平，如对比不同地区物价水平的高低、对比同类企业能源消耗水平的差别等。

计划完成情况指数是反映所研究现象计划综合完成程度的统计指数，用于对计划任务完成程度进行检查，其对比基准是该现象的计划任务数。

2. 统计指数的作用

第一，可以综合反映社会经济现象总体的变动方向和变动程度。

第二，可以分析经济发展变化中受各个影响因素变动的影响方向和影响程度。

统计指数的这两点作用将在下面各节中详细介绍。

11.2　总指数的编制方法

总指数的编制方法，其基本形式有两种：一是综合指数，二是平均指数。两种方法各有其特点，但也存在一定的联系。下面分别介绍。

11.2.1　综合指数的编制方法

综合指数是总指数的一种基本形式。综合指数的编制特点是先综合计算复杂现象总体的总量，然后进行不同时期的对比。

下面分别讨论数量指标综合指数和质量指标综合指数的编制。

1. 数量指标综合指数的编制方法

数量指标综合指数，简称数量指数或物量指数，如产量指数、销售量指数等，反映产量或销售量变动的一般程度。

现以商品销售量指数的编制为例，说明如何编制数量指标综合指数。

例 11-1　假如某商场的三种商品销售价格和销售量资料如表 11-2 所示。

表 11-2　某商场的三种商品销售价格和销售量资料

商品名称	单价（元）		销售量	
	基期 p_0	报告期 p_1	基期 q_0	报告期 q_1
甲（件）	25	20	8 000	12 000
乙（台）	80	72	20 000	25 000
丙/t	15	18	40 000	48 000

如果计算三种商品销售量个体指数，则

甲商品 $K_q = \dfrac{q_1}{q_0} = \dfrac{12\ 000\ \text{件}}{8\ 000\ \text{件}} = 150\%$

乙商品 $K_q = \dfrac{q_1}{q_0} = \dfrac{25\ 000\ \text{台}}{20\ 000\ \text{台}} = 125\%$

丙商品 $K_q = \dfrac{q_1}{q_0} = \dfrac{48\ 000\text{t}}{40\ 000\text{t}} = 120\%$

计算结果说明，甲、乙、丙三种商品的销售量分别增加 50% 、25% 和 20% 。但是，要综合反映三种商品销售量总变动的方向和变动程度，则要计算商品销售量综合指数。其编制过程如下：

第一，确定同度量因素，将不能同度量的现象过渡到可以同度量。

由于三种商品的计量单位不同，其销售量不能直接相加对比。如以基期的销售量为例，甲商品销售 8 000 件，乙商品销售 20 000 台，丙商品销售 40 000t，它们无法相加。故需将三种商品的销售量分别乘以各自的价格得到销售额后才能相加对比。在这里，商品的价格就是同度量因素。同度量因素，又称权数，因为其在指数的计算中既起着同度量的作用，又起着加权的作用。根据商品销售量、销售价格与销售额之间的关系，有

商品销售量 × 商品价格 = 商品销售额

即 $q \times p = qp$

商品总销售额为 $\sum qp$，则基期商品总销售额可用 $\sum q_0 p_0$ 表示，报告期商品总销售额可用 $\sum q_1 p_1$ 表示。

码 11-2

第二，将同度量因素固定在同一时期，然后对比计算数量指标综合指数。

为了单纯反映商品销售额中销售量因素的变动，需将报告期和基期销售额中的价格因素固定在同一时期。价格有基期、报告期不同的时期之分，使用不同时期的价格会得到不同的结果。

现以 $\overline{K}_q$ 代表销售量总指数，于是有

$$\overline{K}_q = \frac{\sum q_1 p}{\sum q_0 p}$$

将式中价格因素（同度量因素）p 分别固定在基期和报告期，则销售量综合指数的公式有以下两种：

（1）用基期价格 p_0 作为同度量因素（加权）。其计算公式为

$$\overline{K}_q = \frac{\sum q_1 p_0}{\sum q_0 p_0}$$

此公式是由德国统计学家拉斯贝尔提出的，称为拉氏数量指数。

码 11-3

（2）用报告期价格作为同度量因素（加权）。其计算公式为

$$\overline{K}_q = \frac{\sum q_1 p_1}{\sum q_0 p_1}$$

此公式是由德国统计学家派许首先提出的，称为派氏数量指数。

计算数量指标综合指数的过程如表 11-3 所示。

码 11-4

表 11-3 综合指数计算

商品名称	单价（元）		销 售 量		销售额（万元）			
	基期 p_0	报告期 p_1	基期 q_0	报告期 q_1	基期 q_0p_0	报告期 q_1p_1	假 定	
							q_1p_0	q_0p_1
甲（件）	25	20	8 000	12 000	20	24	30	16
乙（台）	80	72	20 000	25 000	160	180	200	144
丙/t	15	18	40 000	48 000	60	86.4	72	72
合计	—	—	—	—	240	290.4	302	232

根据表 11-3，按拉氏数量指数公式计算：

$$\overline{K}_q = \frac{\sum q_1 p_0}{\sum q_0 p_0} = \frac{302\ 万元}{240\ 万元} = 125.83\%$$

其分子与分母之差的绝对额为

$$\sum q_1 p_0 - \sum q_0 p_0 = 302\ 万元 - 240\ 万元 = 62\ 万元$$

计算结果表明，报告期与基期相比，三种商品的销售量增加了 25.83%，从而使得销售额增加了 62 万元。

如果按派氏数量指数公式计算，则

$$\overline{K}_q = \frac{\sum q_1 p_1}{\sum q_0 p_1} = \frac{290.4\ 万元}{232\ 万元} = 125.17\%$$

其分子与分母之差的绝对额为

$$\sum q_1 p_1 - \sum q_0 p_1 = 290.4\ 万元 - 232\ 万元 = 58.4\ 万元$$

计算结果表明，报告期与基期相比，三种商品的销售量增加了 25.17%，从而使得销售额增加了 58.4 万元。

上述采用不同时期的价格作为同度量因素的计算结果是不同的。按拉氏数量指数公式计算的商品销售量指数，是以不变的基期价格 p_0 作同度量因素，据此所计算的销售量指数不包含价格变动的影响，因而能较准确地反映销售量的变动；按派氏数量指数公式计算的商品销售量指数，是以报告期价格 p_1 作同度量因素，据此所计算的销售量指数不仅反映了销售量的变动，同时也包含了价格变动，因而不可能准确地反映销售量的变动。

在实际工作中，编制数量指标综合指数所遵循的一般原则是采用基期的质量指标作同度量因素。这一原则有两层含义：一是编制数量指标综合指数应以质量指标作为同度量因素，二是将同度量因素固定在基期。

2. 质量指标综合指数的编制

质量指标综合指数，简称质量指数，如商品销售价格指数、产品单位成本指数等。下面以物价指数为例，说明质量指标综合指数的编制。

根据表 11-2，如果计算三种商品的个体物价指数，则计算结果如下：

甲商品
$$K_p = \frac{p_1}{p_0} = \frac{20\ 元}{25\ 元} = 80\%$$

乙商品
$$K_p = \frac{p_1}{p_0} = \frac{72\ 元}{80\ 元} = 90\%$$

丙商品 $$K_p = \frac{p_1}{p_0} = \frac{18\ \text{元}}{15\ \text{元}} = 120\%$$

计算结果说明，甲商品的价格下降了 20%，乙商品的价格下降了 10%，丙商品的价格上涨了 20%。但是，若要综合反映这三种商品物价水平总变动的方向和变动程度，则要计算商品价格综合指数。其编制过程如下：

第一，确定同度量因素，将不能同度量的现象过渡到可以同度量。

由于三种商品的计量单位不同，其销售价格不能直接相加对比。如以基期的销售价格为例，甲商品销售价格为 25 元/件，乙商品销售价格为 80 元/台，丙商品销售价格为 15 元/t，它们无法相加，故需分别乘以各自的销售量得到销售额后再相加对比。在这里，商品的销售量就是同度量因素。

第二，将同度量因素固定在同一时期，然后对比计算质量指标综合指数。

为了单纯反映商品销售额中价格因素的变动，需将报告期和基期销售额中的销售量因素固定在同一时期。价格也有基期、报告期不同的时期之分，使用不同时期的销售量会得到不同的结果。

如果以 $\overline{K}_p$ 代表价格综合指数，则

$$\overline{K}_p = \frac{\sum p_1 q_1}{\sum p_0 q_1}$$

将式中的价格因素 p 分别固定在不同时期——基期和报告期，物价综合指数的公式则有以下两种：

（1）用基期销售量作为同度量因素（加权）。其计算公式为

$$\overline{K}_p = \frac{\sum p_1 q_0}{\sum p_0 q_0}$$

此公式称为拉氏价格指数。

（2）用报告期销售量作为同度量因素（加权）。其计算公式为

$$\overline{K}_p = \frac{\sum p_1 q_1}{\sum p_0 q_1}$$

此公式称为派氏价格指数。

根据表 11-3，按拉氏价格指数公式计算：

$$\overline{K}_p = \frac{\sum p_1 q_0}{\sum p_0 q_0} = \frac{232\ \text{万元}}{240\ \text{万元}} = 96.67\%$$

其分子与分母之差的绝对额为

$$\sum p_1 q_0 - \sum p_0 q_0 = 232\ \text{万元} - 240\ \text{万元} = -8\ \text{万元}$$

计算结果表明，由于物价水平下降了 3.33%，使居民在维持原有生活水平的条件下，少支出 8 万元，对商业企业来讲，其销售额收入减少了 8 万元。

如果按派氏价格指数公式计算：

$$\overline{K}_p = \frac{\sum p_1 q_1}{\sum p_0 q_1} = \frac{290.4\ \text{万元}}{302\ \text{万元}} = 96.16\%$$

其分子与分母之差的绝对额为

$$\sum p_1 q_1 - \sum p_0 q_1 = 290.4\ \text{万元} - 302\ \text{万元} = -11.6\ \text{万元}$$

239

计算结果表明，三种商品的价格水平报告期与基期相比下降了 3.84%，从而使居民少支出 11.6 万元，对商业企业来讲，其销售收入减少了 11.6 万元。

上述采用不同时期的销售量作同度量因素的计算结果也是不同的。因为我们的目的是观察价格变化及其所带来的实际经济效果，所以采用派氏价格指数公式计算是比较合理的，因为它反映的是居民购买当前（而不是上期）商品数量时价格的变动情况，以及多花或少花多少钱，或者说商业企业的销售收入增加或减少了多少。因此，把销售量固定在报告期即用派氏价格指数计算更有实际意义。

编制质量指标综合指数的一般原则是采用报告期的数量指标作同度量因素。这一原则有两层含义：一是编制质量指标综合指数应以数量指标作为同度量因素；二是将同度量因素固定在报告期。

3. 综合指数的应用举例

例 11-2 以表 11-1 的资料为例，计算综合指数如表 11-4 所示。

表 11-4 综合指数计算表

副食品	调整前		调整后		零售额/元		
	零售价（元/kg）p_0	零售量/kg q_0	零售价（元/kg）p_1	零售量/kg q_1	调整前 $p_0 q_0$	调整后 $p_1 q_1$	假定 $p_0 q_1$
蔬菜	1.8	5 000	2.5	5 200	9 000	13 000	9 360
猪肉	9.0	4 460	11.0	5 520	40 140	60 720	49 680
鲜蛋	4.2	1 200	3.8	1 150	5 040	4 370	4 830
鲜鱼	6.0	1 150	7.2	1 300	6 900	9 360	7 800
合计	—	—	—	—	61 080	87 450	71 670

（1）计算各种副食品零售物价个体指数（K_p）。

蔬菜：
$$\frac{p_1}{p_0} = \frac{2.5 \ 元/kg}{1.8 \ 元/kg} = 138.89\%$$

猪肉：
$$\frac{p_1}{p_0} = \frac{11.0 \ 元/kg}{9.0 \ 元/kg} = 122.22\%$$

鲜蛋：
$$\frac{p_1}{p_0} = \frac{3.8 \ 元/kg}{4.2 \ 元/kg} = 90.48\%$$

鲜鱼：
$$\frac{p_1}{p_0} = \frac{7.2 \ 元/kg}{6 \ 元/kg} = 120\%$$

（2）计算各种副食品零售量个体指数（K_q）。

蔬菜：
$$\frac{q_1}{q_0} = \frac{5 \ 200kg}{5 \ 000kg} = 104\%$$

猪肉：
$$\frac{q_1}{q_0} = \frac{5 \ 520kg}{4 \ 460kg} = 123.77\%$$

鲜蛋：
$$\frac{q_1}{q_0} = \frac{1 \ 150kg}{1 \ 200kg} = 95.83\%$$

鲜鱼：
$$\frac{q_1}{q_0} = \frac{1 \ 300kg}{1 \ 150kg} = 113.04\%$$

（3）计算四种副食品零售物价综合指数。

$$\overline{K}_p = \frac{\sum p_1 q_1}{\sum p_0 q_1} = \frac{87\ 450\ 元}{71\ 670\ 元} = 122.02\%$$

其分子与分母之差的绝对额为

$$\sum p_1 q_1 - \sum p_0 q_1 = 87\ 450\ 元 - 71\ 670\ 元 = 15\ 780\ 元$$

说明调价前与调价后相比，由于四种副食品的物价上涨了22.02%，从而使居民多支出15 780元。

（4）计算四种副食品销售量综合指数。

$$\overline{K}_p = \frac{\sum q_1 p_0}{\sum q_0 p_0} = \frac{71\ 670\ 元}{61\ 080\ 元} = 117.34\%$$

其分子与分母之差的绝对额为

$$\sum q_1 p_0 - \sum q_0 p_0 = 71\ 670\ 元 - 61\ 080\ 元 = 10\ 590\ 元$$

说明调价前与调价后相比，由于四种副食品的零售量增加了17.34%，从而使商家的销售收入增加了10 590元。

4. 综合指数的其他编制方法

上述介绍了数量指标综合指数和质量指标综合指数的一般编制方法。在实践中，根据不同的目的和任务，还可以采用其他方法编制综合指数，如费喧的"理想公式"、区域指数、成本计划完成指数等。

（1）费喧的"理想公式"。美国统计学家费喧认为拉氏指数公式和派氏指数公式都存在着偏误，但拉氏指数和派氏指数的几何平均数因为能满足他所提出的对指数公式测验的一些重要要求，他认为最接近于理想，故命名为"理想指数"，也被称为费喧指数。其价格指数的"理想公式"如下：

$$\overline{K}_p = \sqrt{\frac{\sum p_1 q_0}{\sum p_0 q_0} \cdot \frac{\sum q_1 p_1}{\sum q_1 p_0}}$$

根据表11-2的资料，计算得：

$$\overline{K}_p = \sqrt{96.67\% \times 96.16\%} = 96.41\%$$

费喧指数主要在一些国际对比中应用较多。例如，不同国家人均国民生产总值是借用"理想公式"运用货币购买力平价指数法计算的；一国在计算进（出）口单位价值指数时也常用到它。

（2）区域指数。区域指数理论主要应用于现象变动的动态研究。但随着社会经济的发展和现实需要，它的应用已拓展到地区之间的综合比较。凡是在企业之间、地区之间甚至国家与国家之间的相互比较的指数，都可称为区域指数。

如根据甲、乙两地某日早市上几种蔬菜价格可以编制出物价区域指数。设p表示价格，q表示贸易量，甲地作为对比的地区，乙地作为对比基准的地区，则物价区域指数为

$$\overline{K}_p = \frac{\sum p_甲 q_甲}{\sum p_乙 q_甲}$$

或

$$\overline{K}_p = \frac{\sum p_甲 q_乙}{\sum p_乙 q_乙}$$

显然，前一个是根据派氏指数的要求得出的，而后一个是根据拉氏指数的要求得

出的。

例 **11-3** 根据表 11-5 资料，试以甲地作为对比的城市，乙地作为对比基准的城市，计算甲、乙两地某日早市三种蔬菜的物价区域指数。

表 11-5 甲、乙两地的物价区域指数计算

蔬菜品种	贸 易 量		价格（元/kg）		贸 易 额 （元）			
	$q_甲$	$q_乙$	$p_甲$	$p_乙$	$p_甲 q_甲$	$p_乙 q_甲$	$p_甲 q_乙$	$p_乙 q_乙$
青椒/kg	400	320	3.0	3.5	1 200	1 400	960	1 120
黄瓜/kg	300	340	1.5	1.8	450	540	510	612
芸豆/kg	390	460	2.2	2.0	858	780	1 012	920
合计	—	—	—	—	2 508	2 720	2 482	2 652

两个地区的物价区域指数为

$$\overline{K}_p = \frac{\sum p_甲 q_甲}{\sum p_乙 q_甲} = \frac{2\,508\ 元}{2\,720\ 元} = 92.21\%$$

$$\overline{K}_p = \frac{\sum p_甲 q_乙}{\sum p_乙 q_乙} = \frac{2\,482\ 元}{2\,652\ 元} = 93.59\%$$

两个公式计算结果表明，甲地区的蔬菜价格比乙地区的蔬菜价格平均低 7.79% 和 6.41%，结果是有差异的。所以，在两个对比地区的物量构成差异较大的情况下，计算物价区域指数时，最好采用两个地区总物量作为权数（$Q = q_甲 + q_乙$），这样可以抵消物量构成差异对物价对比带来的影响。计算方法及公式如下：

$$\overline{K}_p = \frac{\sum p_甲 Q}{\sum p_乙 Q}$$

就前例，以总物量 Q 作为权数，区域指数如下：

$$\overline{K}_p = \frac{\sum p_甲 Q}{\sum p_乙 Q} = \frac{[3.0 \times (400+320) + 1.5 \times (300+340) + 2.2 \times (390+460)]\ 元}{[3.5 \times (400+320) + 1.8 \times (300+340) + 2.0 \times (390+460)]\ 元}$$

$$= \frac{4\,990\ 元}{5\,372\ 元} = 92.89\%$$

计算结果表明，甲地区的蔬菜价格比乙地区的蔬菜价格平均低 7.11%。

由此可见，在物量构成差异较大的情况下，为了获得完全确定、意义一致的结论，就可以采用交叉加权综合法编制区域指数。

（3）成本计划完成指数。成本计划的检查是企业经营管理的重要环节。考察企业成本计划执行情况时，成本计划完成指数的编制一般有以下两种方法：

第一，采用实际产品产量（q_1）作为同度量因素（权数）计算，符合综合指数编制的原则并具有较现实的经济意义。此时，成本计划完成指数的公式为

$$\overline{K}_z = \frac{\sum Z_1 q_1}{\sum Z_n q_1}$$

式中，Z_n 和 Z_1 为计划单位成本和实际单位成本；$\overline{K}_z$ 为成本计划完成指数。

这个指数反映了实际生产构成下成本计划任务的完成情况。实际工作中，企业检查成本完成计划时，其目的在于综合反映单位产品成本计划的完成情况。为此应当避免实际产品构

成与计划产品构成不同的影响。因此，在计算产品成本计划完成指数时，不能采用实际产品构成为权数，而应当采用计划产品构成为权数。

第二，用计划产品产量（q_n）作为同度量因素计算。此时，成本计划完成指数的公式为

$$\overline{K}_z = \frac{\sum Z_1 q_n}{\sum Z_n q_n}$$

11.2.2 平均指数的编制方法

平均指数是总指数的另一种形式。它是在个体指数基础上编制总指数的一种方法，即先计算个体指数，然后对其进行加权平均计算总指数，以测定现象的总变动程度。与综合指数比较，平均指数有自己的特点和应用价值。平均指数的计算形式为算术平均指数和调和平均指数。在每种形式中，所用的权数又有综合指数变形权数与固定权数两种。

1. 综合指数变形的加权算术平均指数

加权算术平均指数是对各种产品或商品的数量指标或质量指标的个体指数按加权算术平均法进行计算。现以销售量总指数为例，说明在一定条件下，加权算术平均指数是综合指数的变形。

设个体数量指数为 $K_q = \dfrac{q_1}{q_0}$，则

加权算术平均指数 $\overline{K}_q = \dfrac{\sum K_q q_0 p_0}{\sum q_0 p_0} = \dfrac{\sum \frac{q_1}{q_0} q_0 p_0}{\sum q_0 p_0} = \dfrac{\sum q_1 p_0}{\sum q_0 p_0}$（数量指标综合指数）

变形后的公式是以个体指数 K_q 为变量，基期的总量 $q_0 p_0$（如销售额、生产成本费用总额）为权数的加权算术平均指数的形式。

例 11-4 根据例 11-1 中三种商品销售价格和销售量的资料，计算加权算术平均指数即商品销售量总指数，如表 11-6 所示。

表 11-6 加权算术平均指数计算

商品名称	基期销售额（万元）	销 售 量		$K_q = \dfrac{q_1}{q_0}$（%）	$K_q q_0 p_0$
	$q_0 p_0$	q_0	q_1		
甲（件）	20	8 000	12 000	150	30
乙（台）	160	20 000	25 000	125	200
丙/t	60	40 000	48 000	120	72
合计	240	—	—	—	302

根据资料计算加权算术平均指数，则

$$\overline{K}_p = \frac{\sum K_q q_0 p_0}{\sum q_0 p_0} = \frac{302 \; 万元}{240 \; 万元} = 125.83\%$$

计算分子与分母之差的绝对额，即

$$\sum K_q q_0 p_0 - \sum q_0 p_0 = 302 \; 万元 - 240 \; 万元 = 62 \; 万元$$

计算结果与销售量综合指数的结果完全相同。因此，加权算术平均指数可看作拉氏综合

指数的变形。

2. 综合指数变形的加权调和平均指数

加权调和平均指数是对各种产品或商品的数量指标或质量指标的个体指数按加权调和平均法进行计算。现以价格总指数为例，说明在一定条件下，加权调和平均指数是综合指数的变形。

设个体物价指数为 $K_p = \dfrac{p_1}{p_0}$，则

加权调和平均指数 $\overline{K}_p = \dfrac{\sum p_1 q_1}{\sum \dfrac{1}{K_p} p_1 q_1} = \dfrac{\sum p_1 q_1}{\sum \dfrac{1}{\dfrac{p_1}{p_0}} p_1 q_1} = \dfrac{\sum p_1 q_1}{\sum p_0 q_1}$（质量指标综合指数）

变形后的公式是以个体指数 K_p 为变量，报告期的总量 $p_1 q_1$（如销售额、生产成本费用总额）为权数的加权调和平均指数的形式。

例 11-5 仍利用表 11-2 的资料，计算加权调和平均指数即商品物价总指数，如表 11-7 所示。

表 11-7 加权调和平均指数计算表

商品名称	报告期销售额 $p_1 q_1$	单价（元）		$K_p = \dfrac{p_1}{p_0}$（%）	$\dfrac{1}{K_p} p_1 q_1$
		p_0	p_1		
甲（件）	24	25	20	80	30
乙（台）	180	80	72	90	200
丙/t	86.4	15	18	120	72
合计	290.4	—	—	—	302

根据表 11-7 的资料，计算三种商品的物价总指数，应采用加权调和平均指数形式，以报告期销售额作为权数，得

$$\overline{K}_p = \frac{\sum p_1 q_1}{\sum \dfrac{1}{K_p} p_1 q_1} = \frac{290.4 \text{ 万元}}{302 \text{ 万元}} = 96.16\%$$

计算分子与分母之差的绝对额，即

$$\sum p_1 q_1 - \sum \frac{1}{K_p} p_1 q_1 = 290.4 \text{ 万元} - 302 \text{ 万元} = -11.6 \text{ 万元}$$

计算结果与价格综合指数的结果完全相同。因此，加权调和平均指数可看作派氏综合指数的变形。

综上所述，作为综合指数变形的平均指数应用的一般原则如下：① 将数量指标综合指数变形为加权算术平均指数时，一般以综合指数的分母（$q_0 p_0$）作为权数。② 将质量指标综合指数变形为加权调和平均指数时，一般以综合指数的分子（$p_1 q_1$）作为权数。

3. 固定权数的平均指数

在上述加权算术平均指数公式中，当权数不是综合指数中的 $q_0 p_0$，而是某种固定权数 W 时，称为固定权数的加权算术平均指数。其公式为

$$\overline{K}_p = \frac{\sum KW}{\sum W}$$

W 是经过调整计算的一种不变权数，通常用比重表示，$\sum W = 100\%$。此时的加权算术平均指数与综合指数之间不存在变形关系，两者计算结果也不一致。

我国每年的商品零售物价指数的编制，采用的就是这种固定权数的平均指数形式。其做法是先将商品分为小类指数、中类指数、大类指数和总指数，分级确定比重权数，再逐级汇总。这里的固定权数 W 一般是根据各类商品的零售额在该类全部零售总额中所占比重确定下来的，权数一经确定，在一年内不变。

例 11-6 已知某地区居民消费价格指数和权数资料如表 11-8 所示。

表 11-8 某地区居民消费价格指数计算

消费品种类	类指数 K（%）	固定权数 W（%）	KW
食品类	105	50	5 250
衣着类	120	28	3 360
日用品类	110	11	1 210
文化娱乐用品类	115	6	690
医药类	108	2	216
书报杂志类	102	1	102
燃料类	180	2	360
合计	—	100.0	11 188

$$\overline{K}_p = \frac{\sum KW}{\sum W} = \frac{11\ 188}{100} = 111.88\%$$

4. 平均指数的特点

与综合指数相比较，平均指数具有以下几个方面的特点：

（1）综合指数只适用于全面资料的编制，而平均指数不但适用于全面资料，而且也适用于非全面资料，其对资料的要求比较灵活，能适应实际情况的变化。

（2）平均指数的计算程序不同于综合指数。综合指数是通过引进同度量因素，先计算总体的总量，然后再进行对比，即先综合，后对比；而平均指数是先对比求出个体指数，然后再综合加权平均，即先对比，后综合。

（3）在权数应用上，综合指数通常是以实际资料作为同度量因素（权数），而平均指数不仅可以用实际资料作为权数，而且可以根据实际资料推算确定比重权数来编制总指数。

平均指数和综合指数的联系主要表现为在一定的权数条件下，两类指数间有变形关系。由于资料的限制，不能直接编制综合指数时，可以根据所掌握的实际资料，采用平均指数形式。这种条件下的平均指数与其相应的综合指数具有完全相同的经济意义和计算结果。

11.3 指数体系与因素分析

11.3.1 指数体系和因素分析概述

1. 指数体系

（1）指数体系的概念。某些现象的数值变动，常常取决于两个或两个以上因素的共同

作用。复杂现象与影响它变动的因素之间的这种相互联系，在统计中可通过相应的指标体系表现出来，即

$$商品销售额 = 销售量 \times 销售价格$$

$$产品总成本 = 产品产量 \times 单位产品成本$$

$$粮食产量 = 收获面积 \times 单位面积产量$$

$$原材料费用总额 = 产品产量 \times 原材料单耗 \times 原材料价格$$

上述这些指标体系，表现在动态变化上，就可以形成如下指数体系，即

$$商品销售额指数 = 销售量指数 \times 销售价格指数$$

$$产品总成本指数 = 产品产量指数 \times 单位产品成本指数$$

$$粮食产量指数 = 收获面积指数 \times 单位面积产量指数$$

$$原材料费用总额指数 = 产品产量指数 \times 原材料单耗指数 \times 原材料价格指数$$

具有上述数量对等关系的若干个指数，可以形成一个指数体系。指数体系就是指经济上具有一定联系，而且具有一定的数量对等关系的三个或三个以上的指数所构成的整体，它是进行因素分析的基础。

（2）指数体系的作用。指数体系的作用表现在以下两个方面：

第一，可以进行因素分析。指数体系的基本作用表现在对现象进行因素分析方面。如根据指数体系，我们可以从数量方面研究销售额的综合变动中，销售量和销售价格这两个因素的变动对其影响方向、影响程度和影响的绝对经济效果。

第二，可以进行指数间的推算。例如，在三个指数形成的指数体系中，只要知道其中的任意两个指数，就可依据指数体系的关系，推算出未知的第三个指数。

2. 因素分析

（1）因素分析的概念。指数因素分析简称因素分析，就是借助于指数体系来分析社会经济现象变动中各个因素发生作用的影响方向和影响程度。

在现实生活中，复杂现象总变动都是多种因素共同作用的结果，但是各个因素通常具有不同的性质，甚至相互矛盾，这就需要应用因素分析法，分清主次先后，决定取舍。若要提高粮食产量，则既可以靠增加耕地面积，也可以靠提高单位面积产量。究竟应该选择哪种方法，首先需要分析在农产品产量增加中，有多少是由于增加总播种面积产生的结果，有多少是由于提高单位面积产量产生的结果。如何正确评价现象变化中的影响，发扬有利因素，克服不利因素，对于促进现象发展都有着重大的意义。

（2）因素分析的种类。因素分析有以下不同的种类：

1）按分析对象的范围大小不同，可分为简单现象因素分析和复杂现象因素分析。简单现象因素分析的基础是个体指数体系；复杂现象因素分析的基础是总指数和相应的指数体系。例如，多种商品销售额变动中，价格和销售量变动影响的分析。

2）按分析指标的种类不同，可分为总量指标变动的因素分析和平均指标变动的因素分析。例如，商品销售额变动、产品总成本变动的分析为总量指标变动的因素分析；平均工资变动、劳动生产率变动的分析为平均指标变动的因素分析。

3）按影响因素多少不同，可分为两因素分析和多因素分析。例如：

$$产品总成本指数 = 产品产量指数 \times 单位产品成本指数$$

对于产品总成本变动的分析即为两因素分析。

　　原材料费用总额指数 = 产品产量指数 × 原材料单耗指数 × 原材料价格指数

对于原材料费用总额变动的分析即为多因素分析。

11.3.2 总量指标变动的因素分析

1. 两因素分析

对复杂现象总体的总量指标进行因素分析，可在编制综合指数的基础上进行。若以商品销售额作为分析对象，它的变动则受到商品销售量和商品价格两个因素的影响，即

　　　　　　　　商品销售额指数 = 销售量指数 × 销售价格指数

利用指数体系进行因素分析时，采取以下步骤：

第一步，把商品销售额作为分析的对象，并计算其总变动程度和绝对额。

$$商品销售额总变动程度 = \frac{\sum q_1 p_1}{\sum q_0 p_0}$$

$$变动绝对额 = \sum q_1 p_1 - \sum q_0 p_0 = (\sum q_1 p_0 - \sum q_0 p_0) + (\sum p_1 q_1 - \sum p_0 q_1)$$

第二步，分别计算商品销售量、价格两个因素变动影响的程度和绝对额。

$$销售量变动的影响程度 \ \overline{K}_q = \frac{\sum q_1 p_0}{\sum q_0 p_0}$$

$$影响绝对额 = \sum q_1 p_0 - \sum q_0 p_0$$

$$销售价格变动的影响程度 \ \overline{K}_p \ \frac{\sum p_1 q_1}{\sum p_0 q_1}$$

$$影响绝对额 = \sum p_1 q_1 - \sum p_0 q_1$$

根据综合指数的一般原则，在分析价格因素时，就应当把同度量因素销售量固定在报告期；在分析销售量因素时，就应当把同度量因素价格固定在基期。

最后，影响因素的综合分析。

总变动程度等于各因素变动影响程度之连乘积，即

$$\frac{\sum q_1 p_1}{\sum q_0 p_0} = \frac{\sum q_1 p_0}{\sum q_0 p_0} \times \frac{\sum p_1 q_1}{\sum p_0 q_1}$$

总变动绝对额等于各因素变动影响绝对额之和，即

$$\sum q_1 p_1 - \sum q_0 p_0 = (\sum q_1 p_0 - \sum q_0 p_0) + (\sum p_1 q_1 - \sum p_0 q_1)$$

例 11-7 根据表 11-3 的资料，进行两因素分析如下：

（1）商品销售额总变动指数。

$$\frac{\sum q_1 p_1}{\sum q_0 p_0} = \frac{290.4 \ 万元}{240 \ 万元} = 121\%$$

$$\sum q_1 p_1 - \sum q_0 p_0 = 290.4 \ 万元 - 240 \ 万元 = 50.4 \ 万元$$

（2）商品销售量指数。

$$\overline{K}_q = 125.83\%$$

分子与分母之差的绝对额 = 62 万元

（3）销售价格指数。

$$\overline{K}_p = 96.16\%$$

分子与分母之差的绝对额 = −11.6 万元

（4）指数体系。

$$121\% = 125.83\% \times 96.16\%$$
$$50.4 \text{ 万元} = 62 \text{ 万元} + (-11.6) \text{ 万元}$$

这说明三种商品销售额报告期比基期总的增长了 121%，绝对额增加了 50.4 万元。由于三种商品销售量总的增长了 25.83%，使销售额增加了 62 万元；价格总的下降了 3.84%，使销售额减少了 11.6 万元。这是两个因素共同作用的结果。其中两个因素中，价格上涨起了主要的作用。

2. 多因素分析

多因素分析与两因素分析方法基本相同，但必须注意以下几点：

（1）测定一个因素变动的影响时，其他因素应一律作为同度量因素，均应固定。

（2）同度量因素时期的固定，仍按综合指数编制的一般原则处理。

（3）因素指标的排列顺序，按先数量指标后质量指标的顺序，并应使相邻指标之间具有一定的联系，排列顺序不能随意更换。

若以原材料费用总额作为分析对象，它的变动则受到产品产量、原材料单耗、原材料价格三个因素的影响，即

原材料费用总额指数 = 产品产量指数 × 原材料单耗指数 × 原材料价格指数

设 q 为产量，m 为单位产品的原材料消耗量，p 为原材料价格，进行上述分析应依据的指数体系和绝对量关系如下：

相对变动：

$$\frac{\sum q_1 m_1 p_1}{\sum q_0 m_0 p_0} = \frac{\sum q_1 m_0 p_0}{\sum q_0 m_0 p_0} \times \frac{\sum q_1 m_1 p_0}{\sum q_1 m_0 p_0} \times \frac{\sum q_1 m_1 p_1}{\sum q_1 m_1 p_0}$$

绝对变动：

$$\sum q_1 m_1 p_1 - \sum q_0 m_0 p_0 = \left(\sum q_1 m_0 p_0 - \sum q_0 m_0 p_0 \right) + \left(\sum q_1 m_1 p_0 - \sum q_1 m_0 p_0 \right) + \left(\sum q_1 m_1 p_1 - \sum q_1 m_1 p_0 \right)$$

例 11-8 现以表 11-9 企业原材料费用总额的变动分析为例，说明多因素分析的方法。

表 11-9 某企业原材料费用总额多因素分析计算表

产品品种	产品产量		原材料单耗（元）		产品单价（元）		原材料费用总额（万元）			
	q_0	q_1	m_0	m_1	p_0	p_1	$q_0 m_0 p_0$	$q_1 m_0 p_0$	$q_1 m_1 p_0$	$q_1 m_1 p_1$
甲（台）	120	140	45	55	500	480	270.0	315.0	385.0	369.6
乙（件）	100	80	520	500	45	50	234.0	187.2	180.0	200.0
丙（套）	280	320	110	120	200	180	616.0	704.0	768.0	691.2
合计	—	—	—	—	—	—	1 120.0	1 206.2	1 333.0	1 260.8

（1）原材料费用总额指数。

$$\frac{\sum q_1 m_1 p_1}{\sum q_0 m_0 p_0} = \frac{1\,260.8 \text{ 万元}}{1\,120 \text{ 万元}} = 112.6\%$$

原材料费用总额变动的绝对额为

$$\sum q_1 m_1 p_1 - \sum q_0 m_0 p_0 = 1\,260.8 \text{ 万元} - 1\,120 \text{ 万元} = 140.8 \text{ 万元}$$

（2）各影响因素变动指数。

产品产量指数　　　　$\overline{K}_q = \dfrac{\sum q_1 m_0 p_0}{\sum q_0 m_0 p_0} = \dfrac{1\,206.2\ \text{万元}}{1\,120\ \text{万元}} = 107.7\%$

由于产量增加 7.7%，使原材料费用总额增加的绝对额为

$$\sum q_1 m_0 p_0 - \sum q_0 m_0 p_0 = 1\,206.2\ \text{万元} - 1\,120\ \text{万元} = 86.2\ \text{万元}$$

原材料单耗指数　　　$\overline{K}_m = \dfrac{\sum q_1 m_1 p_0}{\sum q_1 m_0 p_0} = \dfrac{1\,333\ \text{万元}}{1\,206.2\ \text{万元}} = 110.5\%$

由于原材料单耗增加 10.5%，使原材料费用总额增加的绝对额为

$$\sum q_1 m_1 p_0 - \sum q_1 m_0 p_0 = 1\,333\ \text{万元} - 1\,206.2\ \text{万元} = 126.8\ \text{万元}$$

原材料价格指数　　　$\overline{K}_p = \dfrac{\sum q_1 m_1 p_1}{\sum q_1 m_1 p_0} = \dfrac{1\,260.8\ \text{万元}}{1\,333\ \text{万元}} = 94.6\%$

由于原材料价格下降 5.4%，使原材料费用总额减少的绝对额为

$$\sum q_1 m_1 p_1 - \sum q_1 m_1 p_0 = 1\,260.8\ \text{万元} - 1\,333\ \text{万元} = -72.2\ \text{万元}$$

（3）指数体系。

$$112.6\% = 107.7\% \times 110.5\% \times 94.6\%$$

$$140.8\ \text{万元} = 86.2\ \text{万元} + 126.8\ \text{万元} + (-72.2)\ \text{万元}$$

这说明原材料费用总额报告期比基期总的增长了 12.6%，费用总额绝对增加了 140.8 万元，这是受以下三个因素的共同影响的结果：① 由于产品产量增长了 7.7%，使费用增加了 86.2 万元。② 产品单耗上升了 10.5%，使费用增加了 126.8 万元。③ 产品单价下降了 5.4%，使费用减少了 72.2 万元。

11.3.3　平均指标变动的因素分析

平均指标变动的因素分析，主要是对两个时期同一现象平均水平变动的因素影响分析。在分组条件下，平均指标的变动受两个因素的影响：一个是各组平均水平变动；另一个是各组相应的单位数在总体中比重的变动，即总体内部结构的变动。如何考察这两个因素对平均指标总变动的影响呢？

为了反映平均指标的总变动，并进一步分析各组平均水平和总体内部结构两个方面的变动对总平均水平变动的影响，需要计算三个指数：可变构成指数、固定构成指数和结构变动影响指数，建立相应的指数体系并做出因素分析。三个指数的计算公式及其指数体系为

$$\frac{\overline{X}_1}{\overline{X}_0} = \frac{\dfrac{\sum x_1 f_1}{\sum f_1}}{\dfrac{\sum x_0 f_0}{\sum f_0}} = \frac{\dfrac{\sum x_1 f_1}{\sum f_1}}{\dfrac{\sum x_0 f_1}{\sum f_1}} \cdot \frac{\dfrac{\sum x_0 f_1}{\sum f_1}}{\dfrac{\sum x_0 f_0}{\sum f_0}}$$

若用比重权数表示，则

$$\frac{\sum X_1 \dfrac{f_1}{\sum f_1}}{\sum X_0 \dfrac{f_0}{\sum f_0}} = \frac{\sum X_1 \dfrac{f_1}{\sum f_1}}{\sum X_0 \dfrac{f_1}{\sum f_1}} \cdot \frac{\sum X_0 \dfrac{f_1}{\sum f_1}}{\sum X_0 \dfrac{f_0}{\sum f_0}} \qquad (11\text{-}1)$$

1. 可变构成指数

式（11-1）左端为报告期和基期总体平均指标的实际水平之比，称为可变构成指数，简

称可变指数。可变构成指数受两个因素的影响：一是各组平均指标（X）变动的影响；二是总体结构$\left(\dfrac{f}{\sum f}\right)$变动的影响。

2. 固定构成指数

式（11-1）右端第一项称为固定构成指数，它是将总体构成（各部分比重）固定在报告期计算的，该指数消除了总体结构变动的影响，专门用以反映各组平均水平变动对总体平均指标变动的影响。

3. 结构变动影响指数

式（11-1）右端第二项称为结构变动影响指数，它是将各组平均水平固定在基期计算的。该指数消除了各组平均水平变动的影响，用以反映总体结构变动对总体平均指标变动的影响。

显然，这个指数体系中各个指数的分子与分母差额之间的绝对变动关系为

$$\frac{\sum x_1 f_1}{\sum f_1} - \frac{\sum x_0 f_0}{\sum f_0} = \left(\frac{\sum x_1 f_1}{\sum f_1} - \frac{\sum x_0 f_1}{\sum f_1}\right) + \left(\frac{\sum x_0 f_1}{\sum f_1} - \frac{\sum x_0 f_0}{\sum f_0}\right)$$

若令：$\overline{X}_1 = \dfrac{\sum x_1 f_1}{\sum f_1}$，$\overline{X}_0 = \dfrac{\sum x_0 f_0}{\sum f_0}$，$\overline{X}_n = \dfrac{\sum x_0 f_1}{\sum f_1}$

则上述指数体系可简写成：

$$\frac{\overline{X}_1}{\overline{X}_0} = \frac{\overline{X}_1}{\overline{X}_n} \cdot \frac{\overline{X}_n}{\overline{X}_0}$$

$$\overline{X}_1 - \overline{X}_0 = (\overline{X}_1 - \overline{X}_n) + (\overline{X}_n - \overline{X}_0)$$

例 11-9　某企业生产同类产品的成本资料如表 11-10 所示。

表 11-10　平均成本指数计算

产品规格	单位成本（元）		产量/t				总成本（万元）		
	基期	报告期	基　期		报　告　期		基期	报告期	假定
			绝对数	比重	绝对数	比重			
	x_0	x_1	f_0	$\dfrac{f_0}{\sum f_0}$	f_1	$\dfrac{f_1}{\sum f_1}$	$x_0 f_0$	$x_1 f_1$	$x_0 f_1$
甲	1 000	890	800	80.0%	1 000	50.0%	80	89	100
乙	1 100	1 100	200	20.0%	1 000	50.0%	22	110	110
合计	—	—	1 000	100.0%	2 000	100.0%	102	199	210

利用以上资料分析该企业产品总平均成本的变动及其原因。

（1）总平均成本指数。

$$\frac{\overline{X}_1}{\overline{X}_0} = \frac{\dfrac{\sum x_1 f_1}{\sum f_1}}{\dfrac{\sum x_0 f_0}{\sum f_0}} = \frac{\left(\dfrac{1\ 990\ 000}{2\ 000}\right)\text{元}}{\left(\dfrac{1\ 020\ 000}{1\ 000}\right)\text{元}} = \frac{995\ \text{元}}{1\ 020\ \text{元}} = 97.55\%$$

$$\overline{X}_1 - \overline{X}_0 = 995\ \text{元} - 1\ 020\ \text{元} = -25\ \text{元}$$

计算结果表明，该企业的总平均成本指数下降了 2.45%，产品单位成本平均减少了

25 元。

（2）固定结构指数。

$$\frac{\overline{X_1}}{\overline{X_n}} = \frac{\dfrac{\sum x_1 f_1}{\sum f_1}}{\dfrac{\sum x_0 f_1}{\sum f_1}} = \frac{\left(\dfrac{1\,990\,000}{2\,000}\right)元}{\left(\dfrac{2\,100\,000}{2\,000}\right)元} = \frac{995\,元}{1\,050\,元} = 94.76\%$$

$$\overline{X_1} - \overline{X_n} = 995\,元 - 1\,050\,元 = -55\,元$$

（3）结构变动影响指数。

$$\frac{\overline{X_n}}{\overline{X_0}} = \frac{\dfrac{\sum x_0 f_1}{\sum f_1}}{\dfrac{\sum x_0 f_0}{\sum f_0}} = \frac{\left(\dfrac{2\,100\,000}{2\,000}\right)元}{\left(\dfrac{1\,020\,000}{1\,000}\right)元} = \frac{1\,050\,元}{1\,020\,元} = 102.94\%$$

$$\overline{X_n} - \overline{X_0} = 1\,050\,元 - 1\,020\,元 = 30\,元$$

（4）指数体系。

$$97.55\% = 94.76\% \times 102.94\%$$

绝对数变动的关系为

$$-25\,元 = -55\,元 + 30\,元$$

综合分析：该企业总平均成本下降了 2.45%，使成本平均减少了 25 元。这是两个因素共同作用的结果：一是各组单位成本降低了 5.24%，使成本平均减少了 55 元；二是各组产品产量占总产量结构的变动，使全企业总平均成本上升了 2.94%，使成本平均增加了 30 元。

11.4 常见的几种价格指数

目前国家统计部门编制的价格指数主要有商品零售价格指数、居民消费价格指数、农副产品收购价格指数、农村工业品零售价格指数、工农业商品综合比价指数、工业品出厂价格指数、固定资产投资价格指数等。

码 11-5

11.4.1 商品零售价格指数

商品零售价格指数（Retail Price Index）是反映城乡商品零售价格的变动趋势和变动程度的一种经济指数。它的变动直接影响到城乡居民的生活支出和市场供需平衡等，因此这一指数是分析和掌握经济活动情况的重要依据之一。

由于商品的种类繁多，同一种商品还有规格牌号的差别，要对每一种商品价格进行调查不但不可能也没有必要。我国现行的商品零售价格指数的编制要点如下：

第一，商品的分类。现实中的商品零售价格指数是在商品分类的基础上编制的。例如，将全部商品分为八大类，即食品类、衣着类、日用品类、药及医疗用品类、书报杂志类、娱乐教育文化用品类、建筑装潢材料类、燃料类等。每大类再分若干中类，如食品类分粮食、副食品、烟酒茶等中类。每一中类又分若干小类，如副食品划分为食用植物油、鲜干菜、肉禽蛋、水产品、调味品、食糖等小类。

第二，代表规格品的选择。商品分类以后，紧接着是在各小类中选择代表规格品。全国统一规定了必须包括的三百多种商品。代表规格品应是零售量大、生产和销售的前景较好、价格变动趋势有代表性的商品，根据代表规格品编制的物价指数就可以反映物价变动的一般趋势。

第三，调查地区的选择。调查地区按经济区域和地区分布合理等原则，选出具有代表性的市、县作为国家的调查地区，在代表性的市场（包括农村集市）作为调查点，由国家对其市场进行经常性的直接调查。

第四，商品价格的调查和确定。由于商品品种繁多，而且随经营单位、时间、地点而异，使价格的收集比较复杂。取得的价格必须具有代表性，根据不同情况可以采用平均价格、众数价格、时点价格等。这些都要做出统一规定，统一执行。

第五，权数的确定。商品零售价格指数的权数是根据社会商品零售额统计确定的。

我国的商品零售价格总指数采用固定权数的算术平均指数计算，其编制程序是先计算小类指数，再计算中（大）类指数，最后编制总指数。其计算公式为

$$\overline{K}_p = \frac{\sum K_p W}{\sum W}$$

式中，W 为权数，以百分数表示，商品各层次权数之和均等于 100%；K_p 为价格个体指数或类指数。

例 11-10　根据表 11-11 的资料，计算商品零售价格总指数。

表 11-11　某地区商品零售价格总指数计算

商 品 类 别	代表规格	计量单位	平均单位价格（元）		指数（％）	权数（％）	指数×权数
			基期	报告期	K_p	W	$K_p W$
			p_0	p_1			
总指数	—	—	—	—	—	100	0.012 346
一、食品					134.8	50	0.674 0
1. 粮食					133.0	30	0.399 0
（1）细粮	—	—	—	—	131	80	1.048
面粉	标准粉	kg	2.0	2.70	135	50	0.675 0
大米	粳米	kg	2.6	3.30	126.9	50	0.634 5
（2）粗粮					141.2	20	0.282 4
2. 副食品					153.5	35	0.537 25
3. 烟、酒、茶					122.1	20	0.244 2
4. 其他食品					111.7	15	0.167 55
二、衣着					118.3	15	0.177 45
三、日用品					105.1	5	0.052 55
四、娱乐教育文化用品					110.5	5	0.055 25
五、书报杂志					108.9	10	0.108 9
六、药及医疗用品					99.5	5	0.049 75
七、建筑装潢材料					114.2	5	0.057 1
八、燃料					119.2	5	0.059 6
合计					—	100	1.234 6

第一步，计算各种代表规格品的个体指数。计算如下：

面粉价格个体指数 $\quad\quad\quad K_p = \dfrac{2.7\ 元}{2.0\ 元} = 135\%$

大米价格个体指数 $\quad\quad\quad K_p = \dfrac{3.3\ 元}{2.6\ 元} = 126.9\%$

第二步，根据代表规格品的价格个体指数，以及事先确定好的相应权数，计算粮食小类指数即细粮类价格指数。计算如下：

$$\overline{K}_p = \frac{\sum K_p W}{\sum W} = \frac{135\% \times 50\% + 126.9\% \times 50\%}{50\% + 50\%} = 130.95\%$$

第三步，根据小类指数计算粮食中类指数即粮食类价格指数。计算如下：

$$\overline{K}_p = \frac{\sum K_p W}{\sum W} = \frac{131\% \times 80\% + 141.2\% \times 20\%}{80\% + 20\%} = 133.04\%$$

第四步，根据中类指数及相应权数，计算大类指数即食品类价格指数。计算如下：

$$\overline{K}_p = \frac{\sum K_p W}{\sum W} = \frac{133\% \times 30\% + 153.5\% \times 35\% + 122.1\% \times 20\% + 111.7\% \times 15\%}{30\% + 35\% + 20\% + 15\%} = 134.8\%$$

第五步，最后计算价格总指数。计算如下：

$$\overline{K}_p = \frac{\sum K_p W}{\sum W}$$

$$= \frac{134.8\% \times 50\% + 118.3\% \times 15\% + 105.1\% \times 5\% + 110.5\% \times 5\% + 108.9\% \times 10\% + 99.5\% \times 5\% + 114.2\% \times 5\% + 119.2\% \times 5\%}{50\% + 15\% + 5\% + 5\% + 10\% + 5\% + 5\% + 5\%}$$

$$= 123.46\%$$

11.4.2 居民消费价格指数

居民消费价格指数（Consumer Price Index）是反映一定时期内城乡居民所购买的生活消费品价格和服务价格的变动趋势与变动程度的一种相对数。通过它可以说明居民家庭购买的消费品和服务价格水平的变动情况及对消费者货币支出的影响，它是研究实际收入和实际消费水平的变动状况的重要依据。它还是宏观经济分析和决策、价格总水平监测的重要指标。按年度计算这一指标的变动率通常被用来作为反映通货膨胀（或紧缩）程度的观测指标，用于反映货币购买力的变动，它说明居民消费价格指数上涨，货币购买力下降，反之则上升，居民消费价格指数的倒数就是货币购买力指数。

居民消费价格指数可以就城乡分别编制城市居民消费价格指数和农村居民消费价格指数两种。居民消费价格指数的编制过程与商品零售价格指数的编制过程类似，不同之处就在于居民消费价格指数包括消费品价格和服务项目价格两个部分。编制该指数时，首先要对消费品和服务项目进行分类，并选择代表消费品和服务项目，其权数原则上应采用居民消费支出的构成资料。

居民消费价格指数是目前世界各国普遍编制的一种指数。

11.4.3 股票价格指数

股票价格指数（Stock Price Index）是反映某一股票市场上多种股票价格变动趋势的一

种相对数，简称股价指数，其单位一般用"点"表示，即一般将基期作为 100，每上升或下降一个单位称为 1 点。编制股价指数，可以使人们了解计算期的股价比基期股价上升或下降的百分比，这不仅对投资者具有重要的作用，而且对于整个国民经济运行的管理和监控也具有重大的意义。

股价指数的计算方法有很多，其中加权法是以发行量加权综合计算股价指数的。若以基期发行量为权数，则其公式为

加权股价指数　　　　　　　　　　$K_p = \dfrac{\sum P_1 Q_0}{\sum P_0 Q_0}$

式中，P_1 为报告期股价；P_0 为基期股价；Q_0 为基期股票的发行量。

若以报告期发行量为权数，则其公式为

加权股价指数　　　　　　　　　　$K_p = \dfrac{\sum P_1 Q_1}{\sum P_0 Q_1}$

例 11-11　假设采样的股票为甲、乙、丙、丁四种，基期价格分别为 12 元、15 元、18 元、21 元，报告期各种股票价格的变化分别为 14 元、18 元、22 元、26 元。又知这四种股票报告期的发行量分别是 200 股、150 股、300 股、100 股。

根据以上资料计算加权股价指数如下：

$$\overline{K}_p = \frac{\sum P_1 Q_1}{\sum P_0 Q_1} = \frac{14 \times 200 + 18 \times 150 + 22 \times 300 + 26 \times 100}{12 \times 200 + 15 \times 150 + 18 \times 300 + 21 \times 100} = \frac{14\ 700}{12\ 150} = 120.99\%$$

计算结果表明股价报告期比基期上升 20.99%。

本章小结

本章主要介绍统计指数的编制及其应用问题。广义地讲，任何两个数值对比形成的相对数都可以称为统计指数；狭义地讲，统计指数是一种特殊的相对数，反映不能直接相加和对比的多因素组成的复杂现象综合变动的相对数。狭义统计指数的编制原理及其应用是本章的主要内容。

总指数有两种计算形式：综合指数和平均指数。这两种形式既有区别，又有联系。综合指数是总指数的一种基本形式，综合指数是通过引入同度量因素先综合计算复杂现象总体的总量，并在同度量因素固定的条件下，将不同时期的总量对比，其特点是先综合后对比。平均指数是总指数的另一种形式，它是先计算个体指数，然后对其进行加权平均计算总指数，以测定现象的总变动程度。与综合指数比较，平均指数的特点是先对比后综合。在一定权数条件下，平均指数分成作为综合指数变形的平均指数和固定权数的平均指数。

编制综合指数时，作为同度量因素的指标应该固定在哪个时期，总的原则是应依据编制指数的目的和任务，结合研究对象的特点来确定。在实际工作中，所遵循的一般原则如下：① 编制数量指标综合指数时应采用基期的质量指标作为同度量因素；② 编制质量指标综合指数时则应采用报告期的数量指标作为同度量因素。同度量因素时期的确定亦可选择其他方法，常见的有拉氏指数和派氏指数。

平均指数编制的主要问题是对个体指数进行平均时采取的形式和确定权数的问题。一般

原则如下：① 将数量指标综合指数变形为加权算术平均指数时，要以综合指数的分母（q_0p_0）为权数。② 将质量指标综合指数变形为加权调和平均指数时，一般以综合指数的分子（p_1q_1）为权数。固定权数的平均指数具有独立的经济意义，我国定期公布的物价指数就是根据它来编制的。

指数体系与因素分析是本章的又一重要内容。指数因素分析就是借助于指数体系，在定性分析基础上，依据指数体系中各指数之间的联系，从相对数和绝对数两个方面分析社会经济现象总变动中各个因素发生作用的影响方向和影响程度。因素分析应以指数体系为基础。

复习思考题

一、概念题

广义指数　狭义指数　个体指数　总指数　数量指数　质量指数　综合指数　加权算术平均指数　加权调和平均指数　指数体系　指数因素分析

二、简答题

(1) 什么是统计指数？所有的相对数都可称作指数吗？

(2) 什么是综合指数？什么是平均指数？二者之间有何区别与联系？

(3) 同度量因素有何作用？在编制综合指数时，应如何选择使用同度量因素？其时期怎样固定？

(4) 什么是指数体系？因素分析与指数体系的关系如何？举例说明指数因素分析应如何进行。

(5) 两因素分析应如何进行？对多因素分析，在方法上要注意的问题有哪些？

(6) 平均指标变动的因素分析应编制哪几种指数？如何进行分析？

三、练习题

1. 判断题（把"√"或"×"填在题后的括号里）

(1) 广义指数就是指各种相对数。　　　　　　　　　　　　　　　　　　　（　　）

(2) 劳动生产率指数和单位成本指数都是数量指标综合指数。　　　　　　　（　　）

(3) 为使价格指数的计算符合现实经济意义，在编制价格总指数时，同度量因素应是基期的商品销售量。　　　　　　　　　　　　　　　　　　　　　　　　　　　　　（　　）

(4) 平均指数这种编制总指数的方法，既可用于全面调查的资料，又可用于非全面调查的资料。　　　　　　　　　　　　　　　　　　　　　　　　　　　　　　（　　）

(5) 数量指标综合指数可以变形为加权调和平均指数形式。　　　　　　　　（　　）

(6) 统计指数是综合反映社会经济现象总变动方向及变动幅度的相对数。　　（　　）

(7) 固定构成指数 = 可变构成指数 × 结构变动影响指数。　　　　　　　　　（　　）

(8) 利用派氏指数公式计算总指数的优点在于考虑到现实的经济意义。　　　（　　）

2. 单选题

(1) 狭义指数是指(　　　)。

A. 反映价格变动的相对数

B. 反映动态变动的相对数

C. 反映物量变动的相对数

D. 反映不能直接相加和对比的复杂现象综合变动的相对数

(2) 用综合指数法编制总指数的关键问题之一是(　　　)。

A. 确定被比对象　　　　　　　　　　　B. 确定同度量因素及其固定时期

C. 确定对比基期　　　　　　　　　　　D. 计算个体指数

255

（3）统计指数划分为个体指数和总指数的依据，是按指数（　　　）。

　　A. 反映的对象范围不同　　　　　　　　　　B. 同度量因素不同

　　C. 计算时是否进行加权　　　　　　　　　　D. 指数化的指标不相同

（4）以 p 代表质量指标，q 代表数量指标，下标 0 表示基期，1 表示报告期，则质量指标综合指数的公式是（　　　）。

A. $\dfrac{\sum p_1 q_1}{\sum p_0 q_0}$　　　　B. $\dfrac{\sum p_0 q_1}{\sum p_1 q_1}$　　　　C. $\dfrac{\sum p_1 q_1}{\sum p_0 q_1}$　　　　D. $\dfrac{\sum p_1 q_0}{\sum p_1 q_1}$

（5）下列指数中，（　　　）是商品销售额综合指数。

A. $\dfrac{\sum p_1 q_1}{\sum p_0 q_0}$　　　　B. $\dfrac{\sum p_1 q_0}{\sum p_1 q_1}$　　　　C. $\dfrac{\sum p_0 q_1}{\sum p_0 q_0}$　　　　D. $\dfrac{\sum p_0 q_1}{\sum p_1 q_1}$

（6）某商店商品销售额报告期和基期相同，商品价格报告期比基期提高了 5%，那么报告期商品销售量比基期（　　　）。

　　A. 提高了 10%　　　　B. 减少了 4.8%　　　　C. 增长了 5.2%　　　　D. 减少了 10%

（7）若将加权算术平均指数变形为综合指数，其分母应为（　　　）。

　　A. $p_0 q_0$　　　　　　B. $p_1 q_1$　　　　　　C. $p_1 q_0$　　　　　　D. $p_0 q_1$

（8）为了反映两个同类企业劳动生产率的提高情况，需要编制（　　　）。

　　A. 数量指标综合指数　　B. 可变构成指数　　　　C. 结构变动影响指数　　D. 固定构成指数

3. 多选题

（1）同度量因素的作用有（　　　）。

　　A. 平均作用　　　　　B. 权数作用　　　　　　C. 比较作用　　　　　　D. 稳定作用

　　E. 同度量作用

（2）编制综合指数的一般原则有（　　　）。

　　A. 质量指标指数以报告期数量指标作为同度量因素

　　B. 数量指标指数以报告期质量指标作为同度量因素

　　C. 质量指标指数以基期数量指标作为同度量因素

　　D. 数量指标指数以基期质量指标作为同度量因素

　　E. 随便确定

（3）若用 p 表示价格，q 表示商品销售量，则公式 $\sum p_1 q_1 - \sum p_0 q_1$ 的意义有（　　　）。

　　A. 综合反映价格变动和销售量变动的绝对额

　　B. 综合反映多种商品价格变动而增减的销售额

　　C. 综合反映由于价格变动而使消费者增减的货币支出额

　　D. 综合反映多种商品销售量变动而增减的销售额

　　E. 综合反映商品销售额本身变动而增减的绝对额

（4）下列关于综合指数的表述正确的有（　　　）。

　　A. 综合反映多种现象的平均变动程度

　　B. 两个总量指标对比的动态相对数

　　C. 固定一个或一个以上因素，反映另一个因素的变动

　　D. 分子与分母是两个或两个以上因素乘积之和

　　E. 分子或分母中有一项假定指标

（5）下列指数中，属于质量指标综合指数的有（　　　）。

　　A. 农产品产量总指数　　　　　　　　　　　B. 农产品收购价格总指数

　　C. 某种工业产品成本总指数　　　　　　　　D. 全部商品批发价格指数

　　E. 职工工资个体指数

（6）编制总指数时，必须注意（　　　）。

    A. 综合指数法一般使用全面资料

    B. 平均指数法可以使用非全面资料

    C. 平均指数法等同于综合指数法

    D. 平均指数法在一定条件下可以是综合指数法的变形

    E. 综合指数法是平均指数法的变形

（7）下面能反映平均指标变动的指数有（　　　）。

    A. 可变构成指数　　　B. 固定构成指数　　　　　C. 结构变动影响指数

    D. 算术平均指数　　　E. 调和平均指数

（8）若用某企业职工人数和劳动生产率的分组资料来进行分析，则该企业总的劳动生产率的变动主要受到（　　　）。

    A. 企业全部职工人数变动的影响

    B. 企业劳动生产率变动的影响

    C. 企业各类职工人数占全部职工人数比重变动的影响

    D. 企业各类职工劳动生产率变动的影响

    E. 各类职工人数和相应劳动生产率两因素的影响

4. 计算题

（1）某商店四种主要商品的销售价格和销售量资料如表 11-12 所示。

表 11-12　某商店四种主要商品的销售价格和销售量资料

商品种类	销 售 量		单价（元）	
	基　期	报 告 期	基　　期	报 告 期
甲（件）	200	240	10	12
乙（台）	100	88	54	68
丙（盒）	410	400	26	32
丁（个）	600	640	8	8

要求：

1）计算四种商品的价格个体指数和销售量个体指数。

2）计算四种商品价格总指数以及由于价格变动而使销售额增减的金额。

3）计算四种商品销售量总指数以及由于销售量变动而使销售额增减的金额。

（2）根据表 11-13 所示资料计算三种商品销售量总指数。

表 11-13　三种商品销售量和销售额资料

商　品	销 售 量		基期商品销售额（元）
	基　期	报 告 期	
甲/kg	8 000	8 800	80 000
乙（件）	2 000	2 500	16 000
丙（盒）	10 000	10 500	60 000
合计	—	—	156 000

（3）三种商品的销售额和价格变动资料如表 11-14 所示。

表 11-14　三种商品的销售额和价格变动资料

产　　品	商品销售额（万元）		价格变动百分比（%）
	基　　期	报　告　期	
甲	400	450	+2
乙	300	280	-5
丙	2000	2200	0
合计	2700	2930	—

要求：

1）计算商品价格总指数以及由于价格变动而使消费者增加或减少的消费金额。

2）计算商品销售量总指数以及由于销售量变动而使消费者增加或减少的消费金额。

（4）三种商品的出口量和出口价格资料如表 11-15 所示。

表 11-15　三种商品的出口量和出口价格资料

产品名称	出口价（美元）		出　口　量	
	基　　期	报　告　期	基　　期	报　告　期
甲（台）	100	150	80	82
乙（件）	80	140	800	1000
丙（套）	120	120	60	65

要求：运用指数体系从相对数和绝对数两方面分析出口价格和出口量的变动对出口额的影响。

（5）某商场资料如表 11-16 所示。

表 11-16　某商场资料

商品名称	销售额（万元）		商品销售量报告期比基期增减（%）
	基　　期	报告期	
洗衣机（台）	5 000	8 880	23
电冰箱（台）	4 500	4 200	-7
合计	9 500	13 080	

要求：

1）计算商品销售价格总指数。

2）计算销售额指数和销售量总指数。

3）试从相对数和绝对数两个方面分析由于价格和销售量变动对销售额的影响。

（6）已知三种产品的单位产品原材料耗用量（单耗）、原材料价格和产量资料如表 11-17 所示。

表 11-17　三种产品的单位产品原材料耗用量、原材料价格和产量资料

产　　品			原　材　料						
名　　称	产　　量		名称	单位	单　耗		购进单价（元）		
	基期 q_0	报告期 q_1			基期 m_0	报告期 m_1	基期 p_0	报告期 p_1	
甲（件）	100	120	A	kg	11	9	18	22	
乙（台）	50	56	B	kg	22	17	15	20	
丙（套）	90	98	C	kg	6	5	40	45	

要求：

1）计算产品产量总指数、原材料单耗总指数和原材料单价总指数。

2）运用多因素分析原理说明产品产量、原材料单耗、原材料单价对原材料总费用的影响。

（7）某企业工人的工资资料如表 11-18 所示。

表 11-18 某企业工人的工资资料

工 人	工资水平（元）		工人人数（人）	
	基 期	报 告 期	基 期	报 告 期
技术工	700	750	300	400
普通工	400	450	200	600
合 计	—	—	500	1 000

要求：运用平均指标指数体系分析各组工人工资水平和工人结构的变动对全厂平均工资变动的影响。

（8）若某企业今年职工工资水平比去年提高了 8%，工资总额增加了 10%，则职工人数有何变化？

（9）若粮食总产量增长 8%，粮食播种面积减少 3%，则粮食作物单位面积产量有何变化？

（10）若某企业劳动生产率报告期提高了 8%，总产值增长了 5.8%，则企业工人增长或减少了多少？

第 12 章

统计预测与趋势分析

引导案例

预测与趋势分析自古有之,但最早的预测与趋势分析只是简单的经验估计。随着科学技术的不断发展,科学的预测与趋势分析日益被人们所重视。20 世纪 50 年代以来,有关的著作已有上千种,所论述的关于预测与趋势分析方法有上百种。在我国,近几十年预测与趋势分析工作日益为各级领导和广大管理者所重视,预测工作也迅速得到发展。例如,已知某地区 2008～2018 年某种产品产量资料如表 12-1 所示,我们可以用简单序时平均预测法预测该地区 2019 年该产品产量约为 440 万 t,总体趋势为上升波动性的发展趋势。

表 12-1 某种产品产量资料

年 份	2008 年	2009 年	2010 年	2011 年	2012 年	2013 年	2014 年	2015 年	2016 年	2017 年	2018 年
产量/万 t	385	444	413	420	433	439	467	450	468	470	448

统计预测与趋势分析的方法有多种,各有优缺点及其适用范围,使用时需要根据实际情况加以选择。

本章学习目标

1. 掌握一些常用的预测与趋势分析的方法和模型,并可以应用于实践。
2. 熟悉统计预测的基本原则和一般步骤。
3. 了解预测误差的分析方法,以及统计预测的概念、特点和种类。

12.1 趋势分析的概述

社会经济现象发展变化是有规律的,在其活动过程中呈现出某种趋向,对其过去和到目前为止趋向的分析称为趋势分析。趋势分析是统计预测的基础,趋势分析的实质是在貌似杂乱无章的资料中,把偶然因素的作用抽象掉,显示必然因素作用的趋势,寻找隐藏在现象背后的规律性,并据此预测未来。趋势分析在现代经济社会中有重要的作用,其现实意义如下:

(1) 趋势分析是现代化管理的方法。趋势分析本身具有目的性,是管理部门决策的需要。从宏观上讲,一个国家无论编制长期计划还是短期计划,如果对过去、现在和将来的社会经济发展变化没有充分认识和估计,就很难编制出切合实际的计划,也就很难保证完成计划;从微观上讲,一个企业如果对其产品行情及未来趋势(如原材料价格变动、新产品的出现等)认识不足,在不断变化着的环境中,将可能遭受预想不到的损失。

(2) 趋势分析是制定方针政策的科学依据。如果我们对事物的过去、现在和未来有比较科学的认识，目标明确，任务具体，不言而喻，制定的方针政策就能适应、促进客观事物的发展，从而保证社会主义现代化建设的顺利进行。

（3）趋势分析法往往与统计预测结合使用，与统计预测结合是统计工作现代化的标志之一。过去的统计工作，仅限于历史资料的描述，换言之，仅停留在总结说明阶段。而趋势分析与统计预测的结合使统计工作由原来面向过去和现在，扩大到面向未来，这对于统计工作现代化和统计科学化的发展具有重大意义。趋势分析法是研究如何呈现现象变化的趋势，判断其发展变化的基本类型。

12.2　长期趋势的测定方法

长期趋势是现象发展变动的最基本因素，根据现象发展变动的历史资料，采用一定的方法使现象在长时期内呈现出基本的变动趋势。所谓长期趋势是指社会经济现象在长时期内所具有的持续向上或向下发展的变动规律，长期趋势是现象发展的内在规律和基本特征的反映。对现象长期趋势的测定可以：其一，反映现象发展变动的趋势和规律；其二，探求合适的趋势线，描述其发展规律；其三，开展经济预测和决策。

码 12-1

反映现象发展的长期趋势既有直线型趋势，也有非直线型，即曲线型趋势。当所研究的现象在一个相当长的时期内逐期增长量大致相等时，则为直线型发展趋势，直线趋势的变化率或趋势线的斜率是大致相等的，而非直线趋势的变化率或趋势线的斜率是变动的。随着时间的推移，现象的发展水平是逐步发展的，其逐期增长量大于零或发展速度大于 1 或增长速度大于零时，现象具有上升的发展趋势；反之，则具有下降的趋势。测定长期趋势的主要方法有随手画线法、时距扩大法和移动平均法。

12.2.1　随手画线法

随手画线法是根据动态数列的趋势随手画线来呈现趋势。具体做法可分为二步：①先把原动态数列的水平画成动态散点；②把各散点用折线联结起来；③利用直尺根据资料画一条直线，直线要经过所有的点。这样就可以判断出动态数列的大致趋势。

码 12-2

261

随手画线法是一种最简单的呈现趋势的方法。由于不需要复杂的技术，所以它不失为一种简便易行的方法，对大致呈现现象趋势具有很强的实用性。但是必须看到，这种方法比较粗略，没有一个客观标准，要因人而异。

12.2.2　时距扩大法

时距扩大法是通过扩大动态数据各项指标所属的时间，对原始资料加以整理，消除因时间间隔短而使各指标值受偶然性因素影响所引起的波动，以反映现象发展变动的趋势。

例 12-1　某超市 2018 年各月销售额如表 12-2：

表 12-2　某超市 2018 年各月销售额　　　　　　　　　　　　（单位：万元）

月　份	1月	2月	3月	4月	5月	6月	7月	8月	9月	10月	11月	12月
销售额	52.3	50.5	48	47.6	54.1	52	53.4	50.7	51	50.1	54.7	53

从上表可看出，该超市 2018 年各月份的总产值有波动，有上升、有下降，升降交替频繁，趋势不明显。如图 12-1 所示。

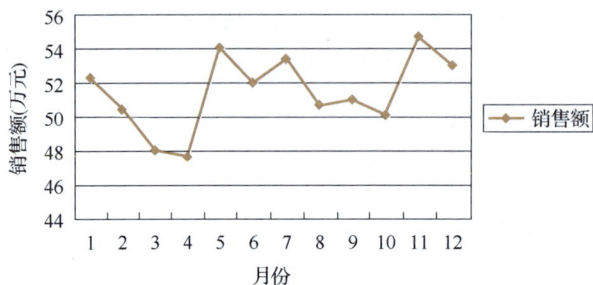

图 12-1　某超市 2018 年各月销售额

现将时距扩大到季度，上述数列资料整理成如表 12-3 所示新数列。

表 12-3　某超市 2018 年各季度销售额　　　　　　　　　　　　　　（单位：万元）

季　　度	1 季度	2 季度	3 季度	4 季度
销售额	150.8	153.7	155.1	157.8

从整理后的新数列可看出，该企业总产值的完成情况呈现明显的上升趋势，见图 12-2。

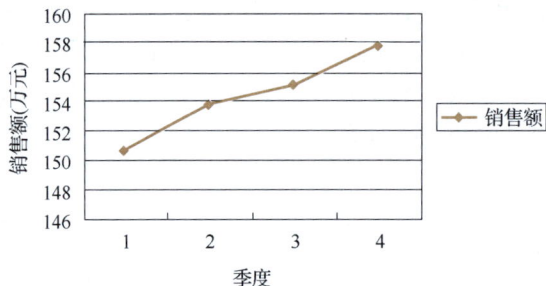

图 12-2　某超市 2018 年各季度销售额

时距扩大法是测定直线趋势的一种简单的方法，当原始动态数列中各指标值上下波动，现象的变化规律不明显时，可采用时距扩大法消除偶然因素的影响。

运用时距扩大法时，时距的扩大要适当，并且时距扩大后的动态数列的各项指标所属的时期长短应当一致，否则，扩大后的动态数列会掩盖现象发展的趋势。时距扩大到多少才适当，要视原始数据的波动情况和研究目的而定。

12.2.3　移动平均法

移动平均法是通过逐期移动计算序时平均数，把原始动态数据的时距扩大，得出的序时平均数构成一个新的动态数列。新数列比原始数列的变动减小，数据的变动趋势更加光滑。移动平均法是修匀动态数列的常用方法之一，通过计算移动平均数，在一定程度上可以削弱短期的偶然因素对现象发展的作用，经过修匀的动态数列所描绘的轨迹会变得更平滑，从而反映现象发展变化的总体趋势，通过移动平均得到的一系列移动序时平均数就是各对应时期的趋势值。

假设 y_1，y_2，y_3，$\cdots$，y_{n-1}，y_n 是一个动态数列，取 k 项，依次连续计算其算术平均数。

$$y_1' = \frac{y_1 + y_2 + \cdots + y_k}{k}$$

$$y_2' = \frac{y_2 + y_3 + \cdots + y_{k+1}}{k}$$

$$y_3' = \frac{y_3 + y_4 + \cdots + y_{k+2}}{k}$$

$$y_4' = \frac{y_4 + y_5 + \cdots + y_{k+3}}{k}$$

称 y_1'，y_2'，y_3'，$\cdots$，y_k' 为原数列的 k 项移动平均数列。

例 12-2　2017 年 2 月 8 日~3 月 8 日上海证交所上市 A 股东方汽车，某日收盘价格如下：采用 5 项和 9 项移动平均数分别进行修匀，计算其移动平均数。

表 12-4　东方汽车股价及其移动平均数　　　　　　　（单位：元）

日　　期	股　　价	5 项移动平均数	9 项移动平均数
2.8	3.20	—	—
2.9	3.25	—	—
2.10	3.27	3.264	—
2.13	3.29	3.276	—
2.14	3.31	3.296	3.301
2.15	3.26	3.314	3.321
2.16	3.35	3.34	3.336
2.17	3.36	3.354	3.354
2.20	3.42	3.378	3.369
2.21	3.38	3.396	3.4
2.22	3.38	3.408	3.47
2.23	3.44	3.442	3.538
2.24	3.42	3.544	3.591
2.27	3.59	3.66	3.639
2.28	3.89	3.74	3.698
2.29	3.96	3.826	3.749
3.1	3.84	3.89	3.78
3.2	3.85	3.88	3.822
3.5	3.91	3.832	—
3.6	3.84	3.824	—
3.7	3.72	—	—
3.8	3.80	—	—

资料来源：上海证券交易所，http://www.sse.com.cn

根据上面的计算，可见通过移动平均得到的趋势值动态序列比原始序列更加光滑平坦，基本上消除了不规则变动的影响，能够较明显地反映现象发展变动的趋势，见图 12-3。

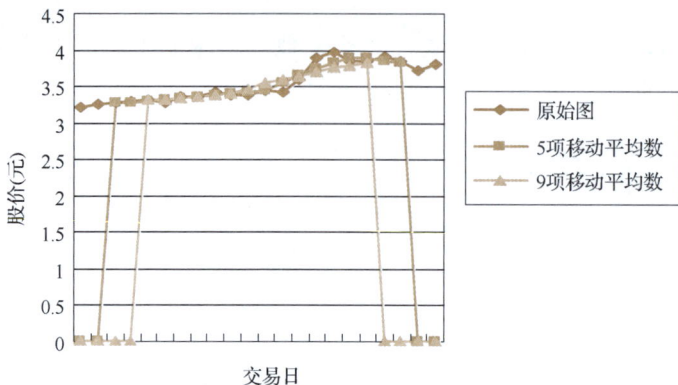

图 12-3　东方汽车股价移动平均折线图

用移动平均法对动态数列进行修匀时，应注意以下问题：

第一，移动平均法对动态数列的修匀程度，与移动平均的项数有关。一般而言，移动平均的项数越多，得出的趋势线越平滑，移动平均的效果越好。

第二，应根据原始资料的特点，确定移动平均的项数。若原始资料是周期性变动的，应以周期长度作为移动平均的基础，当移动平均的时期长度等于资料的周期长度或其整数倍时，移动平均法能彻底消除资料周期性变动的影响，较为准确地解释现象发展的长期趋势。

第三，一般采用奇数项进行移动平均。这是因为奇数项移动平均所得的趋势值正好对准其中间项的原始值。因此，奇数项的移动平均，一次即得趋势值。若采用偶数项进行移动平均，必须经过两次移动，所得的趋势值才能对准数列的原始值。偶数项移动平均比奇数项移动平均复杂，一般不采用。

第四，移动平均后趋势值的项数 = 原数列项数 – 移动平均项数 + 1 = $n - k + 1$

第五，由于移动平均的项数减少了，移动平均后造成了数据信息的丢失。

移动平均法计算的趋势值的项数比原始数列的项数要少，当按奇数（$2k+1$）项移动平均时，趋势值数列的首尾各减少 k 项，当按偶数 $2k$ 项进行平均时，趋势值数列的首尾各减少 k 项。由此可知，使用移动平均法对数列进行修匀时，会导致信息量的损失，难以达到全面测定长期趋势的目的。需要指出的是，上述介绍的是简单移动平均法，它对直线趋势的拟合具有较高精度，而对曲线趋势的拟合，必须用加权移动平均法，在下面统计预测的方法中会详细介绍，在此不再叙述。

12.3　统计预测概述

12.3.1　统计预测的概念

社会经济现象都存在着过去、现在和未来，也就是事物的产生和发展的情况。这种情况反映着事物的规律性变化。所谓预测，就是人们在观察和分析客观事物发展过程的历史和现状的基础上，通过对客观事物发展规律的认识，进而推断其未来状况的过程。但是人们对客观事物的认识和预测，也不是那么容易的，必须从方法论上做最大的努力，提高认识水平和预测能力，实现最佳效果。在实施预测过程中，一般都要提出几种不同的预测方案，在各种预测方案中充分衡量预测对象变化的条件以及变化的方向、程度，相应地采取各种措施，以便能够实现最优的管理过程。因此，在设计和研究多种预测方案时，要进行比较分析，选择其中最佳的预测方案，以期实现和达到预测的目的。

12.3.2 统计预测的意义

无论在经济活动、政治生活还是在社会交往中，人们在做出一项决定之前，总是要对自己所关心的事物的未来情况有所估计。若企业预测它的产品在最近几年内是供不应求的，那么从现在起就应努力扩大生产规模，为满足市场的需要做好准备。预测可以提供有关未来的信息，从而为当前的决策提供依据。

统计预测是制定政策、进行管理决策的依据；是编制计划，预见计划执行情况，加强计划管理的重要工具；也是增强企业竞争能力的手段。另外，统计预测也为统计科学研究和统计工作实践开拓了一个新的领域。所以，统计预测在社会经济统计中占有重要的地位。

12.3.3 统计预测的种类

统计预测可按不同标准进行分类，以便掌握各类不同预测的特点。

（1）统计预测按其范围分类，可分为宏观预测和微观预测。宏观预测一般是指在全国范围进行的预测，如对全国工农业总产值的预测、全国城乡人民生活水平的预测、全国人才需求预测等。微观预测一般是指在各基层单位和基层企业进行的预测，如某厂的产品质量预测、生产成本预测、某商店商品销售量的预测等。一般来讲，预测范围越大，影响预测变化的因素越多、越复杂，预测的准确程度就相对降低。因此，对大范围的预测应慎重和反复论证。

（2）统计预测按预测时间的长短分类，可分为近期预测、短期预测、中期预测和长期预测。近期预测一般是指对 1 年以内如月度、季度的预测，短期预测一般是指对 1~2 年的预测，中期预测一般是指对 2~5 年的预测，5 年以上的预测称为长期预测。有时对 10 年以上的预测又称为远期预测。

一般来说，预测时间越长，预测对象发展规律发生变动的可能性就越大。各种时期不等的预测，适用于不同的目的。近期预测可以为经营管理决策提供情报；短期预测可为编制短期计划服务，中长期预测有利于长期计划的编制。

（3）统计预测按预测方法分类，可分为定性预测和定量预测。定性预测是一种直观性预测，一般采用调查研究方法进行。这种预测的目的，不在于准确地推算具体数字，而在于判断事物未来的发展方向。定量预测则着重从事物的数量方面进行预测。一般是从事物过去的数值进行分析着手，按照一定的规律，建立数学模型，推导出预测对象的未来值。在预测实践中，必须注意，还要将定性预测和定量预测结合起来，提高预测的质量水平。定性预测还要有基本的数量分析；定量预测也要结合定性预测，才能使定量预测更有成效，特别是有些定量预测是在定性预测的基础上才能进行的。

12.3.4 统计预测的基本原则

除了必须符合辩证唯物主义基本理论、坚持实事求是的原则外，在具体进行统计预测时还需要遵循以下三个原则：

（1）连续性原则。任何事物的发展都存在一种惯性，这种惯性在经济领域称为经济惯性。例如，物价连续的上升、经济的衰退一旦出现，短期之内便无法遏制。也就是说，现象的发展有一定的连续性。过去和现在的状况，会或多或少地影响到未来。因此，进行预测时，就要求按照事物发展的惯性规律，从已知的过去、现在推测未来。要求我们在实际进行统计预测时，全面系统地搜集现象过去和现实情况的资料，以便对未来做出正确的预测。

码 12-3

（2）类比性原则。事物的产生、发展都有一定的规律性，同时，由于现象间的联系，事物的变化模式也表现出相似性。例如，国家、地区、社区的发展模式，工业企业、建筑企业的活动规律等，都或多或少地表现出某种共性模式。因此，进行统计预测时，要注意到事物之间的联系，通过类比来预测事物的发展规律。

（3）随机性原则。任何事物的产生和发展都有一定的必然性和偶然性，必然性寓于偶然性之中，事物未来的变化结果也是如此。因此，进行统计预测时，在注意事物变化规律的同时，还要注意偶然性因素对事物变化的影响，注意从偶然性中发现必然性，要通过对大量偶然事物的反复研究和观察，判断事物的发展变化规律，揭示事物内部隐藏的规律性。

12.3.5　统计预测的一般步骤

具体的某项统计预测的步骤应根据该项预测的目的和预测方法而定。但一般可分为以下几个步骤：

（1）确定预测目的。进行任何一项预测，首先要确定预测的目的，这是预测的必要前提。确定预测目的，也就是明确为什么要做这项预测，通过这项预测要取得什么效果。另外，通过确定预测目的，还应对预测对象、时间、地区和具体内容等，做出明确的规定。

（2）整理分析历史资料和现实资料，并进行初步分析。明确预测目的之后，就要围绕预测对象，搜集必要的尽可能多的资料。资料有原始资料和次级资料，对搜集的资料要认真地进行审核、整理，对不完整和不适用的要进行必要的推算和调整，以保证资料的准确性和完整性。在审核和调整资料时，应重点放在近期资料上，因为在预测中，近期资料比远期资料更重要。在长期资料中若有不正常的大起大落变动的异常情况，可以剔除，以免影响预测的质量。资料经过认真的审核和整理后，还要进行初步分析，或者通过绘制图形，观察分析资料结构的性质，以便据以选择适用的预测模型。

（3）选择预测方法。统计预测方法包括许多具体方法，实际运用中，要根据预测目的、占有资料的情况，人力物力的可能性和预测人员的水平，从预测对象本身的发展规律出发，正确选择和运用预测方法。有时还要根据掌握的情况，采取多种预测方法同时进行预测，然后对预测结果进行论证评价。

特别应该指出的是，客观事物总是处于不断发展变化中，以不变的预测方法去研究多变的情况，往往会产生较大误差。而且每种预测方法都有其运用条件、范围，与客观事物所具备的条件，很难完全吻合。因此，在选择预测方法时，切忌生搬硬套，用某一公式或某一数学模型简单地做出结论。

（4）实际进行统计预测。根据预测方案和选定的预测方法，对所搜集并经过审核、整理和初步分析的资料进行深入细致的分析研究，在充分考虑预测对象与各种影响因素相关关系的基础上，进行预测计算和分析判断，得出预测结果，最后写出预测报告。

（5）论证预测结果，分析预测误差。在预测结果出来后，要进行认真论证，并在预测中对制约预测对象未来发展又未包括在预测公式中的因素，更要做充分的估计。预测结果往往与实际有偏差，这就是预测误差。在预测中要求预测百分之百的准确，是不可能的，也是不现实的。因此，对预测误差要分析原因，评价选用的预测公式的可靠性，提出修正方案，改进预测模型，不断提高预测的质量和水平。

12.4　常用的统计预测方法

12.4.1　序时平均预测法

1. 简单序时平均预测法

简单序时平均预测法就是把研究的全部观察值都考虑在内，采用简单算术平均法，求出该时期的序时平均数，作为下一期的预测值。其公式为

$$\hat{y}_{t+k} = \frac{y_1 + y_2 + \cdots + y_t}{t} = \frac{\sum\limits_{i=1}^{t} y_i}{t} \tag{12-1}$$

式中，$\hat{y}_{t+k}$ 为向外推 k 时期的预测值。

例 12-3　某地区 2008 ~ 2018 年某产品产量统计资料如表 12-4 所示。

表 12-4　某地区的某产品产量统计资料

年份	2008 年	2009 年	2010 年	2011 年	2012 年	2013 年	2014 年	2015 年	2016 年	2017 年	2018 年
产量/万 t	385	444	413	420	433	439	467	450	468	470	448

用简单序时平均预测法预测该地区 2019 年该产品产量为

$$\hat{y}_{t+k} = \left(\frac{385 + 444 + 413 + 420 + 433 + 439 + 467 + 450 + 468 + 470 + 448}{11} \right) \text{万 t}$$

$$= \left(\frac{4\,837}{11} \right) \text{万 t} \approx 440 \text{ 万 t}$$

此方法只适用于没有明显增减变动趋势、结构长期稳定的情况，它比只简单地用一个近期观察值作为预测值使用要可靠些。待有了 2019 年的实际资料后，再求全时期 12 年的总平均数作为 2020 年的预测值。以后各年的预测值，以此类推。

2. 加权序时平均预测法

加权序时平均预测法是对动态数列各期资料设置一定的权数，求出加权平均数，作为下期的预测值。一般情况下，给予近期的发展水平较大的权数，给予远期的发展水平以较小的权数。其计算公式为

$$\hat{y}_{n+1} = \frac{a_1 y_1 + a_2 y_2 + \cdots + a_n y_n}{\sum a_t} \tag{12-2}$$

式中，$\hat{y}_{n+1}$ 为下期预测值；a_t 为第 t 期的权数值。

例 12-4　已知某种产品 1 ~ 5 月份的实际销售量如表 12-5 所示。

表 12-5　某种产品 1 ~ 5 月份销售量资料

月　　份	1 月	2 月	3 月	4 月	5 月
销售量（件）	100	90	110	125	140
权数值	1	2	3	4	5

采用加权序时平均预测法预测 6 月份的销售量为

$$\hat{y}_{5+1} = \frac{a_1 y_1 + a_2 y_2 + \cdots + a_n y_n}{\sum a_t}$$

$$= \left(\frac{100 \times 1 + 90 \times 2 + 110 \times 3 + 125 \times 4 + 140 \times 5}{1 + 2 + 3 + 4 + 5} \right) 件$$

$$= \left(\frac{1\,810}{15} \right) 件 \approx 121\ 件$$

加权序时平均预测法，虽然重视了近期的变化，但是，权重的设置非常重要。如果设置得不正确，将直接影响到对现象发展变化趋势预测的准确性。

12.4.2　移动平均预测法

移动平均预测法就是从动态数列中选择包括本期在内的最近几个时期的数值，计算它们的平均值，作为下一个时期的预测值。随着预测时期向前推移，相邻的 n 个时期数据也向前移动，故称为移动平均预测法。

1. 简单移动平均法

简单移动平均法是以简单算术平均数作为下一期的预测值。其基本公式为

$$\hat{y}_t = \frac{x_{t-1} + x_{t-2} + \cdots + x_{t-n}}{n} \tag{12-3}$$

式中，$\hat{y}_t$ 为第 t 期的预测值；x_{t-1}，x_{t-2}，$\cdots$，x_{t-n} 为第 $t-1$ 期到第 $t-n$ 期的实际值；n 为期数。

根据式（12-3），还可以推出：

$$\hat{y}_{t+1} = y_t + \frac{1}{n}(x_t - x_{t-n}) \tag{12-4}$$

因而，可以比较方便地以本期预测值来推算下期的预测值。

表 12-6 列出了某商场 2018 年 1 ~ 12 月的实际销售额和 3 个月与 4 个月的移动平均值。

表 12-6　某商场 2018 年各月销售额和移动平均值

月份 t	实际销售额 xt（万元）	3 个月移动平均值 $\hat{y}_t$（$n=3$）	4 个月移动平均值 $\hat{y}_t$（$n=4$）
1 月	350	—	—
2 月	400	—	—
3 月	360	—	—
4 月	450	370	—
5 月	400	403. 3	390
6 月	460	403. 3	402. 5

（续）

月份 t	实际销售额 xt（万元）	3 个月移动平均值 $\hat{y_t}$（$n=3$）	4 个月移动平均值 $\hat{y_t}$（$n=4$）
7 月	500	436.6	417.5
8 月	600	453.3	452.5
9 月	550	520	490
10 月	520	550	527.5
11 月	580	556.6	542.5
12 月	520	550	562.5

从表 12-6 中可以看出，移动平均值的波动幅度要比实际记录小，这是因为采用移动平均法进行预测，可以消除移动期内的数值波动，同时，这种方法也在一定程度上反映了发展的趋势。只是这种反映程度取决于 n 值选择的大小。一般 n 取值较小时，预测结果比较灵敏，能较好地反映数据变动的趋势，但修匀性较差；n 取值较大时，则刚好相反。所以 n 值的选择，一定要根据预测对象的特点和市场变化的具体情况来确定。

2. 加权移动平均法

与简单序时平均预测法一样，简单移动平均法对各期的资料也是同等看待，有不考虑各期资料对预测值影响的重要性程度的缺点，因此，就有相对应的加权移动平均法存在。加权移动平均法的基本公式为

$$\hat{y_t} = \frac{a_1 x_{t-1} + a_2 x_{t-2} + \cdots + a_n x_{t-n}}{n} \tag{12-5}$$

式中，a 为加权值。

应用表 12-6 的资料，求 6 月份的预测值，前 4 期的权数分别为 1.5、1.2、0.8、0.5，则

$$\hat{y_6} = \left(\frac{400 \times 1.5 + 450 \times 1.2 + 360 \times 0.8 + 400 \times 0.5}{1.5 + 1.2 + 0.8 + 0.5} \right) 万元 = \left(\frac{1\ 628}{4} \right) 万元 = 407\ 万元$$

需要注意的是，设置权数时，从第 1 期到第 n 期，a 的总和必须与 n 值相等，具体由调研人员根据实际情况加以确定。

269

12.4.3　指数平滑法

1. 指数平滑法公式

移动平均法在运用过程中存在两方面的不足：首先，计算一次移动平均值必须储存多个实际值，当预测项目很多时，就要占据相当大的预测空间；其次，往往对最近的几个实际值等值来看待，并对 $t-n$ 期以前的数据完全不考虑。为了弥补这些缺点，就产生了指数平滑法。它是通过对预测目标历史统计序列的逐层的平滑计算，消除由于随机因素造成的影响，找出预测目标的基本变化趋势，并以此预测未来。它的预测效果比移动平均法要好，应用面也更广。

已知动态数列的序列为 X_1，X_2，$\cdots$，X_n。n 为序列总记录期数，一次指数平滑的公式为

$$S_t^{(1)} = \alpha x_t + (1 - \alpha) S_{t-1}^{(1)} \quad (t = 1, 2, \cdots, n) \tag{12-6}$$

式中，$S_t^{(1)}$ 为 t 期的一次指数平滑值；上标（1）为一次指数平滑；α 为加权系数，取值

为 0 ～ 1。

式（12-6）表明，t 期的一次指数平滑值等于本期的实际值与上期的一次指数平滑值的加权和。如果对一次平滑的结果再进行一次平滑，就称为二次指数平滑，其公式为

$$S_t^{(2)} = \alpha S_t^{(1)} + (1 - \alpha) S_{t-1}^{(2)} \quad (t = 1, 2, \cdots, n) \tag{12-7}$$

以此类推，三次指数平滑的公式为

$$S_t^{(3)} = \alpha S_t^{(2)} + (1 - \alpha) S_{t-1}^{(3)} \quad (t = 1, 2, \cdots, n) \tag{12-8}$$

在以上的指数平滑公式中，要计算指数平滑值，首先必须确定一个初始值 $S_0^{(1)}$，$S_0^{(2)}$，$S_0^{(3)}$。一般情况下，可以取动态数列的第一个数据或前三个数据的平均值作为初始值。在本书中，我们取前三个数据的平均值作为初始值。

例 12-5　某地区历年电视拥有量的统计数据如表 12-7 所示，取加权系数 $\alpha = 0.3$，试分别计算一次、二次、三次指数平滑值。

表 12-7　某地区历年电视拥有量的统计数据　　　　　　　　（单位：万台）

年份	序号	实际拥有量 xt	一次平滑值 $S_t^{(1)}$	二次平滑值 $S_t^{(2)}$	三次平滑值 $S_t^{(3)}$
—	0	—	12	12	12
—	1	10.1	11.43	11.83	11.95
2010 年	2	12.4	11.72	11.80	11.91
2011 年	3	13.5	12.25	11.93	11.91
2012 年	4	15.1	13.11	12.29	12.03
2013 年	5	16.9	14.25	12.87	12.28
2014 年	6	17.5	15.22	13.58	12.67
2015 年	7	18.4	16.17	14.36	13.18
2016 年	8	19.8	17.26	15.23	13.79
2017 年	9	21.4	18.50	16.21	14.52
2018 年	10	22.0	19.55	17.21	15.33

具体计算过程如下：

一次指数平滑值：$S_1^{(1)} = [0.3 \times 10.1 + (1 - 0.3) \times 12]$ 万台 $= 11.43$ 万台

$\qquad\qquad\qquad S_2^{(1)} = [0.3 \times 12.4 + (1 - 0.3) \times 11.43]$ 万台 $= 11.72$ 万台

$$\vdots$$

二次指数平滑值：$S_1^{(2)} = [0.3 \times 11.43 + (1 - 0.3) \times 12]$ 万台 $= 11.83$ 万台

$\qquad\qquad\qquad S_2^{(2)} = [0.3 \times 11.72 + (1 - 0.3) \times 11.83]$ 万台 $= 11.80$ 万台

$$\vdots$$

三次指数平滑值：$S_1^{(3)} = [0.3 \times 11.83 + (1 - 0.3) \times 12]$ 万台 $= 11.95$ 万台

$\qquad\qquad\qquad S_2^{(3)} = [0.3 \times 11.80 + (1 - 0.3) \times 11.95]$ 万台 $= 11.91$ 万台

$$\vdots$$

2. 加权系数 α 的选择

在运用指数平滑法进行预测时，选择合适的加权系数 α 是非常重要的。α 选择是否得当，直接影响到预测结果。通常来说，α 越大，预测越依赖于近期信息；α 越小，则预测越依赖于历史信息。一般来说，α 取值应遵循以下原则：

第一，如果预测目标的动态数列虽然有不规则的起伏变动，但整个长期发展趋势比较稳定，则 α 应取小一点。

第二，当外部环境变化较大时，α 的取值应大一点。

第三，在原始资料缺乏时，α 的取值可以大一点。

指数平滑法计算简便，预测成本低，适宜对各种目标进行中短期预测，尤其在外部资料缺乏的情况下更为适用。但由于它仅仅是通过历史资料的分析估计未来，缺乏对影响目标的相关因素的分析，因此进行长期预测时可信度较差。

12.4.4　最小平方法

最小平方法，也叫最小二乘法，它既是测定长期趋势的重要方法，也是进行统计预测的重要方法。最小平方法是根据最小平方的原理，即现象的实际值与趋势值的离差平方和为最小，以拟合优良的趋势模型，找出趋势线的近似数学方程式，从而测定长期趋势，并对未来的发展水平进行预测。

假设现象实际值为 y，趋势值为 y_c，原数列的项数为 n，时间为 t。最小平方的原理可表示为：$\sum (y - y_c)^2 =$ 最小值。最小平方法可以测定直线趋势，也可以测定非直线趋势。

1. 直线趋势预测模型

如果动态数列的各个数据在一定时期中呈现持续上升或下降趋势，且各项变量逐期的增减大致相同，则可配以直线方程并用最小二乘法进行预测。预测模型为：

$$y_c = a + bt$$

其中 a、b 为待定系数，a 表示直线方程的截距，b 表示直线方程的斜率。根据已知的动态数据资料和最小平方原理，可以求出待定系数 a、b，进而得出直线趋势方程 $y_c = a + bt$，用 $y_c = a + bt$ 描绘现象的发展趋势并进行预测。

根据最小平方原理，$\sum (y - y_c)^2 =$ 最小值，分别对 a、b 求偏导数，并令导数为零，化简得以下的标准方程组：

$$\begin{cases} \sum y = na + b \sum t \\ \sum ty = a \sum t + b \sum t^2 \end{cases} \tag{12-9}$$

解方程组得

$$\begin{cases} b = \dfrac{n \sum ty - \sum t \sum y}{n \sum t^2 - (\sum t)^2} \\ a = \dfrac{\sum y - b \sum t}{n} \end{cases} \tag{12-10}$$

码 12-4

例 12-6　某公司 2014～2018 年销售某商品资料如表 12-8 所示。使用直线趋势预测模型预测 2019 年该商品销售额。

表 12-8　某公司 2014～2018 年销售某商品资料

年　份	2014 年	2015 年	2016 年	2017 年	2018 年
销售额（万元）	100	118	140	162	180

建立直线趋势模型的计算表，如表 12-9 所示。

表 12-9　建立直线趋势模型的计算表

年　份	t	y	t^2	ty
2014 年	1	100	1	100
2015 年	2	118	4	236
2016 年	3	140	9	420
2017 年	4	162	16	648
2018 年	5	180	25	900
合　计	15	700	55	2 304

$$\begin{cases} b = \dfrac{n \sum ty - \sum t \sum y}{n \sum t^2 - (\sum t)^2} = \dfrac{5 \times 2\,304 - 15 \times 700}{5 \times 55 - 15^2} = \dfrac{1\,020}{50} = 20.4 \\[3mm] a = \dfrac{\sum y - b \sum t}{n} = \dfrac{700 - 20.4 \times 15}{5} = \dfrac{394}{5} = 78.8 \end{cases}$$

因此，直线趋势模型为：

$$\hat{y} = 78.8 + 20.4t$$

与 2019 年相应的 $t = 6$，所以，2019 年的预测销售额为：

$$\hat{y}_{2019} = 78.8 + 20.4 \times 6 = 201.2（万元）$$

以上公式都比较复杂，在运用过程中，我们可以采用一定的技巧加以简化，设法将 $\sum t$ 取值为零。若期数 n 为奇数，可以取 t 的间隔为 1，将 $t = 0$ 置于资料期的中间，上面为 -1，-2，-3，…，下面为 1，2，3，…，这样，$\sum t$ 为 0。若期数 n 为偶数，则取 t 的间隔为 2，将 $t = -1$，$t = 1$ 置于资料期的中央的上下两期，上面取 -1，-3，-5，…，下面取 1，3，5，…，同样可得 $\sum t$ 为 0。从而把上述标准式简化为：

$$\begin{cases} \sum y = na \\ \sum xy = b \sum t^2 \end{cases}$$

计算可得

$$\begin{cases} a = \dfrac{\sum y}{n} \\[3mm] b = \dfrac{\sum ty}{\sum t^2} \end{cases}$$

同样根据表 12-8 的资料，利用简便方法建立直线趋势简便方法计算表，如表 12-10 所示。

表 12-10　建立直线趋势简便方法计算表

年　份	t	y	t^2	ty
2014 年	-2	100	4	-200
2015 年	-1	118	1	-118

（续）

年　份	t	y	t^2	ty
2016 年	0	140	0	0
2017 年	1	162	1	162
2018 年	2	180	4	360
合　计	0	700	10	204

$$\begin{cases} a = \dfrac{\sum y}{n} = \dfrac{700}{5} = 140 \\[3mm] b = \dfrac{\sum ty}{\sum t^2} = \dfrac{204}{10} = 20.4 \end{cases}$$

所以，直线趋势模型为：

$$\hat{y} = 140 + 20.4t$$

在这里，2019 年相应的 $t = 3$，代入直线趋势模型，得到

$$\hat{y}_{2019} = 140 + 20.4 \times 3 = 201.2（万元）$$

2. 曲线趋势预测模型

现实经济生活中，多数经济现象的发展趋势是非直线型的，而是曲线型的，因此，研究长期趋势变动的曲线类型十分重要。

（1）二次曲线趋势预测模型。如果现象发展的逐期增长量的逐期增长量（即各期的二级增长量）大致相同，则可用二次曲线（抛物线）描绘其发展趋势，曲线方程为 $y_c = a + bt + ct^2$，其中 a，b，c 为待定系数，t 为时间。根据最小平方原理和已知动态数列资料可以计算出待定系数 a，b，c，即可得到反映趋势规律的二次曲线方程 $y_c = a + bt + ct^2$，将趋势外推，给出特定的时间 t，可用于预测。

由最小平方原理：$\sum (y - y_c)^2 = \sum (y - a - bt - ct^2)^2 = $ 最小值，分别对 a，b，c 求偏导数，并令导数为 0，可得到含有 a，b，c 的三个标准方程，即

$$\begin{cases} \sum y = na + b \sum t + c \sum t^2 \\ \sum ty = a \sum t + b \sum t^2 + c \sum t^3 \\ \sum t^2 y = a \sum t^2 + b \sum t^3 + c \sum t^4 \end{cases}$$

为了计算的方便，同样可以使 t 的取值满足 $\sum t = 0$，此时，上述方程组变为：

$$\begin{cases} \sum y = na + c \sum t^2 \\ \sum ty = b \sum t^2 \\ \sum t^2 y = a \sum t^2 + c \sum t^4 \end{cases} \tag{12-11}$$

根据具体的动态数列资料，可由上述方程组求出 a，b，c，并用于预测。

（2）指数曲线趋势预测模型。当现象发展的各期环比发展速度和环比增长速度大致相同时，现象具有指数曲线型的发展趋势，曲线方程为 $y_c = ab^t$，其中 a、b 为待定系数，t 为时间。对指数曲线方程 $y_c = ab^t$ 不能直接用最小平方法，必须把方程转化成线性方程，才能

273

用最小平方法。

对 $y_c = ab^t$ 两边取对数，得

$$\ln y_c = \ln a + t \ln b$$

令 $\ln y_c = y'$、$\ln a = A$、$\ln b = B$，由最小二乘法，得

$$\sum (y - y_c)^2 = \sum (y - y')^2 = \sum (y - A - Bt)^2 = 最小值$$

由此得关于 a, b 的联立方程组为：

$$\begin{cases} \sum y = nA \\ \sum yt = B \sum t^2 \end{cases}$$

所以，

$$\begin{cases} A = \dfrac{\sum y}{n} = \bar{y} \\ B = \dfrac{\sum yt}{\sum t^2} \end{cases} \tag{12-12}$$

求出后，再求反对数，可得出 a、b 的值，趋势方程为 $y_c = ab^t$。

长期趋势的测定是动态分析法的主要内容，根据趋势线所做的预测，可以为制订计划和做出决策提供依据，有助于加强管理，提高工作效率。但是根据长期趋势所做出的预测，具有一定的假定性，只有将建立的趋势线与调查研究相结合，具体问题具体分析，才能提高趋势线的实用性，得出较为精确的预测结果。

12.4.5　季节变动趋势预测法

季节变动是指某些社会现象由于受到社会因素和自然因素的影响，在一年之内随着季节的更替而呈现的有规律性的周期性的波动。通常以 12 个月或 4 个季度为一个周期，由于季节的变动，会使某些社会经济现象产生规律性的变化，这种规律性变化通常称之一定的时间数列为季节波动。例如食品、服装、某些季节性特点很强的产品或商品等，它们的生产和消费都随季节的变换而呈现周期性的波动。如果已经掌握了社会经济现象在过去各年的按月份的资料，可以对其受季节波动的影响情况进行测定，找出一年中的旺季和淡季，从而克服由于季节变动而引起的不良影响，以便预测未来，采取措施，合理地组织生产和销售，更好地满足社会生产和人民的生活需要。

季节变动具有两个明显的特征：一是时间动态数列数据有较大的波动差，波动差越大，季节性越明显；二是具有周期性，即变动趋势重复出现，只有波动性而无重复性，不能称为季节变动。季节性预测的方法很多，主要有考虑长期趋势影响和不考虑长期趋势影响两种。

1. 平均数比率法

平均数比率法是预测季节变动的比较简单的方法，又称季节比率法。它是在动态数列处于比较稳定的状态的条件下，即不包含明显的直线趋势和循环变动的情况，直接对各年同季节的数值进行平均，求出季节指数，并以此来预测未来。这是一种不考虑长期趋势影响的方法。

码 12-5

例 12-7　某产品 2016 ~ 2018 年每月的销售量如表 12-11 所示，试采用平均数比率法预

测 2019 年 1 月份的销售量（假设 2019 年预计全年销售量为 3 840 箱）。

表 12-11 某产品 2016 ~ 2018 年每月销售量资料　　　　　（单位：箱）

年份 \ 月份	1 月	2 月	3 月	4 月	5 月	6 月	7 月	8 月	9 月	10 月	11 月	12 月
2016 年	280	243	263	290	310	325	336	295	288	270	290	324
2017 年	298	262	270	294	305	318	338	301	296	291	304	318
2018 年	306	273	282	298	315	335	346	324	312	296	316	324

采用平均数比率法的具体预测步骤如下：

（1）将各年同月的数字相加求出同月的平均数。

$$1 \text{ 月份平均数} = \left(\frac{280 + 298 + 306}{3} \right) \text{箱} = 295 \text{ 箱}$$

$$2 \text{ 月份平均数} = \left(\frac{243 + 262 + 273}{3} \right) \text{箱} = 259 \text{ 箱}$$

其他月份类推。

（2）将若干年内每个月的数字相加求出总的月平均数。

$$\text{总的月平均数} = \left(\frac{10\ 836}{36} \right) \text{箱} = 301 \text{ 箱}$$

（3）计算月平均数比率（季节指数）。

$$1 \text{ 月份平均数比率} = \frac{1 \text{ 月份平均销售量}}{\text{总平均月销售量}} = \frac{295 \text{ 箱}}{301 \text{ 箱}} \times 100\% = 98\%$$

$$2 \text{ 月份平均数比率} = \frac{2 \text{ 月份平均销售量}}{\text{总平均月销售量}} = \frac{259 \text{ 箱}}{301 \text{ 箱}} \times 100\% = 86\%$$

其他月份类推。

需要注意的是，月平均数比率计算出来后，必须检查各月平均数比率之和是否等于 1 200%（若为季节，则比率之和等于 400%）。如果各比率之和不等于 1 200%（这是由于计算时的取舍造成的），则可对尾数进行调整，使其等于 1 200%。

（4）进行预测。因为 2019 年全年预计销售量为 3 840 箱，则月平均销售量为

$$\frac{3\ 840 \text{ 箱}}{12} = 320 \text{ 箱}$$

则 2019 年 1 月份预测销售量为

$$320 \text{ 箱} \times 98\% = 314 \text{ 箱}$$

按此步骤可以预测出 2019 年各月份的销售量。

整个计算过程如表 12-12 所示。

表 12-12 采用平均数比率法预测计算过程　　　　　（单位：箱）

年份 \ 月份	1 月	2 月	3 月	4 月	5 月	6 月	7 月	8 月	9 月	10 月	11 月	12 月	合 计
2016 年	280	243	263	290	310	325	336	295	288	270	290	324	3 514
2017 年	298	262	270	294	305	318	338	301	296	291	304	318	3 595

（续）

月份 年份	1月	2月	3月	4月	5月	6月	7月	8月	9月	10月	11月	12月	合　计
2018 年	306	273	282	298	315	335	346	324	312	296	316	324	3 727
合　计	884	778	815	882	930	978	1 020	920	896	857	910	966	10 836
平　均	295	259	272	294	310	326	340	307	299	286	303	322	3 612
季节指数（%）	98	86	90	98	103	108	113	102	99	95	101	107	1 200

2. 平均数趋势整理法

平均数趋势整理法又称为趋势剔除法。这是一种考虑长期趋势影响的方法。当动态数列随时间变化时，既有趋势变动，又有季节变动，并且波动的幅度随着趋势的变化而变化，则可以选择用这种方法来预测。

例 12-8　某商店 2016～2018 年三年的衬衫销售资料如表 12-13 所示。试采用平均数趋势整理法预测 2019 年第一季度和第二季度的销售量。

表 12-13　某商店 2015～2017 年衬衫各季度销售量　　　　（单位：件）

季度 年份	第一季度	第二季度	第三季度	第四季度
2016 年	435	2 217	3 756	394
2017 年	488	2 687	4 396	406
2018 年	667	3 076	4 988	490

采用平均数趋势整理法进行预测的具体步骤如下：

（1）设预测方程为 $y = (a + bt)f_i$，其中，$a + bt$ 是动态数列的线性趋势变动部分；f_i 是各级的季节比率。

（2）求长期趋势值。设线性趋势方程为

$$y = a + bt$$

参数 a 和 b 的计算如表 12-14 所示。

表 12-14　线性趋势方程计算表

年　份	季　度	t	y	t^2	ty
2016 年	第一季度	1	435	1	435
	第二季度	2	2 217	4	4 434
	第三季度	3	3 756	9	11 268
	第四季度	4	394	16	1 576
2017 年	第一季度	5	488	25	2 440
	第二季度	6	2 687	36	16 122
	第三季度	7	4 396	49	30 772
	第四季度	8	406	64	3 248
2018 年	第一季度	9	667	81	6 003
	第二季度	10	3 076	100	30 760
	第三季度	11	4 988	121	54 868
	第四季度	12	490	144	5 880
合　计	—	78	24 000	650	167 806

276

采用最小二乘法求得

$$b = \frac{n\sum ty - \sum t \sum y}{n\sum t^2 - (\sum t)^2} = \frac{12 \times 167\,806 - 78 \times 24\,000}{12 \times 650 - 78^2} = 82.56$$

$$a = \frac{\sum y - b\sum t}{n} = \frac{24\,000 - 82.56 \times 78}{12} = 1\,463.36$$

$$y = a + bt = 1\,463.36 + 82.56t$$

将 $t = 1$，2，$\cdots$，12 代入方程，得各期的趋势值 y_t。

（3）求剔除趋势值 $\frac{y}{y_t}$，即求各观察值和趋势值的比率（各月季节指数）。具体计算过程如表 12-15 所示。

表 12-15　剔除趋势值的计算

年　份	季　度	t	y	y_t	$\frac{y}{y_t}$（%）
2016 年	第一季度	1	435	1 545.92	28.14
	第二季度	2	2 217	1 628.48	136.14
	第三季度	3	3 756	1 711.04	219.52
	第四季度	4	394	1 793.60	21.97
2017 年	第一季度	5	488	1 876.16	26.01
	第二季度	6	2 687	1 958.72	137.18
	第三季度	7	4 396	2 041.28	215.36
	第四季度	8	406	2 123.84	19.12
2018 年	第一季度	9	667	2 206.40	30.23
	第二季度	10	3 076	2 288.96	134.38
	第三季度	11	4 988	2 371.52	210.33
	第四季度	12	490	2 454.08	19.97

例如，$t = 1$（2016 年第一季度）时，即

$$\frac{y}{y_{t_1}} = \frac{435}{1\,545.92} \times 100\% = 28.14\%$$

$t = 2$（2016 年第二季度）时，即

$$\frac{y}{y_{t_2}} = \frac{2\,217}{1\,628.48} \times 100\% = 136.14\%$$

（4）计算季节比率 f_i。先将各时期的季节指数 $\frac{y}{y_t}$ 的值依次排列在表中，再计算各周期相同季节的 $\frac{y}{y_t}$ 平均值，最后将各季度平均值相加之和调整到 400%，即得季节比率 f_i。例如，表 12-16 中的和为 399.45，其校正系数为

$$\frac{400}{399.45} \times 100\% = 100.14\%$$

然后以校正系数乘以各平均数，得到季节比率 f_i。

表 12-16　季节比率计算表

季度 年份	第一季度（%）	第二季度（%）	第三季度（%）	第四季度（%）	合　　计
2016 年	28.14	136.14	219.52	21.97	—
2017 年	26.01	137.18	215.36	19.12	—
2018 年	30.23	134.38	210.33	19.97	—
合　计	84.38	407.70	645.21	61.06	—
平　均	28.13	135.90	215.07	20.35	399.45
季节比率 f_i	28.16	136.09	215.37	20.38	400.00

（5）由预测方程进行预测。根据前述，可得预测方程为

$$y = (1\ 463.36 + 82.56t)f_i$$

现将 $t = 13$，$t = 14$ 分别代入此方程，并选择相同季度的季节比率 f_i，就能得到所需的预测值。

2019 年第一季度的预测值为

$$y_{13} = (1\ 463.36 + 82.56 \times 13) 件 \times 28.16\% = 714.32\ 件 \approx 715\ 件$$

2019 年第二季度的预测值为

$$y_{14} = (1\ 463.36 + 82.56 \times 14) 件 \times 136.09\% = 3\ 564.47\ 件 \approx 3\ 565\ 件$$

12.5　预测误差分析

统计预测是根据历史和现实的统计资料，对未来事物发展前景进行的一种推测。既然是推测，其结果必然与客观实际存在着一定的差距，这个差距就是预测误差。预测误差的大小与预测结果的准确性有密切关系，预测误差越小，准确性越高；反之，准确性就越低。如果预测值与实际值相差甚远，就可能产生预测失误。因此，研究产生预测误差的原因，计算与分析误差的数量，不但可以认识预测结果的准确性，为编制计划、进行决策提供可靠的依据，而且也有利于改进预测工作，发展和完善预测理论。

12.5.1　预测误差的影响因素

预测过程中的一切主客观因素都会影响到预测结果的准确度。具体来说，影响预测误差的因素有以下四个：

（1）模型的科学性。模型本身是对客观现象的一种简化和模拟，它忽略了影响现象的某些因素。如果模型中没有包含那些不该忽略的重要因素，则势必影响预测的准确度。同样，如果预测者构建了错误的预测模型，那么，预测就会产生较大的偏差，甚至得出与实际完全相反的结论。因此，模型的正确性和科学性是保证预测准确度的关键。

（2）数据资料的可靠性。可靠的统计资料对预测的准确度有着重要影响，因为预测模型的选定、参数的计算都是依据统计资料而来的。如果数据不全或失实，或者经过整理的资料还缺乏可比性、系统性，满足不了预测的要求，那么，预测的准确度也要受到影响。可见，可靠的统计资料是获得准确预测的先决条件。

（3）统计方法的正确性。统计预测的各阶段都需要运用统计方法，各种方法都有其优

缺点，有其适用条件。不同的问题要用不同的方法，有时，同一问题还存在着处理方法优劣性的对比。因此，统计方法选择得适当与否，运用得准确与否，也是影响预测准确度不容忽视的一个因素。

（4）主观判断的准确性。无论定性预测，还是定量预测，都离不开预测者的主观判断，尤其在根据统计资料选择模型、确定参数估计方法时，主观判断更是重要。判断正确，就为准确的预测奠定了基础；判断错误，则全盘皆空。所以，统计预测要求预测者有敏锐的观察力、严密的逻辑思维能力和丰富的实践经验，这是提高预测准确度的又一重要条件。

12. 5. 2　预测误差的测量方法

测量预测准确度，实质上就是测定预测误差。预测误差是社会经济现象在某一时期的实际值与预测值之差。显然，预测误差越小越好。统计预测分析主要是分析预测误差，以便采取各种措施，使预测值尽可能接近实际值。测定预测误差的主要方法及统计指标主要有单个预测值的误差、总预测误差、平均绝对误差、预测相对误差和均方根误差。

1. 单个预测值的误差

它是任一实际值与其对应的预测值之差。其计算公式为

$$e_i = y_i - \hat{y}_i \qquad (i = 1, 2, \cdots, n) \tag{12-13}$$

式中，e_i 为预测误差。

$e_i = 0$ 为准确预测；$e_i > 0$ 为低估预测；$e_i < 0$ 为高估预测。

2. 总预测误差

它是几个误差绝对值的和。其计算公式为

$$\sum_{i=1}^{n} |e_i| = |e_1| + |e_2| + \cdots + |e_n| = |y_1 - \hat{y}_1| + |y_2 - \hat{y}_2| + \cdots + |y_n - \hat{y}_n| \tag{12-14}$$

3. 平均绝对误差

它是 n 个误差绝对值的平均数，通常用 MAD 表示。其计算公式为

$$MAD = \frac{\sum_{i=1}^{n} |e_i|}{n} = \frac{\sum_{i=1}^{n} |y_i - \hat{y}_i|}{n} \tag{12-15}$$

4. 预测相对误差

它表明预测误差的相对幅度。其计算公式为

$$R_i = \frac{e_i}{y_i} = 1 - \frac{\hat{y}_i}{y_i} \tag{12-16}$$

5. 均方根误差

它是实际值与预测值离差平方和的算术平均数的算术根，通常用 S_{yx} 表示。其计算公式为

$$S_{yx} = \sqrt{\frac{\sum_{i=1}^{n} (y_i - \hat{y}_i)^2}{n}} \tag{12-17}$$

以上指标都可用来对预测的准确度进行度量，但不同的指标，度量的效果也会不同。不过，在实际预测中，人们关心的是如何获得最为准确的预测结果，至于如何测定准确度，可

279

以根据需要来选择预测误差指标。

本章小结

本章主要介绍趋势分析与统计预测的相关问题。趋势分析是指社会经济现象发展变化是有规律的，在其活动过程中呈现出某种趋向，对其过去和到目前为止趋向的分析就是趋势分析。测定长期趋势的主要方法有随手画线法、时距扩大法和移动平均法。趋势分析是统计预测的基础。

统计预测是指人们在观察和分析客观事物发展过程的历史和现状的基础上，通过对客观事物发展规律的认识，进而推断其未来状况的过程。统计预测的种类。统计预测按其范围分，可分为宏观预测和微观预测；按预测时间的长短分，可分为近期预测、短期预测、中期预测和长期预测；按预测方法分，可分为定性预测和定量预测。统计预测的基本原则包括连续性原则、类比性原则、随机性原则。统计预测的一般步骤，包括确定预测目的；整理分析历史资料和现实资料，并进行初步分析；选择预测方法；实际进行统计预测；论证预测结果，分析预测误差。

常用的统计预测方法与计算包括序时平均预测法（包括简单序时平均预测法和加权序时平均预测法）、移动平均预测法（包括简单移动平均法和加权移动平均法）、指数平滑法、最小平方法（包括直线趋势预测模型、二次曲线趋势预测模型、指数曲线趋势预测模型）、季节变动趋势预测法（包括平均数比率法和平均数趋势整理法）。

统计预测误差的影响因素。包括模型的科学性、数据资料的可靠性、统计方法的正确性和主观判断的准确性。预测误差的测量方法。主要包括单个预测值的误差、总预测误差、平均绝对误差、预测相对误差和均方根误差几种。

复习思考题

一、概念题

趋势分析　统计预测　时间序列　季节指数预测　预测误差

二、简答题

(1) 什么是趋势分析？常用的方法有哪些？

(2) 什么是统计预测？它有哪些种类？

(3) 统计预测时必须遵循哪些原则？进行统计预测的步骤是什么？

三、练习题

1. 判断题（把"√"或"×"填在题后的括号里）

(1) 动态数列又称动态序列或时间序列，它是将某个经济变量的观测值，按时间先后顺序排列所形成的数列。　　　　　　　　　　　　　　　　　　　　　　　　　　　　　　　（　　）

(2) 序时平均预测法不建立复杂的预测模型，不进行复杂的运算，在短期预测中常用。　（　　）

(3) 在运用直线趋势预测模型过程中，a 和 b 的公式很复杂，为简化 a 和 b 的计算，可采用一定的技巧将其简化，设法使 $\sum t = 0$。若 n 为偶数，则令中间两项分别为 -1 和 1，上面的记为 -1，-2，-3，-4，……　　　　　　　　　　　　　　　　　　　　　　　　　　　　　　　　　（　　）

(4) 季节变动趋势预测一般适用于长期趋势预测。　　　　　　　　　　　　　　　（　　）

2. 单选题

(1) 在影响市场现象变动的各因素中，(　　)泛指间隔数年就出现一次的市场现象变动规律。

  A. 长期趋势变动 B. 季节变动   C. 循环变动   D. 不规则变动

(2) 应用指数平滑法进行预测时，平滑系数 α 的选择是非常重要的。当动态数列呈稳定的水平趋势时，α 应取(　　)。

  A. 较小值，如 $0.1 \sim 0.3$ B. 居中值，如 $0.3 \sim 0.5$

  C. 较大值，如 $0.6 \sim 0.8$ D. $0 \sim 1$ 之间随意取值

3. 多选题

(1) 通常经济变量数据的变化趋势有(　　)。

  A. 长期趋势   B. 季节变动   C. 循环变动   D. 不规则变动

(2) 预测误差的影响因素包括(　　)。

  A. 模型的科学性   B. 数据资料的可靠性

  C. 统计方法的正确性   D. 主观判断的准确性

(3) 预测误差的测量方法主要包括(　　)。

  A. 单个预测值的误差 B. 总预测误差   C. 平均绝对误差   D. 预测相对误差

4. 计算题

(1) 某客户以销定产，当年 $1 \sim 6$ 月的销售量如表 12-17：

表 12-17　某客户当年 $1 \sim 6$ 月的销售量

月　份	1 月	2 月	3 月	4 月	5 月	6 月
销售量（台）	500	560	600	700	850	800

请分别用简单序时平均预测法和加权移动平均法预测 7 月份的销售量（$n = 3$，$\alpha_1 = 0.2$，$\alpha_2 = 0.3$，$\alpha_3 = 0.5$）

(2) 某企业 $2010 \sim 2018$ 年销售额见表 12-18，试计算一次指数平滑值（$\alpha = 0.1$）。

表 12-18　企业 $2010 \sim 2018$ 年销售额资料　　　　　（单位：万元）

年　份	2010 年	2011 年	2012 年	2013 年	2014 年	2015 年	2016 年	2017 年	2018 年
销售额（万元）	4 000	4 700	5 000	4 900	5 200	6 600	6 200	5 800	6 000

(3) 某地区 $2014 \sim 2018$ 年某种产品的产量如表 12-19 所示：

表 12-19　某地区 $2014 \sim 2018$ 年某种产品的产量　　　　（单位：万 t）

年　份	某种产品产量
2014	200
2015	220
2016	240
2017	270
2018	300

试运用最小平方法求直线趋势方程，并预测该地区 2019 年及 2021 年这种产品可能达到的产量。

(4) 某商场 $2015 \sim 2018$ 年各月的服装销售额（单位：万元）资料如表 12-20 所示。试计算各月的季节比率，用平均数比率法分析该商场服装销售的变动情况，并预测 2019 年 10、12 月份的销售额。

表 12-20　某商场 2015 ~ 2018 年各月的服装销售情况　　　（单位：万元）

月份＼年份	1	2	3	4	5	6	7	8	9	10	11	12	合计
2015	360	322	313	274	239	263	260	280	264	240	291	330	3 436
2016	402	385	361	312	354	336	351	349	376	394	391	420	4 431
2017	460	412	420	402	369	350	365	374	370	392	384	437	4 735
2018	479	497	506	431	424	480	463	451	474	440	480	509	5 634

软件应用——用 SPSS 进行时间序列的分解和指数平滑预测

一、用 SPSS 进行时间序列的分解

1. 基本原理

按传统的统计学理论，时间序列（动态数列）通常可以分解为长期趋势 T、季节变动 S、循环变动 C 和不规则变动 I 四个组成成分。这四个成分可以写成乘法模型或加法模型的形式。但是，与传统的统计方法不同，由于长期趋势和循环变动成分不容易进行准确的定义和区分，统计软件中一般把时间序列分解为趋势—循环、季节成分和不规则变动三个组成部分。我们以乘法模型为例说明使用 SPSS 进行时间序列分解的方法。

2. 实验工具

实验工具为汉化版的 SPSS 软件。

3. 试验方法

例 12-9　表 12-21 和图 12-4 是 2005 ~ 2010 年我国流通中的现金总量（月末数）。试对序列进行时间序列分解。

表 12-21　2005 ~ 2010 年我国流通中的现金总量（月末数）　　（单位：亿元）

月份＼年份	2005 年	2006 年	2007 年	2008 年	2009 年	2010 年
1 月	13 108	11 997	16 094	17 019	16 726	21 245
2 月	10 886	12 784	13 983	14 910	16 642	17 937
3 月	10 201	11 342	13 235	14 362	15 545	17 107
4 月	10 173	11 225	13 676	14 623	15 864	17 441
5 月	9 984	10 889	13 076	13 942	15 281	17 115
6 月	9 720	10 881	13 006	13 943	15 097	16 957
7 月	10 037	11 199	13 157	14 072	15 358	17 362
8 月	10 129	11 395	13 379	14 370	15 712	17 607
9 月	10 528	12 255	13 895	15 065	16 234	18 306
10 月	10 501	12 154	13 590	14 484	16 015	18 251
11 月	10 671	12 483	13 878	14 780	16 346	18 440
12 月	11 204	13 455	14 653	15 689	17 278	19 746

在 SPSS 中要进行时间序列分析首先要定义一个时间变量。具体操作是：在输入表中的月度数据以后，取变量名"MO"。单击菜单中的"数据"命令下的"定义日期"，在弹出的

对话框中指定时间序列的特性和起始时间（见图 12-5）。单击"确定"按钮后 SPSS 会自动
生成三个变量：YEAR（年份）、MONTH（月份）和 DATE（日期），如图 12-6 所示。

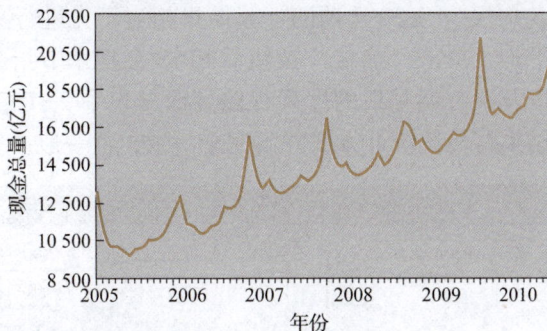

图 12-4　2005～2010 年我国流通中的现金总量

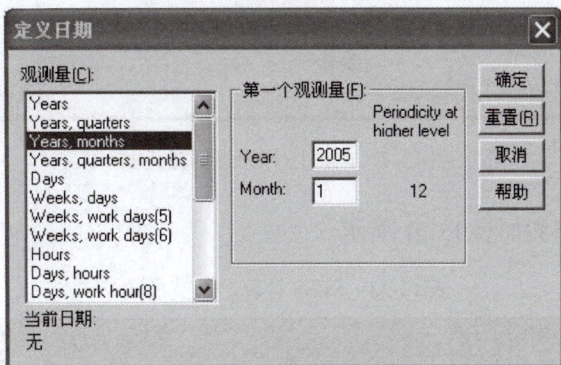

图 12-5　在 SPSS 中定义时间变量对话框

	MO	YEAR_	MONTH_	DATE_
1	13108	2005	1	JAN 2005
2	10886	2005	2	FEB 2005
3	10201	2005	3	MAR 2005
4	10173	2005	4	APR 2005
5	9984	2005	5	MAY 2005
6	9720	2005	6	JUN 2005
7	10037	2005	7	JUL 2005
8	10129	2005	8	AUG 2005
9	10528	2005	9	SEP 2005
10	10501	2005	10	OCT 2005
11	10671	2005	11	NOV 2005
12	11204	2005	12	DEC 2005
13	11997	2006	1	JAN 2006
14	12784	2006	2	FEB 2006
15	11342	2006	3	MAR 2006
16	11225	2006	4	APR 2006
17	10889	2006	5	MAY 2006
18	10881	2006	6	JUN 2006
19	11199	2006	7	JUL 2006

图 12-6　在 SPSS 中定义时间变量的结果

在菜单中选择"分析"→"时间序列"→"季节分解",会弹出如图 12-7 所示的对话框。指定变量"MO"作为分析变量,选择"乘法"模型(默认),在"移动平均加权"选择框中选择"终点按 0.5 加权"。这一选项的计算结果相当于先进行一次 12 期的移动平均,再进行一次 2 项的移动平均。单击"确定"按钮后 SPSS 会把季节指数、趋势—循环和不规则变动三个组成成分,以及季节调整后的序列存储到数据表中。SPSS 中使用的分解方法是比例移动平均法,计算结果与传统统计方法并不完全一致,但一般差别不大。

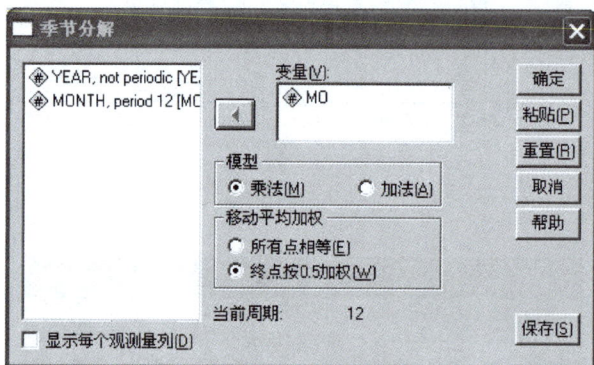

图 12-7 时间序列分解的对话框

SPSS 计算的季节指数如表 12-22 所示。

表 12-22 SPSS 计算的季节指数

Period(时期)	Seasonal Factor(季节指数)(%)
1	117.1
2	105.7
3	99.4
4	100.2
5	95.8
6	94.5
7	95.1
8	95.9
9	99.0
10	96.7
11	98.0
12	102.7

二、用 SPSS 进行指数平滑预测

指数平滑也是一类常用的传统预测方法,主要包括单参数指数平滑(Simple,简单指数平滑)、双参数指数平滑(Holt 方法)和三参数指数平滑(Winters 方法)。这三种平滑方法分别适用于不同的场合。简单指数平滑适用于不包含长期趋势和季节成分的数据;Holt 方法适用于包含长期趋势但不包含季节成分的数据;Winters 方法适用于包含季节成分(以及长期趋势)的数据。

例 12-10 用指数平滑法预测 2010 年各月我国的现金流通量。

由于我们要预测的数据为季节性数据，需要使用 Winters 方法进行预测（SPSS 中采用的是乘法模型）。从菜单中选择"分析"→"时间序列"→"指数平滑"，在弹出的"指数平滑"对话框中指定"MO"为分析变量，模型选择为"Winters"（见图 12-8）。然后单击"参数"按钮，在"指数平滑：参数"对话框中将季节成分"一般"（Alpha，即截距项的平滑系数）、"趋势"（Gamma，即趋势项的平滑系数）和"季节"（Delta，即季节指数的平滑系数）设为从 0 到 1 之间以步长 0.05 搜索最优的参数值，其他选项采用默认值（见图 12-9）。

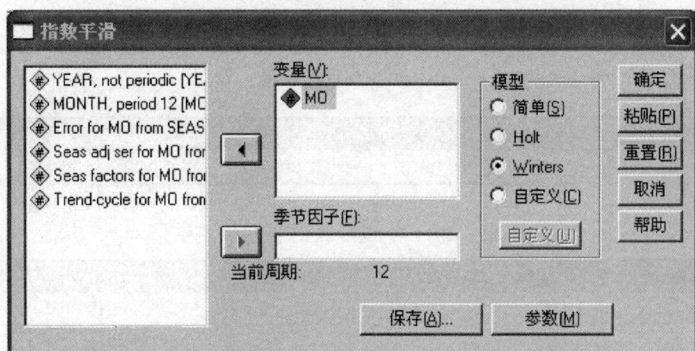

图 12-8　指数平滑对话框

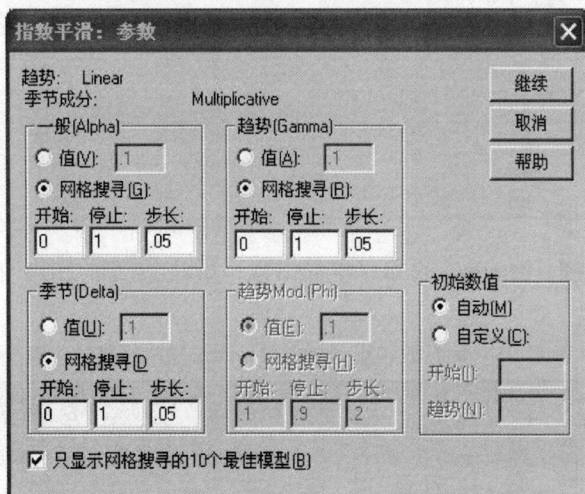

图 12-9　指数平滑的参数设定对话框

单击"继续"按钮回到主对话框，然后单击"保存"按钮，在"指数平滑：保存"对话框的"预测观测量"框中选择"预测经过"，时间设为 2011 年 12 月（见图 12-10）。返回主对话框，单击"继续"按钮回到"指数平滑"对话框，再单击"确定"按钮后 SPSS 就可以给出预测结果了。

SPSS 得出的最终平滑系数分别是：Alpha = 0.35，Gamma = 0，Delta = 0（见表 12-23）。2011 年各月的预测值如表 12-24 所示。

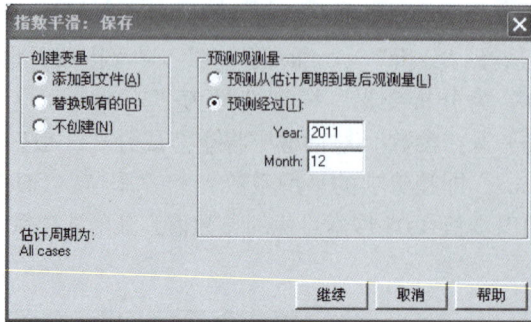

图 12-10　指数平滑预测的参数设定

表 12-23　平滑系数

Series	Alpha（Level）	Gamma（Trend）	Delta（Season）	Sums of Squared Errors	*df* error
MO	0.350 00	0.000 00	0.000 00	12 352 542	59

表 12-24　2011 年现金流通量的预测结果

序　号	年　份	月　份	日　期	流通量（亿元）
73	2011	1	JAN 2011	22 431
74	2011	2	FEB 2011	20 402
75	2011	3	MAR 2011	19 282
76	2011	4	APR 2011	19 573
77	2011	5	MAY 2011	18 826
78	2011	6	JUN 2011	18 707
79	2011	7	JUL 2011	18 915
80	2011	8	AUG 2011	19 227
81	2011	9	SEP 2011	19 976
82	2011	10	OCT 2011	19 620
83	2011	11	NOV 2011	19 984
84	2011	12	DEC 2011	21 091

为了便于比较，我们还用单参数和双参数指数平滑法预测了 2011 年的数值，如表 12-25 所示。

表 12-25　单参数和双参数指数平滑法预测结果的比较　（单位：亿元）

月　份	实际值	分解预测	指数平滑预测		
			Simple	Holt	Winters
1 月	22 287	21 777	19 613	19 593	22 431
2 月	19 893	20 104	19 613	19 687	20 402
3 月	19 297	18 770	19 613	19 780	19 283
4 月	19 878	19 023	19 613	19 874	19 573
5 月	19 048	18 306	19 613	19 967	18 826
6 月	19 018	18 151	19 613	20 061	18 708
7 月	19 048	18 381	19 613	20 154	18 915
8 月	19 518	18 651	19 613	20 248	19 227
9 月	20 524	19 475	19 613	20 341	19 976
10 月	20 078	19 093	19 613	20 435	19 620
11 月	20 209	19 446	19 613	20 528	19 983
12 月	21 468	20 569	19 613	20 622	21 090

统计决策分析

引导案例

某厂为适应市场的需要,准备扩大生产线,有两种方案可供选择:第一方案是直接建大工厂;第二方案是先建小厂,然后再扩建。如果选择第一方案,直接建大工厂,需投资 900 万元,在市场销路好时,每年可收益 300 万元;销路差时,每年亏损 100 万元。如果选择第二方案,先建小厂,如果销路好,3 年后进行扩建。建小厂需投资 400 万元,在市场销路好时,每年可收益 90 万元;销路差时,每年可收益 60 万元;如果 3 年后扩建,扩建投资为 500 万元,收益情况同第一方案一致。未来市场销路好的概率为 0.7,销路差的概率为 0.3;如果前 3 年销路好,则后 7 年销路好的概率为 0.9,销路差的概率为 0.1。无论选用何种方案,使用期均为 10 年,试进行决策分析。

本章将介绍统计决策不同分析方法,包括风险型决策与不确定型决策,在实践中针对不同情况和决策目标该如何进行选择。统计决策分析实践性和应用性强,是学习的重点和难点。

本章学习目标

1. 了解统计决策的概念、分类及过程。

2. 掌握风险型决策方法和应用,包括期望值法、决策树法及贝叶斯法。

3. 掌握不确定型决策方法和应用,包括小中取大法、大中取大法、折中法、最小后悔值法、等概率决策法。

13.1 统计决策概述

码 13-1

决策分析是一门独立于统计理论的学科,也是现代管理的核心问题,它涉及整个社会和经济的各项管理工作。一个国家、省区、城镇的经济发展规划和各项政策的制定,一个企业的生产方式、产品销售、原料供应、技术革新、新产品研制等宏观或微观社会经济问题,都需要做出合理的决策。

13.1.1 决策的内涵

决策是指为了实现特定的目标,根据客观的可能性,在一定信息和经验的基础上借助一定的工具、技巧和方法,对影响目标实现的诸因素进行计算和判断选优后,对未来行动做出的决定。

1. 决策三个基本特征

（1）选择性。决策一般包括多种方案的比较和选择，决策过程一般包括目标选择和决策方案的选择。

（2）实践性。比较决策后得到的最优方案只是思考的结果，需要最终付诸实践，才能实现决策目标。实践是判断决策是否最优的根本。

（3）未来性。已经发生和正在发生的事情，不需要决策。决策先于行动，未来是不确定的。所以，决策是将来时，意味着一定的风险，科学的决策可以减少这种风险。

2. 决策的基本要素

决策是一项资源整合与系统优化的活动。决策系统包含四个基本要素：决策主体、决策目标、决策对象及决策环境。

（1）决策是由人做出的，人是决策的主体。决策者既可以是个人也可以是组织，两者各有优缺点。个人决策，效率高、时间短，但是对关系主体重大利益问题的时候可能会出现考虑不全面或太过主观的特点。组织决策，能充分发挥集体智慧的结晶，考虑相对全面，提高决策的正确性和有效性。缺点就是决策过程复杂耗时，效率不高。

（2）决策是围绕目标展开的，是决策的根本落脚点。决策是主体实现个人或组织利益的意志体现，也反映了客观现实，没有决策目标就没有决策。

（3）决策的对象相当广泛，涉及方方面面，只要关系到人类活动的，都可以是决策的对象。无论怎样，决策的对象都有一个前提条件，即人可以对决策对象施加影响。若人不可以对之施加影响，那么就不能作为决策的对象。

（4）决策过程中离不开环境因素影响。决策环境包括主体所处物质实体和社会文化要素在内的外部环境。决策不是在孤闭环境中进行的，它是一个系统整合过程，离不开环境影响，相互影响，相互制约。

3. 决策的种类

决策根据不同的划分标准，可划分为不同决策类型。

（1）根据决策目标多少划分，可分为单目标决策和多目标决策。

（2）根据决策的整体构成划分，可分为单阶段决策和多阶段决策。

码 13-2

（3）根据决策是否运用数学模型划分，可分为定性决策和定量决策。

（4）根据决策掌握的情报资料、信息性质不同划分，可分为确定型决策、不确定决策和风险型决策。

13.1.2 统计决策

统计决策有广义和狭义之分。广义统计决策是指凡使用统计方法进行决策的就是统计决策。狭义统计决策是指在不确定情况下利用统计分析方法进行的定量决策。

1. 不确定情况下的统计决策需要具备以下条件：

（1）决策人要求达到一定的目标。不同的目标会有不同的决策标准。

（2）存在两个或两个以上可供选择的方案。

（3）存在着不以决策人主观意志为转移的客观状态，即自然状态。

（4）在不同情况下采取不同方案产生的结果是可以计量的。所有的结果构成一个结果空间。

2. 统计决策的分类

统计决策通常分为确定型决策、风险型决策和不确定型决策三种。

(1) 确定型决策是指自然状态下已被弄清且完全确定,可按预期目标及评价准则选定行动方案。决策的方法一般有两种:第一种是根据已掌握的每一方案的每一确切结果进行比较,直接选出最优方案,这种方法称为单纯选优法;第二种是在未来的自然状态完全明确的情况下,通过建立合适的数学模型,求出最优方案,这种方法称为模型选优法。

(2) 风险型决策也称为随机决策,是指在决策过程中,各备选方案在各种自然状态下产生不同的结果,决策者事先并不知道哪个自然状态会发生,只知道有多少种自然状态及每种自然状态发生的概率,所以决策时面临的自然状态约束条件有较大的随机性,意味着各备选方案结果也存在随机性。

风险型决策须在调查研究的基础上才能做出预测,通过对预测因素进行质与量相结合的详细分析,在认识随机规律的基础上,估计出不同自然状态下各方案的结果及出现的概率,借助统计分析方法做出方案选择,尽可能降低决策的风险。

(3) 不确定型决策是指事先人们仅能预知各备选方案在 A 种可能的自然状态下产生的不同结果有多少种自然状态,每种自然状态出现的概率并不明确。显然,不确定型决策风险较大,一般也难以进行精确的量化分析,主要根据决策者的经验和对风险的态度做出判断。

13.1.3 统计决策的程序

1. 统计决策的前提:信息的搜集

信息是现代社会的重要资源,是决策的基础,没有信息就无法进行决策或只能做出盲目的决策。因此,在统计决策前,需要对统计决策信息进行搜集。决策信息包括决策系统内的信息,也包括决策系统外的信息,例如,决策主体需求信息、决策环境信息、决策对象信息等。决策中,对简单的问题可以直接决策,但对复杂且重要的问题,需要建立在信息搜集的基础上,选择最合适的决策方案。

实践中信息的搜集需要耗时、耗力、耗资源,需要成本的支撑。无论决策信息搜集多少,也不可能完全消除不确定性。因此,决策者搜集到一定的信息后,即便有很多信息没有搜集完全,也需要适时做出有效决策,以免增加信息搜集成本和错过决策时机。

2. 统计决策的程序

统计决策过程一般包括确定决策目标、拟定备选方案、优选决策方案和执行决策方案四个步骤。

(1) 确定决策目标。决策目标是指在一定的环境和条件下希望决策后能达到的结果。确定决策目标关键在于,进行全面的市场调研和预测,进行周密的分析研究,发现问题并认清问题的性质,从而确定解决问题后所期望达到的结果。

合理的决策目标一般需要满足以下三个条件:第一,目标明确,便于把握和评估;第二,尽可能将目标数量化,明确目标时间约束条件;第三,目标有实现的可能性,并富于挑战性。

(2) 拟订备选方案。根据已确定目标,拟定备选方案。拟定备选方案,要充分发挥经验、知识、创造力和广泛搜集的信息,从多个角度预测可能达到的目标途径及后果。拟定可行方案要敢于创新、突破传统的思维模式,拟定可行方案时需要进行严格论证、反复计算和细致推敲,使各可行性方案具体化。

（3）优选决策方案。首先，要对几种可行的备选方案进行评价和比较。在评价过程中，要根据预定的决策目标和建立的价值标准，确定方案的评价要素、评价标准和评价方法，尽可能进行典型试验或计算机模拟试验。其次，根据备选方案评价，选定一个最佳方案。最后，除备选方案原型以外，也可以是某个方案的修正方案或综合备选方案得出的新方案。

（4）执行决策方案。决策的目的在于付诸实施，优选方案是否科学合理需要通过实践检验。决策执行过程中，人的因素非常重要，即执行者对决策方案的理解程度和遇到风险时的应变能力是决策执行是否顺利的关键。决策方案执行过程中应建立健全必要的检查制度和程序，注意信息的反馈，随时了解决策执行的进度和实施结果，发现问题及时解决，确保实施结果与决策期望的一致性。如果在执行阶段发现原先的决策方案存在不足，或因客观环境的变化导致原先决策在某些方面不适应了，应及时做出相应的纠正和修订，以确保决策方案的顺利实施。

3. 统计决策的公理和基本原则

（1）决策的公理。决策公理是决策者们在长期决策实践中的经验总结，是所有决策者都能接受或认可的基本原理。

决策公理有两个基本点：①决策者通常对自然状态出现的可能性有一个大致的估计，即存在"主观概率"；②决策者对于每一行动方案的结果根据自己的兴趣、爱好等价值标准有自己的评价，这个评价称为行动方案的"效用"。

统计决策理论的六条公理是：

1）方案的优劣是可比较和判别的。
2）方案必须具有独立存在的价值。
3）分析方案时，只有不同的结果才需要加以比较。
4）主观概率和方案结果之间不存在联系。
5）效用的等同性。
6）效用的替换性。

（2）统计决策涉及问题很多，过程复杂。为了做出正确的决策、取得理想效果，必须遵循以下三个基本原则：

1）可行性原则。决策只是一种手段，实施决策方案并取得预期效果才是目的。因此，提供给决策者选择的每个方案在技术上、资源条件上必须是可行的。

2）经济性原则。经济型原则也就是最优化原则，通过多方案的分析比较，选定的决策方案应具有明显的经济性。实施这一方案，比采取其他方案更能获得经济效益，或能免受更大的亏损风险。

3）合理性原则。决策方案的确定，需要通过多方案的分析和比较。当决策变量多、约束条件变化大、问题复杂时，要取得定量分析的最优结果往往需要大量的人力、费用或时间。定量分析要与定性分析相结合，不一定费力地去寻求经济上"最优"的方案，而是兼顾定量与定性的要求，选择决策者满意的方案，以令人满意的合理性准则，代替经济上的最优准则。

13.2　风险型决策方法

风险型决策如前所述，根据预测各种事件可能发生的先验概率，然后再采用期望效果最好的方案作为最优决策方案。其中，先验概率是指根据过去经验或主观判断而形成的对各自然状态的风险程度的测算值。也就是说，原始的概率也称为先验概率。

例如，某工程项目如果下月开工，天气好可以按期完工获利 150 万元，天气不好，损失 130 万元，如果不开工，无论什么天气都要损失 20 万元。据预测，下个月天气好的概率是 0.7，不好的概率是 0.3。决策者要根据以上情况做出决策，选择开工方案可能会遇上坏天气，选择不开工可能会遇上好天气，两种方案都可能会使决策者蒙受损失，造成风险。因此，当决策者采取的任一行动方案都会遇到两个或两个以上自然状态引起的不同结果时，需要凭借风险型决策方法预先估计或算出各种自然状态出现的概率，以做出决策。

解决风险型决策问题的常用方法包括期望值法、决策树法和贝叶斯法。

13.2.1　期望值法

期望值法是以收益和损失矩阵为依据，分别计算各可行方案的期望值，选择其中期望收益值最大或期望损失值最小的方案作为最优方案。

计算公式为：

$$E(d_i) = \sum_{j=1}^{m} x_{ij} P(\theta_j) \tag{13-1}$$

式中 x_{ij} 表示第 i 种方案，第 j 种状态发生时的损益值，$P(\theta_j)$ 表示第 j 种状态发生的概率，总共可能出现 m 种状态。

例 13-1　某房地产开发公司计划建设住宅小区，面临两个备选方案，两方案的建设经营期限均为 6 年。方案 A 是进行大规模开发，需投资 2 亿元；方案 B 是进行小规模开发，需投资 1 亿元。根据市场调研和预测，该时期住宅需求量大的概率是 0.8，需求量小的概率是 0.2，两个方案的年损益值见表 13-1。

表 13-1　两个方案的年损益值　　　　　　　　　　　　（单位：万元）

投 资 方 案	年 损 益 值	
	需求量大 $P = 0.8$	需求量小 $P = 0.2$
A 大规模开发	6 000	−2 000
B 小规模开发	3 000	1 000

为了评价两方案经济效益的好坏，先用期望值法计算出两方案 6 年内的净收益期望值，通过比较，选择期望值较大的方案为优选方案。利用公式（13-1），得出结果有：

$E(A) = [6000 \text{ 万元} \times 0.8 + (-2000 \text{ 万元} \times 0.2)] \times 6 - 20000 \text{ 万元} = 6400（\text{万元}）$

$E(B) = [3000 \text{ 万元} \times 0.8 + (1000 \text{ 万元} \times 0.2)] \times 6 - 10000 \text{ 万元} = 5600（\text{万元}）$

比较两方案损益值的期望，得出 $E(A) > E(B)$，所以选择大规模开发建设方案比较有利。

例 13-2　某工厂要确定下一计划期内产品的生产批量，根据以前经验并经过市场调查和预测，现要通过决策分析，确定合理批量生产方案，使该工厂获得最大的收益。不同生产批量的年损益值如表 13-2 所示。

表 13-2　不同生产批量的年损益值　　　　　（单位：万件）

投 资 方 案	年 损 益 值		
	销路好 $P = 0.3$	销路一般 $P = 0.5$	销路差 $P = 0.2$
A 大批量生产	20	12	8
B 中批量生产	16	16	10
C 小批量生产	12	12	12

这依然是个风险型决策问题，采用最大期望收益决策准则来进行决策。

$$E(A) = 0.3 \times 20 \text{万件} + 0.5 \times 12 \text{万件} + 0.2 \times 8 \text{万件} = 13.6(\text{万件})$$
$$E(B) = 0.3 \times 16 \text{万件} + 0.5 \times 16 \text{万件} + 0.2 \times 10 \text{万件} = 14.8(\text{万件})$$
$$E(C) = 0.3 \times 12 \text{万件} + 0.5 \times 12 \text{万件} + 0.2 \times 12 \text{万件} = 12(\text{万件})$$

通过计算和比较，可知该工厂采取中批量生产方案获利最大。

13.2.2　决策树法

决策树法是用树状图来表示对某个含风险投资方案的未来发展状况的可能性和可能结果所做的估计和预测。作为一种统计分析方法，决策树法把各种备选方案、可能出现的自然状态和损益值绘制在一张图上，使决策问题更加简明、形象。

1. 决策树结构

决策树法的结构是以块、圆点和三角为节点，并由直线连接而成的，形状像一棵树，因此叫决策树。

□— 决策点，从它引出的分枝叫方案枝，每枝代表一个方案，决策点上标注的数字是所选方案的收益期望值。

○— 方案节点，从它引出的分枝叫概率分枝，分枝数反映可能的自然状态数。分枝上标注的数字为该自然状态的概率。

△— 结果节点，它旁边标注的数字为方案在某种自然状态下的收益值。

应用树状图进行决策的过程是自右向左逐步后退。根据右端的期望收益值或期望损失值的大小对不同的方案进行选择。方案的舍弃称为剪枝。舍弃的方案只需在相应的分枝上附上"//"符号，表示剪枝的意思。最后决策结点只留下唯一的树枝表示决策的最优方案。

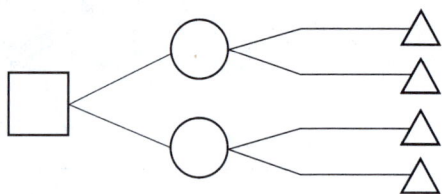

图 13-1　决策树结构图

2. 决策过程

（1）绘出决策点和方案枝，在方案枝上标出对应的备选方案。

（2）绘出机会点和概率枝，在概率枝上标出对应的自然状态出现的概率值。

（3）在概率枝的末端标出对应的损益值，这样就得出一个完整的决策树，从而选出最优方案。

例 13-3　某企业为了提高产品质量要对设备进行技术改造，现有两个方案可供选择。一是自行设计改造，据现有条件成功的把握为 60%；二是从国外引进部分设备，其成功的把握为 80%。不管哪个方案成功，都要面临产量不变和增加产量两种选择。但若选择的方案失败，工厂只得按原工艺生产，且产量不变。在以往当产品价格上涨时才有微薄的盈利。经市场预测该产品在今后 5 年中价格下跌的概率是 0.1，中等和上涨的概率分别是 0.5 和 0.4。问该厂应该如何决策？根据以往统计资料和预测计算，在各种情况下损益值如表 13-3 所示。

表 13-3　各种情况下的损益值

自然状态	自行设计改造（60%）		引进分设备（80%）		按原工艺生产
	产量不变	产量增加	产量不变	产量增加	
低（0.1）	−200	−330	−220	−300	−110
中（0.5）	10	−250	50	50	0
高（0.4）	200	600	150	250	110

（1）解答这道题目，根据题意画出决策树，如图 13-2 所示。

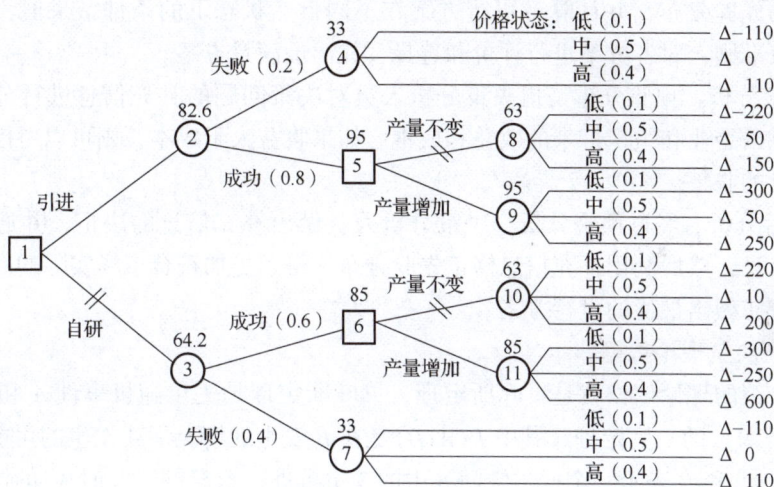

图 13-2　例 13-3 的决策树

（2）计算各点的期望值，并标在方案节点上。

点④和点⑦的期望值：$0.1 \times (-110) + 0.5 \times 0 + 0.4 \times 110 = 33$

点⑧的期望值：$0.1 \times (-220) + 0.5 \times 50 + 0.4 \times 150 = 63$

点⑨的期望值：$0.1 \times (-300) + 0.5 \times 50 + 0.4 \times 250 = 95$

点⑩的期望值：$0.1 \times (-220) + 0.5 \times 10 + 0.4 \times 200 = 63$

点⑪的期望值：$0.1 \times (-300) + 0.5 \times (-250) + 0.4 \times 600 = 85$

点⑤⑥为决策点，择各自分枝上期望值量大者取之，而点⑤值为 95，点⑥为 85。将期望小的分枝剪去。

点②的期望值：$0.2 \times 33 + 0.8 \times 95 = 82.6$

点③的期望值：$0.6 \times 85 + 0.4 \times 33 = 64.2$

（3）通过比较，最终决策确定最优方案。因为点②的期望值大于点③的期望值，所以

293

最终决策取大即可，将小的一枝剪去。本题选择引进部分设备方案。

13.2.3　贝叶斯法

1. 贝叶斯概念

贝叶斯决策是指首先预测各种事件可能发生的先验概率，然后采用期望值标准或最大可能性标准选择最佳决策方案。如前面章节提到，先验概率是根据历史资料或主观判断确定的，未经试验证实，此种决策都有一定的风险性。

码 13-5

为降低先验概率带来的风险性，需要通过科学试验、调查、统计分析等方法获得较为全面、准确的情报信息，以修正先验概率，并以此确定各个方案的期望损益值，拟定出可供选择的决策方案。

2. 贝叶斯决策的步骤

（1）验前分析。根据历年统计数据和资料，决策分析人员对各应用状态进行测算和估计状态变量的先验分布，并计算各可行方案在不同自然状态下的条件结果值，利用这些信息，根据决策准则，对各方案进行评价和选择，找出最满意方案。

（2）预验分析。预验分析是指决策分析人员对决策问题的补充信息进行分析，即判断衡量补充信息给企业和组织带来的效益和成本。如果收益大于成本，则可以考虑进行市场调查和补充信息的收集。

（3）验后分析。经过预验分析，决策分析人员做出补充信息的决定，并通过市场调研和分析补充信息，然后利用补充信息修正先验分布，得到更加符合市场实际的后验分布。最终通过后验分布做出最优的可行方案。

3. 贝叶斯决策理论依据

贝叶斯决策的理论依据就是贝叶斯定理。贝叶斯定理是关于随机事件 A 和 B 的条件概率（或边缘概率）的一则定理。其中 $P(A|B)$ 是在 B 发生的情况下 A 发生的可能性。

假设 A_1、A_2 和 B 表示一个样本空间 S 中的 3 个事件，给定条件 B 时 A_1 的概率为：

$$P(A_1/B) = \frac{P(A_1B)}{P(B)} \tag{13-2}$$

式中，$P(A_1B)$ 称为联合概率。所以，可得事件 A_1 和 B 的乘法法则

$$P(A_1B) = P(B)P(A_1/B) \tag{13-3}$$

同理，可得

$$P(A_1B) = P(A_1)P(B/A_1) \tag{13-4}$$

同理可得 A_2 和 B 的乘法法则

$$P(A_2B) = P(B)P(A_1/B) = P(A_2)P(B/A_2) \tag{13-5}$$

如果两个事件 A_1 和 A_2 是样本空间 S 的一个划分，即

$$A_1 \cup A_2 = S \quad 且 \quad A_1 \cap A_2 = \Phi$$

那么联合时间 $B = A_1B \cup A_2B$，且 $A_1B \cap A_2B = \Phi$，因此有

$$P(B) = P(A_1B) + P(A_2B) \tag{13-6}$$

因此，可得贝叶斯公式

$$P(A_i/B) = \frac{P(A_i)P(B/A_i)}{P(A_1)P(B/A_1) + P(A_2)P(B/A_2) + \cdots + P(A_n)P(B/A_n)} \tag{13-7}$$

例 13-4　某工厂为计划生产一种新产品而筹划扩建生产车间。如果销售好可获利 5 万元；如果销售差将亏损 1 万元；如果不扩建车间，只能获利 2 万元。根据过去经验，估计销售好的概率为 0.7，销售差的概率为 0.3。为了更好地掌握销售的准确情报以做出更合理的决策，该工厂可以通过市场调查来完善信息。假定按销售好组织试销，销售确实好的概率为 0.8；假定按销售差组织试销，销售确实差的概率为 0.9。

根据此例题，做出贝叶斯决策如下：

（1）按照过去经验，销售好的概率 $P(A_1) = 0.7$，销售差的概率 $P(A_2) = 0.3$。

（2）通过市场调查，按销售好组织试销且销售确实好的概率是 $P(B_1/A_1) = 0.8$，按销售差组织试销且销售确实差的概率 $P(B_2/A_2) = 0.9$，按销售好组织试销而销售差的概率 $P(B_2/A_1) = 0.2$，按销售差组织试销而销售好的概率 $P(B_1/A_2) = 0.1$。

（3）运用贝叶斯公式可以计算出概率数值：

预测销售好的概率：

$$P(B_1) = P(A_1)P(B_1/A_1) + P(A_2)P(B_1/A_2) = 0.7 \times 0.8 + 0.3 \times 0.1 = 0.59$$

预测销路差的概率：

$$P(B_2) = P(A_1)P(B_2/A_1) + P(A_2)P(B_2/A_2) = 0.7 \times 0.2 + 0.3 \times 0.9 = 0.41$$

预测销售好且销售确实好的概率：

$$P(A_1/B_1) = P(A_1)P(B_1/A_1)/P(B_1) = (0.7 \times 0.8)/0.59 = 0.95$$

预测销售好而销售差的概率：

$$P(A_2/B_1) = P(A_2)P(B_1/A_2)/P(B_1) = (0.3 \times 0.1)/0.59 = 0.05$$

预测销售差而销售好的概率：

$$P(A_1/B_2) = P(A_1)P(B_2/A_1)/P(B_2) = (0.7 \times 0.2)/0.41 = 0.34$$

预测销售差且销售确实差的概率：

$$P(A_2/B_2) = P(A_2)P(B_2/A_2)/P(B_2) = (0.3 \times 0.9)/0.41 = 0.66$$

（4）根据调整后的概率数值计算出期望收益值，做出决策。

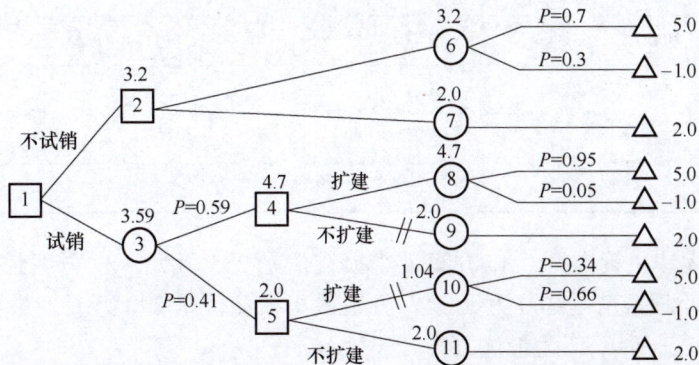

图 13-3　例 13-4 的决策数

4. 贝叶斯决策的优点与局限性

（1）贝叶斯决策的优点主要表现在：①贝叶斯决策本质上是完全信息决策，是基于补充信息或新信息的基础上做出的科学决策；②它对调查结果的可靠性进行数量化评价，不同于一般决策方法，对调查结果采取完全相信或完全不相信的做法；③任何调查结果都不可能完全正确，贝叶斯法将先验知识和主观概率两者结合起来，避免了纯主观错误。

（2）贝叶斯决策的局限性主要表现在：①贝叶斯决策需要的数据较多，分析计算比较复杂，在解决复杂问题时，缺点表现明显；②有些数据必须使用主观概率，对于客观数据支持者来说，违背了其使用意愿，也妨碍了贝叶斯决策的应用与推广。

13.3　不确定型决策

不确定型决策是指不知道所处理的未来事件在各种特定条件下的明确结果（自然状态），而且就连可能发生的结果以及各种结果发生的概率也是在不知道的状态下做出的决策。不确定型决策方法常用有五种：小中取大法、大中取大法、折中法、最小最大后悔值法和等概率决策法。

1. 小中取大法

小中取大法也称悲观决策法，是指决策者认为形势比较严峻，在未来发生的各种自然状态中，最坏状态出现的可能性较大。因此，决策过程中，对现实方案选择用保守原则，从最坏的结果中选择最好的结果。

决策步骤是：先算出各方案在各种自然状态下的最小收益值，然后再从这些最小收益值中找出最大值。最大值所对应的方案就是要选取的方案。

例 13-5　某公司准备研发一种新产品，拟定了四种生产方案 A_1、A_2、A_3、A_4。无论采取哪种生产方案，产品销售都可能出现四种自然状态 B_1（销量高）、B_2（销量一般）、B_3（销量较低）、B_4（销量很低）。四种方案在不同状态下的收益值如表 13-4 所示。

表 13-4　不同方案及自然状态下的损益值　　　　　　　　　　（单位：万元）

方　　案	自然状态及损益值			
	B_1（销量高）	B_2（销量一般）	B_3（销量较低）	B_4（销量很低）
A_1	900	750	400	235
A_2	800	650	460	240
A_3	700	550	420	300
A_4	600	450	380	290
决策	小中取大值 = 300			

根据小中取大法决策准则，A_1 方案最小损益值是 235 万元，A_2 方案最小损益值是 240 万元，A_3 方案最小损益值是 300 万元，A_4 方案最小损益值是 290 万元。最不利情况下获利最大值为 300 万元，所以 A_3 为最优方案。

2. 大中取大法

大中取大法又称乐观决策法，即从各行动方案中最大收益中，选取收益最大的方案为最优方案。这种决策准则反映了决策者的乐观冒进态度。

同样以例 13-5 为例，当采用大中取大法时，其选择如表 13-5 所示。

表 13-5　不同方案及自然状态下的损益值 　　　　　　　（单位：万元）

方　案	自然状态及损益值			
	B_1（销量高）	B_2（销量一般）	B_3（销量较低）	B_4（销量很低）
A_1	900	750	400	235
A_2	800	650	460	240
A_3	700	550	420	300
A_4	600	450	380	290
决策	大中取大值 = 900			

根据大中取大法原则，A_1 方案最大收益值为 900 万元，A_2 方案最大收益值为 800 万元，A_3 方案最大收益值为 700 万元，A_4 方案最大收益值为 600 万元，通过比较最大收益值，A_1 方案为最优方案。

3. 折中法

折中法也称为乐观系数决策准则，介于悲观决策与乐观决策之间，对客观条件的估计既不乐观，也不悲观，主张折中平衡。运用折中法需要确定乐观系数（对乐观程度的基本估计）α（$0 < \alpha < 1$），α 取值越趋于 1，代表决策者对预估状态越乐观，反之，则越悲观。确定乐观系数后，可按下面计算公式估计收益值：

$$期望收益值 = \alpha \times 最大收益值 + (1 - \alpha) \times 最小收益值 \tag{13-8}$$

对于例 13-5，假定该企业决策者的乐观系数 $\alpha = 0.8$，试问该企业决策者采用折中法，应选择何种方案？

表 13-6　不同方案及自然状态下的损益值 　　　　　　　（单位：万元）

方　案	自然状态及损益值			
	B_1（销量高）	B_2（销量一般）	B_3（销量较低）	B_4（销量很低）
A_1	900	750	400	235
A_2	800	650	460	240
A_3	700	550	420	300
A_4	600	450	380	290
决策	折中取值 = 767			

（1）根据折中法，先找出各方案自然状态下的最大收益值与最小收益值；

（2）根据确定的乐观系数 $\alpha = 0.8$ 和公式 13-8，各方案的期望收益值如下：

A_1 方案期望值：$E = 900$ 万元 $\times 0.8 + 235$ 万元 $\times 0.2 = 767$ 万元

A_2 方案期望值：$E = 800$ 万元 $\times 0.8 + 240$ 万元 $\times 0.2 = 688$ 万元

A_3 方案期望值：$E = 700$ 万元 $\times 0.8 + 300$ 万元 $\times 0.2 = 620$ 万元

A_4 方案期望值：$E = 600$ 万元 $\times 0.8 + 290$ 万元 $\times 0.2 = 538$ 万元

（3）找出方案中收益值最大的值所对应的方案，即为解决方案。A_1 方案期望值 767 万元是方案期望值最大的，所以 A_1 为最优方案。

4. 最小最大后悔值法

最小最大后悔值法指当决策者选定决策方案后，如果发现所选方案并非最优方案，就会因此感到后悔。所选方案的收益值与最优方案的收益值之差就是后悔值（遗憾值）。这种方法是以要在决策中避免将来的遗憾为原则的。

最小最大后悔值法的步骤如下：

（1）将每种自然状态下的最大收益值减去其他收益值；

（2）找出每个方案的最大遗憾值；

（3）从这些最大遗憾值中选出最小值，这个最小值对应的方案，就是决策者要选择的方案。

用最小最大后悔值法对例 13-5 做出决策：

（1）找出每个自然状态下不同方案的最大收益值如表 13-7 所示。

表 13-7　不同方案及自然状态下的损益值　　　　　　　　　（单位：万元）

方　案	自然状态及损益值			
	B_1（销量高）	B_2（销量一般）	B_3（销量较低）	B_4（销量很低）
A_1	900	750	400	235
A_2	800	650	460	240
A_3	700	550	420	300
A_4	600	450	380	290
最大收益值	900	750	460	300

（2）将每种自然状态下的最大收益值减去其他收益值，得出后悔值。例如，B_1 状态下，A_1 的后悔值是 0 万元（900 万元 − 900 万元 = 0 万元），A_2 的后悔值是 100 万元（900 万元 − 800 万元 = 100 万元），一次可算出各个状态下的后悔值。不同方案及自然状态下的损益值如表 13-8 所示。

表 13-8　不同方案及自然状态下的损益值　　　　　　　　　（单位：万元）

方　案	自然状态及损益值			
	B_1（销量高）	B_2（销量一般）	B_3（销量较低）	B_4（销量很低）
A_1	0	0	60	65
A_2	100	100	0	60
A_3	200	200	40	0
A_4	300	300	80	10

（3）根据每个方案不同自然状态下的最大后悔值，得出每个方案的最大后悔值。

表 13-9　不同方案及自然状态下的最大后悔值　　　　　　　（单位：万元）

方　案	自然状态的后悔值				最大后悔值
	B_1（销量高）	B_2（销量一般）	B_3（销量较低）	B_4（销量很低）	
A_1	0	0	60	65	65
A_2	100	100	0	60	100
A_3	200	200	40	0	200
A_4	300	300	80	10	300

（4）根据最大后悔值，选出最小最大后悔值是 65 万元，所以 A_1 为最优方案。

5. 等概率决策法

等概率决策法也称拉普拉斯决策法。这种决策方法认为在没有原始资料和数据来估计各个自然状态发生的概率时，就只能认为它们发生的机会是相等的。如果有 n 种自然状态，则每一种自然状态发生的概率都视为 $1/n$，然后按风险型决策法进行决策。

码 13-4

以等概率法对例 13-5 做出决策，如表 13-10 所示。

表 13-10 不同方案及自然状态下的损益值 　　　　　　　　（单位：万元）

自然状态 概率 方案	B_1（销量高） $P=0.25$	B_2（销量一般） $P=0.25$	B_3（销量较低） $P=0.25$	B_4（销量很低） $P=0.25$	期望收益值
A_1	900	750	400	235	571.25
A_2	800	650	460	240	537.5
A_3	700	550	420	300	492.5
A_4	600	450	380	290	430
决策	最大收益值 = 571.25				

通过对比可知道，最大收益值为 571.25 万元，A_1 为最优方案。

6. 决策方法的选择

非确定型决策的各种决策方法，都是决策者从不同的角度出发，依据不同准则选取最优方案。决策过程中都涉及了决策者的主观意识。主观意识的不同，决策的出发点也不一样。小中取大法，是从最坏的角度出发考虑最优方案的选取，因此那些规模小、技术装备不良、担负不起较大经济风险的企业采用此决策方式比较稳妥；大中取大法，是决策者从最好的状态出发，对未来发展充满乐观，有充分信心取得每一决策方案的最理想结果，此决策方案需要决策者的乐观和冒险精神；折中法，实际上是悲观、保守决策准则的折中，消除了悲观和乐观的极端倾向；最小后悔值法是从最坏处出发考虑最优方案的选取，从一定层面也反映了决策者的悲观情绪和保守意识；等概率决策法是在等概率理性筛选后得出的结果，是不确定情况下的相对客观。

本章小结

决策是指为了实现特定的目标，根据客观的可能性，在一定信息和经验的基础上借助一定的工具、技巧和方法，对影响目标实现的诸因素进行计算和判断选优后，对未来行动做出的决定。决策具有选择性、实践性、未来性三大特征。决策不是单独行为，它是一项资源整合与系统优化的活动。决策系统包含四个基本要素：决策主体、决策目标、决策对象及决策环境。根据不同的划分标准，决策有不同的分类。统计决策的概念有广义和狭义之分。广义统计决策是指凡使用统计方法进行决策都可称为统计决策。狭义统计决策是指在不确定情况下利用统计分析方法进行的定量决策。统计决策通常分为确定型决策、风险型决策和不确定型决策三种。

确定型决策是指自然状态下已被弄清且完全确定，可按预期目标及评价准则选定行动方案。决策的方法包括两种：单纯选优法和模型选优法；风险型决策也称为随机决策，是指在决策过程中，各备选方案在各种自然状态下产生不同的结果，决策者事先并不知道哪个自然状态会发生，只知道有多少种自然状态及每种自然状态发生的概率；不确定型决策，是指事先人们仅能预知各备选方案在 A 种可能的自然状态下产生的不同结果有多少种自然状态，每种自然状态出现的概率并不明确。不确定型决策风险较大，一般也难以进行精确的量化分析。

统计决策理论的六条公理是：方案的优劣是可比较和判别的；方案必须具有独立存在的价值；分析方案时，只有不同的结果才需要加以比较；主观概率和方案结果之间不存在联系；效用的等同性；效用的替换性。

解决风险型决策问题的常用方法有期望值法、决策树法和贝叶斯法。不确定型决策方法常用有五种：小中取大法、大中取大法、折中法、最小最大后悔值法、等概率决策法。不同的统计决策方法出发的角度和选取的准则都不相同，决策者在选择决策方法时需要根据自己的出发利益、目的和风格选取合适的方法。

复习思考题

一、概念题
决策　统计决策　决策树法　等概率决策法

二、简答题
1. 什么叫风险型决策？什么叫不确定型决策？
2. 什么叫决策树法？如何用决策树法进行决策？
3. 如何制定最优决策方法？
4. 怎样根据期望值法进行决策分析？
5. 统计决策的公理和基本原则是什么？

三、练习题
1. 判断题（把"√"或"×"填在题后的括号里）
（1）在随机型决策问题中，决策人无法控制的所有因素，即凡是能够引起决策问题的不确定性的因素，统称作自然状态。（　　）
（2）决策准则或选择标准，是决策者用来比较和选择方案的衡量标准，是选择方案、做出最后决定、评价决策结果时的原则。（　　）
（3）决策是人的主观能动作用的表现，决策的正确与错误，决定着各项工作的成功与失败。（　　）
（4）状态分析是一个系统分析过程，也是一个多次反复分析与寻优的动态过程，同时也具有反馈性。（　　）
（5）决策的制定者就是决策的分析者。（　　）

2. 单选题
（1）贝叶斯决策是依据（　　）进行决策的方法。
　　A. 联合概率　　　B. 边际概率　　　C. 条件概率　　　D. 后验概率
（2）对不确定型决策问题没有信心的时候，适合用哪种方法？（　　）
　　A. "最大最大值"决策准则　　　　B. "最大最小值"决策准则
　　C. "最小最大值"决策准则　　　　D. "最小最小值"决策准则
（3）信息搜集时间越长，成本越高，它所带来的边际效益则随之（　　）
　　A. 递增　　　B. 递减　　　C. 先递增后递减　　　D. 先递减后递增
（4）不确定型决策中"乐观决策准则"以（　　）作为选择最优方案的标准。
　　A. 最大损失　　　B. 最大收益　　　C. 最小投资　　　D. 最大产值

3. 多选题

（1）决策的基本要素包括（　　）。

    A. 决策主体　　　　　　　　　　B. 决策环境

    C. 决策对象　　　　　　　　　　D. 决策目标

（2）下列各选项属于统计决策基本特征的是（　　）。

    A. 选择性　　　　　　　　　　　B. 未来性

    C. 实践性　　　　　　　　　　　D. 经济性

（3）狭义的统计决策不是（　　）情况下的决策。

    A. 确定　　　　　　　　　　　　B. 不确定

    C. 封闭环境　　　　　　　　　　D. 开放环境

（4）根据决策的定义，决策除了要有明确的目标外，还包括以下哪些方面的内容？（　　）

    A. 要有几个可行方案供选择　　　B. 要有科学的分析、评价和选择

    C. 决策的本质是过程　　　　　　D. 决策的目的是解决问题

（5）根据决策者的多少可将决策分为（　　）。

    A. 单目标决策　　　　　　　　　B. 多目标决策

    C. 单人决策　　　　　　　　　　D. 多人决策

（6）决策研究包括三方面的问题：（　　）

    A. 做出什么决策？　　　　　　　B. 如何做出决策？

    C. 决策主体是谁？　　　　　　　D. 决策做得如何？

（7）决策过程包括提出决策问题阶段、确定决策目标阶段以及（　　）。

    A. 拟定备选方案阶段　　　　　　B. 选择行动方案阶段

    C. 评价阶段　　　　　　　　　　D. 决策实施阶段

    E. 反馈阶段

（8）决策分析根据运用数学模型情况，可分为（　　）。

    A. 动态分析　　　B. 静态分析　　　　C. 定性分析

    D. 定量分析　　　E. 随机性分析

4. 计算题

（1）生产录音磁带的某企业有如下损益值表（表 13-11）：试应用决策树法进行决策。

表 13-11　损益值表　　　　　　（单位：万元）

自然状态 概率 方案	需求高（E_1）	需求中（E_2）	需求低（E_3）
	0.3	0.5	0.2
扩建原厂（A_1）	100	80	-20
建设新厂（A_2）	140	50	-40
转包外厂（A_3）	60	30	10

（2）某厂有一种产品，其推销方案有 A_1、A_2、A_3 三种方案可供选择，而市场需求情况也有三种：E_1（需求量大）、E_2（需求量一般）、E_3（需求量低）。市场需求情况概率并不知道，其损益值表如表 13-12 所示：

表 13-12　损益值表　　　　　　　　　　　　　　（单位：万元）

自然状态 方　案	E_1	E_2	E_3
A_1	50	10	−5
A_2	30	25	0
A_3	10	10	10

1）试用小中取大决策法进行决策；

2）试用大中取大决策法进行决策；

3）试用折中决策法进行决策（$\alpha = 0.7$）；

4）试用最小最大后悔值法进行决策；

5）试用等概率决策法进行决策。

第 14 章
国民经济常规分析指标

引导案例

国家统计局定期公布一些常用的价格指数，以此作为反映我国经济活动的晴雨表，如居民消费价格指数、商品零售价格指数、工业生产者价格指数、70 个大中城市住宅销售价格指数等。在国家统计局公布的指数中，运用最广泛的是居民消费价格指数，它常常用于通货膨胀的测度。国家统计局公布的数据显示，2018 年 10 月份，全国居民消费价格总水平同比上涨 2.5%。其中，城市上涨 2.5%，农村上涨 2.6%；食品价格上涨 3.3%，非食品价格上涨 2.4%；消费品价格上涨 2.8%，服务项目价格上涨 2.1%。2018 年，1 ~ 10 月平均，全国居民消费价格比去年同期上涨 2.1%。这些价格指数是如何计算出来的？它们反映了什么内容？针对这些问题的解答正是本章的主要内容。

本章将重点介绍几种常用的价格指数、应用及掌握人口统计的基本原理和国民经济统计的常用方法。

本章学习目标

1. 熟悉价格指数的概念、作用和常用的几种价格指数等。

2. 掌握人口统计数量与人口构成统计的方法，包括人口变动统计、人口平衡表、劳动力资源的统计分析。

3. 了解国民经济的基本原理；了解国民经济核算体系的基本内容以及国民经济统计的常用分析指标。

14.1　价格资料的调查与零售价格调查

14.1.1　价格调查

价格调查是指运用科学的方法和程序，有目的、有计划、系统客观地收集、记录、整理与分析有关市场价格运动的历史、现状及其发展变化的活动过程。价格调查的方法主要有访问法、观察法、实验法、统计分析法、全面调查法、重点调查和典型调查法、抽样调查法等方法。

在我国，由于经济管理的原则不同，形成了几种不同的价格形式，如牌价、浮动价、议价、市价等。牌价是由国家统一规定的价格，是一种计划价格，曾经是我国价格的主要形式。浮动价格也是一种计划价格，但比牌价灵活，且带有竞争性。它是由国家规定价格的最高限，允许企业向下浮动；或者，国家规定出标准价和上下浮动范围，在此范围内，企业可以自行调节价格。议价，是买卖双方根据市场供求情况，自由协商议定的价格。其品种、范围、作价原则要根据国家有关规定确定。市价则是随行就市的自由价格，是由价值规律自发调节的价格。不同的价格形式会形成不同的价格水平；同一商品的不同价格形式，会形成相应的差价。这些，都增加了价格统计的复杂性和困难。随着市场经济的确立，计划价格的比重越来越小而市场价格的比重越来越大，价格形式趋于简单化。但对于仍存在多种价格形式的商品，价格调查还需予以全面顾及。

价格调查的程序如下：

（1）确定有关商品价格的问题。

（2）初步调查，了解产生问题的一些情况，找出问题的症结所在，取得初步价格资料。

（3）拟定市场商品价格问题产生的原因，通过进一步的深入调查来加以验证。

（4）调查设计和实施。

（5）对所取得的价格调查资料进行分类、编码、筛选、加工、整理和分析，得出验证答案。

（6）做出调查结论。

（7）提出价格调查报告。

14.1.2 零售价格调查

零售商品价格调查是价格调查中工作量最大的一部分。其范围包括各种经济类型的工业、商业，餐饮业和其他行业的零售商品以及农民对非农业居民出售商品的价格。不仅包括销售给城乡居民和社会集团的生活消费品和办公用品价格，销售给农民的农业生产资料价格，而且还包括餐饮业商品零售价格调查，是一种非全面调查，主要是派出价格调查员对抽选出的调查点进行定知商品定时定点定员直接调查。对与居民生活密切相关、价格变动比较频繁的商品，至少每五天应调查一次；教性商品每月调查 2 ~ 3 次；国家控制价格的一些主要商品或价格较稳定的一些商品，可按月或按季调查。对于农业生产资料价格，可采用报表形式搜集资料，由基层供销社定期报送。

调查点抽样调查方法确定。首先在全国确定调查点所在市、县，然后用划类选样方法，确定这些县市的调查点（商店、农贸市场等）。目前，在全国抽选 226 个市、县，其中城市 146 个，县城 80 个。

算结零售价格调查，主要是对在人民生活中占有重要地位的生活消费品和服务项目的价格调查。被调查的商品，应是销售量较大，供应比较稳定，价格变动趋势有代表性的商品，以及价格变动较多的商品规格品。

除了零售价格调查外，工业品出厂价格，工业企业原材料、燃料、动力购进价格等调查也具有重要的地位。这些价格的资料比较适合采用统计报表的形式来搜集。

各级物价统计部门需按统一规定建立台账，经常系统地搜集整理和积累各种商品价格资源，以作为比价、差价和价格指数的依据。

14.2 商品差价与比价统计

在我国物价统计中，商品的平均价格是编制各种物价指数、计算平均价格的方法，可以使用简单算术平均法、序时平均法、商品流转额加权平均法

码 14-1

来计算。

商品差价和比价是国民经济价格体系的两个组成部分。价格体系是国民经济中互相联系的各种价格所构成的体系，其内容主要包括差价体系和比价体系。同一种商品在流通过程中农产品的各种价格之间的差价关系形成差价体系。国民经济各部门之间以及各部门内部各种商品的比例关系形成比价关系。差价关系和比价关系共同体现价格体系的结构。

14.2.1 商品价格与差价统计

商品价格是指同一商品在生产和流通过程中，由于商品流转环节不同（购进和销售、批发和零售）、地区的不同（产地、中转地和销售地）季节的不同（旺季和淡季）、商品质量不同（等级、规格、花色等）、价格形式不同（牌价、议价、和市价）等所形成的价格差额。

商品差价统计，除了计算不同价格的绝对差额之外，还要计算差价率。差价率计算公式为：

$$差价率 = \frac{差价金额}{计算基价} \times 100\% \tag{14-1}$$

差价率是无名数。其分子差价金额由较高价格减去较低价格得出；其分母计算基价，多采用较低的价格。这样计算出的差价率称之为顺加差价率；若计算基价采用较高价格，则称之为倒加差价率。

$$顺加差价率 = \frac{较高价格 - 较低价格}{较低价格} \times 100\% \tag{14-2}$$

$$= \frac{较高价格}{较低价格} - 1$$

$$倒加差价率 = \frac{较高价格 - 较低价格}{较高价格} \times 100\% \tag{14-3}$$

$$= 1 - \frac{较低价格}{较高价格}$$

商品差价有很多种类，下面就一些常用的差价指标，进行说明。

1. 购销差价和差率

购销差价也叫进销差价，指同一商品在同一市场同一时间购进价格与销售价格之间的差额。购销差价的计算公式：

$$工业商品购销差价 = 产地批发价格 - 价格 \tag{14-4}$$

$$农产品销售差价 = 产地批发价格(或产地零售价格) - 收购价格 \tag{14-5}$$

$$工业品购销差率 = \frac{购销差价}{批发价格} \times 100\% \tag{14-6}$$

$$农产品购销差率 = \frac{购销差价}{收购价格} \times 100\% \tag{14-7}$$

需注意工业品购销差率的计算和农产品有所不同。工业品购销差率一般采用批发价格作为计算基价，即以较高价格做分母，差价包含在分母之中。计算出的差价率表明工业品购销差价占产地批发价格的比重。而农产品购销差率的分母是较低价格，其中不包括差价，它说

305

明的是购销差价相当于购进价格的百分之几。

2. 地区差价和差率

地区差价是指同一商品在同一时间、不同地区之间的价格差额。地区差价的主要内容是流通费用，也可能包含低劳动生产率地区的生产费用。

$$工业品地区差价 = 销地(或中转地)批发价格 - 起算地批发价格 \tag{14-8}$$
$$农产品地区差价 = 集散地批发价格(或销售价格) - 起算地批发价格(或销售价格) \tag{14-9}$$

式中的起算地价格，是指产地价格或中转地价格。

进而可以计算地区差率指标：

$$工业品地区差率 = \frac{批发价格地区差价}{起算地批发价格} \times 100\% \tag{14-10}$$

$$农产品地区差率 = \frac{收购(或销售)价格地区差价}{起算地收购(或销售)价格} \times 100\% \tag{14-11}$$

地区差率公式的分母不包含差价额，计算结果表明地区差价相当于起算地价格的百之几，亦即销售地价格在起算地价格的基础上增加了百分之几。

3. 批零差价与差率

批零差价是指批发价格与零售价格之间的差额。这里的价格，应该是同一商品、同一市场、同一时间上的价格。一般来说，批零差价是由零售商业的流通费用、利润和税金构成的。

批零差价和批零差率的计算公式为：

$$批零差价 = 零售价格 - 批发价格 \tag{14-12}$$

$$批零差率 = \frac{批零差价}{批发价格} \times 100\% \tag{14-13}$$

批零差率表明零售价格比批发价格高出百分之几。批零差价是在商品流转的最后一个环节产生的。它涉及国家、零售商业和消费之间的利益关系。

4. 季节差价和差率

季节差价是指同一商品在同一市场收购价格或销售价格在不同季节的差额。形成季节差价的原因有：①由于产销时间不同步而发生的商品储存费用；②商品在不同季节生产所需要的成本不同。

$$农产品季节差价 = 淡季价格 - 旺季价格 \tag{14-14}$$

$$季节差率 = \frac{季节差价}{淡季价格} \times 100\% \tag{14-15}$$

农产品的旺季价格是一年中的最低价格，而淡季价格则是一年中的最高价格。从而，季节差率的分母中不含季节差价，它说明农产品淡季价格比旺季价格高出百分之几。对于工业品的旺季不能和农产品一样来理解。农产品的旺季指的是其大量收获上市的季节，此时的价格一般偏低。而工业品往往是常年生产，季节消费。其旺季指的是产品旺销季节，此时商品价格常常偏高，而淡季价格则由于商品需求减少面偏低。因此：

$$工业品季节差率 = 旺季价格 - 淡季价格 \tag{14-16}$$

$$工业品季节差率 = \frac{季节差价}{淡季价格} \times 100\% \tag{14-17}$$

这样，工业品季节差率计算公式的分母中就同样也不包含差价额；它说明，旺季价格比淡季价格高出百分之几。

5. 质量差价和差率

质量差价是在同一市场和同一时间条件下，同一种商品由于质量不同而产生的标准品与非标准品之间的价格差额。质量差价包括品质差价、等级差价、规格差价、花色差价、样式差价等。其一般计算公式为：

$$质量差价 = 非标准品价格 - 标准品价格 \qquad (14\text{-}18)$$

$$质量差率 = \frac{质量差价}{标准品价格} \times 100\% \qquad (14\text{-}19)$$

式中所谓标准品，是用作比质比价的商品，一般应选择产销量大、质量中等者。其价格可能高于非标准品，也可能低于非标准品。因此，质量差价既可能是正值，也可能是负值。相应的，当差价为正值时，质量差率表示非标准品价格比标准品高百分之几；当差价为负值时，质量差率则表示非标准品价格比标准品低百分之几。

14.2.2 商品比价

商品比价是在同一市场同一时间条件下，各种不同商品价格之间的比例关系。商品比价和商品的差价区别在于：差价是同一商品不同价格之差，比价则是不同商品交换数量的比例，其实质是使用价值之比。商品比价主要有农产品比价、工业品比价、工农产品比价三种。

1. 农产品比价

农产品比价是指在同一市场、同一时间条件下，不同种类农产品收购价格之间的比例关系，它实质上是不同农产品交换数量之比。

农产品比价，有单项比价和综合比价之分。

若以某一项农产品为交换品，另一项农产品为被交换品，则

$$农产品单项比价 = \frac{交换品收购价格}{被交换品收购价格} \qquad (14\text{-}20)$$

$$农产品综合比价 = \frac{某类交换品价格指数}{某类被交换品价格指数} \qquad (14\text{-}21)$$

在经济管理中使用比较多的农产品比价有粮食比价（如大米与小麦）、粮食与经济作物比价、粮食与畜产品比价、粮食与土特产品比价等。显然，粮食价格处于农产品比价的中心位置。通常需以粮食作为被换品，来计算其他产品与粮食的比价率。

2. 工业品比价

工业品比价是指在同一市场、同一时间的条件下，不同种类工业品价格之间的比例关系，它实际上也就是不同工业品交换数量之比。

工业品比价的一般计算公式为：

$$工业品比价 = \frac{某种工业品价格}{对比工业品价格} \qquad (14\text{-}22)$$

计算工业品比价，可以采用收购价格，也可以采用零售价格。它们分别处于工业品流通的第一环节和最后一个环节，是研究工业品比价的两种主要价格。如果从生产联系的角度着眼，则应采用收购价。如果着眼于消费联系和市场供求关系，则应采用零售价。

307

没有必要对所有的工业品都进行比价研究。需研究的是在生产和消费中有关系的那些工业品的比价。经常使用的工业品比价有：原材料、半成品与成品间的比价，在使用上可以互相替代的工业品比价，零部件与整机的比价，一般消费品与高级消费品的比价，机器产品与手工产品的比价，以及新产品与老产品之间、主产品与副产品之间的比价等。

长期以来，我国工业品比价关系不合理，既不反映价值规律，也不反映供求关系。这是我国价格体系紊乱的表现。研究工业品比价关系，对于价格体制改革，具有十分重要的意义。

3. 工农业产品比价

工农业产品比价，是指在同一时期、同一市场条件下，工业品销售价格与农产品收购价格之间的比例关系。它表示农民一定数量的农产品所能换到的工业品数量；或工业企业用一定数量的工业品能换到的农产品的数量。

在农产品交换的产品中，工业品主要是指卖农民的农业生产资料和各种日用消费产品；农产品主要是农业所提供的工业原料、城镇居民食用的农产品和供应的农产品。在计算比价时候，工业品应采用零售价格，农产品则采用收购价格，因为这两种价格是国家或工业企业向农民出售工业品和农民出售农产品时实际使用的价格。既然工农业产品比价要反映工农业商品交换的比价关系，就应该以交换中使用的价格为计算依据。在实际计算时，农产品价格是用农产品上市旺季国家收购的平均价格，工业品价格则是采用全年平均农村市场零售价格。

工农业产品比价有单项比价和综合比价两种。

工农业产品单项比价，是某一种农产品与某一种工业品之间的价格比例。其计算公式为：

$$工农业产品单项比价 = \frac{某种农产品收购价格}{某种工业品零售价格} \tag{14-23}$$

也可以工业品为交换品，农产品为被交换品来计算单项比价，如

$$工农业产品单项比价 = \frac{某种工业品零售价格}{某种农产品收购价格} \tag{14-24}$$

这样计算的比价，说明出售某种工业品所能换得的某种农产品的数量。

工农业产品综合比价是在工农业之间的商品交换中，各种产品价格的综合比较，需通过计算工农业产品综合比价指数来反映。其计算公式为：

$$工农业产品综合比价指数 = \frac{农产品收购价格总指数}{农村工业品零售价格总指数} \tag{14-25}$$

或

$$工农业产品综合比价指数 = \frac{农村工业品零售价格总指数}{农产品收购价格总指数} \tag{14-26}$$

关于农产品收购价格总指数和农村工业品零售价格总指数的编制方法，后面将另行阐述。

以上两个比价指数，前者为正指标，反映农产品交换工业品的数量的变化情况。指数值若大于 1，则说明报告期农产品交换工业品的数量，比基期增加的幅度；指数值若小于 1，则说明减少的幅度。后者为逆指标，其数值若大于 1，则说明报告期工业品交换农产品的数量，比基期增加的幅度；数值若小于 1，则说明减少的幅度。

因为计算工农商品综合比价指数的目的主要在于观察工农业商品比价的缩小趋势，所以计算时，通常使用逆指标公式。

不合理的工农业商品交换比价及其发展趋势形成所谓"剪刀差"，在工业品价格上涨速度快于农产品价格上涨速度的条件下，各期工业品对农产品比价指数呈上升趋势；农产品对工业比价指数呈下降趋势，两条趋势线形成剪刀状差距。剪刀差反映了工业和农业之间不等价交换关系的发展趋势。

形成工农业间不等价交换关系的原因，除了价格变动外，劳动生产率的不等速发展也起很重要的作用，一般来说，农业劳动生产率的增长慢于工业。可设想，工农业商品比价指数连年皆为 100%，但由于农业劳动生产率增长速度低，而工业劳动生产率增长速度高，从价值的意义上看，在商品交换中，农业仍会陷入不利地位。因此，可以用公式（14-27）对工农业剪刀差做更逼近的一些的测算。

$$工农业剪刀差指数 = 工农业商业综合比价指数 \times 工农业劳动生产率差额指数$$
$$= \frac{农村工业品零售价格总指数}{农产品收购价格指数} \times \frac{工业劳动生产率指标}{农业劳动生产率指标} \tag{14-27}$$

14.3　常见的几种价格指标

14.3.1　指数的定义

指数概念产生于 18 世纪后半期，在这两百多年的历史中，指数的运用在发展，指数的理论在发展，关于指数的概念也在发展。同时，由于对事物观察的角度不同，统计学家对指数的解释也有所不同。指数的编制是从物价的变动产生的。1675 年，英国经济学家伏亨（Rice Vaughan）在其所著《铸货币及其货币铸造论》一书中，为了测定当时劳资双方对于货币交换的比例，采用谷物、家畜、鱼类、布帛与皮革等样品，以 1352 年为基期，将 1650 年的价格与之做比较。这是价格指数的首创。价格指数是反映不同时期市场价格水平变化趋势和程度的相对数指标。

14.3.2　商品零售价格指数

商品零售价格指数（Retail Price Index）是反映城乡商品零售价格的变动趋势和变动程度的一种经济指数。它的变动直接影响到城乡居民的生活支出和市场供需平衡等，因此这一指数是分析和掌握经济活动情况的重要依据之一。

由于商品的种类繁多，同一种商品还有规格牌号的差别，要对每一种商品价格进行调查不但不可能也没有必要。我国现行的商品零售价格指数的编制要点如下：

（1）商品的分类。现实中的商品零售价格指数是在商品分类的基础上编制的。例如将全部商品分为八大类，即食品类、衣着类、日用品类、药及医疗用品类、书报杂志类、娱乐教育文化用品类、建筑装饰材料类、燃料类等。每大类再分若干中类，例如食品类分粮食类食品、烟酒茶等中类。每一中类又分若干小类，如副食品划分为食用植物油、鲜干菜、肉禽蛋、水产品、调味品、食糖等小类。

（2）代表规格品的选择。商品分类以后，紧接着是在各小类中选择代表规格品。全国统一规定了必须包括的三百多种商品。代表规格品应是零售量大、生产和销售的前景较好、价格变动趋势有代表性的商品，根据代表规格品编制的物价指数就可以反映物价变动的一般趋势。

（3）调查地区的选择。调查地区按经济区域和地区分布合理等原则，选出具有代表性的市、县作为国家的调查地区，以代表性的市场（包括农村集市）作为调查点，由国家对其市场进行经常性的直接调查。

（4）商品价格的调查和确定。由于商品品种繁多，而且随经营单位、时间、地点而异，因此价格的收集比较复杂。取得的价格必须具有代表性，根据不同情况可以采用平均价格、众数价格、时点价格等。这些都要做出统一规定，并统一执行。

（5）权数的确定。商品零售价格指数的权数是根据社会商品零售额统计确定的我国的商品零售价格总指数采用固定权数的算术平均指数计算，其编制程序是先计算小类指数，再计算中（大）类指数，最后编制总指数。其计算公式为：

$$\overline{K} = \frac{\sum KW}{\sum W} \times 100 \tag{14-28}$$

公式中，W 表示权数，以百分数表示，商品各层次权数之和均等于 100%；K 为价格个体指数或类指数。

14.3.3 居民消费价格指数

关于居民消费价格指数，首先要说到居民实际消费水平。居民实际消费水平是指居民在物质产品和劳务的消费过程中，对满足人们生存、发展和享受需要方面所达到的程度。通过消费的物质产品和劳务的数量和质量反映出来。而居民的实际消费水平受名义工资和实际工资两个因素的影响。

码 14-3

居民消费价格指数（Consumer Price Index，CPI）是通过一组代表性消费品及服务项目随着时间的变动，反映在居民家庭购买消费品及服务价格水平变动情况的相对数（指数的基期数值定为 100）。居民消费价格指数度量指定的一篮子消费商品和服务随着时间的变动，价格发生的变动。它是进行经济分析和决策、价格总水平监测和调控及国民经济核算的重要指标。其按年度计算的居民消费价格指数变动率通常被用来作为反映通货膨胀或紧缩程度的指标。一般来讲，物价全面地、持续地上涨被认为发生了通货膨胀。

居民消费价格指数可按城乡分别编制城市居民消费价格指数和农村居民消费价格指数，也可按全社会编制全国居民消费价格总指数。

从 2001 年起，我国采用国际通用做法，逐月编制并公布以 2000 年价格水平为基期的居民消费价格定基指数，作为反映我国通货膨胀（或紧缩）程度的主要指标。经国务院批准，国家统计局城调总队负责全国居民消费价格指数的编制及相关工作，并组织、指导和管理各省区市的消费价格调查统计工作。

居民消费价格指数是采用固定权数加权算术平均指数方法来编制的。其编制方法是：首先，将各种居民消费划分为食品类、衣着类、家庭设备及用品类、医疗保健用品类、交通及通信工具类、文教娱乐用品类、居住类和服务项目 8 大类，各大类再划分为若干中类和小类；其次，从上述各类中选定 325 种有代表性的商品项目（含服务项目）入编指数，利用有关对比时期的价格资料分别计算个体指数；最后，依据有关时期内各种商品销售额构成确定代表品的权数。公式为：

$$\overline{K} = \frac{\sum KW}{\sum W} \qquad (14\text{-}29)$$

式中，W 表示基期销售额（根据居民生活收支调查资料确定，一经确定，几年不变）。

　　该指数的编制过程和计算步骤为：第一步，根据报告期和基期平均价格，计算每种商品的单项价格指数；第二步，计算小类指数，把每种商品的单项价格指数乘以该商品的权数，以加权算术平均方法算出小类指数；第三步，计算中类指数，把每个小类指数乘以小类商品的权数，以加权算术平均方法算出中类指数。进而，用同样的方法分别算出大类指数和总指数。

　　在实践中，通常通过 CPI 指数来反映一国或一地区的通货膨胀情况，也反映了货币购买力指数。CPI 指数的实际应用主要体现在以下两个方面：

　　（1）衡量货币购买力。货币购买力指单位货币所能购买商品或服务的数量。

$$货币购买力 = \frac{1}{居民消费价格指数} \qquad (14\text{-}30)$$

　　（2）测定通货膨胀率。通货膨胀率反映通货膨胀程度，说明一定时期内商品价格的变动幅度。

$$\begin{aligned} 通货膨胀率 &= 居民消费价格指数（CPI）-1 \\ &= 环比价格指数 - 1 \\ &= \frac{本期价格指数}{上一期价格指数} - 1 \end{aligned} \qquad (14\text{-}31)$$

　　因此，CPI 指数值可以反映其经济发展的基本态势，受到各界的关注。通货膨胀的基本分类：爬行的通货膨胀（1%～3%）；温和的通货膨胀（3%～6%）；严重的通货膨胀（6%～9%）；飞奔的通货膨胀（10%～50%）；恶性的通货膨胀（50%以上）。

14.3.4　农产品收购价格指数

　　农产品收购价格是指农产品进入流通领域的最初价格，同社会生产和人民生活关系极为密切。农产品收购价格指数是反映各种经济类型的商业、企业及其他单位，以各种不同价格形式收购农产品的价格变动趋势和程度的相对数。

　　农产品收购价格指数可以观察研究农产品收购价格总水平的变化情况，以及对农民货币收入的影响，作为制定和检查农产品价格政策的依据。

　　农产品收购价格指数的编制所选用的商品有 11 大类，包括 276 种各类农产品，采用加权调和平均公式（即按报告期实际收购金额为权数的综合公式变形的加权调和平均公式计算指数）计算。计算公式为：

$$\overline{K} = \frac{\sum p_1 q_1}{\sum \dfrac{1}{k} p_1 q_1} \qquad (14\text{-}32)$$

式中，$\overline{K}$——农产品收购价格总（类）指数；

k——单项农产品收购价格指数；

p_1q_1——报告期各类农产品实际收购额；

$\sum$——加总符号。

农产品的收购价格指数的计算步骤如下：

（1）计算单项商品的收购价格指数。根据各代表规格品的平均价格资料，把调查商品的报告期平均价格与基期平均价格对比算得。

（2）计算小类及大类指数。采用调和平均数指数公式，以单项商品价格指数为 k，以代表品所在商品集团的调查商品报告期收购额为权数 p_1q_1，可求得小类指数；再进一步以小类指数为 k，以相应各类全部调查商品的报告期收额为权数 p_1q_1，便可算得大类指数。

（3）计算总指数。仍采用调和平均指数公式，以各大类指数为 k，各大类调查商品的报告期收购额为权数 p_1q_1，算得最后结果。

14.3.5　工业品出厂价格指数

工业品出厂价格指数是反映不同时期工业产品价格水平变动趋势和程度的经济指数。它是工业品价格统计中最重要的指数之一。工业品出厂价格有多种形式，需以不同价格形式的销售量为权数，用加权算术平均法计算出各商品的综合平均价，作为指数编制的基础。

工业品出厂价格指数采用加权算术平均法来计算，其基本公式为：

$$工业品出厂价格指数 = \frac{\sum（某产品价格指数 \times 该产品的权数）}{各产品权数总和} \qquad (14\text{-}33)$$

工业品出厂价格指数的权数，是根据各种工业产品销售额的比重分层确定的。先计算各大类销售额的比重，即以各大类的产品销售额除以工业品销售总额，即得各大类权数，从而算出各中类产品销售额占大类销售额的比重，再乘以大类权数，即得中类权数。然后再以代表产品销售额中类销售额的比重乘以其所在中类的权数，即得到各代表产品的权数。计算的结果，大类权数之和、中类权数之和以及代表产品权数之和，均应等于 1000‰。

需要说明的是，上述所谓大类和中类，分别是指代表行业大类和代表行业中类。目前工业产品出厂价格资料是通过重点调查获得的。这一重点调查是在整个工业部门中选出 37 个大类行业进行调查，故称之为代表行业大类，并进一步选出代表行业的中类和代表产品。为此，上述中类产品销售额占大类销售额的比重，指的是销售额总和之比。上述代表产品销售额占中类销售额的比重，指的则是各代表行业中类产品销售额与其所在大类所有代表行业中类产品销售额总和之比。上述代表产品销售额占中类销售额的比重，指的则是各代表产品销售额与其所在代表行业中类全部代表产品销售额总和之比。

根据各个代表产品的单项价格指数和各层次的权数，就可以按加权算术平均法来汇编工业产品出厂价格指数。其步骤与商品零售价格指数相仿，也需分层计算。先算出代表产品的价格指数，再据以计算出行业中类的价格指数，进而用中类指数和相应的权数，算出出厂价格总指数。

14.4 人口统计

14.4.1 人口统计和人口构成统计

人口统计是一种从"量"的方面去研究人口现象的方法或学问。通过人口统计，可以揭示人口过程的规律性和人口现象的本质。在中国，通过人口统计，可以为控制人口数量、提高人口素质服务，使人口发展同经济和社会的发展相适应。

1. 人口数量统计

人口数量是指一定时点上的全国或某一地区的具有某一特定标志的有生命的个人总和。它是人口统计中的最基本的指标，是计算人口构成和分布等指标的基础。在人口数量的基础上，可以计算平均人口指标，以作为某一时期人口数量的代表值。

（1）经常统计的人口总数和普查人口总数。人口资料的来源主要有两种方式：一是经常性统计；二是人口普查。因此，便可以得到两种人口总数指标：经常统计的人口总数和普查人口总数。

经常统计是根据国家有关规定，在全国范围内建立户口登记制度，每半年和年终编制户口变动统计表，由此而得到的人口总数为经常统计人口总数。

经常统计人口总数是按照如下平衡关系推算的：

$$期末人口总数 = 期初人口总数 + （期内出生人数 - 期内死亡人数）+$$
$$（期内迁入人数 - 期内迁出人数） \tag{14-34}$$

经常统计人口总数的标准时间可以分别是 6 月 30 日（年中人口总数）或者 12 月 31 日（年末人口总数）

普查人口总数，是按人口普查的具体规定和统一的标准时点，从基层普查逐级汇总，最后计算出某地区或全国的人口总数。中华人民共和国成立以来，我国共进行了六次全国人口普查。历年人口普查取得的人口总数如表 14-1 所示。

表 14-1 历次人口普查资料

普查年份	普查时点	总人口（人）	计算范围
1953 年	6 点 30 日 24 时	601 938 035	包括大陆 30 个省、市、自治区和台湾省及国外华侨与留学生
1964 年	6 点 30 日 24 时	720 370 269	包括大陆 28 个省、市、自治区和现役军人、台湾省、港澳同胞及国外华侨
1982 年	7 月 1 日零时	1 031 882 511	包括大陆 29 个省、市、自治区和现役军人、台湾省、港澳同胞
1990 年	7 月 1 日零时	1 133 682 501	包括大陆 30 个省、市、自治区和现役军人、台湾省、港澳同胞及金门、马祖等岛屿人口
2000 年	11 月 1 日零时	129 533 万	包括大陆 31 个省、市、自治区和台湾省、现役军人、港澳同胞及金门、马祖等岛屿人口
2010 年	11 月 1 日零时	1 370 536 875	包括大陆 31 个省、市、自治区和现役军人、台湾省、金门、马祖等岛屿人口及港澳同胞

资料来源：已发表的六次人口普查资料。

（2）现有人口总数和常住人口总数。由于赋予人口以不同的内涵，人口总数需分别按现有人口和常住人口来统计。现有人口指在统计时点上居留在地区内的全部人口，包括因探亲访友、出差旅游而在地区内居留的人口，但是不包括常住人口中的暂时外出人口。

常住人口是指常住地公安机关"户口登记表"上登记了的人口。因各种原因暂时外出、常住外地，或已搬迁但尚未办理户口迁移手续者，都应统计为常住人口。就全国而言，某一时点现有人口与常住人口基本一致，因为国际间人口流动有限。一般来说，现有人口与常住人口二者存在下列关系：

$$现有人口 = 常住人口 + 外来暂住人口 - 常住人口中暂时外出人口 \quad (14\text{-}35)$$

$$常住人口 = 现有人口 - 外来暂住人口 + 常住人口中暂时外出人口 \quad (14\text{-}36)$$

人口总数的统计，必须考虑人口范畴问题，否则就会发生严重的重复和遗漏。此外两种范畴问题意义上的人口总数指标的作用也不尽相同。

现将 2010 年第六次全国人口普查分地区的常住人口有关数据公布如表 14-2 所示：

表 14-2　2010 年第六次全国人口普查分地区的常住人口数

地　区	人口数（人）	比例（%）	
		2000 年	2010 年
全国合计	1 339 724 852	100	100
北京市	19 612 368	1.09	1.46
天津市	12 938 224	0.79	0.97
河北省	71 854 202	5.33	5.36
山西省	35 712 111	2.60	2.67
内蒙古自治区	24 706 321	1.88	1.84
辽宁省	43 746 323	3.35	3.27
吉林省	27 462 297	2.16	2.05
黑龙江省	38 312 224	2.91	2.86
上海市	23 019 148	1.32	1.72
江苏省	78 659 903	5.88	5.87
浙江省	54 426 891	3.69	4.06
安徽省	59 500 510	4.73	4.44
福建省	36 894 216	2.74	2.75
江西省	44 567 475	3.27	3.33
山东省	95 793 065	7.17	7.15
河南省	94 023 567	7.31	7.02
湖北省	57 237 740	4.76	4.27
湖南省	65 683 722	5.09	4.90
广东省	104 303 132	6.83	7.79
广西壮族自治区	46 026 629	3.55	3.44
海南省	8 671 518	0.62	0.65
重庆市	28 846 170	2.44	2.15
四川省	80 418 200	6.58	6.00
贵州省	34 746 468	2.78	2.59
云南省	45 966 239	3.39	3.43

（续）

地　区	人口数（人）	比例（%）	
		2000 年	2010 年
西藏自治区	3 002 166	0.21	0.22
陕西省	37 327 378	2.85	2.79
甘肃省	25 575 254	2.02	1.91
青海省	5 626 722	0.41	0.42
宁夏回族自治区	6 301 350	0.44	0.47
新疆维吾尔自治区	21 813 334	1.52	1.63
现役军人	2 300 000		
难以确定常住地	4 649 985		

注释：

本公报中数据均为初步汇总数。

[1] 常住人口包括：居住在本乡镇街道且户口在本乡镇街道或户口待定的人；居住在本乡镇街道且离开户口登记地所在的乡镇街道半年以上的人；户口在本乡镇街道且外出不满半年或在境外工作学习的人。"境外"是指我国海关关境以外。

[2] 本表全国合计不包括香港特别行政区、澳门特别行政区和台湾地区的人口数。

[3] 本表中的"比例"指各省、自治区、直辖市的常住人口占全国合计常住人口（包括现役军人和难以确定常住地的人口）的比重。

2. 人口构成统计

（1）人口性别构成。人口性别比例是一定人口中男性或女性的比，通常用 100 个女性对多少个男性的比来表示。其计算公式为：

$$性别比例 = \frac{男性人口数}{女性人口数（每100名）} \qquad (14\text{-}37)$$

（2）平均人口数构成。人口作为一个动态过程，每时每刻都在发生变化，在一年之中这种变化是相当大的，有时为了统计的需要（如计算出生率、死亡率、人均产量、人均产值等），就必须用年平均人口数这个指标。这个指标所反映的是一年之中各个时点的平均生存人数。

$$年平均人口数 = \frac{年初人口数 + 年末人口数}{2} \qquad (14\text{-}38)$$

（3）人口文化教育程度构成。人口的文化教育程度构成，反映人口总体的质量和社会发展程度，一般将人口按文化程度分为五级：大学、高中、初中、小学（其中包括各级学校的毕业生和在校生）及文盲和半文盲，其中"文盲、半文盲"一般指在 12 周岁及 12 周岁以上的人口中不识字或识字不足五百个，不能阅读通书报，不能写便条者，文盲、半文盲计算公式为：

$$文盲、半文盲 = \frac{12\ 周岁及\ 12\ 周岁以上的文盲、半文盲人数}{12\ 周岁及\ 12\ 周岁以上的人口数} \times 100\% \qquad (14\text{-}39)$$

14.4.2　人口变动统计

人口变动是指人口状况随着时间和所处社会经济条件的变化而不断变化的过程。人口变动可分为人口自然变动和人口机械变动。它们分别反映人口变动的不同侧面。人口变动的两种形式各具有不同的特殊规律，但各种人口变动互相联系，而且归根到底都取决于一定的社

315

会生产方式。

1. 人口自然变动

人口自然变动是指因出生和死亡而引起的人口数量增减及年龄、性别结构的变化。既受人类生理因素制约，又深受一定社会经济、文化、政治及自然等环境因素影响。人口自然变动决定着一个人口群体的发展规律和速度，对社会经济的发展起着重要作用。

（1）出生人数和出生率。出生人数是指在一定时期（日、月、季、年）内活产的婴儿数，即离开母体的生命现象的活数总和。凡出生后有呼吸、心跳、脐带蠕动、随意抽动等其中的一种现象者，皆为活产，都应统计在出生人数之中；若又随后死亡，也应同时计入死亡人数之中。

出生率是指某地一年内出生人数与平均人口数之比。一般以千分数表示，说明一年内每千名人口中出生人数。其计算公式为：

$$出生率（‰）= \frac{年内出生人数}{年平均人口数} \times 1000‰ \tag{14-40}$$

（2）生育率和总和生育率。生育率是反映育龄妇女生育强度的相对指标。它与出生率不同，出生率表明出生人数与总人口数的比例关系。出生率是把总人口作为与之相比的基础数据，但实际上只有育龄妇女才具有生育孩子的能力（不育症除外），因此，出生人数只与育龄妇女人数发生直接的依存关系。统计和研究育龄妇女的生育率，对于分析人口出生率变动的原因，研究人口再生产率的发展趋势，预测未来人口发展状况具有重要的意义。

$$一般生育率 = \frac{年内出生的活婴数}{育龄妇女（15 \sim 49 岁）总人数} \times 1000‰ \tag{14-41}$$

总和生育率（Total Fertility Rate，TFR），也称总生育率，是指该国家或地区的妇女在育龄期间，每个妇女平均的生育子女数。这种生育率计算方式，并非建立在真正一组生育妇女的数据上，因为这涉及等待完成生育的时间。此外，这种计算模式并不代表妇女们一生生育的子女数，而是基于妇女的育龄期，国际传统上一般以 15 岁至 44 岁或 49 岁为准。

$$总和生育率 = \sum_{15}^{49} 年龄段妇女生育率 \tag{14-42}$$

（3）死亡人数与死亡率

死亡人数是指在一定时期内丧失生命的人口数的总和。死亡涉及所有人口，不论其年龄、性别如何，也不论死因是疾病还是人身事故，凡丧失生命的人均包括在内。在统计死亡人数时，不应包括死产数。因为死产不构成出生，也就不构成死亡。但有生命现象的活婴出生后死亡，不论其生存时间长短，则应做统计。死亡人数同时也受男（女）性某年龄组死亡率与婴儿死亡率两个方面的影响。

死亡率是表明某一地区的人口在一定时期内的死亡强度的相对指标。通常以年为时间单位计算。其计算公式为：

码 14-4

$$死亡率（‰）= \frac{年内死亡人口数}{年内平均人口数} \times 1000‰ \tag{14-43}$$

（4）自然增长率。自然增长率是指某地区某时期人口自然增长数与这一地区本时期内平均总人数之比，常用的是年自然增长率，通常用千分数表示，简称自增率。计算公式为：

$$自然增长率（‰）= \frac{全年出生人数 - 全年死亡人数}{年平均人数} \times 1000‰$$

$$= 出生率 (‰) - 死亡率 (‰) \qquad (14\text{-}44)$$

2. 人口机械变动

人口机械变动，又称迁移变动，是指人口在空间上的移动，既包括以长期改变定居地点为特征的人口迁移，又包括暂时性、往返性的人口流动。社会经济特征及其发展水平的地区差异，是导致人口迁移变动的主要原因。随社会发展和交通条件改善，迁移变动已成为越来越活跃的一种人口现象，并成为促进经济发展和社会进步的一个积极因素。

$$净迁入(出)率 = \frac{迁入数 - 迁出数}{年平均人口数} \times 1000‰$$

$$= \frac{净迁 \frac{入 (-)}{出 (+)} 数}{年平均人数} \times 1000‰ \qquad (14\text{-}45)$$

另外，我们还应进行流动人口的统计。但凡常住人口外出或返回，非常住人口流入和流出，都应统计为流动人口，流动者并不是一定要在流入地或流出地办理手续，而是较自由出入。人口流动是指不改变户籍的非永久性的人口移动。当今，在市场经济的大潮流中，各地流动人口剧增，特别是大中城市更为明显。它既有给社会带来有利因素的一面，又有不利因素的一面。因此，各级统计部门要加强对流动人口的统计，以便为各部门管理提供所需资料。

14.5 劳动力资源统计

14.5.1 劳动力资源定义与影响因素

1. 劳动力资源

劳动力资源指一个国家或地区，在一定时点或时期内，拥有的在劳动年龄范围内、具有劳动能力的人口总数。

2. 影响劳动力资源数量的因素

（1）人口总量以及人口的出生率、死亡率、自然增长率。

（2）人口年龄成及其变动。

（3）人口迁移。人口的年龄构成、性别构成和劳动力参与率，影响着现实的劳动力资源数量。

14.5.2 劳动力资源数量与变动统计

1. 劳动力资源数量

对劳动力资源总数量统计时，一般依据以下两个标志进行。

（1）按具有劳动年龄的人口统计劳动力资源总数。凡是达到一定的年龄的人口，无论是否参与社会劳动，有无劳动能力都算在劳动力资源总数内，所以又称"适龄劳动人口数"。

我国规定，劳动力年龄界限男性为16~60岁，女性为16~55岁，这也是联合国建议采用的和世界上多数国家都采用的标准。这样统计的劳动力资源总数有三个特点：①只以年龄界限为准，不考虑其他任何因素；②可以把人口再生产与劳动力再生产紧密联系起来进行综合研究；③劳动力资源总数按人口统计或按人口普查对象的要求进行计算，既可以明确划分哪些人可以计入劳动力资源总数中，又便于从经常性人口统计的普查人口资料中取得计算劳动力资源总数的资料。

（2）按实际可能参加社会劳动的人口统计劳动力资源总数。它是指具有劳动能力且已经参加和可能参加社会劳动的人，又称"社会劳动力资源总数"。包括劳动年龄中有劳动能力的人，即在业人员、待业人员及其他劳动力。虽不足劳动年龄（16 岁以下）或超过了劳动年龄（男性 60 岁以上，女性 55 岁以上），但实际参加社会劳动并取得劳动报酬的经营收入的人也应包括在内。但不包括劳动年龄中没有参加社会劳动的人，即现役军人，丧失劳动能力的人，提前退休不再参加社会劳动的人及服刑在押犯。

2. 劳动力资源变动统计

由于自然因素和社会因素的影响，在一定时期内，进入和退出劳动力资源范畴所引起的劳动力资源总数的增减变动就构成劳动力资源的变动。统计一定时期内劳动力资源的变动对于我们及时掌握变动状况，分析影响增减变动的因素，研究变动的特征和规律性都有重要意义。

一定时期内进入社会劳动力资源的劳动力人数包括：新成长的适龄劳动人口中可参加国民经济活动的劳动力人数；由国外迁入的人口中可参加国民经济活动的适龄人口数及已参加国民经济活动的不足龄和超龄人口数；期内退伍、复员、转业军人已参加或要求参加国民经济活动的人口数；期内刑满释放已就业和待就业的适龄劳动力人数和已就业的超龄人数；已丧失劳动能力的适龄人口中又恢复劳动能力的人口数；提前退休但又已参加或要求参加社会劳动的人口数；期内新参加国民经济活动的不足龄人口数和超龄人口数。

一定时期内退出社会劳动力资源的劳动力人数包括：超过劳动年龄退出的人口数；因死亡、失去劳动能力，迁出国外后而退出的人口数；提前退休不再参加社会劳动、刑事犯罪服刑，不足龄或者超龄参加国民经济活动的又退出的人口数。

劳动力资源增减变动总量可用式（14-46）计算。

$$期末劳动力资源总量 = 期初劳动力资源总量 + （期内进入劳动力资源范畴的人数 - 期内退出劳动力资源范畴的人数）$$

$$(14-46)$$

劳动力资源总数的范畴，应根据研究的目的和资料来源而定。如研究问题的目的在于反映参加国民经济活动的劳动力人数的增减变动，并且资料可从年报上取得，则应以在业人员作为统计范畴。

若计算地区性指标，则还应该考虑到地区间劳动力流入、流出这一项。

14.5.3 劳动力资源统计分析

1. 劳动力参与率

劳动力参与率是指在业人数与待业人数之和同劳动力资源总数相比，用以反映一定时点上全部社会劳动力资源中可能参与社会劳动人数比重，用公式表示为：

$$劳动力参与率 = \frac{在业人员 + 待业人员}{社会劳动力资源总量} \times 100\% \qquad (14-47)$$

例如：某省 2016 年劳动力资源总量为 5 460.67 万人，在业人员为 4 315.18 万人，待业人员 23.16 万人，得出：

$$2016 年某省劳动参与率 = \frac{4\ 315.18\ 万 + 23.16\ 万}{5\ 460.67\ 万} \times 100\%$$

$$= 79.44\%$$

式（14-47）分子表示可能参与社会劳动的人数，即正在进行劳动的人员和要求就业而未就业人员，分子与分母之差就是待业人员以外的未就业人员。在分母资料一定的条件下，分子增大，就会提高劳动力参与率。

2. 劳动力资源就业率

劳动力资源就业率是指在业人员同可能参与社会劳动的人数之比，用以反映一定时期内可能参与社会劳动人员的就业程度，用公式表示为：

$$劳动力资源就业率 = \frac{在业人数}{在业人数 + 待业人数} \times 100\% \tag{14-48}$$

3. 劳动力资源待业率

劳动力资源待业率是指待业人员同可能参加社会劳动的人数之比，用于反映一定时期内可能参与社会劳动的人数中待业人员所占比重，从而说明尚待安排就业的状况，用公式表示为：

$$劳动力资源待业率 = \frac{待业人数}{在业人数 + 待业人数} \times 100\% \tag{14-49}$$

14.6　国民经济核算统计

14.6.1　国民经济与国民经济核算概念

国民经济是一个国家或地区全部经济活动的总和，是一个纵横交错极其复杂的经济活动的有机整体。它有两种含义：一是指物质生产部门和非物质生产部门的总和；二是指社会产品再生产的总过程，前者为横向联系，由工业、农业、建筑业、商业和运输业等物质生产部门和由文化教育、卫生医疗、生活旅游及城乡交通管理等非物质生产部门所组成；后者为纵向联系，表现为社会再生产各环节—生产、分配、流通和使用四个环节不断运行的总过程。

国民经济核算是以国民经济为整体的核算，又称国民核算。它是以一定的经济理论为指导，综合运用各种统计方法，建立数据体系，用以全面、系统地描述一国国民经济全貌及各部门在国民经济总体中的地位、作用及相互联系。具体来讲，一要说明生产为何创造或转换为货物和服务，以及形成初次分配和再分配收入；二要说明收入为何用于消费和积累，以及经济中通过各种金融中介机构进行的融资活动；三要说明国内和国外发生的经常收支往来和资本收支往来，以及国民财产和财富的状况和变化。国民经济要稳步、协调地发展，就要保持各部门的比例和再生产各环节的平衡，这就需要用经济杠杆进行调节，例如，用税率高低来鼓励或限制某些产品生产，用利率的升降抑制或扩大社会总需求等等。用经济杠杆对国民经济进行宏观调控，要求国民经济核算提供反映国民经济运行状况的各种统计资料，包括国民经济的规模速度、投入产出、流量存量和各种平衡比例关系，即反映国民经济运行中数量表现和数量关系。因此，国民经济核算在对国民经济进行宏观调控时意义重大。离开了国民经济核算，国民经济管理就无法正常地进行，国民经济宏观调控就无法实现。

14.6.2　国民经济核算的作用

1. 国民经济核算是反映国民经济运行状况的有效工具

国民经济核算通过一系列科学的核算原则和方法，把描述国民经济各个方面的基本指标有机地组织起来，为复杂的国民经济运行过程勾画出一幅简明的全景图。它既反映了国民经济运行的过程和全貌，又反映了国民经济的主要比例和平衡关系等。

2. 国民经济核算是制定和检验宏观经济政策的重要依据

国民经济核算科学系统地反映国民经济主要指标之间的内在联系，提供了整个国民经济行状况的全面详细的数据，它包括有关生产、收入分配、消费投资、对外经济往来等方面的基本数据，它既是中长期规划、年度规划、产业政策、收入分配政策等宏观经济决策的重要依据，也是检验过去的宏观经济政策科学性的手段。

3. 国民经济核算是进行国际比较的工具

世界绝大多数国家都按照国际通用的标准进行国民经济核算，这样产生的经济总量和结构等方面的数据可广泛用于国际比较。同时，国民经济核算数据在一定程度上决定了我国承担的国际义务和享受的优惠待遇，决定了我国在国际社会中所能发挥的作用。

14.6.3　国民经济核算体系

国民经济核算体系是国家或国际组织为统一规定国民经济核算而制定的一套反映国民经济运行的指标体系、分类标准、核算方法和表现形式。按照这套方法制度进行国民经济核算，可以得到国民经济运行的系统而详尽的数据，为国家宏观经济决策提供重要依据。

在相当长时期内，由于各种原因，世界上曾经存在着两种不同模式的国民经济体系：一种是起源于英国、美国等国的"国民经济账户体系"（System of Hatioacl Accounts，SNA），另一种是发端于前苏联的"物质产品平衡体系"（Material Products Balance System，MPS）。1993 年，联合国统计委员会又通过修订的 SNA，日前它已成为世界各国国民经济核算的国际标准。

14.6.4　国民经济核算中的基本概念

1. 常住单位

常住单位也称常住机构单位，在我国的经济领土上具有经济利益中心的经济单位被称为我国的常住单位。这里所说的经济领土指由我国政府控制或拥有的地理领土，还包括我国驻外使领馆、科研站及援助机构等所拥有的地域，等等，但不包括我国地理边界内的"飞地"，即位于我国地理领土范围内，通过正式协议为外国政府所拥有或租借、用于外交等目的的、具有明确边界的地域，如外国驻华使馆、领馆用地及国际组织用地。

一个法人企业，如果它的全部经济活动发生在我国经济领土范围内，那么它就是我国的常住单位。一个企业，虽然它的经济活动并非全部发生在我国的经济领土范围内，但在我国经济领土内建立了一个子企业，从事生产经营活动一年以上，则该子企业也是我国的一个常住单位。一个住户，如果它在我国的经济领土范围内拥有住房，该住房为它的主要住所，则认为是我国的常住单位。一个政府单位是它行使管辖权的经济领土范围内的常住单位。中央政府组成单位，包括位于国外的使馆、领馆等，均为我国的常住单位。

2. 生产范围

国民经济核算的生产范围包括以下三部分：第一，生产者提供或准备提供给其他单位的货物或服务的生产；第二，生产者适用于自身最终消费或固定资本形成的所有货物的自给性生产；第三，自有住房提供的住房服务和付酬家庭雇员提供的家庭服务的自给性生产。

因此，生产范围包括所有货物的生产，不论是对外提供的货物还是自产自用的货物，而服务的生产，则基本上限于对外提供部分，自给性服务，除了自有住房服务和付酬家庭雇员提供的家庭或个人服务外，则被排除在生产范围之外。被排除在生产范围之外的自给性服务是指住户成员为本住户提供的家庭或个人服务，如清扫房屋、做饭、照顾老人、教育儿童等。

3. 消费范围

生产范围决定消费范围，用于最终消费的货物和服务只能是生产范围内所包括的货物和服务。生产范围包括所有货物的生产和除住户成员为本住户提供的家庭或个人服务之外的所有服务的生产，从而消费范围也限于包括在上述生产范围内的货物和服务。

4. 资产范围

国民经济核算中的资产是根据所有权的原则界定的经济资产，也就是说，资产必须为某个或某些单位所拥有，其所有者因持有或使用它们而获得经济利益。根据这个定义，金融资产和由生产过程创造出来的固定资产、存货等，以及某些不是经过生产过程创造出来的自然产生的资产（如土地、矿藏、森林、水资源资产等），只要某个或某些单位对这些资产有效地行使所有权，并能够从中获得经济利益，都属于资产范畴。资产范围中不包括诸如大气或公海等无法有效地行使所有权的那些自然资源与环境，以及尚未发现或难以利用的矿藏，即一定时期内，鉴于它们本身的状况和现有技术不能为其所有者带来经济利益的资源与环境。

5. 市场价格

市场价格是市场上买卖双方认定的成交价格，生产者价格和购买者价格都是市场价格。

生产者价格等于生产者生产单位货物和服务向购买者出售时获得的价值，包括开给购买者发票上的增值税或类似可抵扣税。该价格不包括货物离开生产单位后所发生的运输费用和商业费用。

购买者价格是购买者购买单位货物和服务所支付的价值，包括购买者按指定的时间和地点取得货物所发生的运输和商业费用。购买者价格等于生产者价格加上购买者支付的运输和商业费用，再加上购买者缴纳的不可扣除的增值税和其他税。

6. 核算原则

（1）权责发生制原则。在国民经济核算中，各种交易的记录时间是按照权责发生制原则来确定的，即交易在债权债务发生、转移或取消的时间记录。这一原则适用于各种交易，包括同一机构部门内部的交易。权责发生制原则意味着交易在其发生时记录，而不是在相应的收入与支付发生时记录。

（2）估价原则。在国民经济核算中，各种交易、资产和负债的记录价格，遵循以下规定，凡发生货币支付的交易，都按交易双方认定的成交价格，即市场价格来估价；没有发生货币支付的交易，如同一机构单位内部的交易（如自制设备、自给性消费等），按市场上相同货物和服务的市场价格或按所发生的实际成本来估价。一般来说，货物和服务产出按生产者价格估价；大多数货物和服务的使用（如中间消耗、固定资产形成和最终消费）按购买者价格估价。固定资产存量按编制资产负债表时的现价估价，而不是按原购置价格估价。

14.6.5　我国国民经济核算体系基本框架

　　自 20 世纪 80 年代中期起，我国的国民经济核算体系开始逐步向国际通行的核算标准（SNA）转轨。经过反复探讨、实践和摸索，国务院于 1991 年发出《关于实施国民经济核算体系方案的通知》，要求从 1992 年到 1995 年，分两步完成我国国民经济核算体系的新旧交替。经过几年的实践，2002 年国家统计局又对原方案做了进一步修订，正式提出了《国民经济核算体系（2002）》。这一核算体系更加适合我国目前的实际情况，同时与联合国提出的 SNA 更有可比性。

　　从图 14-1 可以看出：我国 2002 年国民经济核算体系主要由"基本核算表"和"国民经

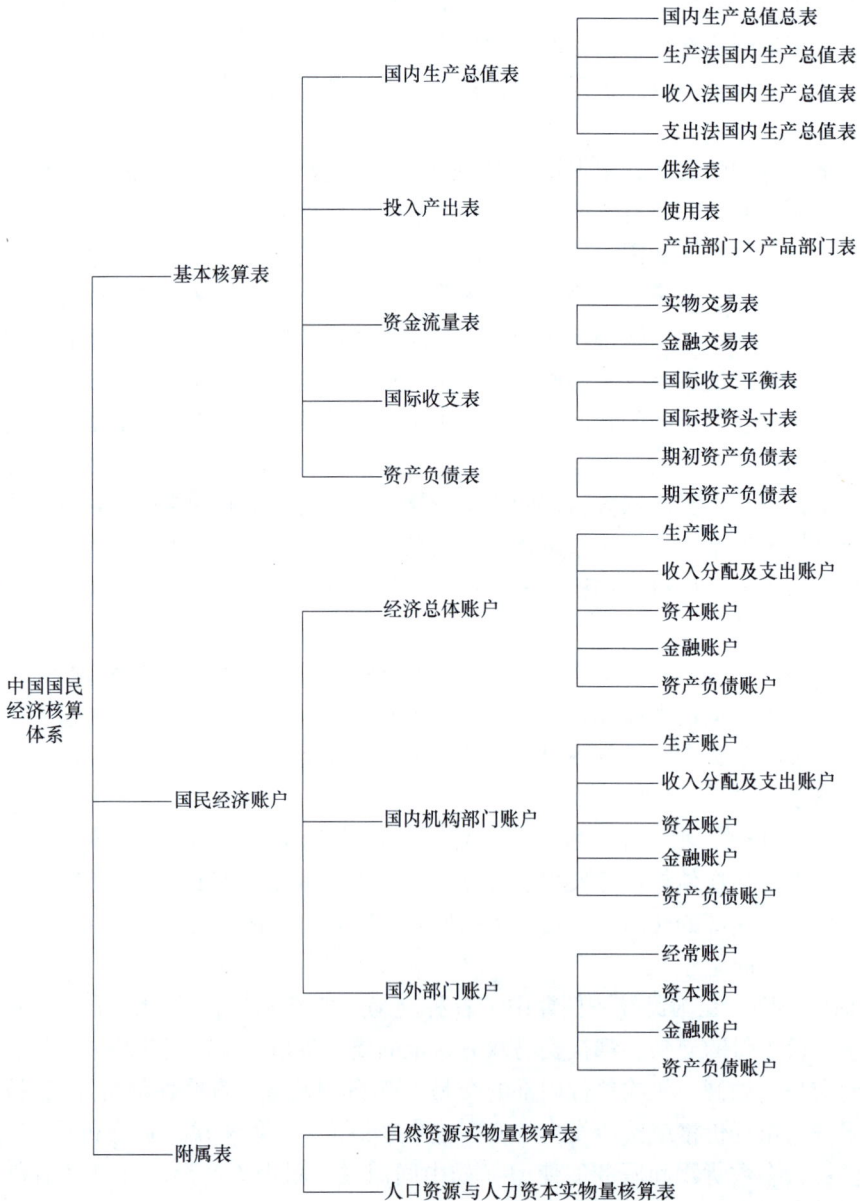

图 14-1　我国国民经济核算体系的基本框架

济账户"两部分组成，通过不同的方式对国民经济运行的过程及结果进行全面的描述。这两者之间既密切联系又相互独立。每张基本核算表侧重于经济活动的某一方面内容的核算，所有的基本核算表构成一个有机整体，对国民经济进行全面核算。国民经济账户则侧重于对经济循环过程的核算，通过平衡项来衔接，既系统地反映了经济循环过程的每一个环节的基本内容，又清楚地反映了各环节之间的有机联系。

"基本核算表"所包含的五大核算是国民经济统计的最基本的内容。对于其中最主要的统计指标的定义、相互联系、计算方法，在下节将做进一步的阐述。

14.6.6　国民经济统计的主要分类

国民经济统计反映国民经济总体运行的数量关系，不仅要把握其静态总量，而且要探寻其内部结构。了解数量关系和动态循环过程，就必须对国民经济进行分类。通过分类，旨在将大量、丰富的国民经济核算资料分门别类地加工整理，使之条理化、系统化。只有以科学的国民经济分类为基础，才能正确地说明国民经济各部门、各环节、各要素、各方面的相互联系和比例关系，进而深刻地反映出国民经济的内在结构机制和运行规律性。总之，国民经济分类是国民经济统计和宏观观经济分析的重要基础性工作。

国民经济的分类并不是单一的、绝对的、固定不变的，而是多层次的、相对的、不断演进的。一方面，根据考核对象和研究目的的不同，可以选择不同标志，从不同角度对国民经济进行分类，形成比较完整的国民经济分类体系；另一方面，国民经济的结构本身也是随着社会生产力水平和社会经济制度的不断发展而变化的，因而，国民经济分类和分类体系也要适时地反映出这种变化。

国民经济分类是一个涉及面广、内容复杂的问题。限于篇幅，以下仅介绍一些国民经济核算中最常用的重要分类。

1. 机构部门分类

机构部门分类是对国民经济各常住单位，按其在取得收入和支配收入、筹集资金和运用资金的财务决策权同一性标准进行分类的一种方法。分类的基本单位是能够拥有资产、承担负债，从事经济活动并与其他单位进行经济交易的实体。国民经济中的机构部门和机构子部门由常住机构单位构成。一个单位如果只有生产决策权而没有财务决策权，就只能作为经济活动部门的基本单位，不能作为机构部门分类的基本单位。

我国国民经济核算体系中，常住机构单位分为以下四个机构部门：

（1）非金融企业部门。非金融企业部门是指主要从事各种非金融生产经营活动的独立核算企业所组成的部门。包括除金融服务企业之外的国有企业、集体企业、三资企业、建筑企业、运输邮电企业以及其他各种服务企业。

（2）金融机构部门。金融机构部门是主要从事金融中介活动的部门。包括从事资金借贷业务、保险业务、信用社、信托投资公司、保险公司、证券公司及各类金融机构。

（3）政府部门。政府部门指主要从事国家管理活动的中央政府行政机关，地方政府行政机关、军队、警察等。此外还包括由国家财政差额预算拨款的非营利事业单位以及群众团体，如医院、学校、广播电视、科研机构和一些社团组织等。

（4）住户部门。住户部门包括以消费者身份出现的城乡居民户，以及从事各种生产经营活动的个体经营户。

2. 活动部门分类

活动部门分类是从生产的角度，按各单位活动性质的同类性对常住基层单位的分类。一个大企业，可能同时从事不同的生产活动，如果按主要活动对企业进行联系、进行分析，就会产生某些企业生产的货物和服务活动不同质的情况，不利于对生产过程的技术联系进行分析。所以，在对生产技术起重要作用的生产过程进行分析时，必须排除不同的生产活动，而将性质相同的生产活动归并在一起。就形成产业部门或者行业部门。但这种分类存在层次差别，根据分析的需要，可粗可细。主要有以下几种：

（1）三次产业分类。三次产业分类是英国经济学家罗纳德·艾尔默·费希尔（Ronald Aylmer Fisher）于 20 世纪 30 年代提出的。三次产业就产业形成的时序加以划分，同时也反映了劳动对象的特点及其满足人类需求的层次。人类最早形成的第一产业是以自然资源为对象的产业，包括农业和采掘业；后来相继出现了以农产品和采掘品为对象进行加工和再加工的第二产业，包括加工工业（制造业）和建筑业；第三产业提供各种服务产品，包括除第一、第二产业以外的所有行业。

三次产业分类在国际上已经通用，但各国的分类标准并不完全相同。改革开放以前，我国没有采用三次产业分类。随着改革开放的不断深化，社会生产力的发展和提高，我国第三产业得到迅速发展，国家统计局于 1985 年提出《关于建立第三产业统计的报告》并报经国务院批准，对三次产业做了如下划分，如表 14-3 所示。

第一产业：农业（包括农业、林业、牧业和渔业等）。

第二产业：工业（包括采矿业，制造业、自来水、电力、热力、燃气、煤气）和建筑业。

第三产业：除上述第一、第二产业以外的其他各业。

由于第三产业包括的行业多、范围广，根据我国的实际情况，第三产业具体又分为四个层次：

第一层次：流通部门。包括：交通运输业、邮电通信业、商业、饮食业、物质供销和仓储业。

第二层次：为生产和生活服务的部门。包括：金融、保险业，地质勘查业，房地产业，共用事业，居民服务业，旅游业，咨询服务业和各类技术服务业。

第三层次：为提高科学文化水平和居民素质服务的部门。包括：教育、文化、广播电视业，科学研究事业，卫生、体育和社会福利事业等。

第四层次：为社会公共需要服务的部门。包括：国家机关、党政机关、社会团体及军队和警察等。

表 14-3　产业部门分类

三次产业分类类别	《国民经济行业分类》（GB/T 4754—2017）类别、名称及代码		
	门　类	大　类	类别、名称
第一产业	A		农、林、牧、渔业
第二产业	B C D E		采矿业 制造业 电力、热力、燃气及水生产和供应业 建筑业

（续）

三次产业分类类别	《国民经济行业分类》（GB/T 4754—2017）类别、名称及代码		
	门 类	大 类	类别、名称
第三产业（服务业）	A		农、林、牧、渔专业及辅助性活动
	B		开采专业及辅助性活动
	C		金属制品、机械和设备修理业
	F		批发和零售业
	G		交通运输、仓储和邮政业
	H		住宿和餐饮业
	I		信息传输、软件和信息技术服务业
	J		金融业
	K		房地产业
	L		租赁和商务服务业
	M		科学研究和技术服务业
	N		水利、环境和公共设施管理业
	O		居民服务、修理和其他服务业
	P		教育
	Q		卫生和社会工作
	R		文化、体育和娱乐业
	S		公共管理、社会组织和社会保障
	T		国际组织

（2）国民经济行业分类

行业分类是一个相对完备的国民经济分类体系，是最为基本，也是最为重要的国民经济分类。它是构成三次产业和其他一些重要的国民经济分类的基础。世界各国和联合国等有关国际组织都制定了专门的国民经济行业分类标准。行业分类具有多层次的结构，便于灵活地进行相应的分解和归并处理，满足国民经济管理和核算的各种需要。国民经济行业的分类对象是从事各种生产经营活动的所有经济主体的总和。其分类标志则是它们所从事的生产经营活动的经济性质。

我国对国民经济行业分类曾经做过多次修订。2017 年国家统计局修订新的国民经济行业分类标准，将国民经济分为 23 个门类，即：（1）农、林、牧、渔业；（2）采矿业；（3）制造业；（4）电力、热力、燃气及水生产和供应业；（5）建筑业；（6）农、林、牧、渔业及辅助性活动；（7）开采专业及辅助性活动；（8）金属制品、机械和设备修理业；（9）批发和零售业；（10）交通运输、仓储及邮政业；（11）住宿和餐饮业；（12）信息传输、软件和信息技术机服务业；（13）金融业；（14）房地产业；（15）租赁和商务服务业；（16）科学研究和技术服务业；（17）水利、环境和公共设施管理业；（18）居民服务、修理和其他服务业；（19）教育；（20）卫生、社会工作；（21）文化、体育和娱乐业；（22）公共管理、社会组织和社会保障；（23）国际组织。

14.6.7 我国国民经济核算体系基本内容

1. 基本核算表

基本核算表由国内生产总值表、投入产出表、资金流量表、国际收支表和资产负债表组成。在这些表反映的五种基本核算中，前四种核算是关于经济流量的核算，反映核算期当期实际发生的经济活动总量;第五种核算,即资产负债核算是关于经济存量的核算,反映在特定核算时点上一国或一部门所拥有的经济资产总量。

(1)国内生产总值表。国内生产总值是按市场价格计算的一个国家所有常住单位在一定时期内生产活动的最终成果。

国内生产总值表包括国内生产总值总表(见表 14-4)、生产法国内生产总值表、收入法国内生产总值表和支出法国内生产总值表。国内生产总值总表以国内生产总值为核心,对国民经济生产与使用指标进行全面、系统的核算,综合反映国民经济发展的规模和结构,生产法国内生产总值表、收入法国内生产总值表和支出法国内生产总值表分别从价值构成、收入形式使用去向角度反映国内生产总值的形成过程。表 14-4 将国内生产总值的生产法收入法和支出法三种计算方法集中体现在一张表中,从不同的角度反映国内生产总值及其构成。

表 14-4　国内生产总值总表

生　产	金额	使　用	金　额
一、生产法国内生产总值 　（一）总产出 　（二）中间投入（一） 二、收入法国内生产总值 　（一）劳动者报酬 　（二）生产税净额 　　生产税 　　生活补贴（一） 　（三）固定资产折扣 　（四）营业盈余		一、支出法国内生产总值 　（一）最终消费 　　居民消费 　　　农村居民消费 　　　城镇居民消费 　　政府消费 　（二）资本形成总额 　　固定资本形成总额 　　存货增加 　（三）净出口 　　出口 　　进口（一） 二、统计误差	

(2)资金流量表。资金流量核算主要以收入分配和资金运动为核算对象。它反映一定时期各机构部门收入的形成、分配、使用、资金的筹集和运用以及各机构部门间资金流入和流出情况。

资金流量表采用矩阵结构。主栏表示交易项目,宾栏代表机构部门。每个机构部门下面列出两栏,即"来源"栏和"使用"栏,分别代表机构部门资源的筹集和资源的使用,"来源"放在右端,"使用"放在左端。主栏交易项目按交易的不同性质分为实物交易和金融交易。实物交易是指与货物和服务的生产和使用、收入分配和无偿转移有关的交易活动;金融交易是指以现金、信用、证券等金融资产负债为交易对象的交易活动。由此,资金流量表就分为主栏不同、宾栏相同的两大部分,即实物交易部分和金融交易部分(见表 14-5、表 14-6)。

资金流量表采用复式记账原理对每笔交易都做双重反映。在实物交易方面,一个部门的收入同时是对应部门的支出。收入记录在来源方,支出记录在使用方。金融交易方面,一个部门金融资产的增加(减少),一般伴随着对应部门负债的增加(减少)。金融资产的增加或减少记录在使用方,负债的增加或减少记录在来源方。这一记录原则使资金流量表上的各种收入支出和金融流量始终保持收支相等、借贷对应的平衡关系,整张表的上下、左右相互衔接,形成了一个严密的平衡系统。各个机构部门发生的各种交易都能得到一致反映,社会资金运动的来龙去脉一目了然。

表 14-5　资金流量表（实物交易）

机构部门 交易项目	非金融企业部门		金融机构部门		政府部门		住户部门		国内合计		国外合计		合计	
	使用	来源	使用	来源	使用	来源	使用	来源	使用	来源	使用	来源	使用	来源
一、净出口														
二、增加值														
三、劳动者报酬														
（一）工资及工资性收入														
（二）单位社会保险付款														
四、生产税净额														
（一）生产税														
（二）生产补贴（一）														
五、财产收入														
（一）利息														
（二）红利														
（三）土地租金														
（四）其他														
六、初次分配总收入														
七、经常转移														
（一）收入税														
（二）社会保险缴款														
（三）社会保险福利														
（四）社会补助														
（五）其他														
八、可支配总收入														
九、最终消费														
（一）居民消费														
（二）政府消费														
十、总储蓄														
十一、资本转移														
（一）投资性补助														
（二）其他														
十二、资本形成总额														
（一）固定资本形成总额														
（二）存货增加														
十三、其他非金融资产获得减处置														
十四、净金融投资														
十五、统计误差														

表 14-6 资金流量表（金融交易）

机构部门\交易项目	非金融企业部门		金融机构部门		政府部门		住户部门		国内合计		国外合计		合计	
	使用	来源	使用	来源	使用	来源	使用	来源	使用	来源	使用	来源	使用	来源
一、净金融投资														
二、资金运用合计														
三、资金来源合计														
（一）通货														
本币														
外币														
（二）存款														
活期存款														
定期存款														
住户储蓄存款														
财政存款														
外汇存款														
其他存款														
（三）贷款														
短期贷款														
中长期贷款														
财政贷款														
外汇贷款														
其他贷款														
（四）证券														
债券														
国债														
金融债券														
中央银行债券														
企业债券														
股票														
（五）保险准备金														
（六）结算资金														
（七）金融机构往来														
（八）准备金														
（九）库存现金														
（十）中央银行贷款														
（十一）其他（净）														
（十二）国外直接投资														
（十三）其他对外债权债务														
（十四）储备资产														
（十五）国际收支净误差与遗漏														

2. 国民经济账户

国民经济账户以账户的形式对国民经济运行过程和结果进行描述。针对国民经济运行的各个环节，分别设置了不同的账户，即生产账户、收入分配及支出账户、资本账户、金融账户、资产负债账户和国外部门账户。国民经济账户的基本形式和记录原则如表 14-7 所示。

表 14-7　国民经济账户

使　用	来　源
1. 支出 2. 资产变动 　（1）资产增加 　（2）资产减少 3. 资产存量	1. 收入 2. 负债变动 　（1）负债增加 　（2）负债减少 3. 负债存量

（1）生产账户。反映了国内机构部门在核算期内通过生产过程所创造的价值以及此价值对应的收入形态。如表 14-8 所示。

表 14-8　生产账户

使　用	来　源
增加值 　（1）劳动者报酬 　（2）生产税净额 　（3）固定资产折旧 　（4）营业盈余	1. 总产出 2. 减：中间投入
合计	合计

（2）收入分配及支出账户。收入分配及支出账户反映国内机构部门在核算期内通过生产过程形成的收入如何在拥有相应生产要素的机构部门之间进行分配，收入如何在不同机构部门之间进行转移以及机构部门如何将它们的可支配收入在消费和储蓄之间进行分配。收入分配及支出账户的基本形式如表 14-9 所示。

表 14-9　收入分配及支出账户

使　用	来　源
1. 资产收入支付 2. 经常转移支出 3. 可支配总收入 4. 最终消费 5. 总储蓄	1. 营业盈余 2. 固定资产折旧 3. 财产收入 4. 劳动者报酬 5. 生产净税额 6. 经常转移收入
合计	合计

（3）资本账户。资本账户反映国内机构部门可用于资本形成的资金来源、资本形成的规模以及资金剩余或短缺的规模。资本账户的基本形式如表 14-10 所示。

表 14-10　资本账户

使　用	来　源
1. 资产形成总额 2. 其他非金融资产获得减处置 3. 资金余缺	1. 总储备 2. 资本转移收入净额
合计	合计

（4）金融账户。金融账户反映了国内机构部门通过各种金属工具所发生的各种金融交易，以及这些交易的净成果，即资金的净借入或净借出，金融账户的基本形式如表 14-11 所示。

表 14-11　金融账户

使　用	来　源
1. 通货	1. 通货
2. 存款	2. 存款
3. 贷款	3. 贷款
4. 证券（不含股票）	4. 证券（不含股票）
5. 股票及其他股权	5. 股票及其他股权
6. 保险准备金	6. 保险准备金
7. 其他金融资产	7. 其他负债
8. 国外直接投资	8. 国外直接投资
9. 其他对外债权	9. 其他对外债权
10. 储备资产	10. 国际收支净误差与遗漏小计
	11. 资金余缺
合计	合计

（5）资产负债账户。资产负债账户反映国内机构部门在核算期初或期末的资产负债存量，资产负债账户的基本形式如表 14-12 所示。

表 14-12　资产负债账户

使　用	来　源
1. 非金融资产	1. 国内金融负债
（1）固定资产	（1）通货
（2）存货	（2）存款
（3）其他非金融	（3）贷款
2. 金融资产	（4）证券（不含股票）
（1）国内金融资产	（5）股票及其他股权
通货	（6）保险准备金
存款	（7）其他负债
贷款	2. 国外金融负债
证券（不含股票）	（1）直接投资
股票和其他股权	（2）证券投资
保险准备金	（3）其他投资
其他金融资产	小计
（2）国外金融资产	3. 资产负债差额
直接投资	
证券投资	
其他投资	
3. 储备资产	
合计	合计

（6）国外部门账户。国外部门账户是从非常住者的角度，反映常住者与非常住者之间发生的各种交易活动以及相应的存量状况。国外部门账户包括经常账户、资本账户、金融账户和资产负债账户，但没有生产账户。

经常账户反映国外部门与国内机构部门之间的经常性交易，如表 14-13 所示。

表 14-13　经常账户

使　用	来　源
1. 货物和服务出口	1. 货物和服务出口
2. 来自国外的劳动者报酬	2. 支付国外的劳动者报酬
3. 来自国外的财产收入	3. 支付国外的财产收入
4. 来自国外的生产税净额	4. 支付国外的生产税净额
5. 来自国外的经常转移收入	5. 支付国外的经常转移
6. 经常往来差额	
合　计	合　计

国外部门的资本账户、金融账户和资产负债账户与国内机构部门的对应账户的表式很相似，这里不再赘述。

3. 附属表

附属表是对国民经济核算体系核心部分的补充，用于描述我国自然资源和资源资产、人口资源和人力资本的规模、结构与变动以及经济、资源和人口之间的相互关系，为党和政府制定与实施社会经济可持续发展战略提供科学依据。这里的自然资源指我国境内所有自然形成的，在一定的经济、技术条件下可以被开发利用以提高人们生活福利水平和生存能力，同时具有某种"稀缺性"的实物性资源的总称。自然资源分为资源资产和非资产性自然资源。资源资产指所有权已经界定，所有者能够有效控制并能够在目前或可预见的将来产生预期经济收益的自然资源，资源资产属于经济资产范畴，包括土地资产、森林资产、矿产资产、水资产等。不具备资源资产的性质的自然资源属于非资产性自然资源。人口资源指我国在特定时点具有生命的常住"自然人"的人口数量，它包括人力资源和其他人口资源，其中人力资源包括初级劳动力和人力资本。人力资本指人口资源中"自然人"具有的知识、健康、技能与能力等素质的总和。包括受教育程度、再培训水平、卫生保健状况、劳动技能与能力等。

附属表有自然资源实物量核算表和人口资源与人力资本实物量核算表。自然资源实物量核算表反映主要自然资源（土地资源、森林资源、矿产资源、水资源）在核算期期初和期末两个时点的实物存量及在核算期内的变动情况。人口资源与人力资本实物量核算表反映人口资源与人力资本在期初、期末两个时点的存量状况及核算期内的变动情况。

14.7　国民经济统计常用指标

14.7.1　国民经济统计的常用基本指标

1. 国民经济生产指标

（1）国内总产出。国内总产出是指一定时期内国民经济各部门生产的社会总产品的价值总量。

从实物形态看，社会生产活动的总成果即社会总产品可分为货物和服务两大类，货物是生产出来满足人们需要的、能够确定其所有权的有形实体，例如工业品、农产品等，服务是直接用于满足使用者需要的无形产品，它的生产和使用过程是同时进行的，生产的完成也就是使用的结束，所以不能存储和脱离生产进行交易，从价值形态看，国内总产出是社会总产品完全价值的总和，其价值构成为：①生产资料转移价值 c，包括劳动手段转移价值（即固定资产折旧）c_1 和劳动对象转移价值（即中间消耗）c_2；②活劳动新创价值，包括必要劳动价值 v 和剩余劳动价值 m。

对于总产出，不同行业有不同的计算规定。例如，农业按产品法计算，工业按工厂法计算，建筑业按工程结算价款计算，商业按购销差价即毛利计算，营利性服务业按营业收入计算，非营利性服务业按经常费用支出计算。

由于各部门、各企业之间存在着相互提供和相互消耗产品的技术经济联系，每一部门或企业的产出价值中都会包括一些由其他部门或企业提供而被自己消耗掉的生产资料的转移价值。例如，棉农种植棉花。纺纱厂将棉花纺成纱线，织布厂将纱线织成布匹，印染厂将布匹印上各种花色，最后，制衣厂再用印染后的布匹裁制服装。在这个生产序列中，纱线的价值中包含了棉花的价值，布匹的价值中包含了纱线的价值，服装的价值中又包含了布匹的价值。可见，当把各部门、各企业的产出综合为国内总产出，其中就包括了生产资料转移价值的大量重复计算，并且这种重复计算的程度还与生产组织的内部结构的变化有关。因此国内总产出只是一个有关国民经济生产过程的"总周转量"指标，它能够表明全社会生产活动的总规模，并能用于对国民经济各部门间的技术经济联系进行投入产出分析。但是，它不能说明国民经济生产活动的最终成果。

（2）国内生产总值的概念

1）国内生产总值（Gross Domestic Produet，GDP）是指按市场价格计算的一个国家（或地区）所有常住单位在一定时期内生产活动的最终成果。它有三种不同的表现形态：产品形态、价值形态和收入形态。

从产品形态看，国内生产总值表现为所有最终产品的价值之和，这里所谓的"产品"，不仅包括有形的货物，如食品、衣服等，而且还包括无形的服务，如教育、卫生、美容等。所谓"最终产品"是指那些不再被用于生产过程，或虽被用于生产过程，但不会被一次性消耗或逐次性转移到新产品中去的产品。所谓"所有的"是指国内生产总值所包括的全面性，它不仅包括所有经过市场交易的最终产品的价值，而且包括所有未经市场交易的最终货物的价值。如农民自产自用的粮食，以及部分未经过市场交易的最终服务的价值，如住户自有住房提供的服务的价值。

从价值形态看，国内生产总值表现为一个国家的所有常住单位在一定时期内生产的全部产品的价值与同期投入的中间产品的价值的差额，即所有常住单位的增加值之和，这里扣除同期投入的中间产品的价值的理由是为了避免重复计算。

从收入形态看，国内生产总值表现为一个国家的所有常住单位在一定时期内的生产活动所形成的原始收入之和，它包括常住单位因从事生产活动而对劳动要素的支付、对政府的支持、对固定资产的价值补偿，以及获得的盈余。

2）国内生产总值核算的意义。国内生产总值核算是国民经济核算体系的核心部分，是国民经济核算的基础，在我国搞好国内生产总值核算的重要意义在于以下几点：

第一，为判断宏观经济运行状况提供重要依据。在现实中，经济增长率即指国内生产总值增长率；通货膨胀率一般是用国内生产总值缩减指数或居民消费价格指数来衡量；失业率与国内生产总值增长率有密切联系，可见，以上三个判断宏观经济运行状况的主要指标均与国内生产总值有十分密切的联系。

第二，为宏观经济管理工作发挥重要作用。自 1985 年国家统计局建立起相应的核算制度以来，国内生产总值核算已成为我国宏观经济管理部门了解经济运行状况的重要手段，成为制定经济发展战略、中长期规划、年度计划和各种宏观经济政策的重要依据。我国政府在"七五"计划、"八五"计划，"九五"计划、"十五"计划、"十一五"规划和"十二五"规划中提出的国民经济增长目标以及历年年度计划中提出的国民经济增长目标也都是建立在国内生产总值核算和对经济发展情况的预测基础上的。

第三，在我国对外交往中具有重要意义。例如，据有关部门估计，我国国内生产总值每增加 10%，在联合国的会费比率将增加 20% 以上，可见，一国所承担的国际义务与国内生产总值密切相关；又如，我国在世界银行和国际货币基金组织的股金与国内生产总值有密切联系。因此，国内生产总值核算直接关系到我国在这些国际组织中股金的升降，影响到我国在国际上所应发挥的重要作用。

值得注意的是，在可持续发展原则下，国内生产总值指标是不够全面的。因为人们在发展经济的时候，不可能不消耗自然资源，如果当前的经济发展过度地消耗了自然资源，或造成环境的恶化，就会对未来的经济发展造成极为不利的影响，这样的发展是不可持续的。然而，国内生产总值在反映经济发展的同时，没有反映它所带来的资源耗减和环境损失的代价。例如，只要采伐树木，国内生产总值就会增加，但过量采伐后造成森林资源的减少，国内生产总值却不考虑相应的代价。因此，应把环境、资源核算纳入核算体系中，建立中国综合经济与资源环境核算体系。

3）国内生产总值的基本核算方法。国内生产总值有三种核算方法，即生产法、收入法和支出法。三种方法分别从不同的角度反映国民经济生产活动成果。这里对生产法和支出法做简要说明：

① 生产法——从生产角度入手。生产法是从生产过程中创造的货物和服务价值入手，剔除生产过程中投入的中间货物和服务价值，得到增加价值的一种方法。国民经济各产业部门生产法增加值计算公式为

$$部门增加值 = 部门总产出 - 该部门中间投入 \tag{14-50}$$

$$国内生产总值 = \sum 部门增加值 \tag{14-51}$$

总产出指常住单位在一定时期内生产的所有货物和服务的价值，既包括新增价值，也包括转移价值，它反映常住单位生产活动的总规模，总产出按生产者价格计算中间投入，指常住单位在一定时期内生产过程中消耗和使用的非固定资产、货物和服务的价值。中间投入也称为中间消耗，反映用于生产过程中的转移价值，一般按购买者价格计算。计入中间投入的货物和服务必须具备两个条件：一是与总产出的计算范围保持一致；二是本期一次性使用的。

增加值即总产出减去中间投入后的差额，反映一定时期内各产业部门生产经营活动的最终成果。

② 收入法——从使用角度计算。支出法是从最终使用的角度反映一个国家一定时期内生产活动最终成果的一种方法。最终使用包括最终消费、资本形成总额及净出口三部分，计

333

算公式为：

$$国内生产总值 = 最终消费 + 资本形成总额 + 净出口 \quad (14-52)$$

式中，最终消费指常住单位为满足物质生活、文化生活和精神生活的需要，从本国经济领土和国外购买的货物和服务的支出，它不包括非常住单位在本国经济领土内的消费支出，最终消费分为居民消费和政府消费；资本形成总额指常住单位在一定时期内获得减去处置的固定资产和存货的净额，包括固定资本形成总额和存货增加两部分；净出口指货物和服务出口与货物和服务进口的差额。

③ 支出法——从生产过程形成收入的角度，对常住单位的生产活动成果进行核算。国民经济各产业部门收入法之增加值由劳动者报酬、生产税净额、固定资产折旧和营业盈余四个部分组成。计算公式为：

$$增加值 = 劳动者报酬 + 生产税净额 + 固定资产折旧 + 营业盈余 \quad (14-53)$$

国民经济各产业部门收入法增加值之和等于收入法国内生产总值。

式 14-53 中，劳动者报酬指劳动者从事生产活动所应得的全部报酬。包括劳动者应得的工资、奖金和津贴，既有货币形式，也有实物形式，还有劳动者所享受的公费医疗和医药卫生费、上下班交通补贴和单位为职工缴纳的社会保险费等。对于个体经济来说，其所有者所获得的劳动报酬和经营利润不易区分，这两部分统一作为劳动者报酬处理。生产税净额指生产税减生产补贴后的差额。固定资产折旧指一定时期内为弥补固定资产损耗按照核定的固定资产折旧率提取的固定资产折旧，或按国民经济核算统一规定的折旧率虚拟计算的固定资产折旧。营业盈余指常住单位创造的增加值扣除劳动者报酬、生产税净额和固定资产折旧后的余额。

码 14-5

2. 国民生产总值（国民总收入）

国民生产总值（Gross National Product，GNP）是指按市场价格计算的一个国家所有常住单位在一定时期内收入初次分配的最终成果。一国常住单位从事生产活动所创造的增加值在初次分配过程中主要分配给该国的常住单位，但也有一部分以劳动者报酬和财产收入等形式分配给该国的非常住单位，同时，国外生产所创造的增加值也有一部分以劳动者报酬和财产收入等形式分配给该国的常住单位。

国内生产总值加上国外要素收入净额，即为国民生产总值，在联合国的新 SNA 核算体系中已将国民生产总值改称为国民总收入（Gross National Income，GNI）。即

$$国民总收入 = 国内生产总值 + 国外要素收入净额 \quad (14-54)$$

$$国外要素收入净额 = 来自国外的劳动者报酬和财产收入 - \quad (14-55)$$
$$国外从本国获得的劳收入净额报酬和财产收入$$

可见，国民总收入反映了本国常住单位原始收入的总和，它与国内生产总值不同：国内生产总值是一个生产概念，而国民总收入则是个收入概念。

3. 国内生产净值

国内生产总值是常住单位的增加值之和，增加值是由总产出减去中间消耗计算出来的，而中间消耗并不包括资本的消耗，即固定资本消耗（折旧），也就是说国内生产总值中包含着折旧的成分。若从国内生产总值中扣除固定资本的消耗，便为国内生产净值（Net Domestic Product，NDP）即

$$国内生产净值 = 国内生产总值 - 固定资本消耗 \quad (14-56)$$

4. 国民净收入

国民净收入（Net National Product，NNP）等于国民总收入减去固定资本消耗以后的余额。即

$$国民净收入 = 国民总收入 - 固定资本消耗 \tag{14-57}$$

14.7.2　收入分配和使用总量核算方面

国内生产总值反映各部门当期生产创造的价值，但并不等于各部门最终获得的收入。各部门最终收入是通过初次分配和再分配获得的。

1. 初次分配总收入

初次分配是针对各生产单位当期生产的增加值的分配。其前提是生产要素必须参与生产过程，由此所产生的收入都与生产有关，是参与生产过程的结果，所得收入属于生产性收入。初次分配的结果形成各个机构部门初次分配总收入，各机构部门的初次分配总收入之和就等于国民总收入。即

$$各部门初次分配总收入 = 增加值 - 支付的劳动报酬 + 收到的劳动报酬 - 支付的生产税净额 +$$
$$收到的生产税净额 - 支付的财产收入 + 收到的财产收入$$

$$\tag{14-58}$$

在以上关系中，生产要素收入主要包括劳动者报酬、生产税净额和财产收入。劳动者报酬是劳动者在生产过程中付出劳动所获得的收入。生产税净额是政府因对生产活动或生产要素征税而获得生产税或因对生产进行补贴而支付的生产补贴。财产收入，是资产所有者通过将资产投入生产经营过程而获得的收入。具体内容包括：因资金借贷所产生的利息，因股票买卖而产生的红利，因土地等资产出租所形成的租金，因专利、商誉等无形资产使用权转让而产生的无形资产使用费，等等。在现实经济活动过程中，一个部门既可以将自己的资产转借给其他部门使用，也可能使用了其他部门提供的资产，因此，财产收入的获得和支付可以在国民经济各部门之间以及与国外之间相互发生。但是，由于各种初次分配流量在各部门间具有特定流向，因此，各部门所获得的初次分配总收入与所生产的增加值在量上不会相等。如劳动报酬对住户部门主要是收入，其他部门为支出；生产税对政府部门主要是收入，其他部门是支出。与增加值的部门比例相比，企业部门占有初次分配总收入的比例会大大降低，而住户和政府部门的比例则会提高。

2. 可支配总收入

在初次分配总收入的基础上，通过经常性转移的形式对初次分配总收入进行再次分配，再分配的结果形成各机构部门可支配总收入。各机构部门的可支配总收入之和被称为国民可支配总收入。即

$$各部门可支配总收入 = 各部门初次分配总收入 + 再分配总收入 - 再分配总支出$$
$$= 各部门增加值 + 分配所得收入 - 分配所付支出$$

$$\tag{14-59}$$

$$国民可支配总收入 = \sum 国内各部门可支配总收入$$
$$= 国内生产总值 + 来自国外的要素收入 - 付给国外的要素收入 +$$
$$来自国外的转移收入 - 付给国外的转移收入$$

$$= 国民生产总值 + 来自国外的转移收入 - 付给国外的转移收入$$
$$(14-60)$$

经常性转移包括：①收入税。政府从收入较多的单位和个人征收的收入税；②社会保障和社会福利。社会保障是居民部门为保证在未来某个时期能获得社会福利，而对政府组织的社会保险计划或各单位建立的基金所缴纳的款项，如失业保险、退休保险、医疗保险等；社会福利是符合条件的居民从政府或其他部门所得到的收入，具体包括社会保险福利基金向居民提供的福利和社会救济福利；③其他经常性转移。其他转移是除上述转移之外发生于各机构部门与国外之间和机构部门内部的经常性转移。如捐赠和援助支出、会费支出等。

国民经济活动的最终目的是为居民个人和社会公众提供各种最终消费的货物和服务。各部门可支配总收入之使用去向首要的是用于消费，从各部门可支配收入中扣除用于消费的部分，所结余的数额就是各部门可用于投资的自有资金，通常称为储蓄。这样，可支配收入就等于总消费和总储蓄之和。在国民经济层次上的上述关系可表示为：

$$国民可支配收入 = 国内总消费 + 国内总储蓄 \qquad (14-61)$$

根据国民净收入计算的国民可支配收入，称为国民可支配净收入。它不包括固定资产折旧。即

$$国民可支配净收入 = 国民可支配总收入 - \sum 固定资产折旧 \qquad (14-62)$$

14.7.3 国际收支方面

国际收支核算又称为对外交易核算，是从国外的角度来反映常住单位与所有非常住单位之间一切经济交往的核算，它是国民经济核算体系的重要组成部分。根据国际货币基金组织的定义，目前国际收支统计主要包括两方面内容，即国际收支平衡表和国际投资头寸表。

1. 国际收支平衡表

国际收支平衡表是国际收支流量统计表，它系统反映一个国家在一定时期内常住居民与非常住居民之间发生的经济交易。国际收支平衡表的项目内容包括经常项目、资本和金融项目、储备资产、净误差与遗漏四个组成部分。表 14-14 是我国目前应用的国际收支平衡表表式，下面分述各项目的具体内容。

（1）经常项目。经常项目是涉及货物、服务、收益、经常转移等非金融性经济价值的对外交易记录，反映一国或地区对外交易中实际资源的流动。核算项目具体包括货物和服务、收益、经常转移三部分。

货物和服务，包括两个项目：货物、服务。其中，货物记录各种货物交易活动，反映出口收额和进口支出额；服务记录各种因提供服务产生的收支行为，具体包括运输、旅游、通信、建筑、保险、国际金融服务、计算机和信息服务、专有权利使用费和特许费、各种商业服务、个人娱乐服务和政府服务方面的收支。

收益是指在国际往来中发生的职工报酬和投资收益方面的国际收支。其中，职工报酬指我国个人在国外工作（一年以下）而得到并汇回的收入以及我国支付在华工作的外籍人员（一年以下）的工资福利；投资收益包括直接投资、证券投资和其他投资的收益和支出，直接投资的收益再投资也包括在此项目内。

经常转移，记录所有非资本转移的各种单方面转让的收支。如侨汇、个人汇款、无偿捐

献等项目。

（2）资本和金融项目。资本和金融项目是反映资金在国际上流动的项目，从资金角度记录除储备资产以外的有关对外金融资产与负债变动的所有交易，即记录这些金融资产和负债在当期的变动额。具体包括资本项目和金融项目。

资本项目，包括移民转移、债务减免等资本性转移。

金融项目，包括我国对外资产和负债所有权变动的所有交易。按投资方式分为直接投资、证券投资和其他投资。每种投资方式都分为资产、负债，其中对外直接投资视同资产，国外在华直接投资视同负债；证券投资包括股本证券和债务证券两类证券投资形式；其他投资是指除直接投资和证券投资外的所有金融交易，分为信贷、贷款、货币和存款及其他资产/其他负债四类形式。

（3）储备资产。储备资产是记录储备资产当期变动量的项目。储备资产是指一国货币当局所持有的可直接用于国际支付的国际货币存量，包括货币黄金、外汇、特别提款权和储备头寸等，其主要作用是弥补经常项目和资本往来项目收支差额，保证国际收支平衡。

表 14-14　中国国际收支平衡表

项　　目	差　　额	贷　　方	借　　方
一、经常项目			
A. 货物和服务			
1. 货物			
2. 服务			
B. 收益			
1. 职工报酬			
2. 投资收益			
C. 经常转移			
1. 各级政府			
2. 金融项目			
二、资本与金融项目			
A. 资本项目			
B. 金融项目			
1. 直接投资			
1.1　我国在外直接投资			
1.2　外国在华直接投资			
2. 证券投资			
2.1　资产			
2.2　负债			
3. 其他投资			
3.1　资产			
3.1.1　信贷			
3.1.2　贷款			
3.1.3　货币和存款			
3.1.4　其他资产			
3.2　负债			

（续）

项　目	差　额	贷　方	借　方
3.2.1　信贷			
3.2.2　贷款			
3.2.3　货币和存款			
3.2.4　其他负债			
三、储备资产			
A. 货币黄金			
B. 特别提款权			
C. 在基金组织的储备头寸			
D. 外汇			
E. 其他债权			
四、净误差与遗漏			

（4）净误差与遗漏。净误差与遗漏是指编制国际收支平衡表时，因资料不完整，统计时间和计价标准不一致以及货币换算等因素所造成的差错和遗漏，它是为使国际收支核算保持平衡设置的平衡项目。

国际收支平衡表按照复式记账原则进行记录，也就是说每一笔国际经济交往，都应在国收支平衡表的借方和贷方同时反映。贷方项目主要包括：货物贸易的出口、服务贸易收入、接受的无偿援助或捐赠、国外资产的减少或者负债的增加等；借方项目主要有：货物贸易进口、服务贸易的支出、对外提供的无偿援助或者捐赠、国外资产的增加或者负债的减少等。国际收支平衡表中每个项目的贷方减去借方，就是相应项目的差额。当贷方大于借方时，表明该项目出现了顺差，反之则是逆差。

国际收支平衡表中基本指标之间存在如下关系：

$$经常项目差额 = 货物差额 + 服务差额 + 收益差额 + 经常转移差 \qquad (14\text{-}63)$$

$$资本和金融差额 = 资本项目差额 + 金融项目差额 \qquad (14\text{-}64)$$

$$金融项目差额 = 直接投资差额 + 证券投资差额 + 其他投资差额 \qquad (14\text{-}65)$$

$$储备资产差额 = 货币黄金差额 + 特别提款权差额 + 在基金组织的储备头寸差额 +$$
$$外汇储备差额 + 其他债权差额$$

$$(14\text{-}66)$$

将经常项目差额、资本和金融项目差额、净误差与遗漏合起来计算的总差额即为一国的国际收支总差额，正差额表示国际收支顺差，储备资产增加（在国际收支平衡表上表现为逆差），意味着国民经济实力增强；反之，负差额表示国际收支逆差，储备资产减少（在表上记录为顺差），意味着国民经济实力有所削弱。

$$国际收支总差额 = 经常项目差额 + 资本和金融项目差额$$
$$= 经常项目的顺差(+)/逆差(-) + 资本和金融项目净流入(+)/净流出(-)$$

$$(14\text{-}67)$$

上列公式未考虑"误差和遗漏"。作为平衡项目的"误差与遗漏"，可以用上列公式计算出来的国际收支差额与储备资金增减额相比较计算。

2. 国际投资头寸表

国际投资头寸表是国际收支存量统计表，它反映的是一个时点上一个经济体对世界其他经济体的金融资产和负债。国际投资头寸表和国际收支平衡表主要存在两个方面的差别：第一，是存量和流量的差别。国际投资头寸表通常反映的是年末、季末或者月末时点上的交易存量，而国际收支平衡表反映的是年内、季内或者月内交易流量总和；第二，国际投资头寸表仅反映金融资产负债，而国际收支平衡表反映的是包括贸易在内的所有经济交易。国际投资头寸表的表式如表 14-15 所示。

表 14-15　国际投资头寸表

项　　目	差　　额	贷　　方	借　　方
一、经常项目			
二、资本和金融项目			
（一）在国外的直接投资			
1. 股本和再投资收益			
2. 其他投资			
（二）证券资本			
1. 股本证券			
2. 债务证券			
（三）其他投资			
1. 贸易信贷			
2. 贷款			
3. 货币和存款			
4. 其他资产			
（四）储备资产			
1. 货币黄金			
2. 特别提款权			
3. 在基金组织的储备头寸			
4. 外汇储备			
5. 其他债权			
三、负债			
（一）外商来华直接投资			
1. 股本和再投资收益			
2. 其他资本			
（二）证券资本			
1. 股本证券			
2. 债务证券			
（三）其他投资			
1. 贸易信贷			
2. 贷款			
3. 货币和存款			
4. 其他资产			

国际投资头寸表基本指标之间的关系如下：

$$期初头寸 + 交易变化 + 其他变化 = 期末头寸 \tag{14-68}$$

$$资产 = 在国外的直接投资 + 证券投资 + 其他投资 + 储备资产 \tag{14-69}$$

$$负债 = 外商来华直接投资 + 证券投资 + 其他投资净头寸 = 资产 - 负债 \tag{14-70}$$

本章小结

本章主要介绍与归纳了几种常用统计的内容与计算方式：价格统计整理及常用的几种价格指数介绍；人口统计与劳动资源统计；国民经济统计方法与相关内容等等。

价格调查是指运用科学的方法和程序，有目的、有计划、系统客观地收集、记录、整理与分析有关市场价格运动的历史、现状及其发展变化的活动过程。我国由于经济管理的原则不同，形成几种不同的价格形式，如牌价、浮动价、议价、市价等。零售商品价格调查是价格调查中工作量最大的一部分。除了零售价格调查外，工业品出厂价格、居民消费价格、农产品收购价格等调查也是具有重要的地位。各级物价统计部门按照统一规定建立台账，经常系统地搜集整理和积累各种价格资源，以作为计算平均价格、比价、差价和各个价格指数的依据。

人口统计是反映基本国情的一项重要统计，需在人口统计理论的指导下，研究人口的现状和发展过程，以系统提供人口数量和质量方面的资料，要研究之后的劳动力资源提供有力的依据，而劳动资源统计需要具有能参加社会劳动能力的人口总数作为铺垫，所以两者的关系相辅相成。劳动资源统计中，分析劳动力构成、变动和分配使用状况，以便合理开发和充分利用劳动力资源，为全面安排和使用劳动力提供重要保证。

国民经济统计也称国民经济核算，它是以国民经济整体为对象而进行的一种统计核算，可从数量角度研究国民经济运作的条件、过程、结果及内在联系。国民经济的生产指标主要有：国内总产出、国内生产总值、国内生产净值。国民经济的分配指标主要有：国民生产总值、国民净收入、国民可支配收入。这些国民经济核算反映了国民经济运行的状况，是制定和检验国家宏观经济政策的重要依据。

复习思考题

一、概念题

价格调查　居民消费价格指数　人口变动统计　劳动力资源变动统计　国民经济核算　国内生产总值核算

二、简答题

（1）什么是价格调查？价格调查的程序有哪些？

（2）什么是劳动力资源？影响劳动力资源数量的因素主要有哪些？

（3）简述国内生产总值的计算方法。

（4）差价和比价有何区别？

（5）简述国际收支平衡表与国际收支头寸表的项目内容的区别。

（6）什么是出生率？试写出它和一般生育率的关系式。

三、练习题

1. 判断题（把"√"或"×"填在题后的括号里）

（1）零售商品价格调查不属于价格调查中的一部分。　　　　　　　　　　（　　）

（2）地区差价是同一商品在不同时间、不同地区之间的价格差异。　　　　（　　）

（3）价格指数一般采用综合指数公式或平均数指数公式。　　　　　　　　（　　）

（4）因各种原因暂时外出、常住外地、或已搬迁但还未办理户口迁移手续者，不属于常住人口。

（　　）

（5）劳动力资源总数＝社会劳动者总数＋待业的劳动力。 （　　）

（6）国民经济核算是由国民收入演化而来的。 （　　）

（7）国内生产总值和国民生产总值的差别是国外净要素收入。 （　　）

（8）国民经济账户的来源方记录收入、资产变动和资产存量。 （　　）

2. 单选题

（1）以下不属于商品差价和差率的是（　　）。

　　A. 购销差价和差率　　　　　　　　B. 地区差价和差率

　　C. 同期差价和差率　　　　　　　　D. 批零差价与差率

（2）农产品单项比价公式是（　　）。

　　A. 农产品单项比价 $= \dfrac{交换品收购价格}{被交换品收购价格}$

　　B. 农产品单项比价 $= \dfrac{交换品价格指数}{被交换品价格指数}$

　　C. 农产品单项比价 $= \dfrac{被交换品价格指数}{交换品价格指数}$

　　D. 农产品单项比价 $= \dfrac{交换品收购价格}{被交换品收购指数}$

（3）销售价格综合指数表示（　　）。

　　A. 综合反映多种商品销售量变动程度

　　B. 综合反映多种商品销售额变动程度

　　C. 报告期销售的商品，其价格综合变动的程度

　　D. 基期销售的商品，其价格综合变动程度

（4）期末人口总数公式是（　　）。

　　A. 期初人口总数＋（期内出生人数－期内死亡人数）＋（期内迁入人数－期内迁出人数）

　　B. 期初人口总数＋（期内出生人数＋期内死亡人数）＋（期内迁入人数－期内迁出人数）

　　C. 期初人口总数＋（期内出生人数－期内死亡人数）＋（期内迁入人数＋期内迁出人数）

　　D. 期初人口总数＋（期内出生人数＋期内死亡人数）＋（期内迁入人数＋期内迁出人数）

（5）一定时期内退出社会劳动力资源的劳动力人数有（　　）。

　　A. 新成长的适龄劳动人口中可参加国民经济活动的劳动力人数

　　B. 刑事犯罪服刑人口数

　　C. 已丧失劳动能力的适龄人口中又恢复劳动能力的人口数

　　D. 期内新参加国民经济活动的不足龄人口数和超龄人口数

　　E. 提前退休但又已参加或要求参加社会劳动的人口

（6）常住单位指在一国（　　）上具有经济利益中心的经济单位。

　　A. 地理领土　　　　B. 领海　　　　　　C. 领空　　　　　　D. 经济领土

（7）产业部门分类是按照主产品同质性的原则对（　　）进行的部门分类。

　　A. 机构单位　　　　B. 产业活动单位　　C. 基层单位　　　　D. 基本单位

（8）用最终消费、资本形成总额和进出口直接计算国内生产总值的方法，叫作（　　）。

　　A. 吸收法　　　　　B. 生产法　　　　　C. 支出法　　　　　D. 间接法

3. 多选题

（1）商品比价包括（　　）。

341

A. 农产品比价　　　　B. 工业品比价　　　　C. 消费品比价　　　　D. 工农产品比价

（2）常见的几种价格指标（　　）。

A. 农产品收购价格指标　　　　　　　　B. 商品零售价格指标

C. 工业品出厂价格指标　　　　　　　　D. 居民消费价格指标

（3）通货膨胀的基本分类（　　）。

A. 爬行的通货膨胀（1%～3%）　　　　B. 温和的通货膨胀（3%～6%）

C. 严重的通货膨胀（6%～9%）　　　　D. 飞奔的通货膨胀（10%～70%）

（4）人口构成统计包括（　　）。

A. 人口性别构成　　　B. 人口机械变动构成　　　C. 平均人口数构成

D. 人口年龄构成　　　E. 人口文化程度构成

（5）下列属于劳动力资源统计分析的有（　　）。

A. 劳动力资源失业率　　　　　　　　　B. 劳动力资源待业率

C. 劳动力资源实际利用率　　　　　　　D. 劳动力资源就业率

E. 劳动力参与率

（6）国民经济核算中的基本概念包括（　　）。

A. 常住单位　　　B. 生产机构　　　C. 消费范围　　　D. 资产范围

E. 市场价格　　　F. 核算原则

（7）国内生产总值表的左方包括（　　）。

A. 生产法国内生产总值表　　　　　　　B. 收入法国内生产总值表

C. 支出法国内生产总值表　　　　　　　D. 统计误差

（8）国民经济基本核算表包括（　　）。

A. 国内生产总值表　　　B. 投入产出表　　　C. 附属表

D. 资金流量表　　　E. 资产负债表资金

4. 计算题

（1）某市肉蛋类商品调价前后的零售价格以及比重权数资料如表 14-16。试计算该市肉类商品零售价格指数。

表 14-16　某市肉蛋类商品零售价格与比重权数资料

商品名称	计量单位	平均零售价（元）		比重权数（%）
		基　期	报告期	
猪肉	kg	20	22	70
牛肉	kg	30	32	6
羊肉	kg	40	38	2
鸡肉	kg	32	30	10
猪肉	kg	35	33	12
合计	—	—	—	100

（2）某地区 2018 年农农产品的收购价格比 2015 年上涨了 45%，农村工业品零售价上涨了 85%，计算该地区的工农业商品综合比价指数。

（3）某城市人口资料如下，年初：现有人口数：250 000，其中临时寄住 6 000 人，常住人中临时外出人口 5 000 人；一年内人口变动：出生人数 3 500 人，死亡人数 2 500 人，迁来常住人数 4 100 人，常住人口迁往他市居住 2 000 人；年末：临时居住人口 2 700 人，常住人口中时外出人口 4 000 人。试计算年初、年末的现有人口数和常住人口数（全部出生和死亡假设都是常住人口）。

（4）2018年年底，某市有适龄劳动人口数300000人，其中参加社会劳动的250000人，待业人员15000，不足龄和超龄参加社会劳动的23000人，试计算：①劳动力资源参与率；②劳动力资源就业率；③劳动力资源待业率。

（5）现有某地区国民经济生产情况资料如下：

1）总产出与中间消耗情况如表14-17所示。

表14-17 某地区国民经济生产情况资料

部 门	总产出（亿元）	中间消耗率（%）
农业	12 719.0	36.8
工业	51 892.4	72.7
建筑业	7 274.4	72.2
运输业	2 527.0	22.3
商业	3 766.0	47.5
服务企业	3 749.2	27.4
政府服务业	3 752.0	27.0

2）收入分配情况如下（单元：亿元）：

劳动报酬	16 380
生产税净额	5 530
营业盈余	5 950
自产自用产品	3 500
所得税	840
折旧提取	2 269

3）产品使用或支出情况如下（单位：亿元）：

居民个人消费	17 220
政府消费	3 879
固定资本形成总额	10 360
库存增加	1 610
折旧更新	2 268
出口	6 580
进口	6 020

试分别运用生产法、收入法和支出法计算该地区生产总值。

第 15 章

统计综合分析与评价

引导案例

统计学家许宪春说,自 1990 年来,我国 GDP(国内生产总值)的构成发生了很大的变化。信息产业、金融服务业等成为国民经济发展的支柱性产业,进出口贸易总额比重得到了较大提高。许多十多年前偏小的产业,例如信息产业、机电工业、金融服务业等,今天已经成为国民经济发展的支柱性产业,对于经济总量的影响越来越大。许宪春说,进出口贸易总额占国内生产总值的比重得到了很大的提高。进出口贸易总额在世界上的排名上升前列。对外经济规模在国内生产总值中所占比重的迅速扩大,表明中国开放型经济正在逐步形成。国内生产总值的增长质量也得到了很大的提高。万元国内生产总值的能耗和固定废物排放量有了较大幅度的下降。人民收入水平、企业利润以及国家财政收入,也得到了大幅度的提高。国内生产总值内涵的变化,说明中国经济不但保持了较高速度的增长,而且增长的水平、质量和效益得到了较大的提高。

我们如何通过我国国内生产总值变化的数据对我国经济状况进行深入的分析,并了解造成这种变化的原因是什么呢?

在经过统计调查和统计资料的整理之后,我们取得了对社会经济现象的初步认识,但这种认识仅仅是基于事物表面现象的、感性的认识。对于为什么,或者说造成社会经济某种"状况"的原因是什么,则必须通过统计分析及进一步的评价才能解决。

本章学习目标

1. 掌握统计综合评价的一般程序和主要方法。
2. 熟悉统计比较的概念和统计比较的基本规则。
3. 了解统计综合分析的概念、作用、特点及其一般步骤。

15.1 统计综合分析的概念及其一般步骤

15.1.1 统计综合分析的概念

所谓统计综合分析,是指根据分析研究的目的,在科学的理论指导下,以客观统计资料为依据,结合具体实际情况,运用定性分析与定量分析相结合的方法,对社会经济现象总体进行系统的分析研究,阐明问题产生的原因,揭示事物之间的内在联系,从而认识事物的本质和发展规律的一种统计分析方法。在整个统计活动过程中,统计综合分析是一个重要阶段,是充分发挥统计职能的关键环节。

在经过统计调查，统计资料的整理之后，我们取得了对社会经济现象的初步认识，但这种认识仅仅是基于事物表面现象的、感性的认识，对于为什么，或者说造成社会经济某种"状况"的原因是什么，则必须通过统计分析才能回答。因此，统计分析过程，就是由感性认识上升到理性认识的过程，是由感觉事物的外部联系到认识事物本质的过程。

社会经济现象不是孤立存在的，而是相互联系、相互制约的。社会经济现象之间的外部联系是容易被我们感觉到的，但现象之间的内在联系则必须经过认真的分析研究才能认识到。例如，国民经济各部门间的速度、比例和效益之间的关系到底要达到什么样的规模比例，才能实现持续、高效的发展呢？这就需要我们在充分掌握历史资料数据的基础上，综合考察与分析国民经济发展所处的阶段、历史发展所处的阶段及历史发展的经验和趋势，才能得出正确的结论。从数量入手，分析研究各种社会经济现象之间的数量对比关系，从而发现并提出问题，提出建议是统计综合分析的最重要特点。统计综合分析的实质就是一种以统计资料为主要依据的定量分析。但是，统计综合分析并非单纯的数字罗列，而是将真实、客观的数据和具体实际情况相结合，将数量分析和质量分析相结合，探讨事物变化的原因，提出可行的对策。

统计综合分析的另一个特征是它的综合性，即在分析过程中综合运用多种分析方法。统计综合分析的对象不是个别的事物和个别的现象，而是某种社会经济现象的总体，是大量社会经济现象的综合特征。而一种分析方法往往只能反映问题的一个侧面，探讨现象的一种关系，无法满足统计综合分析认识问题的全貌、掌握现象运动的全过程的要求。因此，在统计综合分析中，不能只运用一种分析方法，而必须综合运用多种分析方法，以达到从多个方面对客观现象的全面理解。

15.1.2 统计综合分析的一般步骤

作为一种统计方法，统计综合分析根据分析任务以及所研究重点的不同，可以选取各种不同的形式。但无论何种形式的综合分析，其基本程序都是相同的。一般来说，统计综合分析有以下几个步骤：

（1）确定分析目的并选定分析题目。统计分析是一项针对性很强的工作。做好这项工作首先必须明确分析研究所要解决的问题是什么。只有明确了分析目的，统计综合分析各阶段的工作才能围绕着分析目的来进行，从而达到节时省力，提高分析质量的效果。

（2）拟定分析提纲。确定了分析目的、选定了分析题目之后，接着就要拟定分析提纲，设计课题研究的计划。分析提纲是整个分析工作行动过程的指导性规划，一般包括以下内容：① 分析研究的对象、内容；② 分析的目标、要求；③ 从哪些方面进行分析，列出分析思路的大纲和细目；④ 分析所需要的资料及其来源；⑤ 资料取得的方式和方法；⑥ 整个分析工作过程的实际步骤和分工。分析提纲确定以后，在实际分析研究中可以根据出现的新情况和新问题随时进行补充、修改。

（3）搜集、鉴别与整理资料。统计综合分析要以统计数据资料为基础，因此，课题选定之后，具体分析工作的第一步就是用各种方法调查并搜集足够丰富的、客观可靠的资料。统计资料的搜集，要围绕分析题目，按照分析提纲的要求来进行，并在搜集过程中注意将各种方法结合运用。资料是多方面的，包括日常积累的历史资料和专门搜集的新资料，本单位的资料及其与分析问题相关的外单位的资料，同行业国内外的先进水平的资料等。有时还需要在分析中进行一些补充性的调查。

各种资料由于来源渠道不同，在总体范围、指标口径和计算方法等方面都会有所差别，因此仅仅占有充分的资料还不够，还有必要对所获得的资料进行审查和鉴别。包括鉴别资料的真伪，审查资料的准确程度，特别是对通过抽样调查手段取得的资料；审核资料的代表性和代表的范围有多大；审核资料的可比性。尤其在进行动态分析对比或空间横向比较分析时，须特别注意资料的范围、口径、所用价格和计算方法是否一致，各自条件如何。如果存在不一致的地方，则应根据具体情况进行必要的调整、换算，方能进行对比，以免导致结论错误。

（4）进行分析并得出结论。统计综合分析过程就是依据经过审查、鉴别和整理加工后的资料，运用各种方法进行认真、仔细的思考和系统周密分析研究的过程。面对大量的资料，统计分析人员要认识它、理解它、分析它，从中发现问题，形成初步的意见或观点，并找出原因，做出判断，得出结论。在分析过程中，要利用统计所特有的分析方法，如分组法、指数法、时间序列分析法、平衡分析法、抽样推断分析法等。这些方法中既有描述方法，又有推算方法；既有静态分析，又有动态分析；既分析结构，又比较总量。因此，综合分析时应该根据问题的需要，运用这些方法来分析事物之间的联系，考察事物的发展变化，研究事物之间的依存因果关系，并在分析的基础上进行综合思考，提出解决问题的建议。

（5）根据分析结果提出统计分析报告。统计综合分析结果的主要形式是写成书面的分析报告。它是统计综合分析的最后程序，集中体现研究的最终成果。分析报告一般包括以下几部分内容：① 基本情况概述；② 分析发现的问题和主要成果；③ 问题产生的原因；④ 改进建议。撰写统计分析报告时，须注意紧扣主题，从分析现象总体的基本数量关系入手，结合有关情况和事实，进行科学的归纳、总结、推断和论证，做到有材料、有事例、有观点、有建议，中心突出，简明扼要；并注意逻辑层次清晰以及观点和材料之间的统一。

15.2　统计比较

15.2.1　统计比较的概念与意义

在进行综合分析时，通常使用统计比较的方法来研究事物之间的联系、结构和比重关系。这种逻辑思维的方法，也是统计分析研究中常用的有效方法。所谓统计比较，是将指标所反映的实际规模水平与有关标准进行比较对照，计算出数量上的差别和变化，并在此基础上做出评价与判断。

运用统计比较这一方法来认识社会经济现象，其意义在于：

第一，从总体数量关系差别及变化中认识事物。一个单独的指标数值只能说明总体的实际数量状况，无法从它们那里得到明确及深刻的认识。经过比较则可以帮助我们做出评价与判断，因为比较是和一定的标准、一定的参照物相互进行对比，在这种对比中，通过考察总体数量的差别及其变化，就可以得出若干结论性认识，并由此引出需要研究与回答的问题。

第二，通过比较进行监督检查。将某一社会经济现象总体当前的发展状况同原来的计划目标或有关政策规定的标准进行比较，看其是否符合要求，可以发挥统计比较在认识社会经济现象中的监督检查作用。

第三，通过比较促进管理。监督检查也有促进作用，但统计比较对管理的促进作用比监督更广泛。差异的出现往往是由于管理不严或管理制度有缺陷造成的，应用指标在各地区、各单位之间进行比较，在单位内部进行比较，能发现它们之间的差别，帮助改善与提高管理水平。

15.2.2　统计比较的种类

统计比较可以从不同的角度划分种类，通常分为静态比较和动态比较、相对比较和相差比较、单项比较和综合比较。

1. 静态比较和动态比较

统计比较按其比较的时间状况不同可分为静态比较和动态比较两类。静态比较也称为横向比较，是同一时间（时期或时点）条件下不同总体间的数量比较，如不同地区的比较、不同部门的比较、实际完成情况和计划目标或规定标准的比较等。动态比较也称为纵向比较，是同一指标不同时间上统计数值的比较，它反映所研究总体随历史发展发生的数量上的变化。依据统计分析的不同目的与需要，这两种统计比较方法既可以单独使用，也可以结合使用。数量比较的结果总称为比较指标，分别称为静态比较指标和动态比较指标。

2. 相对比较和相差比较

统计比较根据比较方式不同分为相对比较和相差比较。相对比较是将比较对象的指标数值和比较标准对比，比较的结果表现为相对数，如倍数、系数、百分数、成数等。相对比较也称为相除比较，比较结果表明静态差别的比率或动态变化的程度。相差比较是将比较对象和比较标准相减而进行的，相减结果表明两者相差的绝对量。因此，相对比较表现为相对指标，相差比较表现为绝对量指标。在实际比较工作中，通常将相对比较和相差比较两种方式结合起来使用，使人们对事物的认识更加全面和完整。

3. 单项比较和综合比较

统计比较按说明的对象范围不同可分为单项（局部）比较和综合比较两类。单项（局部）比较是指比较总体现象的某一方面、某一局部，依比较要求的不同，它可以是单独一项指标，也可以将反映某一方面、某一局部的若干指标联系起来进行分析研究。综合比较是指对整个总体或若干方面的全面评价与分析，通常称为综合评价。例如，对国与国之间综合国力的全面评价与比较，是一国社会经济发展情况的综合评价与分析，是微观方面的同类企业经济效益综合考察与评价，是某项产品质量的综合评价和比较等。

15.3　统计综合评价

15.3.1　统计综合评价的概念和作用

评价是对事物的评定、判别和估价。统计综合评价则是指利用社会经济现象总体的指标体系，结合各种定性材料，构建综合评价模型，通过数量的比较和计算，求得综合评价值，对被评对象做出明确的评定和排序的一种统计分析方法。综合评价的结果表现为排出名次顺序，分出等级并做出判断的结论。

由于社会经济现象的总体是由多因素构成并相互影响的复杂系统，而一个指标往往只能反映总体某一方面的状况，不可能全面概括总体的综合特征，因而其无法满足人们从整体上综合认识社会经济现象的要求，这就是单个指标的局限性。为此，就必须建立一套科学、合理的指标体系，以保证对社会经济总体状况认识的全面性和客观性。

但是指标体系是从若干不同方面对统计总体的数量特征进行反映的，不同的指标在不同单位、地区和各经济活动主体之间，其数值大小、高低各不相同，互有长短，这就需要对这些有差异的指标进行综合评价，做出总体优劣的判断。

进行统计综合评价，其主要作用在于以下两点：

第一，对所分析的现象总体有一个综合认识。从本质上讲，综合评价是一种多指标综合的方法，即通过将事物不同方面的评价值综合在一起，获得对事物整体性的认识。例如，经常进行的企业经济效益综合评价，就是将劳动消耗的效益、资金占用的效益、投资效益、新产品开发效益和产品质量效益等从各个方面反映企业效益状况的指标，利用某种综合评价方法进行合成，最终获得企业经济效益状况的总体认识。

第二，对不同地区或单位之间的综合评价结果进行比较和排序。对社会经济现象总体，人们不仅要对其本身的状况与水平有一个全面综合的认识，还要了解它在同类总体中的层次位置，即对其质量有一个序列认识，用以比较各评价主体的差异状况，分析差距水平。例如，同行业企业的经济效益排名、国与国之间综合国力的比较与排序等都必须借助于统计综合评价。

15.3.2 统计综合评价的一般步骤

统计综合评价有各种各样不同的评价方法，它们的基本步骤与过程大致相同。具体包括以下几点：

(1) 明确评价的目标。在实际工作中，综合评价总是针对某个或若干个专题统计分析开展的，都是要达到一个特定的目的或目标。并且，统计综合评价的目标决定了综合评价的指标体系和具体方法。因此，对某一事物进行综合评价，首先要明确为什么要综合评价，评价事物的哪一方面，评价的精确度要求如何以及评价要说明什么问题，等等。

(2) 选择并确定评价指标体系。在明确综合评价目标之后，就要对分析目标进行因素分析，找出影响总体评价目标的各方面因素，建立一套能够从不同的角度、不同的侧面反映评价对象的指标体系。这是关系到综合评价是否客观、准确的关键问题。

(3) 选择恰当的综合评价方法。统计综合评价有各种各样的评价分析方法，它们都有各自的特点和运用领域。进行综合评价时，方法的选择非常重要。综合评价方法的主要作用是使不能同度量的指标同度量化，以及将各指标评价值合成为总评价值。

(4) 确定评价指标的权重系数。虽然每个所选的评价指标都反映总体某一方面的特征。但各指标在总目标评价中的重要程度存在差别，因此需要根据各指标的重要性程度，赋予不同的权重系数。某项指标在反映总体特征中的重要程度越高，要求分配的权数越大，反之则越小。但是各指标的权重系数总和必须等于 1。

(5) 选择合适的评价标准。评价标准选择得合适，可以客观地对分析对象的状况做出评价；选择得不恰当，则得不到合理的评价结果，甚至会得到错误的结论，达不到综合评价的目标。因此，确定科学、客观的评价标准是进行综合评价的一项重要步骤。通常，综合评价标准有时间评价标准、空间评价标准、历史评价标准、定额（计划）评价标准和经验评价标准等，可以根据具体的评价目标和方法进行选择。

（6）将各指标的评价值合成为总评价值。与所选定的评价标准进行对比分析，判定优劣，以便找出薄弱环节，发现问题，并提出对策与建议。

15.3.3　综合评价的常用方法

目前常用的综合评价的统计方法主要有以下几种：

1. 关键指标法

关键指标法是指选用一重要指标为代表对被评对象或某个领域做出全面评价。它的特点是具有综合性或关键性。其好处是简单明了，重点突出。它的主要缺点是有一定的局限性，使用不当会产生认识上的片面性，从而产生副作用。例如，我国曾经以工业总产值发展速度来判断经济运行情况和成绩，从而发生单纯追求产值、攀比速度，而忽视经济效益和比例关系的问题。作为一种简单明了的综合评价方法，关键指标法在一定条件下还是可以使用的。

2. 综合评分法

这是一种常用的综合评价方法。首先根据评价的目的和评价对象的特点选择若干指标组成评价指标体系，并确定各项指标的评分标准和计分方法；然后根据各项指标的实际数值按评分标准打分，将所有指标的分值相加得出总分，再与评价标准进行比较，做出全面评价，以确定优劣，排出名次顺序或分出等级。

综合评分法的关键是评价标准和计分方法的确定。常用的计分方法有：

（1）名次计分法。也就是先根据各评价指标的优劣排出被评对象的名次，名次在前得高分，名次在后得低分，然后相加同一总体各指标的得分以排定顺序。

（2）百分法。也就是以 100 分为标准总分，然后分别规定各个指标占多少分；可以等分，如 20 项指标每项占 5 分；也可以不等分，这就相当于加权。同时规定计分标准，每项指标达到什么水平可以得多少分，再根据实际值按规定标准分别计分，将各项指标得分加总就得到总评价值，将总评价值与评价标准进行比较对照便可确定优劣，排出名次顺序。

例如，某电视机厂用问卷调查形式请消费者对该厂生产的电视机质量进行评价，所用方法为百分法（分为 100 分、80 分、60 分、40 分和 20 分五个层次），回收有效问卷 1 000 份，假设所选评价指标和评分结果的分组资料如表 15-1 所示。

表 15-1　消费者对电视机质量评分结果分组资料

评价指标	得票数					平均得分（分）
	100 分	80 分	60 分	40 分	20 分	
清晰度	500	200	200	50	50	81
耗电量	400	250	200	100	50	77
抗震能力	100	500	200	100	100	68

首先，分别就每项评价指标计算 1 000 份有效答卷的平均得分，如清晰度的平均得分为

$$(500 \times 100 + 200 \times 80 + 200 \times 60 + 50 \times 40 + 50 \times 20) 分 \div 1\,000 = 81 分$$

然后，计算该厂电视机的综合得分。假定清晰度、耗电量及抗震能力的权数分别为 0.40、0.40 和 0.20，则该厂电视机质量的综合平均得分为

$$81 \text{ 分} \times 0.4 + 77 \text{ 分} \times 0.4 + 68 \text{ 分} \times 0.2 = 76.8 \text{ 分}$$

利用所得结果，就可以做进一步的分析评价与比较了。

综合评分法简单易行，容易掌握和运用，是社会经济实践中经常使用的综合评价方法。但所得结果显得比较粗糙，主观因素影响较大。

（3）功效系数法。功效系数是指各评价指标的实际值占该指标允许变动范围的相对位置。功效系数法则是在进行综合评价时，先运用功效系数对各指标进行无量纲同度量化转换，然后再采用算术平均法或几何平均法，对各项功效系数求总功效系数，作为总体的综合评价值，并加以比较判断。具体做法如下：

1）确定反映总体特征的各项评价指标 x_i（$i = 1, 2, \cdots, n$）。

2）确定各项评价指标的满意值（x_i^h）和不允许值（x_i^s）。满意值是指在当前条件下可能达到的最优值，不允许值为该指标不应出现的最低值。满意值与不允许值之差就作为允许变动范围的参照系。

3）计算各项评价指标的功效系数，对指标进行无量纲同度量化处理。一般计算公式为

$$d_i = \frac{x_i - x_i^s}{x_i^h - x_i^s} \tag{15-1}$$

4）根据各指标的重要程度，确定各项评价指标的权数 P_i。

5）计算被评价总体的总功效系数 D。可以用加权算术平均法计算，也可以用几何平均法计算。然后根据 D 值大小排列其优劣顺序。

本章小结

统计综合分析是指根据分析研究的目的，在科学的理论指导下，以客观统计资料为依据，结合具体实际情况，运用定性分析与定量分析相结合的方法，对社会经济现象总体进行系统的分析研究，阐明问题产生的原因，揭示事物之间的内在联系，从而认识事物的本质和发展规律的一种统计分析方法。统计综合分析的一般步骤包括：① 确定分析目的并选定分析题目；② 拟定分析提纲；③ 搜集、鉴别与整理资料；④ 进行分析并得出结论；⑤ 根据分析结果提出统计分析报告。

统计比较是将指标所反映的实际规模水平与有关标准进行比较对照，计算出数量上的差别和变化，并在此基础上做出评价与判断。其意义在于可以从总体数量关系差别和变化中认识事物，也可以通过比较进行监督检查及促进管理。

通过统计综合评价，可以对所分析的现象总体有一个综合认识，还可以对不同地区或单位之间的综合评价结果进行比较和排序。统计综合评价的一般步骤主要包括：① 明确评价的目标；② 选择并确定评价指标体系；③ 选择恰当的综合评价方法；④ 确定评价指标的权重系数；⑤ 选择合适的评价标准；⑥ 将各指标的评价值合成为总评价值。综合评价的常用方法包括关键指标法、综合评分法、功效系数法等。

复习思考题

一、概念题
统计综合分析　统计比较　统计综合评价

二、简答题
(1) 什么是统计综合分析？
(2) 统计综合分析的一般步骤是怎样的？
(3) 常见的综合评价方法有哪些？各有什么特点？

三、练习题

1. 判断题（把"√"或"×"填在题后的括号里）
(1) 统计综合分析的实质就是一种以统计资料为主要依据的定量分析。　　　（　　）
(2) 统计综合分析的综合性是指在分析过程中运用大量的综合指标。　　　（　　）
(3) 静态比较是指同一时间（时期或时点）条件下不同总体间的数量比较。　（　　）

2. 单选题
(1) 统计综合分析的特征之一综合性是指（　　）。
　　A. 在分析过程中运用各种综合指标
　　B. 在分析过程中运用多种分析方法
　　C. 在分析过程中综合总体的数量特征
　　D. 在分析过程中对总体各指标进行综合处理
(2) 比较结果表明静态差别的比率或动态变化的程度的统计比较方法称为（　　）。
　　A. 静态比较　　　　B. 动态比较　　C. 相对比较　　D. 相差比较

3. 多选题
(1) 根据比较的时间状态不同统计比较分为（　　）。
　　A. 静态比较　　　　　　B. 相对比较　　C. 动态比较　　D. 相差比较
(2) 常用的综合评分法包括（　　）。
　　A. 名次计分法　　　　　B. 百分法　　　C. 功效系数法　　D. 指数平滑法

4. 计算题
(1) 某校根据制定的教师教学质量评价体系，请100名学生对某教师评分（百分法），所得结果的分级资料如表15-2所示。

表15-2　某校对某教师的评分结果

评价指标	得 票 数					权数（%）
	100分	80分	60分	40分	20分	
教学态度	50	10	20	20	0	0.2
教学内容	45	25	10	15	5	0.25
教学方法	30	30	15	10	15	0.25
学生能力培养	35	20	25	10	10	0.3

要求：计算该教师的综合平均得分。

(2) 某企业某年有关经济效益统计资料如表15-3所示。

表 15-3　某企业某年有关经济效益统计资料

项　目	单　位	该企业实际值	同行业最低水平	同行业平均水平	同行业最高水平	权数（%）
产品销售率	（%）	95.2	82.3	94.3	98.7	15
资金盈利率	（%）	18.3	13.2	19.2	24.8	35
成本利润率	（%）	32.6	23.1	30.4	30.4	25
资金周转次数	次	8.4	5.7	8.8	8.8	10
劳动生产率	万元/人	7.3	4.8	7.2	7.2	15

要求：根据表 15-2 所示资料，采用功效系数法对该企业的经济效益进行综合评价分析。

附　录

附表 A　随机数表

1	67	11	09	48	96	29	94	59	84	41	68	38	04	13	86	91	02	19	85	28
2	67	41	90	15	23	62	54	49	02	06	93	25	55	49	06	96	52	31	40	59
3	78	26	74	41	76	43	35	32	07	59	86	92	06	45	95	25	10	94	20	44
4	32	19	10	39	41	50	09	16	16	28	87	51	38	88	43	13	77	46	77	53
5	45	72	14	75	08	16	48	99	17	64	62	80	58	20	57	37	16	94	72	62
6	74	93	17	80	38	45	17	17	73	11	99	43	52	38	78	21	82	03	78	27
7	54	32	82	40	74	47	94	66	61	71	48	87	17	45	15	07	43	24	82	16
8	34	18	43	76	96	49	86	55	22	20	68	08	74	28	25	29	29	27	18	33
9	04	70	61	78	89	70	52	36	26	04	13	70	60	50	24	72	84	57	00	49
10	38	69	83	65	75	38	85	58	51	23	22	91	13	54	24	25	58	20	02	83
11	05	89	66	75	80	83	75	71	64	62	17	55	03	30	03	86	34	96	35	93
12	97	11	78	69	79	79	06	98	73	35	29	06	91	56	12	23	06	04	69	67
13	23	04	34	39	70	34	62	30	91	00	09	56	42	03	55	48	78	18	24	02
14	32	88	65	68	80	00	66	49	22	70	90	18	88	22	10	49	46	51	46	12
15	67	33	08	69	09	12	32	93	06	22	97	71	78	47	21	29	70	29	73	60
16	81	87	77	79	39	86	85	90	84	17	83	19	21	21	49	16	05	71	21	60
17	77	53	75	79	16	52	57	36	76	20	59	46	50	05	65	07	47	06	64	27
18	57	89	89	98	26	10	16	44	68	89	71	33	78	48	44	89	27	04	09	74
19	25	67	87	71	50	46	84	98	62	41	85	51	29	07	12	35	97	77	01	81
20	50	51	45	14	61	58	79	12	88	21	09	02	60	91	20	80	18	67	36	15
21	30	88	39	88	37	27	98	23	00	56	46	67	14	88	18	19	97	78	47	20
22	60	49	39	16	59	20	04	44	52	40	23	22	51	96	84	22	14	97	48	80
23	36	46	19	52	10	42	83	86	78	87	30	00	39	04	30	38	06	92	41	51
24	45	71	08	61	71	33	00	87	82	21	35	63	46	07	03	56	48	94	36	04
25	69	63	12	03	07	91	34	05	04	22	51	94	90	91	10	22	41	50	50	56
26	41	82	06	87	49	22	16	24	06	16	20	02	31	13	03	92	86	49	69	69
27	09	85	92	32	12	06	34	60	72	04	08	76	61	95	04	84	93	00	84	05
28	57	71	05	35	47	59	65	38	38	41	57	91	61	96	87	63	24	45	17	72

（续）

29	82	06	47	67	53	22	36	49	68	86	87	04	18	80	68	96	57	53	88	83
30	17	95	30	06	64	99	33	80	27	84	65	47	78	11	01	86	61	05	05	28
31	70	55	98	92	19	44	85	86	65	73	69	73	75	41	78	51	05	57	36	33
32	97	93	30	87	84	49	28	29	77	84	31	09	35	59	41	39	71	46	53	57
33	31	55	49	69	17	12	22	20	41	50	45	36	52	13	46	20	70	52	30	57
34	30	92	80	82	37	16	01	46	81	22	48	80	55	77	99	11	30	14	65	29
35	98	05	49	50	04	94	71	31	12	49	85	82	82	67	17	38	22	86	15	93
36	00	86	28	06	39	03	29	04	84	41	20	34	01	97	53	50	90	12	94	67
37	74	76	84	09	68	33	73	25	97	71	65	34	72	55	62	50	50	59	01	93
38	63	84	36	95	80	28	36	19	26	50	72	55	80	54	55	68	58	94	96	50
39	48	12	30	00	88	05	86	29	37	09	18	85	07	95	37	06	78	96	82	89
40	20	60	42	30	95	71	77	03	14	88	81	15	91	58	38	07	15	17	37	15
41	13	21	96	10	43	46	00	95	62	09	45	43	87	60	08	00	12	35	35	06
42	12	84	54	72	32	75	88	47	75	20	21	27	73	48	33	69	10	13	77	36
43	57	38	76	05	12	35	29	61	10	48	02	65	25	40	61	54	13	54	59	37
44	25	18	75	82	11	89	13	90	53	66	56	26	38	39	04	79	76	22	82	53
45	10	88	94	70	76	54	45	07	71	24	53	48	10	01	51	99	93	52	12	68
46	78	44	49	86	29	82	12	44	11	54	32	54	68	28	52	27	75	44	22	50
47	99	33	67	75	56	16	90	53	40	48	15	12	01	10	79	58	73	53	35	90
48	38	51	64	06	53	30	50	06	84	55	91	70	48	46	52	37	46	83	58	78
49	45	96	10	96	24	02	17	29	31	14	10	86	37	20	92	79	72	32	84	57
50	75	40	42	25	66	34	22	05	61	93	56	61	62	02	55	31	56	20	99	07
51	44	34	50	25	64	98	77	00	43	82	56	81	92	95	38	82	70	01	39	72
52	37	20	32	93	09	52	68	41	07	06	57	67	92	47	73	43	27	00	10	46
53	59	95	93	91	01	41	30	86	55	84	98	50	51	63	45	43	12	37	17	27
54	94	04	52	59	11	73	70	56	97		85	58	25	28	05	94	53	22	40	67
55	63	51	33	08	85	47	17	83	06	64	88	17	88	47	12	25	60	03	42	65
56	36	34	31	20	29	64	09	10	43	42	07	09	01	63	70	14	43	84	33	40
57	09	92	63	10	33	91	02	01	83	43	80	55	70	41	47	35	55	44	64	59
58	28	02	42	96	81	30	91	36	68	33	82	15	64	34	22	04	53	40	60	62
59	79	71	66	94	03	40	26	94	55	80	68	64	71	89	29	59	40	59	20	91
60	68	95	13	68	61	68	13	12	71	95	67	57	52	34	34	89	38	91	84	62
61	58	17	80	37	20	22	39	70	13	39	40	97	24	62	13	67	15	02	02	77
62	37	40	55	69	70	64	41	89	55	25	92	31	76	49	63	85	66	14	09	95
63	28	44	48	78	89	31	73	29	50	70	37	28	79	90	69	46	18	78	33	39
64	73	87	07	23	79	29	91	98	00	80	92	17	01	30	26	68	00	83	04	67
65	01	31	76	04	71	41	30	01	59	14	45	52	05	25	00	75	25	59	25	86
66	02	37	91	15	81	96	91	49	47	80	85	31	27	48	30	81	69	66	45	38

67	75	89	09	37	98	27	71	78	43	92	90	24	68	78	00	16	08	43	80	96
68	30	69	59	11	86	28	89	13	08	08	78	14	90	52	84	18	94	98	45	75
69	51	21	78	40	48	85	82	09	65	58	75	92	87	15	25	37	89	55	35	89
70	21	20	96	73	07	73	10	46	61	14	58	89	80	16	82	12	94	31	70	07
71	02	47	24	60	70	97	41	96	61	60	30	67	37	89	40	03	00	94	70	95
72	95	25	35	42	41	25	34	74	60	36	80	24	35	39	38	00	22	86	98	85
73	98	85	01	42	72	94	81	74	11	66	50	01	19	97	49	18	01	04	91	88
74	02	25	46	36	85	82	55	23	49	62	73	69	66	58	47	58	30	76	02	15
75	69	25	29	29	91	93	31	65	43	92	58	07	25	64	11	54	65	69	55	16
76	43	51	01	71	74	66	61	32	20	08	37	55	43	16	41	01	71	11	44	88
77	29	30	05	54	29	50	54	87	35	45	69	69	94	67	89	66	25	38	13	36
78	88	11	54	97	33	76	53	86	04	11	89	27	09	43	29	68	96	11	35	44
79	92	31	68	87	08	91	20	81	02	67	67	79	20	65	33	16	09	38	27	76
80	52	20	37	47	96	98	53	49	23	16	60	88	42	67	46	52	80	29	63	41
81	63	68	81	12	65	75	77	46	01	77	95	85	25	74	82	19	68	58	77	93
82	09	81	14	75	10	96	99	15	70	03	27	87	54	98	82	82	86	97	42	37
83	32	07	65	74	58	46	20	14	11	66	23	50	94	03	57	60	14	86	96	68
84	04	63	48	98	66	52	21	59	05	61	08	22	10	19	97	17	37	51	39	54
85	90	67	52	22	52	08	51	60	01	06	78	01	80	38	30	61	75	32	66	60
86	89	70	79	73	60	28	74	41	55	89	33	34	34	54	07	82	71	03	62	76
87	46	25	32	28	38	05	50	46	69	77	58	52	33	69	35	58	01	67	12	23
88	14	43	01	84	47	35	32	59	90	29	59	26	85	23	10	25	64	15	00	15
89	65	05	31	62	40	57	40	22	44	63	46	69	27	78	11	09	92	21	74	41
90	62	97	72	57	04	93	34	35	93	07	65	71	71	59	58	95	85	64	32	44
91	00	33	26	81	26	44	20	62	66	76	78	19	59	72	83	31	11	16	35	63
92	49	11	59	58	02	78	37	49	68	94	34	54	71	70	43	67	02	80	76	81
93	99	52	66	19	26	77	18	44	65	73	64	53	82	34	41	24	91	05	89	87
94	68	41	27	52	08	82	25	80	19	55	55	88	62	25	25	28	97	40	16	13
95	27	85	13	74	19	88	99	02	23	56	17	24	39	27	71	01	27	32	01	20
96	63	73	88	02	45	78	51	38	06	90	14	95	29	65	07	53	03	80	28	92
97	46	18	83	17	24	16	15	29	73	10	42	54	47	08	76	79	32	38	73	94
98	48	31	02	47	67	53	54	23	98	83	61	26	69	52	41	20	05	31	68	70
99	22	90	24	75	75	39	70	50	88	22	61	91	73	34	66	15	98	59	23	12
100	57	78	79	46	23	82	16	50	08	13	67	00	90	82	06	04	92	31	95	91

　　例如，要从 1 000 块多孔板中，随机抽取 15 块多孔板，组成 $n=15$ 的一个样本，步骤如下：

　　第一步：将 1 000 块多孔板编号，编号的次数与方法不受任何限制，每一块板对应着一个编号，一般是 000 ~ 999 号。

第二步：在随机数表中任意指定一点，假定指定第 31 行、第 5 列交叉指定为起点，往右连续取三个数，取随机数表第一页的随机数字为

194 485 866 573 697　　375 417 851 055 736　　339 793 308 784 492

按照上面 15 个编号取得的多孔板，就是随机抽样的样本。

应该注意，在利用随机数表时，可以任意指定随机数表中任意一页。在该页上任意选一个起点，并可以从左向右，或从右向左，从上而下，或从下而上的随机取数。

附表 B　标准正态分布表

$$\Phi(x) = \int_{-\infty}^{x} \frac{1}{\sqrt{2\pi}} e^{-\frac{t^2}{2}} dt = P\{X \le x\},$$

$$\Phi(-x) = 1 - \Phi(x)$$

x	0	0.01	0.02	0.03	0.04	0.05	0.06	0.07	0.08	0.09
0	0.500 0	0.504 0	0.508 0	0.512 0	0.516 0	0.519 9	0.523 9	0.527 9	0.531 9	0.535 9
0.1	0.539 8	0.543 8	0.547 8	0.551 7	0.555 7	0.559 6	0.563 6	0.567 5	0.571 4	0.575 3
0.2	0.579 3	0.583 2	0.587 1	0.591 0	0.594 8	0.598 7	0.602 6	0.606 4	0.610 3	0.614 1
0.3	0.617 9	0.621 7	0.625 5	0.629 3	0.633 1	0.636 8	0.640 4	0.644 3	0.648 0	0.651 7
0.4	0.655 4	0.659 1	0.662 8	0.666 4	0.670 0	0.673 6	0.677 2	0.680 8	0.684 4	0.687 9
0.5	0.691 5	0.695 0	0.698 5	0.701 9	0.705 4	0.708 8	0.712 3	0.715 7	0.719 0	0.722 4
0.6	0.725 7	0.729 1	0.732 4	0.735 7	0.738 9	0.742 2	0.745 4	0.748 6	0.751 7	0.754 9
0.7	0.758 0	0.761 1	0.764 2	0.767 3	0.770 3	0.773 4	0.776 4	0.779 4	0.782 3	0.785 2
0.8	0.788 1	0.791 0	0.793 9	0.796 7	0.799 5	0.802 3	0.805 1	0.807 8	0.810 6	0.813 3
0.9	0.815 9	0.818 6	0.821 2	0.823 8	0.826 4	0.828 9	0.835 5	0.834 0	0.836 5	0.838 9
1	0.841 3	0.843 8	0.846 1	0.848 5	0.850 8	0.853 1	0.855 4	0.857 7	0.859 9	0.862 1
1.1	0.864 3	0.866 5	0.868 6	0.870 8	0.872 9	0.874 9	0.877 0	0.879 0	0.881 0	0.883 0
1.2	0.884 9	0.886 9	0.888 8	0.890 7	0.892 5	0.894 4	0.896 2	0.898 0	0.899 7	0.901 5
1.3	0.903 2	0.904 9	0.906 6	0.908 2	0.909 9	0.911 5	0.913 1	0.914 7	0.916 2	0.917 7
1.4	0.919 2	0.920 7	0.922 2	0.923 6	0.925 1	0.926 5	0.927 9	0.929 2	0.930 6	0.931 9
1.5	0.933 2	0.934 5	0.935 7	0.937 0	0.938 2	0.939 4	0.940 6	0.941 8	0.943 0	0.944 1
1.6	0.945 2	0.946 3	0.947 4	0.948 4	0.949 5	0.950 5	0.951 5	0.952 5	0.953 5	0.953 5
1.7	0.955 4	0.956 4	0.957 3	0.958 2	0.959 1	0.959 9	0.960 8	0.961 6	0.962 5	0.963 3
1.8	0.964 1	0.964 8	0.965 6	0.966 4	0.967 2	0.967 8	0.968 6	0.969 3	0.970 0	0.970 6
1.9	0.971 3	0.971 9	0.972 6	0.973 2	0.973 8	0.974 4	0.975 0	0.975 6	0.976 2	0.976 7
2	0.977 2	0.977 8	0.978 3	0.978 8	0.979 3	0.979 8	0.980 3	0.980 8	0.981 2	0.981 7
2.1	0.982 1	0.982 6	0.983 0	0.983 4	0.983 8	0.984 2	0.984 6	0.985 0	0.985 4	0.985 7
2.2	0.986 1	0.986 4	0.986 8	0.987 1	0.987 4	0.987 8	0.988 1	0.988 4	0.988 7	0.989 0
2.3	0.989 3	0.989 6	0.989 8	0.990 1	0.990 4	0.990 6	0.990 9	0.991 1	0.991 3	0.991 6
2.4	0.991 8	0.992 0	0.992 2	0.992 5	0.992 7	0.992 9	0.993 1	0.993 2	0.993 4	0.993 6
2.5	0.993 8	0.994 0	0.994 1	0.994 3	0.994 5	0.994 6	0.994 8	0.994 9	0.995 1	0.995 2
2.6	0.995 3	0.995 5	0.995 6	0.995 7	0.995 9	0.996 0	0.996 1	0.996 2	0.996 3	0.996 4

（续）

x	0	0.01	0.02	0.03	0.04	0.05	0.06	0.07	0.08	0.09
2.7	0.996 5	0.996 6	0.996 7	0.996 8	0.996 9	0.997 0	0.997 1	0.997 2	0.997 3	0.997 4
2.8	0.997 4	0.997 5	0.997 6	0.997 7	0.997 7	0.997 8	0.997 9	0.997 9	0.998 0	0.998 1
2.9	0.998 1	0.998 2	0.998 2	0.998 3	0.998 4	0.998 4	0.998 5	0.998 5	0.998 6	0.998 6
3.0	0.998 7	0.998 7	0.998 7	0.998 8	0.998 8	0.998 9	0.998 9	0.998 9	0.999 0	0.999 0

附表 C　概率表

t	$F(t)$	t	$F(t)$	t	$F(t)$	t	$F(t)$
0.00	0.000 0	0.32	0.251 0	0.64	0.477 8	0.96	0.662 9
0.01	0.008 0	0.33	0.258 6	0.65	0.484 3	0.97	0.668 0
0.02	0.016 0	0.34	0.266 1	0.66	0.490 7	0.98	0.672 9
0.03	0.023 9	0.35	0.273 7	0.67	0.497 1	0.99	0.677 8
0.04	0.031 9	0.36	0.281 2	0.68	0.503 5	1.00	0.682 7
0.05	0.039 9	0.37	0.288 6	0.69	0.509 8	1.01	0.687 5
0.06	0.047 8	0.38	0.296 1	0.70	0.516 1	1.02	0.692 3
0.07	0.055 8	0.39	0.303 5	0.71	0.522 3	1.03	0.697 0
0.08	0.063 8	0.40	0.310 8	0.72	0.528 5	1.04	0.701 7
0.09	0.071 7	0.41	0.318 2	0.73	0.534 6	1.05	0.706 3
0.10	0.079 7	0.42	0.325 5	0.74	0.540 7	1.06	0.710 9
0.11	0.087 6	0.43	0.332 8	0.75	0.546 7	1.07	0.715 4
0.12	0.095 5	0.44	0.340 1	0.76	0.552 7	1.08	0.719 9
0.13	0.103 4	0.45	0.347 3	0.77	0.558 7	1.09	0.724 3
0.14	0.111 8	0.46	0.354 5	0.78	0.564 6	1.10	0.728 7
0.15	0.119 2	0.47	0.361 6	0.79	0.570 5	1.11	0.733 0
0.16	0.127 1	0.48	0.368 8	0.80	0.576 3	1.12	0.737 3
0.17	0.135 0	0.49	0.375 9	0.81	0.582 1	1.13	0.741 5
0.18	0.142 8	0.50	0.382 9	0.82	0.587 8	1.14	0.745 7
0.19	0.150 7	0.51	0.389 9	0.83	0.593 5	1.15	0.749 9
0.20	0.158 5	0.52	0.396 9	0.84	0.599 1	1.16	0.754 0
0.21	0.166 3	0.53	0.403 9	0.85	0.604 7	1.17	0.758 0
0.22	0.174 1	0.54	0.410 8	0.86	0.610 2	1.18	0.762 0
0.23	0.181 9	0.55	0.417 7	0.87	0.615 7	1.19	0.766 0
0.24	0.189 7	0.56	0.421 5	0.88	0.621 1	1.20	0.769 9
0.25	0.197 4	0.57	0.431 3	0.89	0.626 5	1.21	0.773 7
0.26	0.205 1	0.58	0.438 1	0.90	0.631 9	1.22	0.777 5
0.27	0.212 8	0.59	0.444 8	0.91	0.637 2	1.23	0.781 3
0.28	0.220 5	0.60	0.451 5	0.92	0.642 4	1.24	0.785 0
0.29	0.228 2	0.61	0.458 1	0.93	0.647 6	1.25	0.788 7
0.30	0.235 8	0.62	0.464 7	0.94	0.652 8	1.26	0.792 3
0.31	0.233 4	0.63	0.471 3	0.95	0.657 9	1.27	0.795 9

附表 D　t 分布表

$$P\{t(n) > t_\alpha(n)\} = \alpha$$

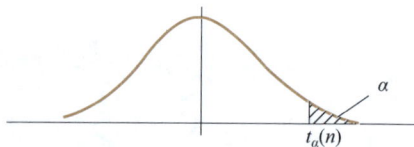

α n	0.20	0.15	0.10	0.05	0.025	0.01	0.005
1	1.376	1.963	3.077 7	6.313 8	12.706 2	31.820 7	63.657 4
2	1.061	1.386	1.885 6	2.920 0	4.302 7	6.964 6	9.924 8
3	0.978	1.250	1.637 7	2.353 4	3.182 4	4.540 7	5.840 9
4	0.941	1.190	1.533 2	2.131 8	2.776 4	3.746 9	4.604 1
5	0.920	1.156	1.475 9	2.015 0	2.570 6	3.364 9	4.032 2
6	0.906	1.134	1.439 8	1.943 2	2.446 9	3.142 7	3.707 4
7	0.896	1.119	1.414 9	1.894 6	2.364 6	2.998 0	3.499 5
8	0.889	1.108	1.396 8	1.859 5	2.306 0	2.896 5	3.355 4
9	0.883	1.100	1.383 0	1.833 1	2.262 2	2.821 4	3.249 8
10	0.879	1.093	1.372 2	1.812 5	2.228 1	2.763 8	3.169 3
11	0.876	1.088	1.363 4	1.795 9	2.201 0	2.718 1	3.105 8
12	0.873	1.083	1.356 2	1.782 3	2.178 8	2.681 0	3.054 5
13	0.870	1.079	1.350 2	1.770 9	2.160 4	2.650 3	3.012 3
14	0.868	1.076	1.345 0	1.761 3	2.144 8	2.624 5	2.976 8
15	0.866	1.074	1.340 6	1.753 1	2.131 5	2.602 5	2.946 7
16	0.865	1.071	1.336 8	1.745 9	2.119 9	2.583 5	2.920 8
17	0.863	1.069	1.333 4	1.739 6	2.109 8	2.566 9	2.898 2
18	0.862	1.067	1.330 4	1.734 1	2.100 9	2.552 4	2.878 4
19	0.861	1.066	1.327 7	1.729 1	2.093 0	2.539 5	2.860 9
20	0.860	1.064	1.325 3	1.724 7	2.086 0	2.528 0	2.845 3
21	0.859	1.063	1.323 2	1.720 7	2.079 6	2.517 7	2.831 4
22	0.858	1.061	1.321 2	1.717 1	2.073 9	2.508 3	2.818 8
23	0.858	1.060	1.319 5	1.713 9	2.068 7	2.499 9	2.807 3
24	0.857	1.059	1.317 8	1.710 9	2.063 9	2.492 2	2.796 9
25	0.856	1.058	1.316 3	1.708 1	2.059 5	2.485 1	2.787 4
26	0.856	1.058	1.315 0	1.705 6	2.055 5	2.478 6	2.778 7
27	0.855	1.057	1.313 7	1.703 3	2.051 8	2.472 7	2.770 7
28	0.855	1.056	1.312 5	1.701 1	2.048 4	2.467 1	2.763 3
29	0.854	1.055	1.311 4	1.699 1	2.045 2	2.462 0	2.756 4
30	0.854	1.055	1.310 4	1.697 3	2.042 3	2.457 3	2.750 0
31	0.853 5	1.054 1	1.309 5	1.695 5	2.039 5	2.452 8	2.744 0
32	0.853 1	1.053 6	1.308 6	1.693 9	2.036 9	2.448 7	2.738 5
33	0.852 7	1.053 1	1.307 7	1.692 4	2.034 5	2.444 8	2.733 3
34	0.852 4	1.052 6	1.307 0	1.690 9	2.032 2	2.441 1	2.728 4
35	0.852 1	1.052 1	1.306 2	1.689 6	2.030 1	2.437 7	2.723 8
36	0.851 8	1.051 6	1.305 5	1.688 3	2.028 1	2.434 5	2.719 5
37	0.851 5	1.051 2	1.304 9	1.687 1	2.026 2	2.431 4	2.715 4
38	0.851 2	1.050 8	1.304 2	1.686 0	2.024 4	2.428 6	2.711 6
39	0.851 0	1.050 4	1.303 6	1.684 9	2.022 7	2.425 8	2.707 9
40	0.850 7	1.050 1	1.303 1	1.683 9	2.021 1	2.423 3	2.704 5
41	0.850 5	1.049 8	1.302 5	1.682 9	2.019 5	2.420 8	2.701 2
42	0.850 3	1.049 4	1.302 0	1.682 0	2.018 1	2.418 5	2.698 1
43	0.850 1	1.049 1	1.301 6	1.681 1	2.016 7	2.416 3	2.695 1
44	0.849 9	1.048 8	1.301 1	1.680 2	2.015 4	2.414 1	2.692 3
45	0.849 7	1.048 5	1.300 6	1.679 4	2.014 1	2.412 1	2.689 6

附表 E　χ^2 分布表

$$P\{\chi^2(n) > \chi_\alpha^2(n)\} = \alpha$$

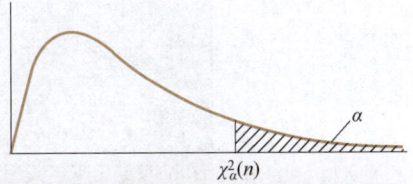

n \ α	0.995	0.99	0.975	0.95	0.90	0.10	0.05	0.025	0.01	0.005
1	0.000	0.000	0.001	0.004	0.016	2.706	3.843	5.025	6.637	7.882
2	0.010	0.020	0.051	0.103	0.211	4.605	5.992	7.378	9.210	10.597
3	0.072	0.115	0.216	0.352	0.584	6.251	7.815	9.348	11.344	12.837
4	0.207	0.297	0.484	0.711	1.064	7.779	9.488	11.143	13.277	14.860
5	0.412	0.554	0.831	1.145	1.610	9.236	11.070	12.832	15.085	16.748
6	0.676	0.872	1.237	1.635	2.204	10.645	12.592	14.440	16.812	18.548
7	0.989	1.239	1.690	2.167	2.833	12.017	14.067	16.012	18.474	20.276
8	1.344	1.646	2.180	2.733	3.490	13.362	15.507	17.534	20.090	21.954
9	1.735	2.088	2.700	3.325	4.168	14.684	16.919	19.022	21.665	23.587
10	2.156	2.558	3.247	3.940	4.865	15.987	18.307	20.483	23.209	25.188
11	2.603	3.053	3.816	4.575	5.578	17.275	19.675	21.920	24.724	26.755
12	3.074	3.571	4.404	5.226	6.304	18.549	21.026	23.337	26.217	28.300
13	3.565	4.107	5.009	5.892	7.041	19.812	22.362	24.735	27.687	29.817
14	4.075	4.660	5.629	6.571	7.790	21.064	23.685	26.119	29.141	31.319
15	4.600	5.229	6.262	7.261	8.547	22.307	24.996	27.488	30.577	32.799
16	5.142	5.812	6.908	7.962	9.312	23.542	26.296	28.845	32.000	34.267
17	5.697	6.407	7.564	8.682	10.085	24.769	27.587	30.190	33.408	35.716
18	6.265	7.015	8.231	9.390	10.865	25.989	28.869	31.526	34.805	37.156
19	6.843	7.632	8.906	10.117	11.651	27.203	30.143	32.852	36.190	38.580
20	7.434	8.260	9.591	10.851	12.443	28.412	31.410	34.170	37.566	39.997
21	8.033	8.897	10.283	11.591	13.240	29.615	32.670	35.478	38.930	41.399
22	8.643	9.542	10.982	12.338	14.042	30.813	33.924	36.781	40.289	42.796
23	9.260	10.195	11.688	13.090	14.848	32.007	35.172	38.075	41.637	44.179
24	9.886	10.856	12.401	13.848	15.659	33.196	36.415	39.364	42.980	45.558
25	10.519	11.523	13.120	14.611	16.473	34.381	37.652	40.646	44.313	46.925
26	11.160	12.198	13.844	15.379	17.292	35.563	38.885	41.923	45.642	48.290
27	11.807	12.878	14.573	16.151	18.114	36.741	40.113	43.194	46.962	49.642
28	12.461	13.565	15.308	16.928	18.939	37.916	41.337	44.461	48.278	50.993
29	13.120	14.256	16.147	17.708	19.768	39.087	42.557	45.772	49.586	52.333
30	13.787	14.954	16.791	18.493	20.599	40.256	43.773	46.979	50.892	53.672
31	14.457	15.655	17.538	19.280	21.433	41.422	44.985	48.231	52.190	55.000
32	15.134	16.362	18.291	20.072	22.271	42.585	46.194	49.480	53.486	56.328
33	15.814	17.073	19.046	20.866	23.110	43.745	47.400	50.724	54.774	57.646
34	16.501	17.789	19.806	21.664	23.952	44.903	48.602	51.966	56.061	58.964
35	17.191	18.508	20.569	22.465	24.796	46.059	49.802	53.203	57.340	60.272
36	17.887	19.233	21.336	23.269	25.643	47.212	50.998	54.437	58.619	61.581
37	18.584	19.960	22.105	24.075	26.492	48.363	52.192	55.667	59.891	62.880
38	19.289	20.691	22.878	24.884	27.343	49.513	53.384	56.896	61.162	64.181
39	19.994	21.425	23.654	25.695	28.196	50.660	54.572	58.119	62.426	65.473
40	20.706	22.164	24.433	26.509	29.050	51.805	55.758	59.342	63.691	66.766

当 $n > 40$ 时，$\chi_\alpha^2(n) \approx \frac{1}{2}(z_a + \sqrt{2n-1})^2$。

附表 F　F 分布表

$$P\{F(n_1,n_2) > F_\alpha(n_1,n_2)\} = \alpha$$

$(\alpha = 0.10)$

n_2 \ n_1	1	2	3	4	5	6	7	8	9	10	12	15	20	24	30	40	60	120	8
1	39.86	49.50	53.59	55.83	57.24	58.20	58.91	59.44	59.86	60.19	60.71	61.22	61.74	62.00	62.26	62.53	62.79	63.06	63.33
2	8.53	9.00	9.16	9.24	9.29	9.33	9.35	9.37	9.38	9.39	9.41	9.42	9.44	9.45	9.46	9.47	9.47	9.48	9.49
3	5.54	5.46	5.39	5.34	5.31	5.28	5.27	5.25	5.24	5.23	5.22	5.20	5.18	5.18	5.17	5.16	5.15	5.14	5.13
4	4.54	4.32	4.19	4.11	4.05	4.01	3.98	3.95	3.94	3.92	3.90	3.87	3.84	3.83	3.82	3.80	3.79	3.78	3.76
5	4.06	3.78	3.62	3.52	3.45	3.40	3.37	3.34	3.32	3.30	3.27	3.24	3.21	3.19	3.17	3.16	3.14	3.12	3.10
6	3.78	3.46	3.29	3.18	3.11	3.05	3.01	2.98	2.96	2.94	2.90	2.87	2.84	2.82	2.80	2.78	2.76	2.74	2.72
7	3.59	3.26	3.07	2.96	2.88	2.83	2.78	2.75	2.72	2.70	2.67	2.63	2.59	2.58	2.56	2.54	2.51	2.49	2.47
8	3.46	3.11	2.92	2.81	2.73	2.67	2.62	2.59	2.56	2.54	2.50	2.46	2.42	2.40	2.38	2.36	2.34	2.32	2.29
9	3.36	3.01	2.81	2.69	2.61	2.55	2.51	2.47	2.44	2.42	2.38	2.34	2.30	2.28	2.25	2.23	2.21	2.18	2.16
10	3.29	2.92	2.73	2.61	2.52	2.46	2.41	2.38	2.35	2.32	2.28	2.24	2.20	2.18	2.16	2.13	2.11	2.08	2.06
11	3.23	2.86	2.66	2.54	2.45	2.39	2.34	2.30	2.27	2.25	2.21	2.17	2.12	2.10	2.08	2.05	2.03	2.00	1.97
12	3.18	2.81	2.61	2.48	2.39	2.33	2.28	2.24	2.21	2.19	2.15	2.10	2.06	2.04	2.01	1.99	1.96	1.93	1.90
13	3.14	2.76	2.56	2.43	2.35	2.28	2.23	2.20	2.16	2.14	2.10	2.05	2.01	1.98	1.96	1.93	1.90	1.88	1.85
14	3.10	2.73	2.52	2.39	2.31	2.24	2.19	2.15	2.12	2.10	2.05	2.01	1.96	1.94	1.91	1.89	1.86	1.83	1.80
15	3.07	2.70	2.49	2.36	2.27	2.21	2.16	2.12	2.09	2.06	2.02	1.97	1.92	1.90	1.87	1.85	1.82	1.79	1.76
16	3.05	2.67	2.46	2.33	2.24	2.18	2.13	2.09	2.06	2.03	1.99	1.94	1.89	1.87	1.84	1.81	1.78	1.75	1.72
17	3.03	2.64	2.44	2.31	2.22	2.15	2.10	2.06	2.03	2.00	1.96	1.91	1.86	1.84	1.81	1.78	1.75	1.72	1.69
18	3.01	2.62	2.42	2.29	2.20	2.13	2.08	2.04	2.00	1.98	1.93	1.89	1.84	1.81	1.78	1.75	1.72	1.69	1.66
19	2.99	2.61	2.40	2.27	2.18	2.11	2.06	2.02	1.98	1.96	1.91	1.86	1.81	1.79	1.76	1.73	1.70	1.67	1.63
20	2.97	2.59	2.38	2.25	2.16	2.09	2.04	2.00	1.96	1.94	1.89	1.84	1.79	1.77	1.74	1.71	1.68	1.64	1.61
21	2.96	2.57	2.36	2.23	2.14	2.08	2.02	1.98	1.95	1.92	1.87	1.83	1.78	1.75	1.72	1.69	1.66	1.62	1.59
22	2.95	2.56	2.35	2.22	2.13	2.06	2.01	1.97	1.93	1.90	1.86	1.81	1.76	1.73	1.70	1.67	1.64	1.60	1.57
23	2.94	2.55	2.34	2.21	2.11	1.05	1.99	1.95	1.92	1.89	1.84	1.80	1.74	1.72	1.69	1.66	1.62	1.59	1.55
24	2.93	2.54	2.33	2.19	2.10	2.04	1.98	1.94	1.91	1.88	1.83	1.78	1.73	1.70	1.67	1.64	1.61	1.57	1.53
25	2.92	2.53	2.32	2.18	2.09	2.02	1.97	1.93	1.89	1.87	1.82	1.77	1.72	1.69	1.66	1.63	1.59	1.56	1.52
26	2.91	2.52	2.31	2.17	2.08	2.01	1.96	1.92	1.88	1.86	1.81	1.76	1.71	1.68	1.65	1.61	1.58	1.54	1.50

附 录

($\alpha = 0.05$)

$n_2 \backslash n_1$	1	2	3	4	5	6	7	8	9	10	12	15	20	24	30	40	60	120	∞
1	161.4	199.5	215.7	224.6	230.2	234.0	236.8	238.9	240.5	241.9	243.9	245.9	248.0	249.1	250.1	251.1	252.2	253.3	254.3
2	18.51	19.00	19.16	19.25	19.30	19.33	19.35	19.37	19.38	19.40	19.41	19.43	19.45	19.45	19.46	19.47	19.48	19.49	19.50
3	10.13	9.55	9.28	9.12	9.01	8.94	8.89	8.85	8.81	8.79	8.74	8.70	8.66	8.64	8.62	8.59	8.57	8.55	8.53
4	7.71	6.94	6.59	6.39	6.26	6.16	6.09	6.04	6.00	5.96	5.91	5.86	5.80	5.77	5.75	5.72	5.69	5.66	5.63
5	6.61	5.79	5.41	5.19	5.05	4.95	4.88	4.82	4.77	4.74	4.68	4.62	4.56	4.53	4.50	4.46	4.43	4.40	4.36
6	5.99	5.14	4.76	4.53	4.39	4.28	4.21	4.15	4.10	4.06	4.00	3.94	3.87	3.84	3.81	3.77	3.74	3.70	3.67
7	5.59	4.74	4.35	4.12	3.97	3.87	3.79	3.73	3.68	3.64	3.57	3.51	3.44	3.41	3.38	3.34	3.30	3.27	3.23
8	5.32	4.46	4.07	3.84	3.69	3.58	3.50	3.44	3.39	3.35	3.28	3.22	3.15	3.12	3.08	3.04	3.01	2.97	2.93
9	5.12	4.26	3.86	3.63	3.48	3.37	3.29	3.23	3.18	3.14	3.07	3.01	2.94	2.90	2.86	2.83	2.79	2.75	2.71
10	4.96	4.10	3.71	3.48	3.33	3.22	3.14	3.07	3.02	2.98	2.91	2.85	2.77	2.74	2.70	2.66	2.62	2.58	2.54
11	4.84	3.98	3.59	3.36	3.20	3.09	3.01	2.95	2.90	2.85	2.79	2.72	2.65	2.61	2.57	2.53	2.49	2.45	2.40
12	4.75	3.89	3.49	3.26	3.11	3.00	2.91	2.85	2.80	2.75	2.69	2.62	2.54	2.51	2.47	2.43	2.38	2.34	2.30
13	4.67	3.81	3.41	3.18	3.03	2.92	2.83	2.77	2.71	2.67	2.60	2.53	2.46	2.42	2.38	2.34	2.30	2.25	2.21
14	4.60	3.74	3.34	3.11	2.96	2.85	2.76	2.70	2.65	2.60	2.53	2.46	2.39	2.35	2.31	2.27	2.22	2.18	2.13
15	4.54	3.68	3.29	3.06	2.90	2.79	2.71	2.64	2.59	2.54	2.48	2.40	2.33	2.29	2.25	2.20	2.16	2.11	2.07
16	4.49	3.63	3.24	3.01	2.85	2.74	2.66	2.59	2.54	2.49	2.42	2.35	2.28	2.24	2.19	2.15	2.11	2.06	2.01
17	4.45	3.59	3.20	2.96	2.81	2.70	2.61	2.55	2.49	2.45	2.38	2.31	2.23	2.19	2.15	2.10	2.06	2.01	1.96
18	4.41	3.55	3.16	2.93	2.77	2.66	2.58	2.51	2.46	2.41	2.34	2.27	2.19	2.15	2.11	2.06	2.02	1.97	1.92
19	4.38	3.52	3.13	2.90	2.74	2.63	2.54	2.48	2.42	2.38	2.31	2.23	2.16	2.11	2.07	2.03	1.98	1.93	1.88
20	4.35	3.49	3.10	2.87	2.71	2.60	2.51	2.45	2.39	2.35	2.28	2.20	2.12	2.08	2.04	1.99	1.95	1.90	1.84
21	4.32	3.47	3.07	2.84	2.68	2.57	2.49	2.42	2.37	2.32	2.25	2.18	2.10	2.05	2.01	1.96	1.92	1.87	1.81
27	2.90	2.51	2.30	2.17	2.07	2.00	1.95	1.91	1.87	1.85	1.80	1.75	1.70	1.67	1.64	1.60	1.57	1.53	1.49
28	2.89	2.50	2.29	2.16	2.06	2.00	1.94	1.90	1.87	1.84	1.79	1.74	1.69	1.66	1.63	1.59	1.56	1.52	1.48
29	2.89	2.50	2.28	2.15	2.06	1.99	1.93	1.89	1.86	1.83	1.78	1.73	1.68	1.65	1.62	1.58	1.55	1.51	1.47
30	2.88	2.49	2.28	2.14	2.05	1.98	1.93	1.88	1.85	1.82	1.77	1.72	1.67	1.64	1.61	1.57	1.54	1.50	1.46
40	2.84	2.44	2.23	2.09	2.00	1.93	1.87	1.83	1.79	1.76	1.71	1.66	1.61	1.57	1.54	1.51	1.47	1.42	1.38
60	2.79	2.39	2.18	2.04	1.95	1.87	1.82	1.77	1.74	1.71	1.66	1.60	1.54	1.51	1.48	1.44	1.40	1.35	1.29
120	2.75	2.35	2.13	1.99	1.90	1.82	1.77	1.72	1.68	1.65	1.60	1.55	1.48	1.45	1.41	1.37	1.32	1.26	1.19
∞	2.71	2.30	2.08	1.94	1.85	1.77	1.72	1.67	1.63	1.60	1.55	1.49	1.42	1.38	1.34	1.30	1.24	1.17	1.00

361

（续）

（α = 0.05）

n_2 \ n_1	1	2	3	4	5	6	7	8	9	10	12	15	20	24	30	40	60	120	∞
22	4.30	3.44	3.05	2.82	2.66	2.55	2.46	2.40	2.34	2.30	2.23	2.15	2.07	2.03	1.98	1.94	1.89	1.84	1.78
23	4.28	3.42	3.03	2.80	2.64	2.53	2.44	2.37	2.32	2.27	2.20	2.13	2.05	2.01	1.96	1.91	1.86	1.81	1.76
24	4.26	3.40	3.01	2.78	2.62	2.51	2.42	2.36	2.30	2.25	2.18	2.11	2.03	1.98	1.94	1.89	1.84	1.79	1.73
25	4.24	3.39	2.99	2.76	2.60	2.49	2.40	2.34	2.28	2.24	2.16	2.09	2.01	1.96	1.92	1.87	1.82	1.77	1.71
26	4.23	3.37	2.98	2.74	2.59	2.47	2.39	2.32	2.27	2.22	2.15	2.07	1.99	1.95	1.90	1.85	1.80	1.75	1.69
27	4.21	3.35	2.96	2.73	2.57	2.46	2.37	2.31	2.25	2.20	2.13	2.06	1.97	1.93	1.88	1.84	1.79	1.73	1.67
28	4.20	3.34	2.95	2.71	2.56	2.45	2.36	2.29	2.24	2.19	2.12	2.04	1.96	1.91	1.87	1.82	1.77	1.71	1.65
29	4.18	3.33	2.93	2.70	2.55	2.43	2.35	2.28	2.22	2.18	2.10	2.03	1.94	1.90	1.85	1.81	1.75	1.70	1.64
30	4.17	3.32	2.92	2.69	2.53	2.42	2.33	2.27	2.21	2.16	2.09	2.01	1.93	1.89	1.84	1.79	1.74	1.68	1.62
40	4.08	3.23	2.84	2.61	2.45	2.34	2.25	2.18	2.12	2.08	2.00	1.92	1.84	1.79	1.74	1.69	1.64	1.58	1.51
60	4.00	3.15	2.76	2.53	2.37	2.25	2.17	2.10	2.04	1.99	1.92	1.84	1.75	1.70	1.65	1.59	1.53	1.47	1.39
120	3.92	3.07	2.68	2.45	2.29	2.17	2.09	2.02	1.96	1.91	1.83	1.75	1.66	1.61	1.55	1.50	1.43	1.35	1.25
∞	3.84	3.00	2.60	2.37	2.21	2.10	2.01	1.94	1.88	1.83	1.75	1.67	1.57	1.52	1.46	1.39	1.32	1.22	1.00

（α = 0.025）

n_2 \ n_1	1	2	3	4	5	6	7	8	9	10	12	15	20	24	30	40	60	120	∞
1	647.8	799.5	864.2	899.6	921.8	937.1	948.2	956.7	963.3	968.6	976.7	984.9	993.1	997.2	1 001	1 006	1 010	1 014	1 018
2	38.51	39.00	39.17	39.25	39.30	39.33	39.36	39.37	39.39	39.40	39.41	39.43	39.45	39.46	39.46	39.47	39.48	39.40	39.50
3	17.44	16.04	15.44	15.10	14.88	14.73	14.62	14.54	14.47	14.42	14.34	14.25	14.17	14.12	14.08	14.04	13.99	13.95	13.90
4	12.22	10.65	9.98	9.60	9.36	9.20	9.07	8.98	8.90	8.84	8.75	8.66	8.56	8.51	8.46	8.41	8.36	8.31	8.26
5	10.01	8.43	7.76	7.39	7.15	6.98	6.85	6.76	6.68	6.62	6.52	6.43	6.33	6.28	6.23	6.18	6.12	6.07	6.02
6	8.81	7.26	6.60	6.23	5.99	5.82	5.70	5.60	5.52	5.46	5.37	5.27	5.17	5.12	5.07	5.01	4.96	4.90	4.85
7	8.07	6.54	5.89	5.52	5.29	5.12	4.99	4.90	4.82	4.76	4.67	4.57	4.47	4.42	4.36	4.31	4.25	4.20	4.14
8	7.57	6.06	5.42	5.05	4.82	4.65	4.53	4.43	4.36	4.30	4.20	4.10	4.00	3.95	3.89	3.84	3.78	3.73	3.67
9	7.21	5.71	5.08	4.72	4.48	4.23	4.20	4.10	4.03	3.96	3.87	3.77	3.67	3.61	3.56	3.51	3.45	3.39	3.33
10	6.94	5.46	4.83	4.47	4.24	4.07	3.95	3.85	3.78	3.72	3.62	3.52	3.42	3.37	3.31	3.26	3.20	3.14	3.08
11	6.72	5.26	4.63	4.28	4.04	3.88	3.76	3.66	3.59	3.53	3.43	3.33	3.23	3.17	3.12	3.06	3.00	2.94	2.88
12	6.55	5.10	4.47	4.12	3.89	3.73	3.61	3.51	3.44	3.37	3.28	3.18	3.07	3.02	2.96	2.91	2.85	2.79	2.72
13	6.41	4.97	4.35	4.00	3.77	3.60	3.48	3.39	3.31	3.25	3.15	3.05	2.95	2.89	2.84	2.78	2.72	2.66	2.60
14	6.30	4.86	4.24	3.89	3.66	3.50	3.38	3.29	3.21	3.15	3.05	2.95	2.84	2.79	2.73	2.67	2.61	2.55	2.49

（续表，上接 $\alpha = 0.025$）

$n_2\backslash n_1$	1	2	3	4	5	6	7	8	9	10	12	15	20	24	30	40	60	120	∞
15	6.20	4.77	4.15	3.80	3.58	3.41	3.29	3.20	3.12	3.06	2.96	2.86	2.76	2.70	2.64	2.59	2.52	2.46	2.40
16	6.12	4.69	4.08	3.73	3.50	3.34	3.22	3.12	3.05	2.99	2.89	2.79	2.68	2.63	2.57	2.51	2.45	2.38	2.32
17	6.04	4.62	4.01	3.66	3.44	3.28	3.16	3.06	2.98	2.92	2.82	2.72	2.62	2.56	2.50	2.44	2.38	2.32	2.25
18	5.98	4.56	3.95	3.61	3.38	3.22	3.10	3.01	2.93	2.87	2.77	2.67	2.56	2.50	2.44	2.38	2.32	2.26	2.19
19	5.92	4.51	3.90	3.56	3.33	3.17	3.05	2.96	2.88	2.82	2.72	2.62	2.51	2.45	2.39	2.33	2.27	2.20	2.13
20	5.87	4.46	3.86	3.51	3.29	3.13	3.01	2.91	2.84	2.77	2.68	2.57	2.46	2.41	2.35	2.29	2.22	2.16	2.09
21	5.83	4.42	3.82	3.48	3.25	3.09	2.97	2.87	2.80	2.73	2.64	2.53	2.42	2.37	2.31	2.25	2.18	2.11	2.04
22	5.79	4.38	3.78	3.44	3.22	3.05	2.93	2.84	2.76	2.70	2.60	2.50	2.39	2.33	2.27	2.21	2.14	2.08	2.00
23	5.75	4.35	3.75	3.41	3.18	3.02	2.90	2.81	2.73	2.67	2.57	2.47	2.36	2.30	2.24	2.18	2.11	2.04	1.97
24	5.72	4.32	3.72	3.38	3.15	2.99	2.87	2.78	2.70	2.64	2.54	2.44	2.33	2.27	2.21	2.15	2.08	2.01	1.94
25	5.69	4.29	3.69	3.35	3.13	2.97	2.85	2.75	2.68	2.61	2.51	2.41	2.30	2.24	2.18	2.12	2.05	1.98	1.91
26	5.66	4.27	3.67	3.33	3.10	2.94	2.82	2.73	2.65	2.59	2.49	2.39	2.28	2.22	2.16	2.09	2.03	1.95	1.88
27	5.63	4.24	3.65	3.31	3.08	2.92	2.80	2.71	2.63	2.57	2.47	2.36	2.25	2.19	2.13	2.07	2.00	1.93	1.85
28	5.61	4.22	3.63	3.29	3.06	2.90	2.78	2.69	2.61	2.55	2.45	2.34	2.23	2.17	2.11	2.05	1.98	1.91	1.83
29	5.59	4.20	3.61	3.27	3.04	2.88	2.76	2.67	2.59	2.53	2.43	2.32	2.21	2.15	2.09	2.03	1.96	1.89	1.81
30	5.57	4.18	3.59	3.25	3.03	2.87	2.75	2.65	2.57	2.51	2.41	2.31	2.20	2.14	2.07	2.01	1.94	1.87	1.79
40	5.42	4.05	3.46	3.13	2.90	2.74	2.62	2.53	2.45	2.39	2.29	2.18	2.07	2.01	1.94	1.88	1.80	1.72	1.64
60	5.29	3.93	3.34	3.01	2.79	2.63	2.51	2.41	2.33	2.27	2.17	2.06	1.94	1.88	1.82	1.74	1.67	1.58	1.48
120	5.15	3.80	3.23	2.89	2.67	2.52	2.39	2.30	2.22	2.16	2.05	1.94	1.82	1.76	1.69	1.61	1.53	1.43	1.31
∞	5.02	3.69	3.12	2.79	2.57	2.41	2.29	2.19	2.11	2.05	1.94	1.83	1.71	1.64	1.57	1.48	1.39	1.27	1.00

$(\alpha = 0.01)$

$n_2\backslash n_1$	1	2	3	4	5	6	7	8	9	10	12	15	20	24	30	40	60	120	∞
1	4 052	4 999.5	5 403	5 625	5 764	5 859	5 928	5 982	6 022	6 056	6 106	6 157	6 209	6 235	6 261	6 287	6 313	6 339	6 366
2	98.50	99.00	99.17	99.25	99.30	99.33	99.36	99.37	99.39	99.40	99.42	99.43	99.45	99.46	99.47	99.47	99.48	99.49	99.50
3	34.12	30.82	29.46	28.71	28.24	27.91	27.67	27.49	27.35	27.23	27.05	26.87	26.69	26.60	26.50	26.41	26.32	26.22	26.13
4	21.20	18.00	16.69	15.98	15.52	15.21	14.98	14.80	14.66	14.55	14.37	14.20	14.02	13.93	13.84	13.75	13.65	13.56	13.46
5	16.26	13.27	12.06	11.39	10.97	10.67	10.46	10.29	10.16	10.05	9.89	9.72	9.55	9.47	9.38	9.29	9.20	9.11	9.02
6	13.75	10.93	9.78	9.15	8.75	8.47	8.26	8.10	7.98	7.87	7.72	7.56	7.40	7.31	7.23	7.14	7.06	6.97	6.88
7	12.25	9.55	8.45	7.85	7.46	7.19	6.99	6.84	6.72	6.62	6.47	6.31	6.16	6.07	5.99	5.91	5.82	5.74	5.65
8	11.26	8.65	7.59	7.01	6.63	6.37	6.18	6.03	5.91	5.81	5.67	5.52	5.36	5.28	5.20	5.12	5.03	4.95	4.86
9	10.56	8.02	6.99	6.42	6.06	5.80	5.61	5.47	5.35	5.26	5.11	4.96	4.81	4.73	4.65	4.57	4.48	4.40	4.31

（续）

$(\alpha = 0.01)$

n_1 / n_2	1	2	3	4	5	6	7	8	9	10	12	15	20	24	30	40	60	120	∞
10	10.04	7.56	6.55	5.99	5.64	5.39	5.20	5.06	4.94	4.85	4.71	4.56	4.41	4.33	4.25	4.17	4.08	4.00	3.91
11	9.65	7.21	6.22	5.67	5.32	5.07	4.89	4.74	4.63	4.54	4.40	4.25	4.10	4.02	3.94	3.86	3.78	3.69	3.60
12	9.33	6.93	5.95	5.41	5.06	4.82	4.64	4.50	4.39	4.30	4.16	4.01	3.86	3.78	3.70	3.62	3.54	3.45	3.36
13	9.07	6.70	5.74	5.21	4.86	4.62	4.44	4.30	4.19	4.10	3.96	3.82	3.66	3.59	3.51	3.43	3.34	3.25	3.17
14	8.86	6.51	5.56	5.04	4.69	4.46	4.28	4.14	4.03	3.94	3.80	3.66	3.51	3.43	3.35	3.27	3.18	3.09	3.00
15	8.68	6.36	5.42	4.89	4.56	4.32	4.14	4.00	3.89	3.80	3.67	3.52	3.37	3.29	3.21	3.13	3.05	2.96	2.87
16	8.53	6.23	5.29	4.77	4.44	4.20	4.03	3.89	3.78	3.69	3.55	3.41	3.26	3.18	3.10	3.02	2.93	2.84	2.75
17	8.40	6.11	5.18	4.67	4.34	4.10	3.93	3.79	3.68	3.59	3.46	3.31	3.16	3.08	3.00	2.92	2.83	2.75	2.65
18	8.29	6.01	5.09	4.58	4.25	4.01	3.94	3.71	3.60	3.51	3.37	3.23	3.08	3.00	2.92	2.84	2.75	2.66	2.57
19	8.18	5.93	5.01	4.50	4.17	3.94	3.77	3.63	3.52	3.43	3.30	3.15	3.00	2.92	2.84	2.76	2.67	2.58	2.49
20	8.10	5.85	4.94	4.43	4.10	3.87	3.70	3.56	3.46	3.37	3.23	3.09	2.94	2.86	2.78	2.69	2.61	2.52	2.42
21	8.02	5.78	4.87	4.37	4.04	3.81	3.64	3.51	3.40	3.31	3.17	3.03	2.88	2.80	2.72	2.64	2.55	2.46	2.36
22	7.95	5.72	4.82	4.31	3.99	3.76	3.59	3.45	3.35	3.26	3.12	2.98	2.83	2.75	2.67	2.58	2.50	2.40	2.31
23	7.88	5.66	4.76	4.26	3.94	3.71	3.54	3.41	3.30	3.21	3.07	2.93	2.78	2.70	2.62	2.54	2.45	2.35	2.26
24	7.82	5.61	4.72	4.22	3.90	3.67	3.50	3.36	3.26	3.17	3.03	2.89	2.74	2.66	2.58	2.49	2.40	2.31	2.21
25	7.77	5.57	4.68	4.18	3.85	3.63	3.46	3.32	3.22	3.13	2.99	2.85	2.70	2.62	2.54	2.45	2.36	2.27	2.17
26	7.72	5.53	4.64	4.14	3.82	3.59	3.42	3.29	3.18	3.09	2.96	2.81	2.66	2.58	2.50	2.42	2.33	2.23	2.13
27	7.68	5.49	4.60	4.11	3.78	3.56	3.39	3.26	3.15	3.06	2.93	2.78	2.63	2.55	2.47	2.38	2.29	2.20	2.10
28	7.64	5.45	4.57	4.07	3.75	3.53	3.36	3.23	3.12	3.03	2.90	2.75	2.60	2.52	2.44	2.35	2.26	2.17	2.06
29	7.60	5.42	4.54	4.04	3.73	3.50	3.33	3.20	3.09	3.00	2.87	2.73	2.57	2.49	2.41	2.33	2.23	2.14	2.03
30	7.56	5.39	4.51	4.02	3.70	3.47	3.30	3.17	3.07	2.98	2.84	2.70	2.55	2.47	2.39	2.30	2.21	2.11	2.01
40	7.31	5.18	4.31	3.83	3.51	3.29	3.12	2.99	2.89	2.80	2.66	2.52	2.37	2.29	2.20	2.11	2.02	1.92	1.80
60	7.08	4.98	4.13	3.65	3.34	3.12	2.95	2.82	2.72	2.63	2.50	2.35	2.20	2.12	2.03	1.94	1.84	1.73	1.60
120	6.85	4.79	3.95	3.48	3.17	2.96	2.79	2.66	2.56	2.47	2.34	2.19	2.03	1.95	1.86	1.76	1.66	1.53	1.38
∞	6.63	4.61	3.78	3.32	3.02	2.80	2.64	2.51	2.41	2.32	2.18	2.04	1.88	1.79	1.70	1.59	1.47	1.32	1.00

（$\alpha = 0.005$）

n_1 / n_2	1	2	3	4	5	6	7	8	9	10	12	15	20	24	30	40	60	120	∞
1	16 211	20 000	21 615	22 500	23 056	23 437	23 715	23 925	24 091	24 224	24 426	24 630	24 836	24 940	25 044	25 148	35 253	25 359	25 465
2	198.5	199.0	199.2	199.2	199.3	199.3	199.4	199.4	199.4	199.4	199.4	199.4	199.4	199.5	199.5	199.5	199.5	199.5	199.5
3	55.55	49.80	47.47	46.19	45.39	44.84	44.43	44.13	43.88	43.69	43.39	43.08	42.78	42.62	42.47	42.31	42.15	41.99	41.83
4	31.33	26.28	24.26	23.15	22.46	21.97	21.62	21.35	21.14	20.97	20.70	20.44	20.17	20.03	19.89	19.75	19.61	19.47	19.32
5	22.78	18.31	16.53	15.56	14.94	14.51	14.20	13.96	13.77	13.62	13.38	13.15	12.90	12.78	12.66	12.53	12.40	12.27	12.14
6	18.63	14.54	12.92	12.03	11.46	11.07	10.79	10.57	10.39	10.25	10.03	9.81	9.59	9.47	9.36	9.24	9.12	9.00	8.88
7	16.24	12.40	10.88	10.05	9.52	9.16	8.89	8.68	8.51	8.38	8.18	7.97	7.75	7.65	7.53	7.42	7.31	7.19	7.08
8	14.69	11.04	9.60	8.81	8.30	7.95	7.69	7.50	7.34	7.21	7.01	6.81	6.61	6.50	6.40	6.29	6.18	6.06	5.95
9	13.61	10.11	8.72	7.96	7.47	7.13	6.88	6.69	6.54	6.42	6.23	6.03	5.83	5.73	5.62	5.52	5.41	5.30	5.19
10	12.83	9.43	8.08	7.34	6.87	6.54	6.30	6.12	5.97	5.85	5.66	5.47	5.27	5.17	5.07	4.97	4.86	4.75	4.64
11	12.23	8.91	7.60	6.88	6.42	6.10	5.86	5.68	5.54	5.42	5.24	5.05	4.86	4.76	4.65	4.55	4.44	4.34	4.23
12	11.75	8.51	7.23	6.52	6.07	5.76	5.52	5.35	5.20	5.09	4.91	4.72	4.53	4.43	4.33	4.23	4.12	4.01	3.90
13	11.37	8.19	6.93	6.23	5.79	5.48	5.25	5.08	4.94	4.82	4.64	4.46	4.27	4.17	4.07	3.97	3.87	3.76	3.65
14	11.06	7.92	6.68	6.00	5.56	5.26	5.03	4.86	4.72	4.60	4.43	4.25	4.06	3.96	3.86	3.76	3.66	3.55	3.44
15	10.80	7.70	6.48	5.80	5.37	5.07	4.85	4.67	4.54	4.42	4.25	4.07	3.88	3.79	3.69	3.58	3.48	3.37	3.26
16	10.58	7.51	6.30	5.64	5.21	4.91	4.69	4.52	4.38	4.27	4.10	3.92	3.73	3.64	3.54	3.44	3.33	3.22	3.11
17	10.38	7.35	6.16	5.50	5.07	4.78	4.56	4.39	4.25	4.14	3.97	3.79	3.61	3.51	3.41	3.31	3.21	3.10	2.98
18	10.22	7.21	6.03	5.37	4.96	4.66	4.44	4.28	4.14	4.03	3.86	3.68	3.50	3.40	3.30	3.20	3.10	2.99	2.87
19	10.07	7.09	5.92	5.27	4.85	4.56	4.34	4.18	4.04	3.93	3.76	3.59	3.40	3.31	3.21	3.11	3.00	2.89	2.78
20	9.94	6.99	5.82	5.17	4.76	4.47	4.26	4.09	3.96	3.85	3.68	3.50	3.32	3.22	3.12	3.02	2.92	2.81	2.69
21	9.83	6.89	5.73	5.09	4.68	4.39	4.18	4.01	3.88	3.77	3.60	3.43	3.24	3.15	3.05	2.95	2.84	2.73	2.61
22	9.73	6.81	5.65	5.02	4.61	4.32	4.11	3.94	3.81	3.70	3.54	3.36	3.18	3.08	2.98	2.88	2.77	2.66	2.55
23	9.63	6.73	5.58	4.95	4.54	4.26	4.05	3.88	3.75	3.64	3.47	3.30	3.12	3.02	2.92	2.82	2.71	2.60	2.48
24	9.55	6.66	5.52	4.89	4.49	4.20	3.99	3.83	3.69	3.59	3.42	3.25	3.06	2.97	2.87	2.77	2.66	2.55	2.43
25	9.48	6.60	5.46	4.84	4.43	4.15	3.94	3.78	3.64	3.54	3.37	3.20	3.01	2.92	2.82	2.72	2.61	2.50	2.38
26	9.41	6.54	5.41	4.79	4.38	4.10	3.89	3.73	3.60	3.49	3.33	3.15	2.97	2.87	2.77	2.67	2.56	2.45	2.33
27	9.34	6.49	5.36	4.74	4.34	4.06	3.85	3.69	3.56	3.45	3.28	3.11	2.93	2.83	2.73	2.63	2.52	2.41	2.29
28	9.28	6.44	5.32	4.70	4.30	4.02	3.81	3.65	3.52	3.41	3.25	3.07	2.89	2.79	2.69	2.59	2.48	2.37	2.25
29	9.23	6.40	5.28	4.66	4.26	3.98	3.77	3.61	3.48	3.38	3.21	3.04	2.86	2.76	2.66	2.56	2.45	2.33	2.21

（续）

（α = 0.005）

n_1 / n_2	1	2	3	4	5	6	7	8	9	10	12	15	20	24	30	40	60	120	∞
30	9.18	6.35	5.24	4.62	4.23	3.95	3.74	3.58	3.45	3.34	3.18	3.01	2.82	2.73	2.63	2.52	2.42	2.30	2.18
40	8.83	6.07	4.98	4.37	3.99	3.71	3.51	3.35	3.22	3.12	2.95	2.78	2.60	2.50	2.40	2.30	2.18	2.06	1.93
60	8.49	5.79	4.73	4.14	3.76	3.49	3.29	3.13	3.01	2.90	2.74	2.57	2.39	2.29	2.19	2.08	1.96	1.83	1.69
120	8.18	5.54	4.50	3.92	3.55	3.28	3.09	2.93	2.81	2.71	2.54	2.37	2.19	2.09	1.98	1.87	1.75	1.61	1.43
∞	7.88	5.30	4.28	3.72	3.35	3.09	2.90	2.74	2.62	2.52	2.36	2.19	2.00	1.90	1.79	1.67	1.53	1.36	1.00

（α = 0.001）

n_1 / n_2	1	2	3	4	5	6	7	8	9	10	12	15	20	24	30	40	60	120	∞
1	405 300	500 000	540 400	562 500	576 400	585 900	592 900	598 100	602 300	605 600	610 700	615 800	620 900	623 500	626 100	628 700	631 300	634 000	636 600
2	998.5	999.0	999.2	999.2	999.3	999.3	999.4	999.4	999.4	999.4	999.4	999.4	999.4	999.5	999.5	999.5	999.5	999.5	999.5
3	167.0	148.5	141.1	137.1	134.6	132.8	131.6	130.6	129.9	129.2	128.3	127.4	126.4	125.9	125.4	125.0	124.5	124.0	123.5
4	74.14	61.25	56.18	53.44	51.71	50.53	49.66	49.00	48.47	48.05	47.41	46.76	46.10	45.77	45.43	45.09	44.75	44.40	44.05
5	47.18	37.12	33.20	31.09	29.75	28.84	28.16	27.64	27.24	26.92	26.42	25.91	25.39	25.14	24.87	24.60	24.33	24.06	23.79
6	35.51	27.00	23.70	21.92	20.81	20.03	19.46	19.03	18.69	18.41	17.99	17.56	17.12	16.89	16.67	16.44	16.21	15.99	15.75
7	29.25	21.69	18.77	17.19	16.21	15.52	15.02	14.63	14.33	14.08	13.71	13.32	12.93	12.73	12.53	12.33	12.12	11.91	11.70
8	25.42	18.49	15.83	14.39	13.49	12.86	12.40	12.04	11.77	11.54	11.19	10.84	10.48	10.30	10.11	9.92	9.73	9.53	9.33
9	22.86	16.39	13.90	12.56	11.71	11.13	10.70	10.37	10.11	9.89	9.57	9.24	8.90	8.72	8.55	8.37	8.19	8.00	7.80
10	21.04	14.91	12.55	11.28	10.48	9.92	9.52	9.20	8.96	8.75	8.45	8.13	7.80	7.64	7.47	7.30	7.12	6.94	6.76
11	19.69	13.81	11.56	10.35	9.58	9.05	8.66	8.35	8.12	7.92	7.63	7.32	7.01	6.85	6.68	6.52	6.35	6.17	6.00
12	18.64	12.97	10.80	9.63	8.89	8.38	8.00	7.71	7.48	7.29	7.00	6.71	6.40	6.25	6.09	5.93	5.76	5.59	5.42
13	17.81	12.31	10.21	9.07	8.35	7.86	7.49	7.21	6.98	6.80	6.52	6.23	5.93	5.78	5.63	5.47	5.30	5.14	4.97
14	17.14	11.78	9.73	8.62	7.92	7.43	7.08	6.80	6.58	6.40	6.13	5.85	5.56	5.41	5.25	5.10	4.94	4.77	4.60
15	16.59	11.34	9.34	8.25	7.57	7.09	6.74	6.47	6.26	6.08	5.81	5.54	5.25	5.10	4.95	4.80	4.64	4.47	4.31
16	16.12	10.97	9.00	7.94	7.27	6.81	6.46	6.19	5.98	5.81	5.55	5.27	4.99	4.85	4.70	4.54	4.39	4.23	4.06
17	15.72	10.36	8.73	7.68	7.02	6.56	6.22	5.96	5.75	5.58	5.32	5.05	4.78	4.63	4.48	4.33	4.18	4.02	3.85
18	15.38	10.39	8.49	7.46	6.81	6.35	6.02	5.76	5.56	5.39	5.13	4.87	4.59	4.45	4.30	4.15	4.00	3.84	3.67
19	15.08	10.16	8.28	7.26	6.62	6.18	5.85	5.59	5.39	5.22	4.97	4.70	4.43	4.29	4.14	3.99	3.84	3.68	3.51

20	14.82	9.95	8.10	7.10	6.46	6.02	5.69	5.44	5.24	5.08	4.82	4.56	4.29	4.15	4.00	3.86	3.70	3.54	3.38
21	14.59	9.77	7.94	6.95	6.32	5.88	5.56	5.31	5.11	4.95	4.70	4.44	4.17	4.03	3.88	3.74	3.58	3.42	3.26
22	14.38	9.61	7.80	6.81	6.19	5.76	5.44	5.19	4.98	4.83	4.58	4.33	4.06	3.92	3.78	3.63	3.48	3.32	3.15
23	14.19	9.47	7.67	6.69	6.08	5.65	5.33	5.09	4.89	4.73	4.48	4.23	3.96	3.82	3.68	3.53	3.38	3.22	3.05
24	14.03	9.34	7.55	6.59	5.98	5.55	5.23	4.99	4.80	4.64	4.39	4.14	3.87	3.74	3.59	3.45	3.29	3.14	2.97
25	13.88	9.22	7.45	6.49	5.88	5.46	5.15	4.91	4.71	4.56	4.31	4.06	3.79	3.66	3.52	3.37	3.22	3.06	2.89
26	13.74	9.12	7.36	6.41	5.80	5.38	5.07	4.83	4.64	4.48	4.24	3.99	3.72	3.59	3.44	3.30	3.15	2.99	2.82
27	13.61	9.02	7.27	6.33	5.73	5.31	5.00	4.76	4.57	4.41	4.17	3.92	3.66	3.52	3.38	3.23	3.08	2.92	2.75
28	13.50	8.93	7.19	6.25	5.66	5.24	4.93	4.69	4.50	4.35	4.11	3.86	3.60	3.46	3.32	3.18	3.02	2.86	2.69
29	13.39	8.85	7.12	6.19	5.59	5.18	4.87	4.64	4.45	4.29	4.05	3.80	3.54	3.41	3.27	3.12	2.97	2.81	2.64
30	13.29	8.77	7.05	6.12	5.53	5.12	4.82	4.58	4.39	14.24	4.00	3.75	3.49	3.36	3.22	3.07	2.92	2.76	2.59
40	12.61	8.25	6.60	5.70	5.13	4.73	4.44	4.21	4.02	3.87	3.64	3.40	3.15	3.01	2.87	2.73	2.57	2.41	2.23
60	11.97	7.76	6.17	5.31	4.76	4.37	4.09	3.87	3.69	3.54	3.31	3.08	2.83	2.69	2.55	2.41	2.25	2.08	1.89
120	11.38	7.32	5.79	4.95	4.42	4.04	3.77	3.55	3.38	3.24	3.02	2.78	2.53	2.40	2.26	2.11	1.95	1.76	1.54
∞	10.83	6.91	5.42	4.62	4.10	3.74	3.47	3.27	3.10	2.96	2.74	2.51	2.27	2.13	1.99	1.84	1.66	1.45	1.00

参考文献

[1] 刘玮．统计方法及其应用［M］．沈阳：东北大学出版社，2003.
[2] 李卉妍，刘玮．统计学［M］．北京：电子工业出版社，2007.
[3] 贾俊平．统计学［M］．北京：中国财政经济出版社，2003.
[4] 郑德如．统计学［M］．上海：立信会计出版社，2001.
[5] 李朝鲜．社会经济统计学［M］．北京：经济科学出版社，2002.
[6] 秦海金．统计学原理［M］．北京：中国商业出版社，2001.
[7] 闫晓波，刘雅漫．新编统计基础［M］．大连：大连理工大学出版社，2004.
[8] 李天剑．统计学原理与营销统计［M］．北京：高等教育出版社，2004.
[9] 迟艳芹．统计学原理与应用［M］．北京：清华大学出版社，2005.
[10] 谭荣波，梅晓仁．SPSS 统计分析实用教程［M］．北京：科学出版社，2010.
[11] 张小斐．统计学［M］．北京：中国统计出版社，2008.
[12] 刘桂荣．统计学原理［M］．上海：华东理工大学出版社，2010.
[13] 杜欢政，宁自军．统计学［M］．北京：科学出版社，2008.
[14] 孙宪臣．统计学［M］．郑州：河南人民出版社，2008.
[15] 刘竹林，江永红．统计学：原理、方法与应用［M］．合肥：中国科学技术大学出版社，2008.
[16] 刘德智，等．统计学［M］．北京：清华大学出版社，2007.
[17] 张晓庆，王玉良，王景涛．统计学［M］．北京：科学出版社，2007.
[18] 朱建平，孙小素．应用统计学［M］．北京：清华大学出版社，2009.
[19] 耿修林，谢兆茹．应用统计学［M］．2 版．北京：科学出版社，2008.
[20] 谢家发，胡宝臣．统计学原理［M］．郑州：郑州大学出版社，2008.
[21] 冯力，等．统计学实验［M］．大连：东北财经大学出版社，2008.
[22] 李桂华，张建华，周红．统计学［M］．北京：清华大学出版社，2008.